Os espíritos assombram a Metrópole

Os espíritos assombram a Metrópole

Espíritas e esotéricos em São Paulo na Primeira República

Fausto Henrique Gomes Nogueira

alameda

Grafia atualizada segundo o Acordo Ortográfico da Língua Portuguesa de 1990, que entrou em vigor no Brasil em 2009

Edição: Haroldo Ceravolo Sereza
Editora assistente: Danielly de Jesus Teles
Projeto gráfico, diagramação e capa: Danielly de Jesus Teles
Assistente acadêmica: Tamara Santos
Imagens da capa: Martins Guimarães (poeta), s/d. AZEVEDO, Militão Augusto de. Acervo do Museu Paulista da Universidade de São Paulo

CIP-BRASIL. CATALOGAÇÃO-NA-FONTE
SINDICATO NACIONAL DOS EDITORES DE LIVROS, RJ

N712e

Nogueira, Fausto Henrique Gomes
Os espíritos assombram a metrópole : espíritas e esotéricos em São Paulo na Primeira República / Fausto Henrique Gomes Nogueira. - 1. ed. - São Paulo : Alameda, 2020.
; 23 cm.

Inclui bibliografia
ISBN 978-85-7939-601-4

1. Religiões - São Paulo - História. I. Título.

19-57475 CDD: 200.98161
CDU: CDU: 2-1(815.6)

ALAMEDA CASA EDITORIAL
Rua 13 de Maio, 353 – Bela Vista
CEP 01327-000 – São Paulo, SP
Tel. (11) 3012-2403
www.alamedaeditorial.com.br

À minha mãe (*in memoriam*)

À minha adorável esposa Maria Rita e aos nossos filhos amados Henrique, Matheus e Ana Luísa, pelas alegrias infinitas

"Para nós, porém, que queremos criar a comunidade e elevar a Vida, comunidade e Vida são uma só coisa. A comunidade que imaginamos é somente uma expressão de transbordante anseio pela Vida em sua totalidade. Toda Vida nasce de comunidades e aspira a comunidades. A comunidade é fim e fonte de Vida. Nossos sentimentos de vida, os que nos mostram o parentesco e a comunidade de toda a vida do mundo, não podem ser exercitados totalmente a não ser em comunidade. E, em uma comunidade pura nada podemos criar que não intensifique o poder, o sentido e o valor da Vida. Vida e comunidade são os dois lados de um mesmo ser. E temos o privilégio de tomar e oferecer a ambos de modo claro: vida por anseio à vida, comunidade por anseio à comunidade".

BUBER, Martin. *Sobre comunidade.* São Paulo: Perspectiva, 1987, p. 34

Sumário

Prefácio

Originalmente defendida como tese de doutoramento no Departamento de História da USP, a obra "Os espíritos assombram a metrópole: sociabilidades espiritualistas (espírita e esotérica) em São Paulo na Primeira República", do historiador Fausto Henrique Gomes Nogueira, lança luz sobre o papel de espiritualistas nos debates ocorridos no período de transição da monarquia para a república.

Segundo o autor, os "espiritualistas estiveram nas lutas sociais da passagem do século XIX para o XX e foram participantes ativos na luta contra a escravidão, o conservadorismo, a religião de Estado, as trágicas condições de vida dos trabalhadores, a posição das mulheres, a fraca atuação do Estado em demandas básicas da sociedade – alimentação, moradia, educação e saúde –, e mesmo sem o destaque dado aos grupos dominantes, contribuíram para a modernização e laicização da cultura nacional" (p. 398).

A partir da garimpagem de fontes documentais até então inexploradas, Fausto Nogueira realiza rigorosa análise dos discursos veiculados pelos periódicos espiritualistas da época, revelando o riquíssimo universo composto por sujeitos históricos articulados no interior de "sociedades de ideias" cujas preocupações, além das doutrinais, envolviam aspectos relacionados ao modelo de sociedade e de Estado almejado por seus membros.

Quem são esses sujeitos? Qual foi seu papel na definição das identidades no interior do campo espiritualista? Como elaboraram suas estratégias discursivas no debate com católicos, autoridades políticas e outros agentes sociais? Qual era a geografia das "redes de sociabilidade" envolvendo espiritualistas, maçons, anticlericais, socialistas e anarquistas?

Debruçando-se sobre estas e outras questões, a obra analisa, com cuidado e respeito pelos personagens envolvidos, as "sociabilidades" construídas por grupos espiritualistas no amanhecer do período republicano. Enfocando o fenômeno principalmente em São Paulo, resgata a trajetória, as vozes e os projetos de intelectuais importantes desse meio, como Antônio Gonçalves da Silva Batuíra, Anália Franco, Francisco Bastos, Cairbar Schutel e Antonio Olívio Rodrigues. Explorando os discursos no interior das "sociedades de ideias" formadas por estes e outros intelectuais parcamente lembrados pela historiografia, revela não apenas seus pontos de vista a respeito do tema religioso, como também, e sobretudo, seus embates pela construção de um Estado laico e moderno.

Decorridos mais de cem anos desde a proclamação da república, a sociedade brasileira ainda é afligida, *mutatis mutandis*, por muitos dos problemas de então. A exclusão social, o racismo e diversas modalidades de preconceito, o descaso com a educação e a saúde públicas, entre outras mazelas, permanecem como obstáculos ao nosso processo civilizatório.

Sabemos que a superação desses problemas passa, inevitavelmente, pela compreensão de suas origens históricas, dos caminhos e dos descaminhos que a sociedade brasileira trilhou e vem trilhando.

Nesse sentido, "Os espíritos assombram a metrópole", ao enfocar as lutas de espiritualistas e de outros agentes sociais no alvorecer do período republicano, soma-se aos esforços de outras obras preocupadas em aprofundar nosso conhecimento a respeito de nós mesmos: de nossa sociedade, de nossa cultura e das mazelas sociais e culturais que continuam a nos assombrar.

Além disso, ao inquirir e refletir sobre a documentação referida, a obra descreve minuciosamente as origens do campo espiritualista paulista e brasileiro.

Considerando os debates estabelecidos entre seus articulistas e destes com representantes do catolicismo; resgatando os pontos de vista a respeito da religiosidade de matriz africana e os diferentes graus de anticlericalismo presentes nos discursos espiritualistas; enfim, descrevendo o funcionamento de centros espíritas e de sociedades esotéricas, "Os espíritos assombram a metrópole" nos permite entender como se constituíram as identidades no interior do campo espiritualista, tornando-se, desde já, obra de referência também sobre esse tema.

Marcos Alexandre Capellari

Doutor em História Social pela USP e professor do Instituto Federal de Educação, Ciência e Tecnologia de São Paulo

Introdução

Este livro é fruto de uma pesquisa que objetiva compreender as características das sociabilidades espiritualistas, de matriz espírita e esotérica, constituídas no contexto de modernização de São Paulo, no período entre 1890 e 1930. Neste âmbito, tendo em conta a amplitude com a qual os termos espiritismo e espiritualismo foram utilizados no período, servindo como rótulos para práticas culturais e religiosas de origem diversa, tomamos como ponto de análise o estudo das associações designadas como espíritas ou esotéricas, tendo como fonte principal a imprensa periódica especializada produzida por esses grupos.

As sociabilidades espiritualistas estão inseridas no contexto do processo de modernização e urbanização vivenciado por muitas cidades brasileiras entre as últimas décadas do século XIX e o início do século XX. Como já foi apontado por inúmeros estudos, o desenvolvimento das cidades forjou novas relações sociais e articulou novas experiências e sociabilidades a partir de ideários que serviram como base para a construção da modernidade.[1]

---

1 Não pretendemos fazer uma discussão sobre essa temática, mas indicamos alguns trabalhos que utilizamos na pesquisa: WISSENBACH, Maria Cristina Cortez. *Ritos de magia e sobrevivência.* Sociabilidades e práticas mágico-religiosas no Brasil (1890/1940). São Paulo: 1997. Tese (Doutorado em História Social) - Faculdade de Filosofia, Letras e Ciências Humanas, Universidade de São Paulo; CRUZ, Heloisa de Faria (org.). *São Paulo em papel e tinta*: periodismo e vida urbana - 1890-1915. São Paulo: EDUC; FAPESP; Arquivo do Estado de São Paulo; Imprensa Oficial, 2000; PAOLI, Maria Celia; DUARTE, Adriano. São Paulo no plural: espaço público e redes de sociabilidade. In: PORTA, Paula (org.). *História da cidade de São Paulo*: a cidade na primeira metade do século XX. v. 3. São Paulo: Paz e Terra, 2004; RAGO, Margareth. A invenção do cotidiano na metrópole: sociabilidade e lazer em São Paulo. In: PORTA, Paula (org.). *História da cidade de São Paulo*: a cidade na primeira metade do século XX. v. 3. São Paulo: Paz e Terra, 2004; MARTINS, Ana Luiza. *Revistas em Revista*: imprensa e práticas cul-

Em São Paulo, essa situação assumiu feições particulares, tendo em vista o seu desenvolvimento econômico a partir do último quartel do século XIX, produto da expansão da economia cafeeira, da introdução das ferrovias, do desenvolvimento do mercado interno e do comércio e do crescente incremento da indústria. A consequência desse processo foi o aumento das populações urbanas, a partir do intenso afluxo de imigrantes em direção ao estado, com o objetivo inicial de fornecer braços para a lavoura cafeeira, mas que, posteriormente, foram se transferindo para as cidades, ao mesmo tempo em que a escravidão era extinta e muitos ex-escravos igualmente se dirigiam para elas.

As cidades se caracterizavam por uma enorme desigualdade social e se transformaram em locais de encontro de pessoas com matrizes culturais diferenciadas, elemento constituinte da modernização urbana. Essas transformações na estrutura econômica e social da cidade, o aparecimento de elites interessadas na modernização da cidade e o advento de novas camadas intermediárias, facilitaram a penetração de diversas ideias na cidade de São Paulo, auxiliando na composição desse quadro multifacetado (DEAECTO, 2005, p. 32-33).

> O requinte, a riqueza, o esplendor, a sofisticação e a intensa movimentação que podiam ser observados no solo da cidade de São Paulo como que expressavam os avanços da civilização moderna em terras brasileiras. A fisionomia cada dia mais europeizada de uma urbe progressista que se estava brotando nas terras do planalto erguida pelo espírito bandeirante das elites dirigentes do Estado, tinha como uma de suas consequências o fortalecimento da hegemonia dessas elites no cenário político do país, de sorte que as vicissitudes e circunstâncias que cercavam a construção de uma infra-estrutura moderna na cidade ficaram marcados pelos meandros da construção dessa identidade bandeirante. As tensões que envolviam a elaboração uma [sic] identidade paulista moderna, empenhada na 'regeneração' da nação e no progresso do Brasil, constituíam-se em elementos do *ethos* urbano de São Paulo, componentes da configuração da fisionomia cosmopo-

---

turais em tempos de República, São Paulo (1890-1922). São Paulo: Editora da Universidade de São Paulo: Fapesp, 2008.

> litizada daquela que convencionou chamar-se de a *metrópole do café* (KOGURUMA, 1998, p. 123).

A cidade em urbanização era um espaço que abrigava novos hábitos, sentidos, imaginários, formas de reunião, convivialidades, seja para o simples lazer, como bares, cafés, praças, ou de caráter educacional, científico, religioso, conhecendo novas instituições e atores sociais. Seus moradores passaram a organizar novos circuitos alternativos de produção intelectual, de reunião e debate, representando consumidores e produtores de novos ideários que alcançaram um público diferenciado e descortinaram novos espaços sociais a partir de associações construídas segundo modelos modernos.

Sobre esse processo de modernização, a partir do qual as diferentes regiões da América Latina foram se integrando ao sistema capitalista internacional, Ángel Rama observa:

> A modernização internacionalista, que aproximadamente se estende de 1870 a 1920, e cuja arrogante autocelebração se encontra nas festas do primeiro centenário da Independência, com datas escalonadas entre 1910 e 1922, consagrou um segundo nascimento da vasta região americana ao sul do rio Grande. Os que haviam sido conturbados estados separados da Espanha e Portugal, converteram-se na pujante América Latina que consolida sua vinculação à economia-mundo ocidental e constrói sua reconhecível imagem contemporânea, pois nesse período se forjam as bases da América Latina atual (RAMA, 1984, p. 102).

Em 1889 foi instalada no Brasil a República, a partir de uma aliança entre setores militares e parcelas das oligarquias e da burguesia em ascensão. Como defende Nicolau Sevcenko, ela foi fruto de um "conluio envolvendo militares radicais, cafeicultores paulistas e políticos republicanos" (1998, p. 14). Esse regime gerado através de um golpe militar nasceu sob o signo do autoritarismo político e de um poder sobre a sociedade que perpetuou mazelas e impediu o acesso da maioria da população à cidadania.

A literatura acadêmica discutiu esse processo fartamente, demonstrando como a "modernidade brasileira" conviveu com a manutenção de valores construídos nos séculos anteriores, a partir de uma sociedade hierarquizada, patriarcal, com forte diferenciação social herdada da escravidão e com a sobrevivência de traços rurais (CARVALHO, 1998, p. 107-116). Denominada de "modernização conservadora", ela assumiu caminhos diferentes de seus modelos europeu e estadunidense.

> De forma resumida, pode-se compreender o conceito de "modernização conservadora" a partir das seguintes coordenadas. Primeiramente, a recusa a mudanças fundamentais na propriedade da terra. Os grandes proprietários manteriam, destarte, controle também sobre a força de trabalho rural, que não seria capaz, portanto, de se libertar de relações de subordinação pessoal e de extração do "excedente" econômico por meios mais diretos. Foi isso que teve lugar na Alemanha e no Brasil, ao contrário, por exemplo, do que se passou na Inglaterra, com a transição para uma mercantilização do trabalho agrícola, ou na França e no México, com a revolução camponesa levando ao fim ou ao menos a um profundo enfraquecimento da grande propriedade rural e ao parcelamento da terra. Na modernização conservadora, as tradicionais elites agrárias forçaram uma burguesia relutante e avessa aos processos de democratização a um compromisso: a modernização fazia-se, sob a liderança e levando muito em conta os interesses dos proprietários agrários, conformando-se uma "subjetividade coletiva" centrada em um bloco transformista, cauteloso e autoritário em suas perspectivas e estratégias (DOMINGUES, 2002, p. 460-461).

O resultado desse processo que impediu a plena participação popular foi denominada "cidadania regulada" (DOMINGUES, 2002, p. 461). Além desses valores e práticas arcaicas que persistiram na sociedade pós-República, o analfabetismo foi outro fator que demonstrou os limites desses anseios modernizantes. José Murilo de Carvalho, recorrendo à imagem do historiador Arno Mayer, que analisa a permanência de estruturas aristocráticas e pré-burguesas na Europa do século XIX e início do XX, adverte sobre a "força da tradição", uma reação às mudanças em curso no início da República ao lado de visões contraditórias em disputa no período, sobre o sentido que a modernização deveria possuir e as ideias que deveriam conformar esse projeto (CARVALHO, 1998, p. 119-120). Ele observa que o "moderno" para as elites era representado apenas pelas novidades tecnológicas, instituições científicas e novas ideias europeias:

> ... Na época de que nos ocupamos, moderno, modernidade, modernização significava muita coisa. Eram as novidades tecnológicas: a estrada de ferro, a eletricidade, o telégrafo, o telefone, o gramofone, o cinema, o automóvel, o avião; eram as instituições científicas: Manguinhos, Butantã, a Escola de Minas, as escolas de Medicina e Engenharia; eram as novas ideias, o materialismo, o positivismo, o evolucionismo, o darwinismo social, o livre cambismo, o secularismo, o republicanismo; era a indústria, a imigração europeia, o branco; era a última moda feminina de Paris, a última moda masculina de Londres, a língua e a literatura francesas, o dândi, o *flâneur*; e era também o norte-americanismo, o pragmatismo, o espírito de negócio, o esporte, a educação física. [...]
>
> Todos os elementos mencionados acima podiam ser parte do conceito de moderno, mas a maneira pela qual se combinavam é que vai dar o sentido da modernidade, seu maior ou menor grau de rompimento com a tradição. Da listagem pode-se verificar o que a modernidade brasileira não era. Começando pelo aspecto político, ela não incorporava a ideia de igualdade e de democracia. Se alguns republicanos, sobretudo do Rio de Janeiro, falavam em democracia e fim dos privilégios, não iam além da retórica. A ideia de povo era puramente abstrata. O povo era na maior parte hostil ou indiferente ao novo regime, e nenhum esforço foi feito para incorporá-lo ao sistema político por meio do processo eleitoral. A República brasileira foi uma originalidade: não tinha povo (CARVALHO, 1998, p. 119-120).

Nesse particular, os grupos que galgaram o poder com a República compartilhavam certo receio da participação popular, um desprezo pelo passado brasileiro e pela população negra e mestiça do país e por suas culturas, o que pode ser comprovado pela confiança no papel da imigração europeia no Brasil e pelas teorias raciais do período. Mesmo as áreas que passavam por transformações econômicas mais intensas como São Paulo, mantiveram suas feições aristocráticas e escravistas e os valores que lhe davam suporte (CARVALHO, 1998, p. 120-125).

Roque Spencer Maciel de Barros defende que a partir de 1870 diversas correntes de ideias europeias foram absorvidas pela intelectualidade nacional, o que ele denomina de "ilustração brasileira", relacionadas ao princípio da liberdade e do "espírito cientifico" (1959, p. 21). Assumidas pelas elites, que visavam alcançar o modelo de progresso da Europa e dos Estados Unidos, projeto cujo objetivo era o de superar o seu "atraso cultural", negando nossa realidade social específica, matizada pela presença de negros e indígenas em nossa formação, e abraçando os projetos estrangeiros com o objetivo de integração do nosso mundo ao ocidental (BARROS, 1959, p. 24-26). Daí a inspiração em teorias em voga na Europa, como o materialismo, o positivismo, o cientificismo e o darwinismo. O autor aponta a constituição de três mentalidades nesse período: a cientificista, a liberal, e a católico-conservadora; observa que as duas primeiras se confundem na prática, visto que visavam mudanças na realidade brasileira, privilegiando alguns ideários específicos, enquanto a terceira acolheu os defensores da ordem existentes, atuando na sociedade contra quaisquer aspirações laicas e como inimiga dessa "ilustração brasileira". O catolicismo é, para o autor, o grande agente conservador do período, pois essa mentalidade possuía como fulcro de suas preocupações a religião e buscava referências nos documentos papais produzidos no século XIX, contrários às ideias modernas (BARROS, 1959, p. 33-57).

Como conclusão, o autor estabelece que a vontade de transformação do Brasil e de certa contraposição ao pensamento hegemônico forjou um movimento anticlerical por parte de alguns grupos liberais (BARROS, 1959, p. 65). Alexandre Barata concorda com essa interpretação e observa que na luta entre o pensamento conservador, cujo interlocutor privilegiado era a Igreja, e o liberal, teve papel importante a Maçonaria, que abriu caminhos para a ação de livres-pensadores (1999, p. 21).

Mas a República, em meio a tantas permanências, possibilitou algo de novo, influenciada pelas ideias que aqui adentravam. A separação oficial entre Igreja e Estado permitiu ao país vivenciar um novo momento atrelado à liberdade religiosa. Os ideários iluministas que chegavam, traziam a crítica ao domínio do pensamento religioso, visto como um dos motivos do nosso atraso.

> Era a liberdade de expressão que devia acordar os brasileiros para a separação do joio do trigo no campo das ideias e das crenças, donde o rechaçamento indormido da presença jesuítica, secular em terras do Brasil, considerada agrilhoante e sufocante pelos novos pensadores que se alçavam com a República.
>
> Já não era mais a polivalência e o sincretismo de crenças para a aplicação da ação religiosa, mas o livre-exame e a livre atuação de cada um

como indivíduo consciente de suas faculdades de humano e de senhor do seu destino. Era a recusa da habitualidade, da rotina, e da sujeição à hierarquia que comandava cultos e locais sagrados e catolizados.

> Era a recusa da religião revelada e a busca pelos trâmites do livre-exame, dos princípios que fossem mais condizentes com as suas aspirações como humano, dentro de uma perspectiva evolucionista do social e do espiritual (BALHANA, 1980, p. 35)

Eliane Moura Silva observa que esse período permitiu a intensificação do movimento anticlerical no Brasil, a partir de uma relação de desconfiança entre os católicos e os novos governantes, ao mesmo tempo em que se almejava um projeto político sem a interferência da Igreja (2012, p. 89). Sobre esse movimento:

> Segundo Remond (sic), o anticlericalismo como movimento só teria surgido no século XIX. No campo das ideias, o anticlericalismo não foi uma mera ideologia negativa porém um campo fértil de proposições, uma matriz de movimentos, de ideias políticas que manifestavam-se na organização de grupos e ligas, na literatura e na imprensa. Seria, portanto, um campo de ação política, dotado de uma positividade atuante ao denunciar a hipocrisia clerical, construindo um sentido moral/ético laico ao atacar os focos de corrupção da Igreja e depois da política. Surgindo como reação organizada ao ultramontanismo do século XIX, era ao mesmo tempo, movimento e ideologia. Sem um corpo teórico fechado, o anticlericalismo e livre pensamento podem ser vistos como um vasto campo de sínteses de ideias e escritos circunstanciais, numa dinâmica viva enraizada nas mentalidades e sensibilidades (SILVA, 1997, p. 2-3).

O livre-pensamento, o anticlericalismo e o laicismo foram se organizando em propostas diferenciadas por diversos grupos críticos da religião e defensores de um papel mais ativo do Estado na sociedade em contraposição ao predomínio da religião católica. Nesse sentido, grupos de maçons, livres-pensadores, liberais, socialistas e anarquistas se destacaram nesse momento, mas os espiritualistas, pouco lembrados, também participaram desse movimento com seus princípios e projetos.

Os grupos dirigentes nacionais ou paulistas, na ânsia pela modernização e reorganização da sociedade nos moldes europeu ou norte-americano, nutriram-se de novidades e ideários advindos desses países, o que inseria as ideias espiritualistas no rol desses modelos. Na literatura consumida no Brasil, os livros de orientação espírita e esotérica passaram a compor esse quadro e foram aceitos, principalmente por sua adesão aos princípios modernos e pelo caráter anticlerical que muitas vezes esses textos assumiam.

A Igreja, imersa em um processo de romanização e centralização, condenou as doutrinas espiritualistas e construiu discursos e argumentos para denegri-las como já havia feito com as religiões protestantes que adentravam no Brasil, bem como com a maçonaria e as religiões de matriz africana que se estruturavam no período. Além da preocupação em torno da competição no interior do campo religioso brasileiro, aberto pela liberdade religiosa que se instaurava no Brasil, o que estava por detrás disso era a resistência às ideias modernas, iluministas e racionalistas, pois essas sociedades espiritualistas colocavam-se como herdeiras desses ideários. Esses confrontos foram fundamentais para a fundamentação da presença dos espiritualismos no Brasil, definindo estratégias, discursos e práticas para o fortalecimento dessas sociedades de ideias.

Maria Lucia Montes, ao analisar a situação da Igreja Católica a partir de meados do século XIX e o processo de centralização do poder nas mãos do papa e reorganização interna do clero, conhecido como ultramontanismo, afirma que, no caso brasileiro, seus inimigos declarados foram:

> o protestantismo e as religiões afro-brasileiras, incorporadas sob a designação vaga de "espiritismo", ao lado do pensamento cientificista e da secularização, que ameaçam a posição institucional e a hegemonia espiritual do catolicismo num Brasil "verdadeiramente cristão" (MONTES, 1988, p. 76).

Os processos sociais de matizes diversas acima citados foram em grande parte identificados pela historiografia acadêmica, interessada nesses temas e objetos de pesquisa. No entanto, os estudiosos parecem ter ignorado outros sujeitos históricos e grupos sociais que igualmente emergiram dessa pluralidade de experiências que as cidades em processo de modernização produziram. Uma multiplicidade de agentes se inseriram no universo cultural urbano, reconfiguraram as suas experiências e auxiliaram na construção de espaços públicos como sujeitos políticos e, em muitos casos, assumiram posturas de rompimento com a sociedade e de crítica a muitos valores da época, debruçando-se em medidas em prol de projetos sociais e culturais e articulando-se com outros grupos presentes na sociedade.

Na tentativa de compreensão mais ampla de tal quadro social, o historiador também deve se ater às diferentes experiências históricas do viver urbano, aos grupos minoritários e dissidentes que realizaram rupturas ou propuseram interpretações inovadoras em relação aos imaginários dominantes, disseminando valores e *ethos* no ambiente social.

Nessa empreitada, são necessários novos empreendimentos teórico-metodológicos que abarquem essa dinâmica social. Jean-Pierre Bastian ressalta o estudo da participação de novos sujeitos e intelectuais para compreender as nuances de determinados processos de transformação social, destacando que a abordagem de associações como lojas maçônicas, sociedades protestantes e espíritas, clubes liberais e sociedades mutualistas representam um campo de investigação histórica relativamente novo na América Latina, mas extremamente promissor para a consecução desses objetivos (BASTIAN, 1990, p. 7). Esse autor nos possibilita pensar a eclosão dessas sociedades de ideias em grupos sociais intermediários, que se colocavam contrários à ideologia dominante potencializada pelo catolicismo de cunho ultramontano e antimoderno.

Essas sociedades de ideias representaram novas formas de sociabilidade ao oferecerem novos modelos associativos, pautados por ideias modernas em uma sociedade organizada em torno de estruturas sociais hierárquicas (BASTIAN, 1990, p. 7). Nesse sentido, o surgimento e disseminação de associações voluntárias, característica da contemporaneidade, são um capítulo importante do desenvolvimento da sociabilidade, com suas especificidades.

A partir do campo de estudos inaugurado pela reflexão sobre as sociedades de ideias e pelas sociabilidades, este trabalho se propõe a uma reflexão acerca das concepções de mundo e sociabilidades produzidas pelos grupos espiritualistas presentes em São Paulo durante a Primeira República.

Essas novas formas de sociabilidade associativa, sustentadas na valorização do indivíduo e em valores como a igualdade, a democracia e o livre-pensamento, assumiram características e sentidos muito diferentes entre si, que intentamos compreender nessa pesquisa. Embora as sociabilidades possam ser apreendidas em relações informais, o que buscamos nesta pesquisa são associações formais espiritualistas construídas no bojo do processo de modernização paulista. Nessas sociedades, servindo como comunidades nas quais se desenvolvia toda uma vida social e intelectual, os agentes se encontravam para discutir doutrinas das mais variadas matizes, religiosas, científicas e filosóficas, empreender experiências consideradas científicas e organizar ações de benemerência. Mais importante é lembrar que se desenvolveram em um ambiente profundamente católico e conservador, do qual sofreram fortes oposições e tiveram de construir um discurso de contraposição. Como centros de aprendizagem de ideias ilustradas, construíram redes de relacionamento organizadas para a disseminação dessas ideias, seja através da publicação de uma imprensa periódica, seja através de espaços de reunião e de conferências.

A ampliação do comércio e da esfera pública trouxe uma profusão de culturas, valores, representações e experiências, sinônimos de um tempo no qual as mudanças não eram somente políticas ou econômicas (SEVCENKO, 1998, p. 30-35). Essas transformações alteram os ideários dominantes na sociedade, bem como forja novos padrões de convivialidades em todas as camadas sociais. O surgimento e expansão das sociedades espiritualistas estão vinculados a essas transformações que ocorreram no espaço paulista, relacionadas com um novo conjunto de ideias e valores e com a edificação de novas associações que ocuparam o espaço urbano de formas múltiplas.

> No ambiente urbano, as experiências vividas e pensadas por esses diferentes grupos sociais manifestavam-se nos processos de construção dos modos de viver. Instituindo espaços novos de convivência, ruas movimentadas, fábricas, oficinas, lojas, associações recreativas, culturais e políticas, cafés, teatros, cinematógrafos, escolas, etc., as experiências sociais desses sujeitos confrontam-se no desenho da nova cidade. Diferentemente da vida no burgo dos estudantes, na Paulicéia em formação as elites passam a disputar com os setores populares a ocupação dos espaços abertos da cidade. Tais espaços públicos, antes ambientes quase exclusivos das classes pobres e dos estudantes, agora passam também a ser ocupados por personagens da elite e de grupos intermediários. Senhoras de famílias respeitáveis, moças casadoiras, funcionários públicos, operários em roupa de passeio, meninos e me-

> ninas de colégio emergem como outros personagens dessa nova ocupação cultural da cidade (CRUZ, 2000, p. 63-64).

Reconhecemos a existência de uma ampla literatura acadêmica que nos precede e que aborda o espiritismo e outras doutrinas espiritualistas como religiões que, ao adentrarem no campo religioso brasileiro em abertura com o processo de secularização intensificado na Primeira República, entraram em choque com a religião católica, disputando o mercado de bens religiosos.[2] Em que pese o valor dessas pesquisas, e o reconhecimento de que essas doutrinas se configuraram no Brasil como religiões, estamos interessados no entendimento das chamadas doutrinas espiritualistas a partir de outras categorias de análise, isto é, a partir da compreensão de que elas representam autênticas sociedades de ideias portadoras de discursos modernos.

Em um rápido balanço da bibliografia especializada sobre o espiritismo, Marino Godoy observa que:

> Um lance de olhar mais nítido revela, todavia, duas problemáticas maiores. Primeiramente, a equivocada conceituação desse sistema de conhecimento exclusivamente como uma religião, não apenas como ponto de partida para fins de estudo, mas pela designação generalizada que, inclusive, o limita no terreno das religiões afro-brasileiras. Os princípios básicos do Espiritismo, no entender de seus adeptos, procedem dos ensinamentos dos "espíritos" condizentes com uma nova interpretação da moral de Jesus Cristo no mundo moderno. No entanto, o corpo doutrinário proveniente desse escólio não se resume exclusivamente a uma religião já acabada, o que o próprio exercício de seus adeptos revela quando ressignificam a Doutrina e interpenetram em outros campos sociais, podendo-se apontar o jornalístico, o policial, o médico, o jurídico, o sanitário e o assistencial (GODOY, 2007, p. 40).

2 Para essa discussão consultar: ARRIBAS, Célia da Graça. *Afinal, espiritismo é religião?* A doutrina espírita na formação da diversidade religiosa brasileira. São Paulo, 2008. Dissertação (Mestrado em Sociologia) – Faculdade de Filosofia, Letras e Ciências Humanas, Universidade de São Paulo.

As doutrinas espiritualistas representam um movimento complexo, com múltiplas origens e contribuições e são portadoras de um novo modelo sociocultural e de um sistema de representações e de sociabilidade muito peculiar e que extrapola a estrita dimensão do campo religioso. Dessa forma, a presente pesquisa procurará focalizar as diversas referências no campo social dos ideários espiritualistas e não apenas a dimensão puramente religiosa. Ao mesmo tempo, muitos espiritualistas, como veremos, recusavam a ideia de representar uma nova religião ou alegavam ser uma religião completamente fora dos padrões estabelecidos pelas denominações tradicionais. Nesse sentido, o conceito de sociedades de ideias se aplica, ao permitir o entendimento sobre os significados sociais, políticos e culturais desses agrupamentos.

Nossa hipótese de trabalho reside na ideia de que em uma ordem social e política profundamente conservadora, pautada pelo patriarcalismo das relações sociais e pelo catolicismo, os espiritualistas expressaram uma proposta de sociabilidade que rompia com tal configuração. Defensores de ideários que encaravam de uma maneira muito própria a modernidade, auxiliaram no embate com o conservadorismo católico e na contestação de alguns dos paradigmas da época, contribuindo para o debate cultural em curso. Assumiram posições republicanas, liberais e alguns se apresentaram como socialistas e anarquistas, e dividiram espaço na sociedade paulistana em modernização com outros grupos que tiveram maior visibilidade por parte da historiografia.

Os centros espíritas e sociedades esotéricas passaram a ser uma das novas formas de convivialidade que surgiram em São Paulo e que agregaram parcelas diferenciadas da população paulista.

> [...] O processo de urbanização, marcado pelo crescimento espantoso do número de habitantes da cidade, vinha inscrito também no alastramento de vertentes do pensamento espiritualista: a difusão do espiritismo, as teorias e práticas relacionadas ao magnetismo animal, a ciência do ocultismo, a quiromancia e a cartomancia mesclavam-se às tradições existentes e acabavam por moldar práticas e figuras sociais multifacetadas. Além disso, aludiam ao clima de insegurança social, ao desenraizamento de populações estrangeiras e negras, às oscilações implícitas nos processos históricos em curso e, indiretamente, ofereciam um quadro revelador do custo social da urbanização (WISSENBACH, 1997, p. 9).

Liana Trindade observa que os conhecimentos de matriz espiritualista também despertaram o interesse de grupos intelectuais paulistanos que passaram a estudar e divulgar correntes culturais relacionadas ao mesmerismo, espiritismo, esoterismo, ocultismo, teosofia, psiquismo etc. A autora indica a proliferação de centros espíritas e lojas esotéricas e a importação de livros e objetos de inspiração espiritualista na cidade de São Paulo (TRINDADE, 1991, p. 134-138). Dessa maneira, parcelas da elite e das classes médias urbanas, relacionando-se com o avanço de um cosmopolitismo da cidade na época, se afastaram de uma religiosidade tradicional, ancorada no catolicismo que rejeitava os ideais da modernidade, e preferiram as doutrinas espíritas e esotéricas. Esses corpos de ideias encontraram em terras brasileiras ressonância principalmente entre grupos que desejavam o consumo de novos paradigmas de modernização, aliados das ideias racionalistas, cientificistas, evolucionistas, que superassem o tradicionalismo existente na sociedade, mas que não abandonassem uma visão religiosa do ser humano, pois, embora adotando o racionalismo como forma de pensamento dominante, mantiveram a crença na existência de Deus e os valores cristãos como norma de conduta. Assim sendo, o espiritualismo de matriz espírita ou esotérica, com verniz cientificista, parecia mais adequado aos novos tempos.

Os espiritualistas construíram maneiras específicas de encarar a modernidade racionalizante e secularizada, participando da construção de novas práticas culturais e sistemas simbólicos e rompendo com a sociedade católica tradicional. Formadas por agentes ou grupos intermediários em ascensão, na maioria das vezes sem vínculos com a elite dirigente, que pautavam a sua conduta de uma forma mais livre, sem imposições hierárquicas, ansiavam por outras formas de valorização e representação social. Possivelmente, viam no pertencimento a novas associações e círculos de convivialidade uma maneira de se locomover pelo espaço social em transformação.

Embora nosso *locus* de pesquisa principal seja a cidade de São Paulo, incorporamos outras cidades que sentiram essas transformações com ritmos diferenciados, seja derivada da expansão econômica ou pelas correntes migratórias, mas que também foram impactadas por esse torvelinho de ideias e visões de mundo e possuíram importantes movimentos espiritualistas.

Evidente que esses grupos, embora agregados no rótulo de "espiritualistas", estão longe de manter unidade ou homogeneidade que a um olhar externo possam aparentar, e a denominação recobre uma série de clivagens internas em termos doutrinários e sociais. Iremos trabalhar basicamente com dois grupos pertencentes ao chamado moderno-espiritualismo: os espíritas e os esotéricos. Reconhecemos que esse movimento de ideias abrigava outras correntes como magnetismo, ocultismo, teosofia, mas, tendo em conta que as informações fundamentais que compõe o *corpus documental* dessa pesquisa são derivadas da imprensa especializada e de instituições espiritualistas plenamente constituídas, os dois grupos inicialmente citados dominaram as ações nesse campo.

Encontros conceituais: sociedades de ideias e sociabilidades

Na Europa ocidental, os séculos XVIII e XIX presenciaram a proliferação de novas formas associativas, variadas em seus objetivos, mas com significados muito próximos, representantes de uma das frentes de configuração dos novos valores iluministas construídos em oposição ao Antigo Regime. Aymard demonstra que desde o século XVII já estavam sendo gestadas novas formas de convivialidade e sociabilidade, a partir de sociedades que funcionavam como locais de encontros e entretenimento, como cafés, clubes e livrarias, ambientes de afetividade e de formação da personalidade (1991, p. 457-458). Esses espaços foram pontos de reunião com fins educativos ou culturais, como a leitura de periódicos e livros, debates, apresentações musicais e teatrais, ou simplesmente para a prática de jogos. Possuíam um caráter diferente das instituições tradicionais, pois estavam assentadas na "adesão individual, voluntária, opcional e flexível", sendo a franco-maçonaria o modelo dessas sociedades (AYMARD, 1991, p. 457).

> ...O objetivo é o de uma sociabilidade muito genérica que tenderá a restringir-se para especializar-se na reflexão política ou nas discussões literárias, ou mais ainda nos lazeres das classes mais abastadas. Associação livre de qualquer obrigação e sem outro objetivo além de si mesma, o clube decide ignorar os laços com a família e estabelece no estado puro um novo modelo de sociabilidade restrita. Não há sigilo, nem iniciação, nem programa. Tampouco há referência à fraternidade. Nem compromisso com relação a pessoas, e sim a adesão de um simples código de conduta idêntico para todos os membros, que não proíbe nem impõe nenhuma relação preferencial com nenhum deles. A convivialidade libera-se das obrigações da amizade e da família... (AYMARD, 1991, p. 484)

Aymard apreende uma outra função para esses espaços sociais. Nesses lugares de encontros de pessoas e grupos sociais muitas vezes heterogêneos, mas que possuíam afinidades e interesses em comum, eles participavam de atividades e experiências que auxiliavam na edificação de uma identidade comum. Ao mesmo tempo, eram locais para a discussão de novos ideários, o que rompia com a lógica excludente da sociedade do Antigo Regime (AYMARD, p. 484-485).

Desenvolveu-se, portanto, um certo "espírito de associação", especialmente nos setores sociais em ascensão, isto é, nas camadas médias da sociedade, compartilhando experiências que possibilitaram transformações nos costumes e valores desses grupos. Essas associações representavam um espaço de reunião de pessoas em torno da aceitação de conhecimentos e ideias, ancoradas no princípio da igualdade social (AYMARD, p. 480-481).

Agulhon (1989) analisa esse processo que ele denomina de "sociabilidade das luzes" – e que iremos analisar mais adiante –, modelo que se desenvolveu nas décadas anteriores da Revolução de 1789, em que proliferaram associações voluntárias de homens que se organizaram para construir espaços nos quais poderiam jogar, passar a noite ou ler e comentar publicações. Nestes cafés, salões, sociedades ou gabinetes literários e, posteriormente, academias, estavam ausentes qualquer viés aristocrático e, ao se reunirem os homens, a despeito de viverem em uma sociedade de corporações, e constituírem posteriormente uma "vasta rede", significaram uma das iniciativas importantes para a desagregação do Estado monárquico (AGULHON, 1989, p. 55).

> Esses societários, polidos e cultivados por definição, eram revolucionários? Nem todos, como bem iria mostrar o futuro. Nem toda a vida intelectual era "esclarecida". Mas a nova sociabilidade que então se instituía, ainda assim, pode ser considerada liberal, em primeiro lugar porque veiculava, entre outras, as ideias das Luzes, e a seguir porque sua própria existência tinha um princípio liberal (AGULHON, 1989, p. 56).

O que caracteriza essas formas modernas de associação é a aceitação voluntária e livre dos seus membros, construindo um espaço de aprendizagem de ideias iluministas, nos quais se estabeleciam o debate entre iguais e ocorriam deliberações (AGULHON, 1989, p. 57). Portanto, essa escolha, livre de qualquer injunção, representava uma ruptura com os valores vigentes e conflitava com uma sociedade profundamente hierarquizada. Esse novo modelo de associação rompia com as esferas tradicionais da sociedade como a família e o Estado, e possuía um significado ligado à veiculação das ideias liberais e modernas, além de significar uma vivência democrática em um espaço caracterizado por relações igualitárias. Embora fossem espaços minoritários e característicos das camadas intermediárias em ascensão, acabaram se alastrando para outras camadas sociais, representando espaços de mediação cultural.

Esse novo "espírito de associação" recebeu um tratamento conceitual inovador por parte de alguns historiadores que se debruçaram em seu estudo, denominando-as de "sociedades de pensamento" ou "sociedades de ideias".

Sociedades de ideias e práticas associativas modernas

Na origem desse conceito está o historiador francês Augustin Cochin (1876-1916) que cunhou o termo "sociedade de pensamento", posteriormente divulgado como "sociedade de ideias" por Jean-Pierre Bastian. Cochin desenvolveu estudos que procuravam compreender as origens ideológicas da Revolução Francesa, e argumentou sobre a importância das chamadas "sociedades de pensamento" na elaboração das ideias políticas que sustentaram o processo revolucionário, defendendo que elas teriam sido um instrumento essencial na difusão das ideias iluministas na sociedade francesa revolucionária. A partir dessa caracterização, o autor, profundo crítico do processo revolucionário francês, efetuou uma série de análises do jacobinismo, fruto dessas sociedades, que não interessam diretamente a este trabalho.[3] Por suas conclusões polêmicas, seu trabalho ficou esquecido, e coube à François Furet (1989), resgatar parte das discussões propostas por Cochin.[4]

Furet, ao buscar esclarecer os elementos da futura consciência revolucionária que caracterizou a Revolução Francesa de fins do século XVIII e as instituições que mediaram essa nova consciência, resgata os trabalhos de Cochin. Para o autor, no interior da sociedade do Antigo Regime surgira uma nova sociabilidade política:

---

3 Para a elucidação das ideias de Cochin consultar: FURET, François. *Pensando a Revolução Francesa*. Rio de Janeiro: Paz e Terra, 1989.

4 Parte das polêmicas interpretações do autor podem ser lidas em: COCHIN, Augustin. *Les societes de pensee et la democratie moderne*. Disponível em: <http://misraim3.free.fr/divers2/SOCIETES.PDF>. Acesso em 18 nov. 2013.

> Mas a sociedade real reconstruiu de outro modo, em outra parte, fora da monarquia, um mundo da sociabilidade política. Mundo novo, estruturado a partir do indivíduo, e não mais de seus grupos institucionais, mundo fundado sobre essa coisa confusa que se chama opinião e que é produzida nos cafés, nos salões, nas lojas maçônicas e nas "sociedades". Podemos chamá-la sociabilidade democrática, mesmo que sua rede não se estenda ao povo todo, para exprimir a ideia de que as suas linhas de comunicação formam-se "embaixo" e horizontalmente, no nível de uma sociedade desagregada, onde um homem iguala-se a outro homem, entre os indivíduos dessa sociedade. A "opinião" é precisamente essa maneira obscura de dizer que algo se recompôs sobre o silêncio que envolve a pirâmide dos interlocutores tradicionais do rei da França, e a partir de princípios novos, mas que não estão claros para ninguém (FURET, 1989, p. 53-54).

Essa sociabilidade democrática se organizara em torno de novas instituições denominadas de sociedades de pensamento, como afirma Cochin, constituindo uma novidade na época por não estarem inseridas na dinâmica societal existente, mas ancoradas nos valores em ascensão da burguesia (FURET, 1989, p. 54-55). O historiador francês procura explicitar essas novas associações:

> O que é uma sociedade de pensamento? É uma forma de socialização cujo princípio consiste em que seus membros, para aí desempenharem seu papel, devem despojar-se de qualquer particularidade concreta e de sua existência social real. O contrário do que no Antigo Regime era chamado de "corpos", definidos por uma comunidade de interesses profissionais ou sociais, vividos enquanto tal. A sociedade de pensamento é caracterizada, para cada um de seus membros, somente pela relação com as ideias, e é nisso que ela prefigura o funcionamento da democracia. Pois a democracia também iguala os indivíduos em um direito abstrato, que basta para constituí-los: a cidadania, que engloba e define para cada um sua parte da soberania popular (FURET, 1989, p. 185-186).

Furet defende que a função dessas sociedades de pensamento teria sido a de estabelecer consensos, a partir da realização de discussões internas, e os difundir para toda a sociedade. Nesse sentido, esclarece que a concretização dessas sociedades foi facilitada pela existência de um conjunto de ideias, ou uma "comunhão ideológica" derivadas da filosofia iluminista da época que cimentaram essas associações (FURET, 1989, p. 212-213); portanto, as ideias veiculadas - ilustradas, racionais e laicas –, e os grupos sociais em ascensão, foram fundamentais para a organização dessas sociedades e o advento de novas sociabilidades políticas.

Essas importantes reflexões sobre a origem e os atributos das sociedades de pensamento, adquiriram impulso com as análises empreendidas por Jean-Pierre Bastian. Esse autor, especialista na história do protestantismo latino-americano, ao analisar a atuação de sociedades missionárias norte-americanas que se implantaram no México com o intuito de difundir as suas religiões entre o final do século XIX e início do XX, utiliza extensamente o conceito de sociedades de ideias no estudo dessas associações religiosas, demonstrando outros usos e apropriações desse conceito e de como ele pode iluminar outros objetos de estudo, estimulando reflexões inovadoras sobre o processo de modernização em sociedades caracterizadas por valores tradicionais, como as da América Latina.

Ao mesmo tempo em que analisa a atuação dessas sociedades missionárias protestantes à luz do conceito de "sociedades de ideias",[5] Bastian coteja a atuação de outras associações como lojas maçônicas, sociedades espíritas, círculos de operários, grêmios mutualistas, clubes políticos e chega à conclusão de que estas poderiam ser igualmente enquadrados naquele modelo de "sociedades de ideias".

Dessa maneira, demonstra como se desenvolveu no seio da sociedade mexicana um "espírito de associação", a partir do estudo de sociedades de cunho religioso. Para ele, as associações protestantes, bem como as espíritas e maçônicas, desempenharam um importante papel durante o processo que culminou na Revolução Mexicana, ao disseminarem valores liberais que se chocaram com a ordem tradicional. Seu estudo permite, assim, destacar a atuação de grupos minoritários, que não têm recebido a devida atenção por parte de pesquisadores, mas que atuam na desestabilização da sociedade ou na imposição de novas ideias, valores e práticas culturais (BASTIAN, 1989; 1990; 1994).

5 Bastian utiliza o termo "sociedades de ideias" no lugar de "sociedades de pensamento".

> [...] En contra de esta sociedad tradicional, de Antiguo Régimen, las sociedades de ideas fueron portadoras de la modernidad, en el sentido de que estructuraban nuevas formas de organización de lo social, ya no centradas sobre los antiguos cuerpos, sino en el individuo como actor político y social. Como escribe Furet: fueron una forma de socialización cuyo principio consiste en que sus miembros deben, para conservar en ella su papel, despojarse de toda particularidad concreta y de su real existencia social. La sociedad de ideas está caracterizada por el hecho de que cada uno de sus miembros tiene solamente una relación con las ideas, con los fines. En este sentido estas sociedades anticipan el funcionamiento de la democracia, pues ésta iguala también a los individuos dentro de un derecho abstracto que es suficiente para constituirlos en ciudadanía, que contiene y define la parte de soberanía popular que le corresponde a cada uno (BASTIAN, 1990, p. 7-8).

O autor não considera as sociedades protestantes, espíritas e maçônicas como seitas ou facções, seja pela conotação negativa que pode transparecer nessa noção, seja pelas características e iniciativas que elas expressam perante a sociedade:

> ... como porque ellas fueron más bién sociedades de ideas abiertas a la cultura y a la historia liberal que asimilaron y transmitieron. Además las obras de civilización (escuelas, hospitales) que fomentaron fueron constituidas con base en una relación abierta con la sociedad, en cuanto obras de una religión de vanguardia ideológica liberal. Al contrario, la secta se carateriza por el intento de elaborar una contra-sociedad que hace 'huelga' en la sociedad global en virtud de un repliegue sobre sí misma y por la falta de una relación con la cultura y con la historia que se refleja en una ideología anómica con fuerte contenido milenarista ahistórico que hace de la secta une religión del oprimido (BASTIAN, 1989, p. 16-17).

Na prática funcionavam como espaços de liberdade, pois, no interior dessas práticas associativas protestantes, espíritas, maçônicas e mutualistas residiam valores centrados em modelos de participação democrática, inexistentes na sociedade ou, pelo menos, negadas pelo Estado (BASTIAN, 1989, p. 310-311). Isso significa que as sociedades de ideias auxiliaram na formação de cidadãos que *pari passu* constituiriam um grupo político significativo, base de uma democracia representativa e de uma cultura política moderna (BASTIAN, 1994, p. 93).

Bastian destaca o sentido de pertencer a uma sociedade dessa natureza. O indivíduo rompia com a sociedade tradicional em termos ideológicos, religiosos, sociais e políticos. Essas associações se convertiam em "laboratórios" nos quais se construíam novas alternativas sociais e políticas (BASTIAN, 1990, p. 8).

> ... En estas nuevas asociaciones se forjó una renovada visión de la sociedad de tipo igualitario, fundada en la autonomía del sujeto social individual como actor democrático. En otras palabras, en estos laboratorios democráticos, el miembro de las sociedades de ideas se educaba en la práctica política moderna en cuanto individuo-ciudadano que ejercía su soberanía como parte de pueblo de electores (BASTIAN, 1990, p. 8).

Aqui reside uma das questões essenciais do trabalho de Bastian. Ao pesquisar o protestantismo, não intenta descrever a história das ideias protestantes, mas, ao procurar compreendê-lo como uma "ideologia dissidente", produtora de uma forma de associação específica, prefere se dedicar aos seus efeitos sociais e políticos nos países da América Latina, especialmente no México. Ele deixa claro o seu projeto ao afirmar que seu estudo "más que una 'historia del protestantismo', es una historia de los actores y de las sociabilidades protestantes" (1994, p. 9). Ele defende que, ao voltar a atenção para setores dissidentes que romperam com as práticas e crenças religiosas dominantes, vivenciando novas formas de associação, portanto, o estudo de um fenômeno marginal, pode oferecer a explicação de aspectos relacionados a uma realidade mais ampla que afetou toda a sociedade no período (1989, p. 16-17; 1994, p. 9).

Sob essa perspectiva, as sociabilidades religiosas projetam consequências sociais e políticas. O estudo de uma minoria religiosa e, consequentemente, de suas manifestações sociais não conformistas, pode fornecer o terreno adequado para considerar questões centrais do entendimento acerca do fenômeno do advento da modernidade, pois o ator social inconformista, ao produzir mudanças em função de suas divergências com as normas dominantes, possui um papel importante nas transformações sociais, podendo fornecer elementos de entendimento das evoluções globais de sociedades, como as latino-americanas. Essas sociedades estão inseridas em um espaço cultural e político dominado pela Igreja Católica majoritária, em processo de romanização, caracterizada pela resistência à modernidade. Para Bastian, essas novas sociabilidades, portanto, ao estabelecer tensões com as condutas e valores dominantes, fornecem pistas para se compreender os percursos da modernidade e as tensões existentes entre as novas condutas e aquelas herdadas (BASTIAN, 1994, p. 9-10).

Para o autor, essas sociedades protestantes, espíritas e a maçonaria, representavam uma cultura religiosa e política moderna em contraposição às formas de associação religiosas católicas tradicionais (BASTIAN, 1989, p. 15-16). Nesse sentido, o catolicismo tinha um caráter corporativo e patrimonial, ao privilegiar o grupo sobre o indivíduo, enquanto que as novas sociedades por ele estudadas portavam outras perspectivas alicerçadas na concepção moderna, posterior à Revolução Francesa, forjadas no livre arbítrio do indivíduo, nos direitos do cidadão e em uma concepção laica ancorada na separação entre Estado e Igreja (BASTIAN, 1989, p. 17).

> ... El surgimento de las nuevas formas de asociación religiosas encuentra su unidad en la existencia de una contradición estructural en el seno de la sociedad mexicana decimonónica entre el país real, cuya estructura social y política se basaba en un conjunto de relaciones y vínculos tradicionales de tipo corporativo y patrimonial, y el deseo de una minoría liberal de imponer un modelo teórico legal, la Constitución liberal, con la pretensíon de romper esas formas de asociación tradicionales para crear una sociedad moderna, en el sentido político, económico y social liberal (BASTIAN, 1989, p. 15).

Nesse particular, ele nos revela uma das principais características dessas sociedades, um profundo caráter anticlerical e de crítica à herança cultural proporcionada pela Igreja. Para fazer frente ao domínio tradicional da Igreja católica, elas construíram uma frente liberal anticatólica formada por protestantes, espíritas e maçons e que se colocaram em uma posição de enfrentamento com a ordem social católica e política da época (1989, p. 138). O autor destaca o anticlericalismo como um dos motes dessas redes de relacionamento tecidas por essas diferentes sociedades. Embora ele esteja refletindo em muitos momentos sobre a realidade mexicana, indica que esse processo também é característico de outros países da América Latina. Essas sociedades de ideias fizeram parte de "minorias liberais" que se colocavam ao lado de uma vertente mais radical do liberalismo, pois parcelas das oligarquias latino-americanas aproximaram-se da Igreja Católica no período, com o objetivo de manter a sociedade hierárquica tradicional, afastando-se dos princípios democráticos. Essas minorias forjariam um "contra modelo", que resistiu ao conservadorismo da Igreja Católica e pretendiam:

> ...desprenderse del catolicismo para así erradicarloy sustituirlo por valores religiosos y morales secularizados, inspirados en un cristianismo moderno, tipificado a su vez por el protestantismo ético forjador del individuo moral y socialmente responsable como sujeto de la acción política y social del Estado Moderno (BASTIAN, 1989, p. 312).

Bastian objetiva superar a peculiaridade de cada uma das sociedades de ideias e compreender o papel que elas possuíram no interior de um projeto global de mudança social e política no qual estavam inseridas (1990, p. 7). Procura demonstrar como essas sociedades formularam outros sentidos e importâncias em suas ações, na construção de redes de relacionamento e formando frentes pré-políticas em um processo modernizador. Nesses termos, o autor destaca a constituição de uma frente anticatólica organizada por protestantes, espíritas e outros radicais liberais em países da América Latina (1990, p. 7-8).

Em suma, seu projeto consiste em apresentar as formas de associação protestantes no México, embora se refira a outras organizações, relacionando-as com a história do liberalismo e com o tema da construção do Estado-Nação liberal (BASTIAN, 1989, p. 18-24). Desse modo, amplia o entendimento das sociedades de ideias, associando-as às dissidências políticas. Em sua proposta, assinala a necessidade de se estudar essas associações, contribuindo na revelação de uma geografia política dessas minorias, a partir da construção de redes opositoras aos conservadores, à Igreja Católica e a um certo liberalismo de cunho autoritário que se formou nesses países, o que favorecerá a compreensão de outros níveis das mudanças políticas que ocorreram em nosso continente (1990, p. 8-9). Nesse processo, oferece novos elementos para se compreender o protestantismo, a maçonaria e o espiritismo, superando uma visão desqualificadora existente e arraigada na historiografia:

> ...que se limitaban a ver en el protestantismo una mera injerencia foránea o una conspiración desnacionalizadora; en el espiritismo, un

> mero esoterismo especulativo; y en la masonería, un fenómeno que fue importante durante la primera mitad del siglo, y decadente luego. [...] Estas formas de socialización no fueron únicamente un frente anticatólico, sino más bien redes prepolíticas portadoras de la modernidad en contra de la sociedad profunda, corporativista, que – por cierto – encontró en el catolicismo romano, y en su modelo aristotélico-tomista de sociedad patrimonial, su mejor baluarte (BASTIAN, 1990, p. 9).

Nesse aspecto, procura descrever essas sociedades de ideias em uma rede de relações mais amplas, pois elas possuíam em comum uma rede de ideias, cuja diretriz era a luta contra a Igreja Católica e contra as forças conservadoras. Os grupos sociais envolvidos eram originários de setores em transição na sociedade, afetados pelas transformações que a introdução do capitalismo proporcionou e distantes da participação política, como artesãos, operários, comerciantes, funcionários, pequenos proprietários rurais, pretendendo romper com as pautas corporativas de domínio político, religioso e cultural (BASTIAN, 1989, p. 314; 1994, p. 94). Esses grupos sociais, por intermédio dessas novas associações exerciam o papel de mediação e difusão das ideias liberais no seio da sociedade civil.

Importante notar que outros trabalhos procuraram demonstrar a articulação do espiritismo com a construção de uma cultura política em outros países, como a Colômbia. *Gilberto Loaiza Cano* descreve como o espiritismo representou uma manifestação intelectual e política de grupos que não se identificavam com o radicalismo de dirigentes liberais, nem com o conservadorismo das instituições católicas, além de ter sido uma dissidência político-religiosa que assegurou campo para outras expressões políticas como as do anarquismo e do socialismo.

> De modo que podemos referirnos al espiritismo como una de las variantes de la disidencia político-religiosa que contribuyó a afianzar, entre fines del siglo XIX y comienzos del XX, las expresiones políticas del anarquismo y del socialismo (García, 1980). Ese extraño pero corriente vínculo que hubo entre espiritistas, socialistas y anarquistas sólo sería explicable a la luz de un examen del entramado de la cultura política popular, con su capacidad de reinterpretación y de reinvención.
>
> El espiritismo fue una práctica que se difundió entre grupos sociales muy diversos, entre abogados y médicos aldeanos, entre impresores,

> mujeres y artesanos autodidactas. Su práctica fue un desafío a las variantes de la cultura de elites; no se asimilaba ni a la divulgación científica oficial que hizo el liberalismo radical durante la reforma educativa del decenio de 1870, ni al mensaje institucional e intransigente del catolicismo. Fue una práctica que se popularizó mediante la prensa artesanal que solía exaltar actitudes librepensadoras y hasta ateas, sobre todo en el decenio de 1870 (CANO, 2009, p. 17-18).

As sociedades de ideias foram, portanto, lugares de construção de alternativas e de novas visões sobre o mundo. Essas sociedades representaram uma forma de disseminação dessas ideias modernas, liberais, socialistas, racionalistas e cientificistas. As discussões de Furet e Bastian apresentam a existência de novas sociabilidades que florescem a partir de espaços e instituições capazes de gerar novas correntes de ideias em meio a uma sociedade conservadora, projetando conflitos e auxiliando na transformação social. Nesse momento, torna-se necessária a explicitação de outro conceito que se relaciona diretamente com o de sociedades de ideias: a discussão em torno das sociabilidades.

O conceito de sociabilidade

Esse novo "espírito de associação", surgido na Europa com o advento da chamada "modernidade", e que tem nas sociedades de ideias a sua expressão mais nítida, foi analisado por outros historiadores, embora sem a aceitação explícita deste conceito, em trabalhos que estudaram as novas sociabilidades resultantes destas transformações. Podemos dizer que o conceito de sociedades de ideias converge para o de sociabilidade, pois a compreensão desse processo está, em grande parte, inserida em associações formais produtoras de sociabilidades.

Habitualmente, o termo "sociabilidade" é utilizado de forma livre pelos historiadores, sem qualquer definição ou reflexão acerca do conceito. Tendo em vista a problemática principal de nossa pesquisa, optamos por definir teoricamente o termo a partir de determinada tradição historiográfica, mesmo tendo em vista a amplitude das possibilidades teóricas do termo. De imediato, podemos afirmar que a sociabilidade está vinculada ao comportamento coletivo de grupos, realizado em espaços específicos, nos quais os indivíduos estabelecem relações, convivialidades, elos de amizade e compartilham uma série de experiências significativas em comunhão, construindo identidades. Representam, assim, espaços nos quais os historiadores podem mergulhar o seu olhar para compreender as novas formas de relacionamento e afetividade em determinados grupos sociais específicos e suas associações. Os espaços e formas de sociabilidade são muito variados, congregando desde sociedades de ideias com sedes próprias até outros locais públicos, como ruas, praças, festas etc.

O termo "sociabilidade" era associado a processos de convívio social, tendo uma grande amplitude, sem ter sido definido e dimensionado como uma categoria histórica. O conceito em estudos históricos está formulado desde 1966, nas reflexões do historiador francês Maurice Agulhon, em sua tese complementar à "tese de Estado", ou de terceiro ciclo, na qual analisa associações como confrarias religiosas, clubes e lojas maçônicas, demonstrando a riqueza e importância que essas sociedades de cunho fraternal, religiosas ou laicas, tiveram na edificação de uma nova sociabilidade, norteadora de comportamentos específicos e de uma ideia de "civilização" com feições liberais.[6] Nesse trabalho, ele observa que:

> ...Se consideraba que la densidad y la vitalidad de los grupos sociales organizados, así fueran burgueses o populares, laicos o religiosos, expresaban la aptitud general de uma plobación a vivir intensamente las relaciones públicas (sociabilidad), y que es aptitud reconocida (o, más exatamente, sospechada, entrevista, supuesta) en Provenza caracterizaba el temperamento regional (meridional) (AGULHON, 2009, p. 30).

Nesse momento, Agulhon identifica a sociabilidade com os temperamentos coletivos, isto é, à vida comunitária, aos encontros e grupos sociais específicos (AGULHON, 1989b, p. 36-37), defendendo que a Provença, ainda que com uma feição rural, se transformou em uma região que apoiava a democracia e a república, o que

6 AGULHON, Maurice: *La sociabilité méridionale* (Confréries et associations dans la vie collective en Provence orientale à la fin du XVIIIe siècle). 2 v., Aix-en-Provence: La Pensée Universitaire, 1966. Após ter sua primeira edição esgotada em pouco tempo, uma segunda edição recebeu o título de *Pénitents et Francs-Maçons de l'ancienne Provence.* Essai sur la sociabilité méridionale. Paris: Fayard, 1968. Os pesquisadores que se basearam em suas interpretações advertem que ele não criou o termo "sociabilidade", mas sim o operacionalizou. O próprio Agulhon afirma que se utilizou do termo do historiador Fernando Benoît (1892-1969), mas o reconstruiu a partir de outros parâmetros (AGULHON, 1989b, p. 36).

pode ser compreendido pela sociabilidade existente em esferas como as confrarias. Sob essa perspectiva, a do associacionismo burguês que proliferou no século XIX, o autor procura apreender as características da sociedade burguesa com o surgimento de homens públicos que assumiriam novas atuações sociais. Isso significa que o ambiente construído nessas associações, a partir de um espaço de livre associação caracterizado pelo debate e troca de ideias, se relacionava com o surgimento do cidadão, estando ligado a uma espécie de "pedagogia" democrática.

> A minha "invenção" consistiu simplesmente na amálgama que se fez quase espontaneamente no meu espírito entre esses três temas de origens muito diferentes: 1) O provençal é facilmente acessível à democracia porque adora a vida social organizada; 2) Diz-se sociável porque essa prática de vida social organizada está incluída naquilo que se chama, por facilidade, o temperamento regional; 3) Essa sociabilidade da qual a vida associativa é a forma principal vem do antigo regime, pelo menos, e comporta constância e unidade através da diversidade dos tipos de associação sucessivos (AGULHON, 1989b, p. 37).

Essas associações são "personagens históricos" que podem fornecer muitas informações sobre os grupos sociais em questão e as práticas e representações tecidas entre eles; portanto, representam "um grande fato social" (AGULHON, 2009, p. 40). Essa problemática está em seu trabalho inaugural, que discute esse conceito a partir de uma realidade regional, mas, posteriormente, redefiniu suas bases para estudos nacionais mais abrangentes (AGULHON, 1989b, p. 36-37). Em outros trabalhos, se dedicou a desnudar os elementos característicos dessas associações, como os cafés e círculos burgueses, todas elas portadoras desse caráter associativo voluntário e ilustrado. O próprio autor reconhece que o trabalho inicial possuía algumas fraquezas teóricas e que procurou reorganizá-las, a partir da reavaliação da identificação entre sociabilidade e "temperamento meridional", afastando-se da história da Provença e aproximando-se de um campo mais aberto, nacional, ultrapassando as associações formais e refletindo sobre associações não formalizadas do cotidiano, demonstrando a vastidão que o conceito pode abarcar, ao levar em consideração diversas expressões da vida coletiva (1989b, p. 46-47).

Nesse sentido, não mais considera sociabilidade e associacionismo como sinônimos, pois a sociabilidade pode brotar de forma natural e espontânea, ligada a processos relacionados às ações dos sujeitos, movimentos sociais dos mais variados etc. Pilar González-Bernaldo indica que Agulhon avançou na definição da sociabilidade, distinguindo-a como modalidade de interações e associação como estrutura formal (AGULHON, 2009, p. 24-25). Já Jean-Louis Guereña, afirma que:

> En un texto corto y relativamente poco conocido, el propio Agulhon nos ha ofrecido una definición relativamente concisa que consideramos como la más global e integradora de diversas formas de sociabilidad, entendiendo por tal "los sistemas de relaciones que relacionan a los individuos entre sí o que les reúnen en grupos, más o menos naturales, más o menos forzosos, más o menos estables, más o menos numerosos". Unos años más tarde, insistirá en esta cuestión de la formalización de la sociabilidad, en la aptitud a constituir y consolidar grupos humanos (GUEREÑA, 2003, p. 413).

Fica claro que, embora ele tenha ampliado as perspectivas do seu conceito, suas pesquisas voltaram a se concentrar no estudo das associações formais, confrarias, maçonaria, círculos burgueses, 'chambrées', isto é, em estudos concretos de formas de sociabilidade associativas. Ele se dedicou a analisar outras associações como clubes e círculos de outra natureza, os vínculos constituídos e o tipo de relação entre os seus participantes. Partindo do interesse pelas sociabilidades burguesas, posteriormente dedicou-se a formas de sociabilidade de origem popular.

Suas pesquisas levaram a uma ampliação temática do conceito. A noção de sociabilidade foi utilizada para compreender espaços muito variados como associações formais e informais, como cafés, clubes, praças, ruas, festas, vida familiar, sociedades de trabalhadores, militares, esportivas etc.; possibilitando apreender diversas manifestações da vida coletiva (GUEREÑA, 2003, p. 413). Alguns autores reconheceram a importância de Agulhon, demonstrando que o conceito de sociabilidade possui uma enorme aplicabilidade nos estudos historiográficos. Michel Vovelle destaca a centralidade do conceito de sociabilidade para a História das Mentalidades e indica que a sociabilidade tinha sido explorada no século XIX, mas sob um viés conservador, enquanto Agulhon a empregou em favor de uma história social nova (VOVELLE, 2004, p. 226). Peter Burke coloca Maurice Agulhon no grupo de historiadores mais próximos do núcleo central dos *Annales*, e como um dos principais estudiosos que se dedicaram à política na história contemporânea (1991, p. 7).[7]

Em um estudo relacionado às suas preocupações primordiais, mas atrelado à questão nacional, *El círculo burgués*, Agulhon concentra-se na forma típica da sociabilidade burguesa expressa na formação dos círculos, "associações voluntárias de tipo moderno" que surgiram entre fins do século XVIII e início do XIX na França (AGULHON, 2009, p. 41 e 49). Esses locais de reunião masculinos, sem fins lucrativos e sem a presença de mulheres, eram organizados para atividades diversificadas, como conversar, ler periódicos ou jogar, e representavam uma forma singular de sociabilidade, masculina, laica e ancorada em práticas igualitárias, valores modernos que se contrapunham aos salões aristocráticos. O círculo, que assumia formas variadas como sociedades literárias, embora não fosse essencialmente um local político, influenciava a formação política de seus participantes ao possibilitar a coletivização da vida e a saída do âmbito privado para o público. O autor demonstra que muitas mudanças nos costumes sociais estavam vinculadas aos círculos. A modernidade, assim, também passava pelo processo de constituição de associações formais na sociedade, ao permitir a construção de novos valores e atitudes. Ele informa que os círculos expressam uma das características do individualismo burguês, utilizado muitas vezes como meio para conseguir mais facilmente as comodidades da vida material ou as realizações da cultura (AGULHON, 1994 p. 51-56).

Agulhon também analisa sociedades de origem popular, as 'chambrées', os círculos de configuração camponesa característicos de aglomerados de pequenos proprietários rurais (AGULHON, 1994, p. 17-18). Para o autor, essas associações haviam construído um tipo de sociabilidade próxima dos círculos burgueses, e serviram de instrumento de difusão de ideais republicanos e socialistas no departamento do Var no período da II República. Para o autor as 'chambrées' ou 'chambrettes':

7 Importante notar que esse instrumental conceitual foi pouco usado por historiadores brasileiros; possivelmente porque as obras de Maurice Agulhon sobre o conceito de sociabilidade não foram traduzidas para o português. Para um inventário das pesquisas brasileiras que utilizaram desse conceito ver: MÜLLER, Dalila. *"Feliz a população que tantas diversões e comodidades goza"*: espaços de sociabilidade em Pelotas (1840-1870). São Lepoldo, 2010. Doutorado em História. Universidade do Vale do Rio dos Sinos - UNISINOS, p. 28-29.

> ... podia significar círculo, club, associación, así como el lugar de reunión. Obsérvense las numerosas *chambres littéraires* que tenemos registradas por doquier en el siglo XVIII. La particularidad occitana consiste en conocer esta institución a nivel popular, de ahí el nombre de *chambrette* (chambreto), que significa *chambre* de la gente menuda, y no *chambre* pequeña; como figura retórica equivale al término *petit lycée* para referirse a la 'parte del liceo que alberga los salones de clase de los pequeños' (AGULHON, 1994, p. 53).

Embora essas questões transcendam as preocupações dimensionadas nessa pesquisa, devemos citar brevemente que essa discussão sobre o advento de novas sociabilidades na modernidade se relaciona com as discussões de Jürgen Habermas acerca da edificação de uma esfera pública alicerçada em espaços que surgiram no século XVIII, como sociedades literárias, lojas maçônicas, clubes e cafés, lugares de discussão e de crítica racional (HABERMAS, 2003, p. 43-68). Peter Burke chama a atenção para essa questão, ao salientar que a esfera pública comporta as associações voluntárias e instituições informais nas quais são mais visíveis os efeitos políticos do "capital social" (BURKE, 2012, p. 125). O autor observa, ainda, que o conceito de esfera pública, de acordo com as formulações de Habermas, auxilia nos estudos dessas instituições informais como cafés, clubes, salões, academias, maçonaria, pois elas representam uma rede de associações voluntárias ou grupos de pressão política, o que identifica como "comunidades discursivas" (BURKE, 2012, p. 126).

As reflexões de Maurice Agulhon se articulam com as de Jean-Pierre Bastian, oferecendo um importante instrumental teórico para compreender as sociabilidades a partir de estudos referentes às novas formas associativas que brotam no interior de sociedades de ideias, as quais dispõem de diversas funções, sociais, políticas e culturais. Estamos nos referindo a espaços de interação social nos quais se desenvolvem vínculos afetivos, solidariedades, identidades, e imaginários culturais. Para outros autores, essa proposta pode ser enriquecida se levar em consideração a análise da produção discursiva dessas sociedades.

> Tengamos en cuenta que la sociabilidad nos habla de un *espacio social* donde se dan una producción y unos intercambios discursivos, pero también donde se establecen unas relaciones fraternas, emotivas y en

> cierta medida equitativas. En ese sentido, el análisis de la sociabilidad se refiere a una serie de espacios sociales – no solamente de lugares – donde se presenta dicho fenómeno. Por lo tanto, uno de los objetivos fundamentales del análisis de la sociabilidad debería ser más esa producción discursiva y la manera en que se cruzan sus distintos niveles de relación, que los elementos meramente formales bajo los cuales se produce. Esto permitiría analizar la sociabilidad en términos mucho menos restrictivos respecto al de las formalidades producidas por un sector social minoritario (GUARÍN-MARTÍNEZ, 2010, p. 34).

Intelectuais e espaços associativos

Essa última reflexão acima, nos remete a outro conceito importante em torno do qual nossa pesquisa foi construída. Trata-se da noção de intelectual, de acordo com as análises empreendidas por Jean-François Sirinelli. Este autor, ao analisar os intelectuais como "atores do político", indica a polissemia que o termo carrega, observando que:

> A abordagem extensiva do feudo intelectual, de qualquer modo, constitui apenas uma faceta do estudo dos intelectuais. Estes últimos também podem ser reunidos em torno de uma segunda definição, mais estreita e baseada na noção de engajamento na vida da cidade como ator – mas segundo modalidades específicas, como por exemplo a assinatura de manifestos –, testemunha ou consciência. Uma tal acepção não é, no fundo, autônoma da anterior, já que são dois elementos de natureza sociocultural, sua notoriedade eventual ou sua "especialização", reconhecida pela sociedade em que ele vive – especialização esta que legitima e mesmo privilegia sua intervenção no debate da cidade –, que o intelectual põe a serviço da causa que defende. Exatamente por esta razão, o debate entre as duas definições é em grande medida um falso problema, e o historiador do político deve partir da definição ampla, sob a condição de, em determinados momentos, fechar a lente, no sentido fotográfico do termo (SIRINELLI, 2003, p. 243).

Essa discussão relaciona-se com os conceitos acima expostos de sociedade de ideias e de sociabilidades, pois em muitos espaços associativos ligados à produção cultural se estabelecem intelectuais, isto é, agentes que galgaram determinadas posições no interior de um grupo a partir da veiculação de discursos considerados legítimos. Esses intelectuais se organizam "em torno de uma sensibilidade ideológica ou cultural comum e de afinidades mais difusas, mas igualmente determinantes, que fundam uma vontade e um gosto de conviver" (SIRINELLI, 2003, p. 248).

Como veremos, muitas das sociedades de ideias estudadas nessa pesquisa, foram dirigidas por intelectuais que se "engajaram na vida da cidade" e se articularam em torno de periódicos que serviam para a divulgação de suas práticas e imaginários, o que a nosso ver indica que esses agentes contribuíram, de fato, na formatação de "feudos intelectuais". Sirinelli defende o vigor dessa análise ao evidenciar que

> O meio intelectual constitui, ao menos para seu núcleo central, um "pequeno mundo estreito", onde os laços se atam, por exemplo, em torno da redação de uma revista ou do conselho editorial de uma editora. A linguagem comum homologou o termo "redes" para definir tais estruturas. Elas são mais difíceis de perceber do que parece.
>
> Entre as estruturas mais elementares, duas, de natureza diferente, parecem essenciais. As revistas conferem uma estrutura ao campo intelectual por meio de forças antagônicas de adesão - pelas amizades que as subtendem, as fidelidades que arrebanham e a influência que exercem – e de exclusão – pelas posições tomadas, os debates suscitados, e as cisões advindas. Ao mesmo tempo que um observatório de primeiro plano da sociabilidade de microcosmos intelectuais, elas são aliás um lugar precioso para a análise do movimento das ideias. Em suma, uma revista é antes de tudo um lugar de fermentação intelectual e de relação afetiva, ao mesmo tempo viveiro e espaço de sociabilidade, e pode ser, entre outras abordagens, estudada nesta dupla dimensão (SIRINELLI, 2003, p. 248-249).

Esses intelectuais se organizam em torno de ideias e sensibilidades afins e possuem como suporte de suas iniciativas os textos impressos cuja circulação é fundamental para desempenharem seus papeis na divulgação de projetos. Ao mesmo tempo, compõem redes e estratégias de relacionamento, exercendo atração e influência sobre grupos sociais, bem como construindo rivalidades e rupturas, características dessas micro sociedades (SIRINELLI, 2003, p. 249-250).

> Mas a sociabilidade também pode ser entendida de outra maneira na qual também se interpenetram o afetivo e o ideológico. As "redes" secretam, na verdade, microclimas à sombra dos quais a atividade e o comportamento dos intelectuais envolvidos frequentemente apresentam traços específicos. E, assim entendida, a palavra sociabilidade reveste-se portanto de uma dupla acepção, ao mesmo tempo "redes" que estruturam e "microclima" que caracteriza um microcosmo intelectual particular. Poderíamos multiplicar os exemplos de tais microcosmos (SIRINELLI, 2003, p. 252-253).

Essas redes de sociabilidade podem ser entendidas como microclimas na acepção do autor. Ele apresenta uma importante contribuição ao notar os processos de transmissão cultural realizados nesses meios intelectuais e o papel de indivíduos que auxiliam na aclimatação de ideias e na construção de identidades (SIRINELLI, 2003, p. 258). Dessa maneira, o conceito de intelectual, de acordo com as formulações empreendidas por Sirinelli, integra-se ao de sociedades de ideias e sociabilidades: os intelectuais se movem no interior desses espaços produtores de sociabilidade, auxiliando na construção de representações sociais. Aqui é importante frisar que o autor coloca, como um projeto importante a ser empreendido, a abordagem das relações existentes entre as ideologias produzidas pelos intelectuais e a cultura política de uma época, estabelecendo uma metodologia através da pesquisa e exegese de seus textos impressos (SIRINELLI, 2003, p. 245).

Poucos foram os trabalhos no país que procuraram articular esses conceitos, destacando-se os de Ângela de Castro Gomes (1996; 1999), que realiza um importante trabalho para a nossa discussão teórica, ao procurar apreender a ação de grupos de intelectuais que teceram redes de sociabilidade no Rio de Janeiro nas primeiras décadas do século XX. Ela demonstra de forma clara a importância dos periódicos para o entendimento de questões concernentes ao funcionamento desses "espaços de sociabilidade", através dos quais os grupos se organizam para interferir no espaço público, defendendo suas propostas e debatendo com a sociedade em seu entorno. Ela adota a seguinte definição de intelectual:

> ...A opção, nesse caso, foi adotar uma concepção mais restrita de intelectual, que privilegiasse a ideia do produtor de bens simbólicos envolvido direta ou indiretamente na arena política. Esse "pequeno

> mundo", no dizer de Jean-Paul-Sartre, é composto por especialistas no processo de criação e transmissão cultural, que despertam a atenção dos envolvidos com o "círculo do poder político" por suas capacidades de interpretar a realidade social e produzir "visões de mundo" (GOMES, 1996, p. 38-39).

Ângela Gomes demonstra como os conceitos de sociabilidade e de intelectuais estão interligados na análise historiográfica. Ela indica que o meio intelectual representa um espaço social no qual se articulam diversas relações, que denomina de "lugares de sociabilidade", locais que se organizam com o intuito de divulgar as suas propostas culturais, como escolas, associações intelectuais, revistas e salões, e que nos indicam "movimentos de produção e circulação de ideias" (GOMES, 1996, p. 42-43). Em outro trabalho, ela destaca que:

> De um lado, aquela contida na ideia de "rede", que remete às estruturas organizacionais, mais ou menos formais, tendo como ponto nodal o fato de se constituírem em lugares de aprendizado e de trocas intelectuais, indicando a dinâmica do movimento de fermentação e circulação de ideias. De outro, aquela contida no que a literatura especializada chama de "microclimas", que estão secretados nessas redes de sociabilidade intelectual, envolvendo as relações pessoais e profissionais de seus participantes. Ou seja, se os espaços de sociabilidade são "geográficos", são também "afetivos", neles se podendo e devendo captar não só vínculos de amizade/cumplicidade e de competição/hostilidade, como igualmente a marca de uma certa sensibilidade produzida e cimentada por eventos, personalidades ou grupos especiais. Trata-se de pensar em uma espécie de "ecossistema", onde amores, ódios, projetos ideais e ilusões se chocam, fazendo parte da organização da vida relacional (GOMES, 1999, p. 20).

Em um trabalho que busca apreender a atuação de grupos de intelectuais cariocas nas primeiras décadas do século XX, que teceram redes de sociabilidade na cidade e propuseram projetos relacionados ao "Brasil moderno", a autora emprega essa noção de "lugares de sociabilidade" construídos por intelectuais com o intuito de debater e propagar ideias, estabelecendo determinadas redes de articulação

(GOMES, 1999, p. 10-11). Esses intelectuais estavam organizados em torno de duas revistas (*Festa* e *Lanterna Verde*) produtoras de projetos estéticos e interpretações alternativas sobre a noção de "Brasil moderno" que a autora procura desvendar (GOMES, 1999, p. 20-22).

> Por essa razão, a opção pela abordagem acaba por enfatizar – como objeto e fonte, simultaneamente –, o trabalho com periódicos, correspondências, casas editoras, cafés, livrarias e associações culturais, enfim, como diversificados 'lugares de sociabilidade' onde os intelectuais se organizariam, mais ou menos formalmente, para construir e divulgar suas propostas. Pelo mesmo fato, tais pesquisas enfrentam sempre questões polêmicas, pelas quais os intelectuais, ao mesmo tempo, inserem-se no campo cultural mais abrangente do qual são contemporâneos, e nele procuram demarcar fronteiras capazes de lhes assegurar identidades individuais e coletivas. De maneira mais operacional, a abordagem procura mapear as ideias, valores e comportamentos que alicerçam a formação dos grupos intelectuais, objetivando compreender as genealogias que inventam, os formatos organizacionais que elegem e as características estéticas e políticas de seus projetos (GOMES, 1999, p. 10-11).

Em um período marcado pela proposição de diversos projetos de modernidade e de busca da identidade nacional para o Brasil, esses intelectuais apresentaram seus projetos específicos. Dessa maneira, aborda outros projetos de modernidade existentes naquele período. Para isso, privilegia em sua abordagem os intelectuais como produtores de ideias no interior de um campo específico, no qual se desenvolvem vínculos e relações. Ela interpreta os intelectuais que escreviam nas revistas, compreendendo as múltiplas visões constituídas acerca do modernismo, diferentes da visão construída por outros grupos dominantes.

Para tratar da noção de "espaços de sociabilidade", Ângela Gomes faz uma interessante reflexão sobre a noção de ambiência, contida nesses espaços. Para ela, portanto, o ambiente é a cidade, um "microclima estético" que une as pessoas em torno de determinados ideários, construindo um ambiente cultural multifacetário. Podemos pensar, assim, que no interior da cidade existem microclimas, sensibilidades, que surgem nesse "caldeirão" da modernidade, e que possibilitam às pessoas se unir em torno de ideias e associações. Neste ambiente cultural indivíduos de várias classes sociais se "movem" e se "comunicam", entrando em contato com uma multiplicidade de ideias. A cidade é um espaço dotado de variados e contraditórios sentidos sociais, no interior do qual se desenvolvem lutas simbólicas:

> ...Esse espaço é, portanto, produto e produtor das ações dos atores individuais e coletivos que nela vivem. Dito de outra forma, investigar quaisquer manifestações culturais sob a ótica do urbano é trabalhar com a cidade enquanto um campo de possibilidades que delimita as escolhas realizadas por seus atores, dando a elas significados apreensíveis pelas próprias experiências por eles compartilhadas. No caso dos intelectuais, que são profissionais da produção simbólica, a dialética entre o contexto urbano em que produzem e os projetos estéticos-políticos presentes em seus trabalhos seria particularmente interessante e complexa. Isto porque eles são indiscutivelmente atraídos e atraentes pelo e para o campo político maior, procurando com ele interagir, mas dele guardando uma certa autonomia, entendida como fundamental para o exercício livre da criação cultural (GOMES, 1990, p. 23).

Com efeito, as leituras de Bastian, Agulhon, Sirinelli e Gomes, nos levam a considerar um campo de produção de ideias e de bens simbólicos no interior desses espaços associativos, nos quais se aglutinam muitos agentes, construindo "circuitos alternativos para o debate e circulação de ideias" (GOMES, 1999, p. 12). Nessa perspectiva, nosso trabalho também se relaciona com o conceito de campo intelectual na definição proposta por Bourdieu (2007, p. 183-202).

Entendemos por campo social – artístico, intelectual, religioso –, um sistema de relações pautado por lutas simbólicas e de competição entre os agentes, cujas regras possuem uma dinâmica própria, os quais intentam definir estratégias para estabelecer aquilo que pode ser considerado legítimo, adquirindo capital simbólico e construindo a hegemonia no interior do campo (BOURDIEU, 2004, p. 172; ORTIZ, 1982, p. 24). Esses agentes/intelectuais em disputa no interior de um dado campo se dividem em grupos, na busca por posição de prestígio, atuando em torno da legitimidade cultural (BOURDIEU, 2004, p. 169-170).

> A conivência entre os agentes determina o consenso a respeito da situação, ou seja, o que merece ser ou não levado em consideração. O

> consenso se fundamenta, pois, no desconhecimento, pelos agentes, de que o mundo social é um espaço de conflito, de concorrência entre grupos com interesses distintos. Esse desconhecimento corresponde a uma 'crença coletiva' que solda, no interior do campo, agentes que ocupam posições assimétricas de poder... (ORTIZ, 1983, p. 24).

Adquire, dessa forma, um sentido maior o estudo de instituições e agentes produtores de bens simbólicos, como, no nosso caso, instituições espiritualistas.

> Como microcosmos, os campos (filosófico, literário, artístico, jurídico, religioso, científico etc.) constituem mundos sociais idênticos, dotados de concentrações de poder e capital, monopólios, relações de força, conflitos e, ao mesmo tempo, universos de exceção, quase miraculosos, nos quais as máscaras da razão se encontram entranhadas na realidade das estruturas e das disposições.
>
> Cumpre, assim, focalizar as formas específicas de interesse, de energia, de pulsão, de investimento, que orientam os agentes em suas lutas pela conquista das moedas correntes em cada um deles.
>
> Nessa acepção de um regime de racionalidade, soldado por constrições racionais, o campo equivale a uma estrutura de trocas sociais, dependente de disposições que fazem operar o sistema simbólico que lhe é inerente, ajustado às regras que o definem e que se impõem aos agentes com a força de um constrangimento lógico e social, ou seja, da ordem de uma experiência vivida e reconhecida pelos agentes como prenhe de sentido e significação conforme os princípios daquele universo de exceção regrada (MICELI, 2003, p. 72-73).

Por último, nossa pesquisa igualmente se relaciona a outro conceito. Essas sociabilidades construídas em espaços que denominamos de sociedades de ideias, cujos agentes intelectuais em disputa possuem um papel preponderante, se relacionam com o compartilhamento de novos comportamentos e imaginários ligados, como vimos, aos processos de modernização.

> Estas nuevas formas de sociabilidad implicaron la emergencia de un imaginario que ponía su acento en el individuo, donde "lo esencial

> no es el grupo al que alguien se incorpora, sino el individuo que se asocia". A partir de ellas, el cuerpo social se fue transformando, y lentamente otros sectores de la sociedad se fueron permeando con las ideas que estos reducidos grupos iban configurando (GUARÍN-MARTÍNEZ, 2010, p. 29-30).

Igualmente importantes, são, portanto, as análises realizadas por Bronislaw Baczko acerca dos imaginários sociais, produto de experiências coletivas que comportam ações e sensibilidades de um dado grupo social, e que articula determinados valores, normas e representações, portadores de sentidos e identidades.

> Os imaginários sociais constituem outros tantos pontos de referência no vasto sistema simbólico que qualquer colectividade produz e através da qual, como disse Mauss, ela se percepciona, divide e elabora os seus próprios objectivos. É assim que, através dos seus imaginários sociais, uma colectividade designa a sua identidade; elabora uma certa representação de si; estabelece a distribuição dos papéis e das posições sociais; exprime e impõe crenças comuns; constrói uma espécie de código de "bom comportamento", designadamente através da instalação de modelos formadores tais como o do "chefe", o "bom súbdito", o "guerreiro corajoso", etc. Assim é produzida, em especial, uma representação global e totalizante da sociedade como uma "ordem" em que cada elemento encontra o seu "lugar", a sua identidade e a sua razão de ser [cf. Ansart 1974, p. 14]. Porém, designar a identidade colectiva corresponde, do mesmo passo, a delimitar o seu "território" e as suas relações com o meio ambiente e, designadamente, com os "outros"; e corresponde ainda a formar as imagens dos inimigos e dos amigos, rivais e aliados, etc. O imaginário social elaborado e consolidado por uma colectividade é uma das respostas que esta dá aos seus conflitos, divisões e violências reais ou potenciais. Todas as colectividades tem os seus modos de funcionamento específicos a este tipo de representações. Nomeadamente, elaboram os meios da sua difusão e formam os seus guardiões e gestores, em suma, o seu "pessoal" (BACZKO, 1985, p. 309).

Baczko argumenta que o imaginário é "uma das forças reguladoras da vida coletiva" (BACZKO, 1985, p. 309). Essas interpretações são significativas para se compreender as "referências simbólicas", interpretações, valores, condutas e experiências que brotam no interior dessa vida coletiva compartilhada pelos grupos que pertenceram às associações estudadas por esta pesquisa.

> ... Os imaginários sociais fornecem, deste modo, um sistema de orientações expressivas e afectivas que correspondem a outros tantos estereótipos oferecidos aos agentes sociais: ao indivíduo relativamente ao seu grupo social; aos grupos sociais relativamente a sociedade global, as suas hierarquias e relações de dominação, etc... (BAZCKO, 1985, p. 311).

Todas as considerações acima arroladas se referem à reconhecida renovação dos campos historiográficos, especialmente no que se refere à História Cultural, a partir do resgate de novos temas e objetos, ampliando os estudos não apenas para "as grandes correntes de ideias e seus nomes mais expressivos", mas para agentes e grupos pouco estudados, como é o caso dos espiritualistas, mas que compartilharam experiências e ideologias que se relacionaram com o campo social e as interpretaram de diferentes formas, construindo novos significados sociais (PESAVENTO, 2008, p. 15). Dessa maneira, o entendimento acerca desses significados sociais de novos atores sociais, e suas formas de pensamento dissidentes, podem fornecer pistas para a compreensão de um determinado processo histórico.

Fontes e metodologia

A partir da análise conceitual acima, observado o pouco interesse que a historiografia brasileira externa aos grupos espiritualistas, e examinando a extensa documentação produzida por eles – ainda não avaliada por outros pesquisadores –, verificamos a necessidade de elaborar uma pesquisa que apresentasse algumas de suas contribuições para a sociedade da época e sua participação nas transformações que nela ocorriam.

Nosso objetivo consiste em compreender o processo de inserção das sociedades espiritualistas (espíritas e esotéricas) e sua difusão, entre 1890 e 1930, em um processo de secularização crescente e de institucionalização das doutrinas espiritualistas no Brasil. Nosso enfoque abrange as sociedades de ideias espiritualistas e suas lideranças intelectuais que dirigiram órgãos de imprensa espiritualista. Embora o recorte temporal proposto nesta pesquisa pareça ser extraído de uma tradicional periodização política da história nacional, ele corresponde a um período de construção do campo espírita e esotérico em São Paulo, com o surgimento de importantes instituições, periódicos e agentes intelectuais, bem como de expansão de suas atividades.

Na construção do trabalho proposto foi fundamental o entendimento dos condicionamentos sociais e doutrinários, compreendendo as linhas de ação empreendidas por esses grupos. Por isso, inicialmente nos ocupamos dos grupos denominados genericamente de espiritualistas, por compartilharem referências culturais e doutrinárias. Com a leitura das fontes, observamos que a maioria dos grupos se identificava como espíritas e poucos eram os que se denominavam esotéricos, teósofos ou ocultistas, conseguindo perceber divisões internas e especificidades inconciliáveis no interior do movimento, o que pode ser entendido a partir das polêmicas travadas nos periódicos. Em muitos momentos esses termos se confundiam, sendo apresentados como um mesmo movimento de ideias, embora representem tradições espiritualistas distintas; optamos por diferenciar os grupos em espíritas e esotéricos, tendo em vista que a maioria das sociedades se autodenominava espírita, e a maior instituição espiritualista da época se denominasse Círculo Esotérico da Comunhão do Pensamento, e possuísse características distintas das demais. Nesse momento, preferimos tratá-las como espíritas e esotéricas para melhor distinguir as diferenças internas e os projetos concorrenciais entre essas sociedades.

Os caminhos metodológicos percorridos levaram em consideração a produção de discursos e propostas veiculados pela imprensa especializada, com o objetivo de identificar práticas sociais promovidas por esses agentes espiritualistas. Intentamos examinar as doutrinas em questão e acompanhar o percurso de parte desse movimento em São Paulo, edificado em associações formais, a partir das fontes encontradas, com o objetivo de compreender o caráter das sociabilidades constituídas.

A partir das premissas teóricas assumidas nessa pesquisa, a investigação historiográfica ocorreu tendo como modelo o projeto de Jean-Pierre Bastian, que esclarece a necessidade de desnudar as ideias transmitidas por esses grupos, as raízes sociais dos militantes das sociedades de ideias e a reconstrução da geografia da introdução dessas novas formas associativas (BASTIAN, 1990, p. 12). Simultaneamente, objetivamos compreender o meio histórico no qual estavam inseridos esses grupos de intelectuais espiritualistas; apreender o conteúdo de sua produção e a formação de seus projetos culturais; e perceber a vida associativa que brota desses espaços e as formas de sociabilidade surgidas a partir de sua organização. Nesse sentido, pudemos estabelecer as redes de sociabilidade tecidas entre os grupos espiritualistas e entre outros grupos sociais.

A delimitação do objeto de pesquisa ocorreu principalmente a partir de fontes documentais de caráter serial, isto é, a imprensa especializada produzida pelas associações espiritualistas. Nesse processo, o conteúdo veiculado pelos diversos periódicos, captando o sentido dos imaginários e valores disseminados, foi fundamental para compreender o papel social que esses grupos almejavam perante a sociedade. A reconstrução do significado que essa produção intelectual assumiu e os debates que caracterizaram aqueles grupos são importantes para compreender a dinâmica de sociabilidade produzida por eles. Dessa maneira, as sociedades espiritualistas, seus intelectuais e órgãos de imprensa estão no centro da explicação que se pretende realizar nessa pesquisa. No entanto, levamos em consideração a heterogeneidade dessa imprensa, pois cada associação se empenhou na divulgação doutrinária a partir de projetos editoriais muito distintos entre si. Nesse particular, procuramos apresentar as tomadas de posição dos agentes intelectuais dessas sociedades, que procuravam construir espaços de legitimação em um campo espiritualista em formação no momento. Pensar em associações que atuaram no período da Primeira República significa também pensá-las em torno de uma pauta em comum, o que as colocavam em comunicação com a sociedade ao seu redor. E essas pautas relacionaram-se, principalmente, com o anticlericalismo, o livre-pensamento e o processo de secularização.

Para a compreensão desse processo, Heloisa Cruz afirma que a imprensa pode oferecer maior “visibilidade a outras práticas associativas, revelando vivências de grupos sociais intermediários e surpreendendo novas dimensões da vida cultural dos grupos sociais fundamentais” (CRUZ, 2000, p. 64). Dessa maneira, as fontes seriais permitem resgatar dimensões diferenciadas do rico universo cultural que se formava em São Paulo entre os séculos XIX e XX ao servir como porta-vozes de determinados grupos.

Trabalhar com essa gama de periódicos, alguns com uma série longa, nos possibilitou explorar diversas questões.[8] Nosso intuito foi o de percorrer esse universo de representações e práticas construídas por agentes tão heterogêneos, mas, acima

8 Na transcrição das citações das fontes utilizamos a ortografia atual para facilitar a leitura.

de tudo, refletir sobre as sociabilidades construídas. O inventário de práticas e ideias era necessário para não nos dispersarmos nesse amálgama de contribuições.[9]

No diálogo com as fontes procuramos percorrer os ideários constantes nessas associações, buscando apreender a dinâmica de seus projetos e os espaços de sociabilidade construídas a partir desses ideários. Efetuamos o mapeamento das sociedades de ideias espíritas e esotéricas, salvaguardando as suas identidades específicas, várias vezes enunciadas nos impressos, e averiguando a especificidade de seus discursos. Isso foi realizado a partir da leitura sistemática de sua produção periódica, analisando os temas e discursos apresentados. Nesse aspecto, levamos em consideração tanto a imprensa espiritualista de curta duração, característica de parte do periodismo paulista no período, bem como os impressos que possuíram um ciclo de vida maior, o que possibilitou o trabalho com séries razoavelmente longas.

Uma outra razão da escolha da imprensa periódica espiritualista como *corpus documental* fundamental para a pesquisa, é explicada pelo fato de ser ela praticamente a única documentação disponível acerca dessas sociedades. Outros suportes documentais, como livros de atas, não se encontram acessíveis, seja porque o material não foi conservado, ou porque algumas instituições não permitiram a sua consulta; portanto, procuramos nos concentrar no que era mais visível. Esses periódicos foram localizados em arquivos públicos, mas, principalmente, em acervos de instituições espíritas e esotéricas.[10]

Para a pesquisa dos periódicos utilizamos algumas referências, como o conhecido estudo de Affonso de Freitas de 1915 sobre a imprensa paulista[11]. O inventário apresentado sobre a imprensa periódica foi a principal diretriz, embora muitos dos periódicos citados não tenham sido localizados. Outras referências

9 Uma preocupação secundária desta pesquisa consiste em contribuir com os trabalhos que abordaram séries temáticas de revistas especializadas e que, de acordo com Ana Luiza Martins, carecem de mais estudos (2008, p. 24-26).

10 Nesse processo foram fundamentais os acervos do Centro de Cultura, Documentação e Pesquisa do Espiritismo - Eduardo Carvalho Monteiro, Memorial Cairbar Schutel, Sinagoga Espírita Nova Jerusalém e Círculo Esotérico da Comunhão do Pensamento, além do acervo particular de Washington Luiz Nogueira Fernandes.

11 FREITAS, Affonso A. de. *A imprensa periódica de São Paulo desde os seus primórdios em 1823 até 1914*. São Paulo: Typografia do "Diário Official", 1915.

foram os livros de pesquisadores espíritas sobre a imprensa espírita, nem sempre abarcando as revistas de cunho esotérico.[12]

Ao mesmo tempo, foram consultados periódicos da grande imprensa local da época, como *O Estado de S. Paulo*, *Diário de São Paulo*, *Correio Paulistano* e o *Commercio de São Paulo*, com o objetivo de compreender de forma mais ampla as nuances referentes à inserção social desses agentes moderno-espiritualistas, bem como a ressonância social de seus projetos e imaginários, duramente criticados ou elogiados por essa imprensa. Também foram utilizadas algumas edições do periódico espírita *Reformador*, editado pela Federação Espírita Brasileira (FEB) no Rio de Janeiro. A FEB se projetava no período almejando se transformar em uma espécie de instituição dirigente do movimento espírita brasileiro e se comunicava com os espíritas paulistas, produzindo artigos nos quais acenava de forma favorável às associações ou, então, discordando de suas condutas e produzindo uma série de conflitos.

Outras fontes consultadas que nos forneceram subsídios e informações complementares foram os *Almanaques* e os *Anuários estatísticos* de São Paulo, para compreender melhor a repercussão dos espiritualistas na cidade e o mapeamento do ciclo de vida de sua imprensa, bem como das outras obras sociais levadas a cabo. Ao cotejarmos as informações obtidas nas fontes espiritualistas com os *Anuários*, identificamos uma outra face da invisibilidade desses grupos em São Paulo naquele período.

Por último, incorporamos alguns estatutos, o que nos permitiu averiguar certas nuances acerca do funcionamento das instituições, encontrados em *Diários oficiais*. Também consultamos a bibliografia produzida por esses agentes, principalmente livros e opúsculos, em especial os editados por Cairbar Schutel, muitos dos quais são frutos de polêmicas nas páginas de seu jornal e posteriormente publicados, e livros produzidos por agentes clericais que dialogavam com os espiritualistas.

Discussão bibliográfica

O espiritismo, ou por vezes as várias doutrinas espiritualistas tomadas em seu conjunto, não recebeu suficiente atenção por parte dos estudiosos, como foi notado por alguns pesquisadores. Emerson Giumbelli observa a insuficiência de

12 MONTEIRO, Eduardo Carvalho. *100 anos de comunicação espírita em São Paulo* - 1881-1981. São Paulo: Madras, 2003b; RAMOS, Clóvis. *A imprensa espírita no Brasil* - 1869-1978. Juiz de Fora: Instituto Maria, s.d..

estudos por pesquisadores de ciências humanas em detrimento da importância cultural, social e histórica do espiritismo, o que pode ser verificado pelo número de adeptos, pelos milhares de sociedades espíritas existentes, por suas obras filantrópicas e publicações (GIUMBELLI, 1997, p. 21).

No campo da história, os trabalhos são mais raros, visto que os realizados se concentraram nas áreas de antropologia e sociologia, que procuraram de forma mais detida compreender o lugar dessas doutrinas no campo religioso e cultural brasileiro. Não é nosso objetivo realizar uma revisão global dessa literatura, examinando o conjunto de trabalhos já escritos, pois isso já foi realizado por outros pesquisadores como o citado Emerson Giumbelli (1997, p. 17-28). Selecionamos apenas estudos que se relacionam diretamente com a nossa temática.

Ao longo da pesquisa averiguamos que as práticas e imaginários produzidos pelos grupos espiritualistas em São Paulo não despertaram um significativo interesse acadêmico. Dos raros trabalhos existentes, esses grupos foram analisados apenas de forma tangencial, a partir de pesquisas que se empenharam em compreender o lugar das religiões de origem afro-brasileira na sociedade paulista, e nenhum desses trabalhos se utilizou de forma extensiva da documentação produzida por esses grupos.

Liana Trindade (1991) analisa as construções míticas e interpretativas da vida social paulista do século XVIII ao XX, revelando a enorme diversidade cultural existente nas relações raciais e de classe no período. Sua preocupação consiste em compreender os elementos que interferiram na dinâmica interna dos cultos afro-brasileiros e, sob esse aspecto, estuda o espiritismo e o esoterismo, constatando interferências mútuas entre esses diferentes sistemas doutrinários. Neste processo de compartilhamento de crenças e rituais mágicos provenientes de culturas diversas, europeias, africanas e indígenas, a autora prefere o conceito de "interpenetração" ao invés de "sincretismo", pois essas relações aculturativas seriam um processo aberto, e não uma síntese, e este implicaria

> ...a justaposição produtora de sistemas culturais, pois se torna insuficientes para a verificação dos diversos graus de internalização dos elementos culturais exógenos na cultura endógena, de origem. O emprego deste conceito obscurece na noção de síntese a análise das estruturas de conhecimento divergentes, que compõem este processo de encontro cultural (TRINDADE, 1991, p. 48).

Através de fontes jornalísticas, a autora averiguou investigações policiais em torno de acusados de curandeirismo e feitiçaria, demonstrando casos nos quais foram introduzidos elementos culturais espíritas e esotéricos nas crenças de origem africana. Nesse encontro entre culturas diferentes, entre cultos afro-brasileiros e práticas e ideias espíritas e esotéricas, muitos agentes procuraram reconstruir suas identidades religiosas. De acordo com a autora, existiram formas diferentes de apropriação do discurso espírita, dependente da origem social dos adeptos e seus simpatizantes.

> Enquanto que nas zonas rurais predomina o catolicismo popular, nos centros urbanos o kardecismo expande-se durante as últimas décadas do século, expressando-se de maneira diferente, em função da classe social de seus adeptos. A classe média emergente aceita a retórica do discurso "científico" do espiritismo, enquanto que as camadas pobres da cidade procuram nesta religião a interpretação de seus infortúnios e as formas terapêuticas da cura realizada pelos espíritos (TRINDADE, 1991, p. 104).

Trindade observa pontos de contato entre o espiritismo e os rituais bantos de incorporação mediúnica, sendo que estes últimos encontraram no primeiro uma forma de legitimação em um contexto de perseguições às culturas e religiões afro-brasileiras. Para isso, analisa a terapia voltada às doenças físicas e mentais, que considera um dos fatores para a consolidação do espiritismo em solo brasileiro. A autora argumenta que as sessões de cura dos bantos invocavam espíritos como ocorria igualmente nas sessões espíritas, cujos médiuns incorporavam espíritos para a instrumentalização de sua terapêutica, o que conferia traços de similitude entre as propostas terapêuticas. Desse modo, determinadas crenças e ritos trazidos pelo espiritismo já faziam parte do universo de representações da cultura brasileira (TRINDADE, 1991, p. 140-142). Para Liana, o espiritismo e o esoterismo teriam trazido uma profunda mudança nas religiões populares e na forma de encará-las, e introduziu novas formas de encarar os diversos aspectos da realidade.

> Neste contexto situacional de extensão ou superposição das estruturas sociais rurais na vida social da cidade compreende-se a presença de sistemas míticos, ou seja, formas cognitivas integradoras de componentes mágicos "rurbanos".

> Os cultos esotéricos e o espiritismo científico, expressões do cosmopolitismo e modernização, contrapõem-se no meio urbano à continuidade histórica da magia ritualizada existente no catolicismo popular de origens étnicas europeias e "caboclas" (TRINDADE, 1991, p. 153-154).

Trindade demonstra como alguns praticantes de atividades mágico-religiosas procuraram sintetizar conhecimentos diversos, como o espiritismo, o esoterismo e elementos provenientes da religiosidade popular e, nesse encontro de concepções de mundo, redefiniram as relações sociais e reconstruíram novas interpretações (TRINDADE, 1991, p. 154-155); assim, a cidade permitiu a interpenetração de elementos culturais presentes em distintos universos mágico-religiosos, a partir de encontros entre tradições culturais diferentes.

A partir do entendimento dessas manifestações religiosas urbanas, a autora construiu uma tipologia interessante para se compreender as manifestações da religiosidade popular encontradas em São Paulo, e foi quem mais se aproximou da realidade em torno da atuação dos espiritualistas na cidade, desnudando as diferenças entre alguns grupos e agentes existentes. Em um primeiro nível ela aponta os conhecimentos relacionados ao magnetismo, ocultismo e esoterismo; em segundo lugar os centros espíritas kardecistas; em terceiro os curandeiros, benzedores e milagreiros; em quarto a magia europeia e, por último, a macumba. Sobre os centros espíritas ela afirma que:

> ...A sua estrutura de significações compreende a temática do espiritismo científico (magnetismo, evolução kármica etc.) interpretada conforme as concepções do Dr. Bezerra de Menezes, destacando a crença na intervenção dos espíritos na existência humana.
>
> Assim como ocorrera com o conhecimento esotérico, o espiritismo surge em uma situação urbana e seus agentes religiosos fazem prevalecer o caráter cientificizado de suas crenças, ao mesmo tempo que as tornam, na prática, operacionais, dirigidas à resolução imediata dos problemas apresentados pela clientela.
>
> O ritual simbólico do transe mediúnico configura as formas de comunicações dos homens com os espíritos, manifestados mediante o discurso dos espíritos, da prática médica da escrita psicografada, da corrente mediúnica e passes mágicos.

> Predomina a consulta individualizada do cliente com o médium, embora haja reuniões dos adeptos nas sessões mediúnicas e públicas. Durante o atendimento às doenças físicas, estabelece-se uma relação significativa entre a medicina oficial e a mediúnica, quando o espírito de um médico exerce o ofício e os componentes farmacológicos e hospitalar da medicina operam no contexto dos significados cognitivos do espiritismo (TRINDADE, 1991, p. 165).

Maria Cristina Wissenbach (1997) apresenta um dos primeiros trabalhos na área de história que se interessaram pelos ideários espiritualistas em São Paulo, embora de forma tangencial. Tal como Trindade, a autora aborda essas doutrinas na sua relação com as "correntes mágico-religiosas" de origem popular, considerando o espiritismo no rol dessas práticas presentes na cultura popular.

Ao analisar o significado dessas práticas em São Paulo, nas primeiras décadas do século XX, Wissenbach percebe a reconfiguração feita pelos seus praticantes ao amalgamarem uma diversidade de tradições culturais distintas com as doutrinas espiritualistas, acrescentando e readequando essas tradições. Para a autora, o ambiente urbano paulistano foi propício para essa situação, palco do encontro de etnias e tradições culturais variadas; nesse sentido, o processo de urbanização em curso auxiliou na elaboração dessa "cultura mágico-religiosa" em contato com outras correntes de pensamento mítico, presentes em visões de mundo e experiências sociais de parcelas da população (1997, p. 8-9). Ela demonstra a maneira pela qual essas ideias se projetaram na sociedade, conquistando setores populares e o preconceito existente em relação à cultura e à religiosidade popular pela elite do período.

> ...Entre imigrantes, homens vindos do interior e remanescentes do regime escravista, a efervescência espiritualista agia de maneiras variadas, por vezes liberando crenças há muito existentes, por outras autorizando práticas de vários matizes que se ajustavam à nova linguagem. Mesclando-se a ritos de origem afro-brasileira, plasmando-se a procedimentos mágicos de benzedeiras e curandeiras trazidos do catolicismo popular e da medicina mágica, o espiritualismo substanciava uma miríade de práticas de diferentes feições. Entre elas, vale assinalar ainda nos finais do século XIX a chamada macumba paulista e carioca, delineada em seus múltiplos sincretismos, e os centros espíritas de caráter taumatúr-

> gico, destinados sobretudo a atender as populações desprotegidas pelo ambiente urbano (WISSENBACH, 1997, p. 95-96).

A intenção da autora é avaliar o relacionamento das doutrinas espiritualistas com a cultura dos grupos populares: essas ideias espiritualistas saíram do universo específico das elites e adentraram a partir de diferentes interpretações nas práticas de curandeiros, cartomantes e benzedeiras.

> ...Sistematizado em meados do século por Alan Kardec, na França, rapidamente se projetou como doutrina aberta e passível de ser expressa e veiculada de múltiplas formas; considerado a um tempo como religião, filosofia e ciência, aliando essa feição às propostas pragmáticas voltadas à de formação de entidades de auxílio mútuo, caritativas, orientadas ao atendimento dos setores desprotegidos da sociedade, adequou-se a expectativas diferenciadas. Através de seus conteúdos cientificistas, preenchia as demandas dos setores urbanos mais ilustrados; através dos passes magnéticos e das ações de incorporação como procedimentos de cura, ajustava-se ao caráter taumatúrgico de grande parte dos ritos de benzedeiras, curandeiros, catimbozeiros etc. Além de não se colocar frontalmente contra as tradições do catolicismo profundamente enraizadas nas populações brasileiras, ao contrário propondo reinterpretações evangélicas, guardava com as demais correntes elementos em comum: a possibilidade de comunicação com o sobrenatural através dos transes e da mediunidade, a crença na imortalidade da alma, a utilização de magnetismos para os diagnósticos e exorcismos dos infortúnios e doenças; núcleos em comum que possibilitaram sua ampla injunção a ritos de origem afro-brasileira, às largas tradições vindas do catolicismo popular e do curandeirismo (WISSENBACH, 1997, p. 97).

Embora a autora apresente uma síntese das ideias espiritualistas, sua preocupação essencial, como em outros trabalhos que estamos analisando, reside na compreensão dos ritos populares em reconfiguração ao contato com essas doutrinas. Ela defende que o espiritismo forneceu uma nova linguagem a cultos variados sem romper com a unidade dessas crenças, concedendo "elementos de contemporaneidade" o que aumentava a legitimação desses "curandeiros e feiticeiros" (WISSENBACH, 1997, p. 98). Ao mesmo tempo,

> Não impondo a princípio rituais pré-determinados e autorizando a cada grupo organizar sua liturgia em função dos interesses prioritários de seus membros, o espiritismo além disso 'democratizava' poderes que antes eram prerrogativas de indivíduos especiais, colocando ao alcance do homem comum a possibilidade de contato com as forças sobrenaturais, transformando o sagrado transcendente em mágico imanente, no dizer de estudiosos (WISSENBACH, 1997, p. 98).

Outro trabalho que se inscreve nas preocupações dessa pesquisa é o de Paulo Koguruma (1998), que aborda as ressignificações e interpenetrações que as religiões afro-brasileiras sofreram através de diversas tradições religiosas e culturais em São Paulo entre 1890 e 1920. Como nos trabalhos anteriormente mencionados, a preocupação do autor reside no entendimento da realidade das religiões afro-brasileiras em solo paulistano, e de como elas sofreram processos de síntese culturais a partir do encontro com elementos culturais diversos, inclusive, os provenientes da modernidade europeia (KOGURUMA, 1998, p. 15-25).

Sobre as tensões entre as práticas e crenças espiritualistas, o autor avalia que elas se proliferaram na cidade a partir de lojas de ciências esotéricas e centros espiritualistas que sofreram interpretações ambíguas por parte das elites cosmopolitas da sociedade paulistana. Embora fossem aceitas as suas concepções científicas e evolucionistas, rejeitavam as suas práticas terapêuticas por meio da incorporação mediúnica, na medida em que estabeleciam mediações com práticas e crenças provenientes das camadas populares.

> Nesse sentido, esse espírito cientificizante espraiava-se na sociedade brasileira e atingia algumas dimensões ligadas às práticas e crenças mágico-religiosas relacionando-as com a configuração do imaginário da época. Como demonstra Liana Maria Sálvia Trindade, ao tratar das representações simbólicas que entrecortavam a sociedade brasileira da *Belle Époque*, além dos matizes apresentados pela ampla gama de nuanças do catolicismo em terras brasileiras e dos sistemas de conhecimento mágico-religiosos ligado às tradições afro-brasileiras, havia

> também outras clivagens nesse universo de representações do imaginário da sociedade. Naquele momento, as práticas e crenças mágico-religiosas se configuravam em uma hierarquia de saber que perpassava o corpo social e incidia no cotidiano dos centros urbanos mais cosmopolitizados. Tratava-se da penetração e aceitação das diversas concepções espiritualistas e esotéricas no Brasil, cujas configurações comportavam, em um espírito de erudição e experimentação científicos, a reinterpretação de diversos elementos pertencentes às tradições mágicas do conjunto do acervo cultural dos países do continente europeu, como por exemplo Alemanha, França e Inglaterra. Esse acervo cultural comportava elementos culturais relacionados às tradições europeias, tais como a filosofia hermética, a magia natural, o mesmerismo, o magnetismo animal, o ocultismo ou, ainda, as considerações sobre a perenidade das almas ou as discussões sobre a reencarnação dos espíritos (KOGURUMA, 1998, p. 185-186).

A reprovação ao espiritismo em suas consequências terapêuticas, construídas em solo brasileiro, ocorria pela sua aproximação às práticas mágico-religiosas da população negra, condenadas na época como "superstições deploráveis", próximas do fetichismo e distantes dos valores da civilização, o que demonstraria tensões entre esses sistemas doutrinários (KOGURUMA, 1998, p. 198-199). Existiria, assim, uma tendência por parte da elite, e dos agentes espiritualistas, em diferenciar as suas práticas negando os possíveis relacionamentos com os elementos de raiz popular.

Lísias Negrão (2004) examina a inserção do espiritismo na sociedade paulistana em contato com as religiões de matriz afro-brasileira. Ele observa a dificuldade em identificar as práticas espíritas na cidade de São Paulo entre o Império e a República, pois o espiritismo se constitui como um termo genérico e ambíguo, utilizado no período para identificar tanto casos de rituais de origem europeia quanto para os de origem negra (NEGRÃO, 2004, p. 557). Para ele, por exemplo, um artigo de jornal acusando um feiticeiro, mesmo negro, de práticas de curandeirismo, oráculo ou espiritismo, não permite, necessariamente, entendê-la como de origem africana.

O autor cita o caráter associativo do espiritismo e de como as associações forjaram centros de sociabilidade, analisando brevemente alguns exemplos. Também descreve algumas características presentes nos chamados "alto" e "baixo" espiritismo, fazendo uma distinção entre o espiritismo como uma sociabilidade pertencente às "altas rodas" da sociedade de então (NEGRÃO, 2004, p. 566). É mais um autor que demonstra que os elementos mágicos e religiosos africanos se sincretizaram com outros elementos cristãos e espíritas na capital paulista no período (NEGRÃO, 2004, p. 558).

Esses princípios também foram demonstrados por Henrique Sugahara Francisco, ao analisar as representações construídas pelo jornal paulistano *A Capital* sobre feiticeiros, curandeiros, cartomantes e médiuns. O autor esclarece que o periódico construiu uma imagem associada ao atraso e à imoralidade para esses agentes, ao passo que os espíritas e ocultistas recebiam comumente matérias favoráveis, por serem doutrinas baseadas em fundamentos científicos e estarem de acordo com o ideal civilizatório propagado pela elite (FRANCISCO, 2011, p. 10).

O autor concorda, como os anteriores, que ocorreu um processo de sincretismo, ou interpenetração, entre os elementos advindos do espiritismo e do esoterismo e as fórmulas dos cultos afro-brasileiros e indígenas em São Paulo do período, e enfatiza as diferenças nas formas de tratamento de parcelas da sociedade em relação a essas práticas. Ele analisa o processo de constituição das noções de "alto espiritismo" e "baixo espiritismo", defendendo que, enquanto a primeira seria protegida na época, as críticas ocorreriam em relação à segunda, forma sincretizada com os cultos de matriz africana, indígena e o catolicismo popular.

Os estudiosos acima elencados concordam que as doutrinas e práticas de origem moderno-espiritualistas tiveram a sua penetração facilitada pelo ambiente urbano paulistano, que sofria injunções da sociedade capitalista em expansão, e de suas interpretações ideológicas que estabeleciam modelos para as elites nacionais. Nesse processo, o ambiente cultural da cidade, pautado por uma multiplicidade de referências étnicas e culturais, em contato com as ideias espiritualistas europeias, facilitou uma série de reconstruções das culturas religiosas existentes em São Paulo, principalmente as das camadas subalternas da sociedade, produzindo sincretismos religiosos e demonstrando a acolhida dessas ideias no imaginário social do período.

Os autores acima, sinteticamente apresentados, desnudaram a complexidade da presença e do enraizamento das práticas mágico-religiosas afro-brasileiras na sociedade paulistana e a sua relação complexa com as religiões ditas espiritualistas. Eles atestam a existência de um circuito espiritualista na cidade, demonstrando os relacionamentos existentes entre este circuito e a religiosidade popular, mas não se detiveram na análise desse circuito nem da compreensão das instituições espiritualistas, que possuíram significados múltiplos para o período.

Desse modo, o entrecruzamento entre formas de crenças e práticas mágicas e religiosas, no qual estavam inseridos curandeiros, benzedeiras, tanto de matriz afro-brasileira, como do catolicismo popular, e espiritualistas, com origens diferentes, mas que se imbricavam nesse momento, sofrendo processos de ressignificação, foram estudados de forma competente pelos autores. Os autores igualmente demonstraram em seus trabalhos as perseguições sofridas por aqueles que exercitaram práticas mágico-religiosas de origem popular. Para a sua sobrevivência, procuraram reelaborar suas práticas e imaginários associando-as ao espiritismo ou ao esoterismo, buscando garantir aceitação maior e legitimação social. O espiritismo e as outras doutrinas espiritualistas possibilitaram a mediação entre conhecimentos diferentes, provenientes das camadas populares e das elites.

Em que pese a contribuição significativa desses estudos, no entendimento dos circuitos de magia e feitiçaria na cidade, nos parece que avançaram de forma limitada sobre a elucidação do campo espiritualista na cidade de São Paulo, e os analisaram brevemente, no que se refere aos seus agentes e sistemas doutrinários, não apresentando de forma mais ampla suas contribuições ao universo cultural paulistano, nem das características dessas associações como sociedades de ideias, promotoras de novas sociabilidades. Embora se relacionassem com outras religiões e práticas religiosas, são sistemas doutrinários que possuem as suas cosmogonias, práticas e imaginários específicos, e nos parece carecer uma análise que não leve em consideração essas doutrinas apenas em termos de seus relacionamentos, ou em termos de complementação ou oposição, como foi observado por Sandra Jacqueline Stoll, no tocante à literatura antropológica sobre o espiritismo (STOLL, 2004, p. 183-184).[13]

Nossa abordagem pretende preencher algumas lacunas existentes na historiografia, buscando o entendimento sobre a especificidade da presença dos grupos espiritualistas em São Paulo e em outras cidades paulistas. Ao tematizar esses grupos e intelectuais, buscamos indagar se eles estariam tão facilmente alocados no

13 No mesmo texto, Stoll observa que mais significativo do que entender o espiritismo em suas relações construídas com as religiões de matriz afro, seria entender as relações estabelecidas com o catolicismo, fundamental na constituição de sua identidade no Brasil. In: Narrativas biográficas: a construção da identidade espírita no Brasil e sua fragmentação. *Estudos Avançados*, São Paulo: IEA, v. 52, n. 18, p. 181-199, 2004.

interior de um projeto de elite ou teriam as suas contradições. Visamos, portanto, compreender quais eram os agentes intelectuais envolvidos, concedendo voz a estes interlocutores.

Com efeito, observamos, ainda, outros trabalhos significativos que se relacionam com as discussões aqui empreendidas, demonstrando a viabilidade de estudos que procuram elucidar a contribuição dos ideários espiritualistas no Brasil[14]. Artur Isaia possui uma produção acadêmica voltada às questões que se relacionam diretamente com a nossa temática de pesquisa. No capítulo "Espiritismo, República e Progresso no Brasil", ele faz um importante apanhado das ideias espíritas desde a sua origem francesa e sua inserção no Brasil, espaço no qual sofreu ressignificações a partir de seu contato com a realidade sociocultural do país na época. O tema norteador é a República, regime endossado pelo espiritismo, ao se comprometer com os valores cívicos e com as práticas de cidadania, e ao criticar o regime monárquico, ligado ao catolicismo e aos antigos privilégios (ISAIA, 2007, p. 291-292). Embora o espiritismo não tivesse sido um fenômeno de massas, sendo praticado pelas elites letradas, foi um discurso que se identificou com as noções de progresso e civilização. Ao analisar alguns artigos presentes no periódico *Reformador*, o autor demonstra o discurso da FEB em defesa da efetivação dos princípios republicanos:

> A leitura do jornal da Federação Espírita Brasileira no final do século XIX evidencia que, para muito além do mero assistencialismo aos menos favorecidos e das peculiaridades de sua inserção no mercado religioso brasileiro, o Espiritismo desenvolveu um esforço para credenciar-se como aliado não desprezível das forças contrárias à perpetuação da monarquia. Posicionando-se em contato íntimo com discursos que advogavam a superioridade da república, a vanguarda da Federação Espírita articulou a 'terceira revelação' a uma leitura processual e evolutiva da história nacional em íntima ligação com o discurso republicano brasileiro de várias matizes (ISAIA, 2007, p. 305).

---

14 Um deles é o de Marcos José Diniz Silva, que fez uma análise relacional da atuação de grupos espiritualistas como espíritas, maçons e teosofistas no espaço público cearense na primeira metade do século XX e elucidando a composição de uma rede moderno-espiritualista no Ceará. In: SILVA, Marcos José Diniz. *Moderno-espiritualismo e espaço público republicano* – maçons, espíritas e teosofistas no Ceará. Fortaleza, 2009. Tese (Doutorado em Sociologia) – Centro de Humanidades, Universidade Federal do Ceará, 2009.

As premissas levantadas pelo autor demonstram que agentes espiritualistas desenvolveram diferentes relações com outros setores progressistas da sociedade e representaram uma força política atuante em alguns momentos. Essa discussão acerca do relacionamento entre espiritismo e República nos parece fundamental e acreditamos que somente a leitura de outros periódicos e discursos imersos em outras realidades como a paulista poderá ser significativa para o entendimento dessa questão.

Uma autora cujos trabalhos se destacam em relação à tentativa de compreensão da presença do espiritismo e de outras doutrinas espiritualistas no campo social, cultural, político e religioso brasileiro é Eliane Moura Silva. Ela possui uma produção pioneira que enfoca as várias doutrinas espiritualistas no Brasil e procura articulá-las de forma relacional com outros movimentos como o anticlericalismo, o anarquismo, o socialismo e a maçonaria, evidenciando possíveis vínculos entre as propostas progressistas desses grupos em uma sociedade em transformação e apresentando os pontos de identificação entre estes grupos, principalmente em prol de um estado laico, e por possuírem a Igreja como um dos seus inimigos em comum.[15] Para a autora:

> Estudar a história das relações entre maçonaria, espiritismo, anarquismo e socialismo significa conhecer um conjunto de representações e práticas de diversos grupos sociais que contribuíram para constituir a cultura da sociedade brasileira da segunda metade do século XIX e primeiras décadas do século XX. É também procurar compreender como

15 SILVA, Eliane Moura. *Vida e morte: o homem no labirinto da eternidade*. Campinas, 1993. Tese (Doutorado em História) – Instituto de Filosofia e Ciências Humanas, Universidade Estadual de Campinas; Maçonaria, anticlericalismo e livre pensamento no Brasil (1901-1909). In: *XIX Simpósio Nacional de Históriada ANPUH*, 1997. Disponível em <http://www.unicamp.br/~elmoura/Ma%E7onaria%20Anticlericalismo%20e%20Livrepensamento.doc>. Acesso em 14/07/2012; *O Espiritualismo no século XIX*: reflexões teóricas e históricas sobre correntes culturais e religiosidade. Campinas: UNICAMP, 1997b; Similaridades e diferenças entre estilos de espiritualidade metafísica: o caso do Círculo Esotérico da Comunhão do Pensamento. In: ISAIA, A. C. (org.). *Orixás e Espíritos: o debate interdisciplinar na pesquisa contemporânea*. Uberlândia: Editora da Universidade Federal de Uberlândia, 2006; Entre religião e política: maçons, espíritas, anarquistas e socialistas no Brasil por meio dos jornais *A Lanterna* e *O Livre Pensador* (1900-1909). In: ISAIA, Artur Cesar; MANOEL, Ivan Aparecido (orgs.). *Espiritismo & religiões afro-brasileiras*. São Paulo: Ed. Unesp, 2012.

> esses grupos de indivíduos teciam suas lógicas, inventavam suas opções políticas e religiosas, construíam, pensavam e liam o mundo, bem como de que modo analisavam os interesses que estavam em jogo.
>
> É possível pensar que, dentro do ecletismo que caracterizava o universo cultural do período, as diferentes tendências eram um reflexo das lutas e dos confrontos de ideias internas aos grupos e tendências liberais. O espectro era amplo e ia de um liberalismo conservador, autoritário e antidemocrático em franca conciliação com a Igreja Católica a grupos minoritários sempre mobilizados, que denunciavam e propunham transformações radicais da sociedade. Nesses sistemas de representação é possível encontrar associações que, com frequência, levaram o socialismo e o anarquismo a se articularem a projetos de transformação espiritual da sociedade.
>
> Entre o fim do século XIX e as duas primeiras décadas do século XX, encontramos grupos em que anticlericais, livre-pensadores, liberais, abolicionistas, anarquistas, socialistas, positivistas, espíritas, maçons e protestantes articulavam-se formando sistemas inter-relacionados baseados em racionalidades que surgiram de situações particulares e proliferaram em espaços circunscritos, em uma combinatória de forças em competição e em conflito (SILVA, 2012, p. 87-88).

A autora enfatiza em seus trabalhos as filiações ideológicas entre diferentes grupos sociais como espíritas, esotéricos, maçons, anticlericais e socialistas e suas relações tecidas em diferentes momentos. Nesse sentido, com o intuito de enriquecer o debate, acreditamos ser necessário traçar um panorama desses movimentos culturais espiritualistas, enfatizando essas redes de sociabilidade tecidas por eles, bem como seus principais ideários, para a compreensão da estruturação desse movimento na construção de um novo cenário cultural para a cidade.

Fernando Peres é autor de um trabalho importante que se identifica com a temática principal de nossa pesquisa.[16] Ele analisa a trajetória do educador espírita João Penteado, mostrando as "estratégias de aproximação" que se estabeleceram

16 PERES, Fernando Antônio. *Revisitando a trajetória de João Penteado: o discreto transgressor de limites*. São Paulo, 1890-1940. São Paulo, 2010. Tese (Doutorado em Educação) – Faculdade de Educação, Universidade de São Paulo.

entre espíritas e grupos anarquistas em São Paulo no início do século XX, e de como estes estiveram unidos em alguns momentos, pois existiriam princípios ou propostas compartilhados por ambos, isto é, uma "tábua de valores" alicerçada na "valorização do indivíduo, na defesa da política democrática, na adoção dos princípios das Luzes, na adesão a uma conduta moral exemplar e na difusão do ideário liberal e das práticas e valores modernos" (PERES, 2010, p. 13-14). O autor esclarece o pensamento e a atuação de um intelectual espírita importante para a nossa pesquisa; entretanto, um dos pontos que nos diferencia da proposta de Fernando Peres é que, enquanto ele está preocupado com as questões exógenas das associações espíritas, isto é, as estratégias de aproximação entre espíritas e outros grupos como os anarquistas, embora isto também faça parte de nossas atenções, estamos preocupados com as questões endógenas, isto é, as práticas de associacionismo no interior das sociedades e seu impacto social.

O resultado de nossa pesquisa está apresentado em cinco capítulos. O primeiro capítulo tem o propósito de descrever as principais ideias que compõem as doutrinas espiritualistas e, em um segundo momento, elaborar um quadro descritivo da formação do campo espiritualista no Brasil e em São Paulo, com destaque para a doutrina espírita, a partir de informações coletadas na imprensa e na bibliografia especializada, apresentando um cenário que servirá como base para o aprofundamento das questões nos capítulos subsequentes. No segundo capítulo, tratamos de demonstrar as características e o funcionamento dos centros espíritas e sociedades esotéricas, principalmente a partir de suas práticas de pesquisa, culturais, de estudo e assistenciais, para a construção de um relacionamento aberto com a sociedade e desvendando a atuação desses grupos no espaço público paulista. Nos capítulos 3 e 4 estamos preocupados em recuperar a produção dos periódicos espiritualistas, analisando o seu conteúdo e os principais temas recorrentes. No capítulo 3 procuramos aprofundar a análise sobre os debates entre católicos e espíritas, entre espíritas e esotéricos e a visão dos espíritas em relação às religiões e religiosidades de matriz afro-brasileira, desnudando os diferentes graus de anticlericalismo externado pelos grupos espiritualistas. O capítulo 4 pretende apresentar e compreender alguns princípios políticos e sociais presentes no discurso desses agentes, evidenciando as redes de sociabilidade tecidas entre eles e outros agentes como maçons, anticlericais, socialistas e anarquistas. O capítulo 5 procura compreender a trajetória de alguns dos principais intelectuais espiritualistas que atuaram em sociedades de ideias e que construíram projetos editoriais específicos, como Antônio Gonçalves da Silva Batuíra, Anália Franco, Francisco Bastos, Cairbar Schutel e Antonio Olívio Rodrigues, destacando-se como referência para o movimento no período e cuja atuação auxiliou na configuração do campo espiritualista a partir de suas atuações e enfrentamentos ideológicos.

I. Trajetórias espiritualistas na modernidade

O moderno-espiritualismo, conjunto de correntes culturais nas quais se encontram espíritas, esotéricos, ocultistas e teósofos, nasceu em um contexto de fortalecimento da crença no racionalismo, nos saberes científicos e na secularização, processo em marcha desde o século XVI e que conheceu o seu auge no século XIX. Nesse cenário, o conhecimento humano sobre a sociedade e o mundo natural estaria vinculado ao intelecto, à pesquisa, à ciência, afastando-se de qualquer premissa ou indício religioso. As religiões institucionalizadas foram avaliadas pelos iluministas como algo pertencente à tradição, ao arcaísmo e uma das características do pensamento do período consistia em se desvencilhar das interferências religiosas e sobrenaturais na esfera da política, afastando o Estado da religião, sendo esta um objeto de crítica no período.

Ao contrário do que se pode imaginar, nesse período se fortaleceram outras concepções religiosas, tendo como uma de suas expressões as doutrinas espiritualistas. Pierre Chaunu observa que na Europa, no momento no qual se rompia com o mistério, ocorreu uma ressurgência de fundo mágico com autores como Emmanuel Swedenborg (1688-1772), Franz Anton Mesmer (1734-1815), Kaspar Lavater (1741-1801), Louis Claude de Saint-Martin (1743-1803), além da institucionalização da maçonaria e do aparecimento de movimentos como o Rosa-Cruz (CHAUNU, 1985, p. 298-300). Nesse caldo de cultura espiritualista, transitavam ainda outros conhecimentos como o magnetismo e a homeopatia, que auxiliaram na edificação de um ambiente propício para o aparecimento de doutrinas que recuperassem a transcendência humana em um mundo eivado de racionalismo. Sylvia Damazio reconhece que, no interior do Iluminismo, havia espaço para a metafísica e o sagrado:

> O empirismo das Luzes, se limitou o poder da razão, não significou a exclusão do não comprovável ao nível dos fenômenos. A ideia de reli-

> gião modificou-se mas, de modo geral, não foi negada. Voltaire, que é o exemplo que nos ocorre, de imediato, ao pensar a questão, lutou contra a superstição e não contra a fé, contra a Igreja e não contra a religião. Por outro lado, a Enciclopédia abrigou pensadores bem mais radicais, como D'Holbach – ateu profundamente anticlerical – e Diderot que, de início deísta como Voltaire, tornou-se ateu (DAMAZIO, 1994, p. 17).

O triunfo da razão e da ciência, portanto, não significou o expurgo do sobrenatural ou da magia do pensamento ocidental, mas sim que eles foram reatualizados pelo crivo dos instrumentais em voga: a experimentação e a reflexão crítica. Ao se posicionar ao lado das novas descobertas científicas, as antigas e as novas doutrinas espiritualistas conheceram um desenvolvimento nesse período. Portanto, nesse mundo no qual brotavam filosofias que procuravam apreender o mundo em sua mudança e complexidade, as doutrinas espiritualistas também proliferaram. Essas novas doutrinas advogaram em causa própria os mesmos ideais da modernidade, ao defenderem que eram racionais e ancoradas na experimentação científica. Isso significa que a comunicação com o invisível poderia ser, no entendimento de seus defensores, submetida à lógica científica, racional, rigorosamente medida e avaliada.

As crenças na vida após a morte e na possibilidade de se comunicar com os mortos, que sobreviveram ao longo dos séculos, adquiriram novos significados na Europa a partir de meados do século XVIII, quando se desenvolvia um interesse cada vez maior na sobrevivência do espírito[1] e na comunicação entre os seres nos planos material e espiritual. O século XIX presenciou, no torvelinho de discussões e propostas filosóficas, uma retomada de doutrinas espiritualistas e de reinterpretação dessas antigas crenças, cujo movimento ficou conhecido como moderno-espiritualismo.

> Na segunda metade do século XIX e no começo do século XX, a possibilidade de os espíritos – eventualmente com novos nomes – serem

---

1 Uma advertência é necessária: ao mencionarmos "espíritos" estamos utilizando aqui o que os espíritas consideram como individualidades que representam as almas que animaram os corpos de homens e mulheres em existências na Terra. Essas entidades teriam a possibilidade de se comunicar com as pessoas a partir de indivíduos dotados de uma sensibilidade maior para este fim, denominados de médiuns.

> passíveis de compreensão no quadro do regime de factualização da ciência talvez não parecesse tão extravagante como viria a parecer mais tarde. Vivia-se num mundo em que a ciência desenvolvia técnicas e instrumentos capazes de atribuir realidade objectiva a seres, matérias e forças até então ignorados, e ia aprisionando nas teias da ponderabilidade seres, matérias e forças que até então deslumbravam ou aterrorizavam sem se deixarem domesticar. Não era de todo inverossímel que, mais tarde ou mais cedo, a alma e os espíritos pudessem também ser objectivados (VASCONCELOS, 2003, p. 99).

Os historiadores do espiritualismo costumam colocar os acontecimentos de 1848 na cidade de Hydesville, no estado de Nova Iorque, envolvendo a família Fox, como o fato fundador do moderno espiritualismo.[2] A partir desse processo, surgiram médiuns interessados na comunicação com os espíritos e essas práticas se disseminaram rapidamente, ocasionando uma "onda espiritualista" a partir da qual as pessoas se reuniam para tentar se comunicar com os mortos ou simplesmente ver a mesa girar ou se "comunicar" a partir de batidas (AUBRÉE; LAPLANTINE, 2009, p. 27). Os salões e clubes europeus rapidamente assimilaram essa cultura e sociedades foram criadas para este intuito (LANTIER, 1980, p. 69). Médiuns surgiram e se notabilizaram na época, como as irmãs Fox, os irmãos Davenport, Eusapia Palladino e D. D. Home; fizeram sucesso, conheceram seguidores e alguns foram estudados por cientistas (LANTIER, 1980, p. 85 e segs.). A prática da comunicação com os espíritos, menos por interesse científico do que por curiosidade e diversão, espalhou-se rapidamente. Era o famoso caso das "mesas girantes", que reuniam curiosos em torno de um médium e uma mesa, a partir dos quais se pretendia estabelecer comunicações, e parecem ter feito muito sucesso nos círculos burgueses europeus de meados do século XIX (LANTIER, 1980, p. 49). Lantier

2 John Fox e sua família mudaram para uma nova casa nessa cidade e passaram a ouvir pancadas (*raps*) sem qualquer explicação. Suas filhas Margareth (15 anos) e Kate (12 anos), utilizando-se de batidas, começaram a estabelecer uma comunicação com o pretenso autor, obtendo respostas. Ele se identificou como um espírito e deu informações sobre sua passagem por aquela casa, sua morte e onde estava enterrado. A partir daí, as primeiras formas de comunicação com essas entidades passaram a ocorrer por meio de pancadas feitas por médiuns. Essas batidas estão na origem da criação de um "alfabeto espírita". Posteriormente as moças Fox passaram a desenvolver uma carreira no campo da mediunidade (MACHADO, 1996, p. 45).

observa que os salões de Paris foram invadidos por médiuns e suas mesas girantes e haviam círculos em outras cidades como Tours, de cuja reunião havia saído Léon Denis, que posteriormente se transformou em uma importante liderança do espiritismo (1980, p. 69). Aubrée e Laplantine indicam que um dos primeiros adeptos foi Delphine de Girardin, que teria convertido Victor Hugo (2009, p. 32).

No decorrer do século XIX, a partir da formulação dos novos intelectuais espiritualistas e das experiências com as "mesas girantes", se desenvolveu em alguns países europeus uma cultura espiritualista que influenciou as artes e a literatura, especialmente em correntes como o romantismo e o surrealismo, onde os fantasmas e as forças ocultas se transformaram em personagens dos mais recorrentes. Na produção literária francesa do período encontramos essas referências na obra de Alexandre Dumas, Téophile Gautier, Victorien Saurdou, Eugène Nus, George Sand, Charles Nodier, Honoré de Balzac, Mme de Girardin e Victor Hugo, dentre outros; todos esses literatos escreveram romances influenciados pelo mesmerismo[3] ou por doutrinas espiritualistas da época como Swedenborg (DARNTON, p. 129-132).

Eric Hosbawm observa que a voga do espiritualismo e do ocultismo não deve ser negligenciada no estudo das sociedades desse período, e que se tornaram populares inclusive para alguns intelectuais, influenciando, até mesmo, a esquerda autodidata e, posteriormente, a direita (HOBSBAWM, 2006, p. 364). Em outra obra que trata do século XIX, o historiador observa:

> ... Suas afinidades políticas e ideológicas se faziam com o progresso, a reforma e a esquerda radical, e não menos com a emancipação feminina, especialmente nos Estados Unidos que eram o seu centro maior de difusão. Mas afora suas outras atrações, tinha a vantagem considerável de colocar a sobrevivência após a morte dentro de um contexto da ciência experimental, talvez mesmo (como a nova arte da fotografia poderia demonstrar) no de uma imagem objetiva. Quando milagres

3 Franz-Anton Mesmer foi um médico alemão que defendeu a tese da existência de um fluido magnético que permeava todo o universo e penetrava nos corpos das pessoas. Acreditava que o estado de saúde era proporcionado por esse fluido, dando origem ao estudo do mesmerismo ou magnetismo. Anos depois, ele fundou uma clínica em Paris para o tratamento de doentes com a utilização de ferros imantados a partir dos quais ele transmitia o "fluido magnético" para o restabelecimento do equilíbrio orgânico de seus pacientes. Ver: DARNTON, Robert. *O lado oculto da revolução*: Mesmer e o final do Iluminismo na França. São Paulo: Companhia das Letras, 1988.

> não podiam ser mais aceitos e a parapsicologia aumentava seu público potencial. Algumas vezes, porém, não indicava nada mais que a sede humana geral por rituais coloridos que a religião tradicional normalmente fornecia de forma tão eficiente (HOBSBAWM, 1982, p. 282).

O próprio Karl Marx, em nota da edição alemã de *O Capital*, notava a presença dessas práticas na Europa, sob outros termos:

> Depois da derrota das revoluções de 1848/49 começou na Europa um período da mais obscura política reacionária. Enquanto, neste tempo, as rodas aristocráticas e também as burguesas se entusiasmaram pelo espiritismo, especialmente por fazer a mesa andar, desenvolveu-se na China um poderoso movimento de libertação antifeudal, particularmente entre os camponeses, que entrou para a História como a revolução de Taiping (MARX, 1996, p. 197).

O Espiritismo

Nesse contexto, surgiu o professor francês Hippolyte Léon Denizard Rivail (1804-1869). Ele foi aluno do educador suíço Johann Heinrich Pestalozzi (1746-1827) no Instituto Yverdon e, ao retornar à França, lecionou disciplinas como astronomia, ciências físicas e naturais, história, línguas e matemática, tendo fundado um curso sobre os fundamentos dos métodos de Pestalozzi (AUBRÉE; LAPLANTINE, 2009, p. 39). Também foi autor de diversas obras pedagógicas que propunham a renovação dos métodos de ensino, inspirados nesse educador, e que foram utilizados no sistema de ensino francês, como *Grammaire française classique* e *Cours pratique et théorique d'arithmétique*. Artur Isaia observa que em Yverdon, Rivail "absorveu a confiança na educação como meio de transformação social rumo a uma sociedade livre, laica e que estendesse a todos as prerrogativas da cidadania" (2007, p. 284); Aubrée e Laplantine afirmam que na construção do pensamento de Kardec, Rousseau e Pestalozzi tiveram uma influência muito grande, principalmente no que se refere ao "ideal de tolerância, de fraternidade e de universalidade" (2009, p. 38). Eles observam, ainda, que ele era um burguês liberal e anticlerical, que pertencia à geração dos socialistas utópicos descontentes com os fracassos da revolução de 1848 e que, por isso, buscavam a transformação da sociedade por outros meios:

> ...Reformador resolutamente otimista, herdeiro das ideias progressistas do século XVIII que busca mudar o mundo, apoiando-se nas descobertas da técnica e na educação, situa-se no espectro do positivismo e do evolucionismo do seu tempo. O futuro fundador da doutrina espírita afirma nesta época que aquele que estudar as ciências "rirá da credulidade supersticiosa dos ignorantes... Não acreditará mais em fantasmas e assombrações. Não confundirá mais fogos fátuos com espíritos" (AUBRÉE; LAPLANTINE, 2009, p. 40).

Estudioso do magnetismo, ele se lançou à pesquisa dos fenômenos das mesas girantes, a partir das quais procurou extrair algumas consequências, recusando qualquer tendência mística sobre o fenômeno. Para Rivail, seus estudos demonstraram que as mesas movimentavam-se pela ação de espíritos, seres humanos que viveram outras vidas no planeta e, livres do corpo físico após a morte, continuavam a sua jornada.

Rivail, que posteriormente assumiu o nome de Allan Kardec,[4] publicou em 18 de abril de 1857 a obra *O livro dos espíritos*; em 1861 publicou *O livro dos médiuns*; em 1864 *O Evangelho segundo o Espiritismo*; em 1865 *O céu e o inferno* ou a justiça de Deus segundo o Espiritismo; em 1868, *A gênese, os milagres e as predições*, e, no mesmo ano, iniciou a publicação de sua *Revista Espírita* e fundou a Sociedade Parisiense de Estudos Espíritas, alargando o movimento no país e influenciando outros periódicos e instituições do mesmo tipo em outros países.

O percurso intelectual que encontramos nessas publicações é interessante. Iniciou um livro que buscava estabelecer as bases da doutrina a partir do diálogo com os espíritos. Em seguida, um livro que pretendia ser o entendimento do caráter científico do espiritismo, buscando estabelecer a explicação sobre o experimentalismo obtido entre os médiuns e os espíritos. Na sequência, suas obras dedicaram-se à feição religiosa da doutrina, estudando a moral espírita abstraída dos evangelhos e a interpretação sobre a ideia de céu, inferno e outras questões e passagens evangélicas como os milagres praticados por Jesus, reinterpretando o cristianismo à luz das novas ideias espíritas. Contempla, portanto, o denominado tríplice aspecto da doutrina espírita: filosofia, ciência e religião.

4 Este teria sido o seu nome em uma reencarnação pretérita.

O *Livro dos espíritos* foi escrito de forma didática, com perguntas de Kardec e as respostas de espíritos diversos, obtidas por médiuns diferentes, com comentários do autor em alguns momentos, a partir dos quais procurava demonstrar que os espíritos eram apenas as almas dos seres humanos libertas do corpo físico a partir do fenômeno da morte, o funcionamento do mundo dos espíritos, o relacionamento entre os vivos e os mortos, as leis divinas e quais seriam as consequências sociais e éticas que o conhecimento dessa nova realidade traria. A obra conheceu um relativo sucesso possuindo quinze edições enquanto Kardec era vivo e foi considerado uma espécie de *best-seller* da época (AUBRÉE; LAPLANTINE, 2009, p. 43; STOLL, 2003, p. 21-25). Aubrée e Laplantine defendem que o espiritismo tinha um caráter democrático, pois partia de exemplos simples, recusando construções metafísicas; além disso, não obrigava ninguém a renunciar à sua fé, sendo compatível com todas as religiões, e que "o caráter especificamente popular do espiritismo corresponde, guardadas as proporções, a uma revolução semelhante à Revolução Francesa na política; seu saber não elitista democratiza a revelação (no sentido científico e religioso)" (2009, p. 109).

Para Kardec, a sua obra se colocava na senda do conhecimento científico da época. O resultado de suas pesquisas estava amparado na experimentação, observação e cotejamento das respostas para a construção de sua obra, submetendo os espíritos a constantes perguntas, sujeitando as respostas obtidas a outros médiuns e analisando comparativamente essas respostas a partir de uma crítica racional (KARDEC, 1998, p. 269-271). Aparentemente, era o mesmo caminho tomado pelas pesquisas científicas que abordaram outros fenômenos da época em áreas distintas. No entanto, ele reconhecia a dificuldade que os cientistas tinham para opinar sobre essa nova ciência, na medida em que o campo científico não levava em consideração a existência de um mundo invisível (KARDEC, 2001, p. 35-38).

Allan Kardec afirma que o espiritualismo seria um movimento que abrangeria o espiritismo e outras doutrinas que tinham como cerne a existência de Deus, a imortalidade da alma ou espírito e, na maioria dos casos, a reencarnação. Nessa corrente de ideias, os movimentos se identificavam com alguns elementos em comum, mas havia muitos outros que o distinguiam e ele optou por criar um novo movimento e um novo neologismo, inexistente na época, o espiritismo. Nesse sentido, o espiritismo se apresentava como uma nova ciência a partir da qual o mundo espiritual era descortinado, entendendo que o sobrenatural não existia:

> Letrada, de classe média, a doutrina de Allan Kardec teve a sua difusão promovida, em larga medida, pela curiosidade, pelo interesse particular que despertavam os seus principais temas: a vida pós-morte e a possibilidade de comunicação com os mortos. Estes temas introduziam algo de inovação, ao mesmo tempo que de continuidade em relação a certas tradições que existiram na Europa. A possibilidade de contato com o mundo dos mortos, por exemplo, não era um tema novo no imaginário europeu. Até então, contudo, a esse tema se associavam práticas mágicas, de feitiçaria, que teriam atravessado séculos de cristianização, como um substrato cultural próprio das classes populares. O Espiritismo retoma esse tema de uma nova perspectiva: ao passo que a magia europeia tematiza a possibilidade da "viagem ao mundo dos mortos", o Espiritismo pretende comprovar a presença destes no mundo dos vivos. Outra diferença é que se trata de uma versão erudita: não apenas pelo fato de ser letrada, mas, principalmente, por ter sido formulada tendo como parâmetro preceitos, ideias e procedimentos que se querem "científicos" (STOLL, 2003, p. 25-26).

O espiritismo, para o seu fundador, ou codificador, como é chamado, se identificava, assim, com a ciência, a filosofia e a religião, ainda que fosse diferente das demais religiões, pois estava ligado ao livre-pensamento e ao racionalismo, já que todos os seus postulados deveriam passar, necessariamente, pelo crivo da análise e da crítica; é justamente nessa perspectiva que o espiritismo procura assentar as suas bases, como explicação universalista do mundo, incorporando de uma maneira própria, o conhecimento científico, filosófico e religioso, mas sem abrir espaço para crenças ditas fanáticas.

Não iremos nos deter na elucidação do pensamento de Kardec, pois esta empreitada já foi realizada por inúmeros trabalhos que nos antecederam.[5] Para esta

5 Algumas obras que analisaram o espiritismo, sob perspectivas diversas: AUBRÉE, Marion; LAPLANTINE, François. *A mesa, o livro e os espíritos*: gênese, evolução e atualidade do movimento social espírita entre França e Brasil. Maceió: EDUFAL, 2009; CASTELLAN, Yvonne. *O espiritismo*. São Paulo: Difusão Européia do Livro, 1955; HESS, David. O Espiritismo e as Ciências. *Religião e Sociedade*. Rio de Janeiro: Iser, n. 3, vol. 14, p. 42-48, 1987; LANTIER, Jacques. *O Espiritismo*. Lisboa: Edições 70, 1980; ORTIZ, Fernando. *A filosofia penal dos espíritas*. Estudo de filosofia jurídica. São Paulo: LAKE, 1998; PIRES, J. Herculano. *Curso dinâmico de es-*

pesquisa cabe apenas delimitar alguns traços característicos deste pensamento que empolgou muitos adeptos em vários países, especialmente no Brasil. A partir da recolha de testemunhos oferecidos por espíritos diferentes, Kardec desenvolveu algumas formulações. O cerne desta doutrina estava fundamentado na existência de Deus, no princípio da dupla natureza humana, isto é, os seres humanos seriam corpo e espírito,[6] na imortalidade do espírito, na reencarnação como mecanismo para o progresso de todos os espíritos, na comunicabilidade entre vivos e mortos através de médiuns e na infinidade dos mundos existentes. Para ele, a essência do homem é o Espírito e a verdadeira realidade é a espiritual, pois a realidade material é apenas transitória.

O mecanismo da reencarnação é uma das bases desse pensamento, embora tenha sido recusado por outros espiritualistas. Os espíritos foram criados livres e imperfeitos e a perfeição é o destino de todos – uma concepção liberal e democrática – através de sucessivas reencarnações ao longo do tempo, ocupando diferentes corpos e vivenciando uma infinidade de experiências sociais e psíquicas em ambiências distintas, que despertavam sua consciência e seus sentimentos, possibilitando a sua aprendizagem em termos de conhecimentos e moralidade; mas também conheciam o sofrimento de acordo com a sua conduta na Terra. O homem dotado de livre-arbítrio tem a oportunidade de evoluir e os diversos mundos existentes serviriam como uma espécie de escola através da qual os espíritos aprendem e avançam. Portanto, embora livre, sua vida estava condicionada por uma série de situações que ele deveria confrontar. A partir de sua relação com o ambiente e com outras pessoas, Deus espera que o ser humano assuma posições mais éticas em detrimento de suas inclinações viciosas antes da reencarnação. Esse pensamento

---

piritismo. São Paulo: Paidéia, 1979; PRANDI, Reginaldo. *Os mortos e os vivos*: uma introdução ao espiritismo. São Paulo: Três Estelas, 2012; SILVA, Eliane Moura. *Vida e morte*: o homem no labirinto da eternidade, op. cit.; STOLL, Sandra Jacqueline. *Espiritismo à Brasileira*. São Paulo: Editora da Universidade de São Paulo; Curitiba: Editora Orion, 2003; VASCONCELOS, João. Espíritos clandestinos: Espiritismo, pesquisa psíquica e antropologia da religião entre 1850 e 1920. *Religião & Sociedade*. Rio de Janeiro: ISER, 2003, n. 2, vol. 23, p. 92-126, dezembro de 2003; WANTUIL, Zêus. *As mesas girantes e o espiritismo*. Rio de Janeiro, FEB, 2005.

6 Uma definição mais precisa do pensamento de Kardec informa que o homem é formado por três princípios: Espírito, corpo e perispírito. O espírito seria a inteligência que anima os corpos e o perispírito o "corpo fluídico" ou "invólucro" que auxilia o espírito a se ligar ao corpo e instrumento importante na comunicação com os homens quando desencarnados.

trazia claramente uma visão evolucionista. As ideias evolucionistas já eram conhecidas em meados do século XIX, antes mesmo de Charles Darwin explicar o seu mecanismo em *A origem das espécies*, publicado em 1859. Dois anos antes, Allan Kardec em *O Livro dos Espíritos*, utiliza-se de uma visão próxima para explicar a cosmogonia espírita apoiada no progresso espiritual.

Em uma concepção positiva e otimista sobre o futuro humano, o espiritismo defende que as imperfeições dos homens não são perpétuas, pois eles vivem em um estado de evolução permanente. Essa visão é transposta para a realidade social, absorvendo as ideias iluministas existentes no período, e entendendo que os seres humanos e a sociedade estão em progresso infinito, rumando para uma perfeição que estará mais próxima, de acordo com os esforços empreendidos para superar as suas más inclinações (KARDEC, 2001, p. 89-90). Para explicar a reencarnação a partir da noção de justiça divina, Kardec nos apresenta a alegoria dos dois patrões:

> Dois fabricantes tinham, cada qual, um operário que podia aspirar a se tornar sócio da firma. Ora, aconteceu que esses dois operários empregaram mal, certa vez, o seu dia de trabalho, e mereceram ser despedidos. Um dos fabricantes despediu o seu empregado, apesar de suas súplicas, e este, não mais encontrando emprego, morreu na miséria. O outro disse ao seu empregado: "Perdeste um dia e me deves uma compensação; fizeste mal o trabalho e me deves a reparação; eu te permito recomeçar; trata de fazê-lo bem, e eu te conservarei e poderás continuar aspirando a posição superior que te prometi". Seria necessário perguntar qual dos dois fabricantes foi mais humano? Deus, que é a própria clemência, seria mais inexorável que um homem? O pensamento de que a nossa sorte está para sempre fixada em alguns anos de prova, ainda mesmo quando nem sempre dependesse de nós atingir a perfeição sobre a Terra, teria qualquer coisa de pungente enquanto a ideia contrária é eminentemente consoladora, pois não nos tira a esperança. Assim, sem nos pronunciarmos pró ou contra a pluralidade das existências, sem admitir uma hipótese mais do que a outra, diremos que, se pudéssemos escolher, ninguém preferiria um julgamento sem apelo. Um filósofo disse que, se Deus não existisse, seria necessário inventá-lo para a felicidade do gênero humano; o mesmo se poderia dizer da pluralidade das existências. Mas, como dissemos,

> Deus não nos pede licença, não consulta as nossas preferências; as coisas são ou não são (KARDEC, 2001, p. 119).

Nessa vida em sociedade, o homem deve procurar a sua utilidade. Como alguns homens se adiantaram em sua marcha incessante, deveriam auxiliar o progresso dos "menos adiantados" através das relações que se estabelecem em sociedade. Ao mesmo tempo, o progresso intelectual, além do moral, era visto como fundamental para o seu desenvolvimento, portanto, o espiritismo concedia uma importância muito grande às aquisições intelectuais.

A defesa do progresso pode ser vista em muitos trechos da obra de Kardec. Na questão 781-a de *O livro dos espíritos*, lemos: "Que pensar dos homens que tentam deter a marcha do progresso e fazer retrogradar a Humanidade? Pobres seres que Deus castigará; serão arrastados pela torrente que pretendem deter" (KARDEC, 2001, p. 262). O espiritismo se colocava contra o conservadorismo e a favor do progresso, sendo este uma "condição da natureza humana" e isso fazendo parte dos desígnios divinos (KARDEC, 2001, p. 262).

A doutrina de Kardec defende, ainda, a lei de ação e reação como uma lei natural. Dessa maneira, os atos praticados contra outro ser humano em vidas anteriores devem ser resgatados em reencarnações ulteriores, fazendo com que o espírito encare os seus erros e possa reparar os males praticados, não como forma de punição, mas fazendo parte da aprendizagem e aprimoramento espiritual. No âmbito da moral, o espiritismo tem como referência os valores e normas do cristianismo para situar a conduta humana, embora o reinterprete a partir de sua base racionalista e afirme estar vinculado ao cristianismo primitivo. Dessa maneira, a busca do progresso individual é perseguida a partir de uma moral cristã. O indivíduo deveria controlar suas paixões e imperfeições e praticar a caridade.

Cabe aqui analisar um último aspecto, derivado das práticas espíritas. Como vimos acima, nos salões burgueses circulavam comportamentos e ideias espiritualistas. João Vasconcelos observa que o espiritismo foi uma moda importante em meados do século XIX, a partir do surgimento de médiuns e de pessoas interessadas em obter notícias de seus parentes falecidos, ou curiosos que se reuniam para ver as "mesas dançantes" (2003, p. 95-97). A partir daí, essa curiosidade levou a uma eclosão de associações inspiradas nos ideários espíritas, esotéricos, ou sociedades de pesquisas psíquicas cujo objetivo era estudar os fenômenos mais seriamente, construindo uma outra cultura em torno deles (AUBRÉE; LAPLANTINE, 2009, p. 118-120). Constituem, na verdade, sociedades de ideias espiritualistas e que igualmente pertencem a esse processo de advento de novas sociabilidades surgidas no período.

Sobre as sociedades de ideias espíritas, Allan Kardec escreve sobre a necessidade de organização do movimento, cujas discussões interessam diretamente ao tema do associativismo que descrevemos ao longo dessa pesquisa. Em *O livro dos médiuns*, ele estabelece a necessidade e a importância da constituição de associações de estudo que devem possuir um objetivo moral, integrador entre os membros, e alicerçado sobre outros interesses além da simples curiosidade sobre os fatos, sendo preferível a constituição de pequenos grupos (KARDEC, 1999, p. 309). A comunicação com os seres desencarnados deveria ser pautada pelo desejo de instrução e de aprimoramento, a partir dos ensinamentos que podem surgir do contato com os espíritos, propondo temas superiores e preocupado com a influência negativa dessa sociabilidade com os desencarnados.

> A instrução espírita não compreende somente o ensino moral dado pelos Espíritos, mas também o estudo dos fatos. Abrange a teoria dos fenômenos, a pesquisa das causas, e como consequência a constatação do que é possível e do que não é, ou seja: a observação de tudo quanto possa fazer que a ciência se desenvolva. Seria errôneo acreditar que os fatos estejam limitados aos fenômenos extraordinários, que os que tocam principalmente os sentidos sejam os únicos dignos de atenção. Encontram-se a cada passo fatos importantes nas comunicações inteligentes, que as pessoas reunidas para o estudo não poderiam negligenciar. Esses fatos, que seria impossível enumerar, surgem de numerosas circunstâncias fortuitas. Embora menos gritantes, não são de menor interesse para o observador que neles encontra a confirmação de um princípio conhecido ou a revelação de um novo princípio, que o leva a penetrar mais fundo nos mistérios do mundo invisível (KARDEC, 1999, p. 306).

Em "Constituição do Espiritismo" (KARDEC, 1998), ele procura demonstrar de forma mais evidente as características dessas sociedades, revelando sua dimensão democrática. Ao abordar sobre a necessidade de uma direção ao movimento espírita, ele não defende uma autoridade centralizada, preocupado com o surgimento de hierarquias ou de um líder que se elevasse acima do movimento, o que não lhe garantiria estabilidade; mas um modelo com uma comissão central, com membros titulares e conselheiros, isto é, o princípio de um "chefe coletivo".

> A comissão nomeará o seu presidente por um ano. Puramente administrativa será a autoridade do presidente. Ele dirigirá as deliberações da comissão, velará pela execução dos trabalhos e pelo expediente; mas, fora das atribuições que os estatutos constitutivos lhe conferirem, nenhuma decisão poderá tomar sem o concurso da comissão. Portanto, não haverá possibilidade de abusos, nem alimentos para a ambição, nem pretextos para intrigas ou ciúmes, nem supremacia chocante. A comissão central será, pois, a cabeça, o verdadeiro chefe do Espiritismo, chefe coletivo, que nada poderá sem o assentimento da maioria. Suficientemente numeroso para se esclarecer por meio da discussão, não o será bastante para que haja confusão (KARDEC, 1998, p. 356).

Dessa maneira, Kardec se preocupava com a opinião coletiva, ancorada na "comunidade de adeptos", cuja autoridade brotaria a partir de um pacto social, o que nos remete a Rousseau (CHEVALLIER, 1999, p. 165-170). A comissão central teria uma autoridade moral perante essa comunidade e não um poder de cunho disciplinar (KARDEC, 1998, p. 357). Sobre a comissão central adverte:

> O essencial é que sejam acordes no tocante aos princípios fundamentais. Ora, isso constituirá uma condição absoluta para que sejam admitidas à direção, como para a de todos os que desta hajam de participar. Sobre as questões pendentes de detalhes, pouco importa que divirjam, porquanto a opinião da maioria é que prevalecerá. Àquele cuja maneira de ver for acertada, não faltarão razões boas com que a justifique. Se algum, contrariado por não conseguir que suas ideias predominem, se retirar, nem por isso deixariam as coisas de seguir o seu curso e motivo não haveria para se lhe deplorar a saída, pois que teria dado prova de uma suscetibilidade orgulhosa, pouco espírita, e que poderia tornar-se origem de perturbações (KARDEC, 1998, p. 358).

Ele disserta, ainda, sobre as questões da fiscalização dos atos da administração, infrações por parte dos membros da Comissão Central, violação de direitos etc., o que ficaria a cargo dos congressos, órgãos fiscalizadores dos atos da Comissão (KARDEC, 1998, p. 359-360). Aqui estão presentes elementos que articulam uma sociabilidade democrática no molde das sociedades de ideias discutidas na introdução e cujas características iremos notar na constituição das sociedades espíritas em São Paulo. E prevê a introdução de instituições que se dediquem a práticas como a fundação de uma revista, a celebração de sessões regulares, à constituição de uma biblioteca, caixa de socorros, um asilo e de um dispensário para consultas médicas gratuitas (KARDEC, 1998, p. 360-361). Prevê, portanto, reuniões e ações de cunho caritativo. Sobre a constituição de uma sociedade ou centro do espiritismo:

> O centro que essa organização criará não será uma individualidade, mas um foco de atividade coletiva, atuando no interesse geral e onde se apaga toda autoridade pessoal.
>
> Mas, qual será a amplitude do círculo de atividade desse centro? Destinar-se-á a reger o mundo e a tornar-se árbitro universal da verdade? Alimentar semelhante pretensão fora compreender mal o espírito do Espiritismo que, pela razão mesma de proclamar os princípios do livre-exame e da liberdade de consciência, repele a ideia de arvorar-se em autocracia; logo que o fizesse, teria enveredado por uma senda fatal.
>
> O Espiritismo sustenta princípios que, por se fundarem nas leis da Natureza e não em abstrações metafísicas, tendem a tornar-se, e um dia certamente o serão, os da universalidade dos homens; todos os aceitarão, porque encontrarão neles verdades palpáveis e demonstradas, como aceitaram a teoria do movimento da Terra; mas, pretender-se que o Espiritismo chegue a estar, por toda parte, organizado da mesma forma; que os espíritas do mundo inteiro se sujeitarão a um regime uniforme, a uma mesma forma de proceder; que terão de esperar lhes venha de um ponto fixo a luz, ponto em que deverão fixar os olhos, fora utopia tão absurda como a de pretender-se que todos os povos da Terra formem um dia uma única nação, governada por um só chefe, regida pelo mesmo código de leis e submetida aos mesmos usos. Há, é certo, leis gerais que podem ser comuns a todos os povos, mas que sempre, quanto às minúcias da aplicação e da forma, serão apropriadas aos costumes, aos caracteres, aos climas de cada um (KARDEC, 1998, p. 363-364).

Os centros espíritas que surgiram nos vários países não possuíam qualquer tipo de subordinação entre eles, guardando apenas laços de solidariedade, e a Sociedade de Paris não era a dirigente máxima desses centros. Os espíritas, por seu turno, comungam de princípios em comum, mas que podem ser ressignificados de acordo com cada cultura de cada sociedade. O espiritismo continuaria a sua marcha como uma construção coletiva dessas várias sociedades espalhadas pelo mundo.

> Cada um regula como entende os respectivos trabalhos. Permutam suas observações e cada um se utiliza da Ciência e das descobertas dos outros. Assim acontecerá com os centros gerais do Espiritismo; serão os observatórios do mundo invisível, que permutarão entre si o que obtiverem de bom e de aplicável aos costumes dos países onde funcionarem, uma vez que o objetivo que eles colimam é o bem da Humanidade e não a satisfação de ambições pessoais.
>
> O Espiritismo é uma questão de fundo; prender-se à forma seria puerilidade indigna da grandeza do assunto. Daí vem que os centros que se acharem penetrados do verdadeiro espírito do Espiritismo deverão estender as mãos uns aos outros, fraternalmente, e unir-se para combater os inimigos comuns: a incredulidade e o fanatismo (KARDEC, 1998, p. 364).

Esoterismo, ocultismo e teosofia

Algumas correntes culturais ligadas ao moderno-espiritualismo surgiram a partir de um entrecruzamento de diferentes tradições filosóficas e religiosas que sobreviveram durante séculos na cultura europeia de forma sub-reptícia, como a magia, a astrologia, a alquimia, a cabala e outros conhecimentos, representando um movimento eclético que recolheu essas diversas contribuições, além de outras de matrizes cristãs e orientais (SILVA, 2006, p. 226).

O exame de todos esses movimentos espiritualistas, ocultistas e esotéricos foge aos limites desse trabalho e nosso objetivo consiste em evidenciar neste espaço algumas características dessas doutrinas que foram incorporadas pelos grupos espiritualistas paulistas. Essas doutrinas esotéricas e outros conhecimentos entraram em contato com o conhecimento científico e passaram a ser objeto de estudo e experimentação.

> A tradição hermética e seus posteriores desenvolvimentos - que podemos denominar, metodologicamente, de esotericismo ocidental - caracterizam-se por uma visão orgânica do mundo que teve uma forte coerência com a compreensão de totalidade do Universo, inclusive uma íntima relação entre o material e o espiritual. No século XIX, as diferentes formas da espiritualidade esotérica adquiriram características específicas, conectadas com cientificismo, utopias sociais, espiritualismo, livre pensamento, que representam uma encruzilhada de ideias e tendências não muito estanques (SILVA, 2006, p. 226).

A história das doutrinas espiritualistas e esotéricas é altamente complexa e repleta de percalços; trata-se de um terreno movediço a partir do qual os sistemas se confundem, servindo de inspiração para outros que surgem no meio desse percurso. Os especialistas advertem que as novas doutrinas espiritualistas do século XIX foram influenciadas por alguns intelectuais do século XVIII, citados no início desse capítulo. Um dos primeiros teóricos, essenciais para se compreender esse processo, é o filósofo Swedenborg, cujos escritos fizeram um relativo sucesso na época, ao procurar descrever a complexidade da realidade espiritual após a morte física do ser humano, fornecendo alguns princípios dominantes para os esotéricos no século XIX, como a noção de correspondência entre o universo material e o espiritual, segundo o qual "o mundo onde vivemos reflete o princípio do qual é emanado e os objetos de representação comum são os símbolos dos seres reais" (SCHNEIDER, 2004, p. 44).

> Segundo Swedenborg, o mundo espiritual era formado por esferas diferentes, para onde os espíritos iam de acordo com a luminosidade e a espiritualidade da sua condição no momento da morte. O resultado da sua condição após a morte era uma decorrência da totalidade dos atos de sua vida, da globalidade da vida humana, não adiantando o arrependimento de último momento.
>
> Depois da morte do corpo físico, os estados do mundo interior da criatura manifestavam-se exteriormente, correspondendo a formas que refletiam o Céu, o Inferno ou os estágios intermediários de acordo com a sua vida. No Além, os espíritos podiam comunicar-se uns com os outros, numa mesma região espacial ou em condição espiritual se-

> melhante. A existência do corpo físico limitava o fenômeno espiritual mas, em certas condições especiais, esta barreira podia ser rompida e a comunicação entre as dimensões dos homens e dos espíritos, possível (SILVA, 1993, p. 160).

Sobre o esoterismo, não existe uma definição precisa. Antoine Faivre adverte que é uma noção vaga e existe uma dificuldade em determinar a natureza esotérica de um discurso, estando ligado, a princípio, a mistérios e "conhecimentos reservados" (FAIVRE, s.d., p. 6-8). Este autor argumenta que o esoterismo é uma forma de pensamento e contempla diversos conhecimentos e tradições, assentados na articulação entre princípios metafísicos e "ciências tradicionais" como a alquimia, magia e astrologia e ligados a uma aritmosofia (ciência dos números) e a outros conhecimentos que sobreviveram ao longo dos séculos, como a cabala cristã, o hermetismo neo-alexandrino, teosofia e rosacrucionismo (FAIVRE, s.d., p. 10-13). Dessa forma, existe um esforço intrínseco aos esotéricos em estabelecer uma unidade entre várias tradições espirituais que surgiram ao longo do tempo, ancoradas em uma espécie de "tradição primordial" e cujos ensinamentos são transmitidos a partir de um mestre.

Faivre desenvolve um resumo dos elementos fundamentais que compõem o conhecimento esotérico, alicerçado em quatro princípios: a existência de correspondências simbólicas em todas as coisas do universo, leis e fenômenos, do mundo visível e invisível; o princípio da natureza viva que pode ser lida como um livro a partir da magia; a existência de mediações proporcionadas por rituais, símbolos, mandalas, anjos, etc., e a experiência da transmutação (FAIVRE, s.d., p. 15-22). Ele observa, ainda, que o aprendizado esotérico está relacionado a um longo caminho, com diversas fases e transmitido em uma relação de mestre para discípulo (FAIVRE, s.d., p. 24).

Embora as análises de Faivre representem uma das referências mais importantes para a compreensão do esoterismo, Rui Barros contesta este autor, advertindo ser impróprio denominar o esoterismo uma forma de pensamento, o que demonstra sua visão ocidental, pois existem correntes espirituais ligadas a religiões específicas como as místicas judaica (cabala), islâmica (sufis) e o budismo, que podem ser denominadas de esotéricas (BARROS, 1999, p. 12). O autor referido adverte que o conceito de esoterismo é vago, no qual se misturam uma série de elementos heteróclitos como parapsicologia, tarôs, ioga, zen, teosofia, alquimia e franco-maçonaria, comprovando a dificuldade em se enquadrar determinados movimentos a essa definição reducionista e em aplicá-la a vários movimentos de origens diversas no tempo e no espaço (BARROS, 1999, p. 7).

> Por que religiões institucionais abrigaram correntes esotéricas? Porque as doutrinas, ritos, sacramentos e símbolos públicos não são suficientes. Para um cabalista contemporâneo, toda religião comporta dois aspectos: o visível e o oculto. "O primeiro é observado nos templos, sacerdotes, rituais e escrituras, e desempenha a tarefa de influenciar o mundo em geral, trazendo o sentido de um Poder superior, da Moral e dos bons costumes àquilo que para a maioria das pessoas é uma existência pertinaz. É claro que há momentos em que o sacerdócio é influenciado pelas circunstâncias e sua autoridade é corrompida, transformando-o no opressor, tanto na alma como do corpo. (...) O novo impulso sempre brota do aspecto oculto da religião. Centrada amiúde em um homem ou grupo, a luz que outrora iluminava o Ensinamento retorna para satisfazer as necessidades de uma geração que não mais consegue aceitar a maneira como seus pais entendem a tradição. Tal processo deve ocorrer continuamente para preservar a vida de uma religião".
>
> Outras razões podem ser acrescentadas. Para os esotéricos, os seres humanos vivem no sono e é possível e desejável despertar. O ser humano não está concluído como organismo psicossomático, outros sentidos e faculdades anímicas ainda podem ser desenvolvidas. Mas a transformação só raramente ocorre de forma espontânea e com resultados instáveis. Isto porque a constituição humana é plural e complexa [...] Além da complexidade humana, o trabalho também é perigoso e pode terminar em loucura, heresia ou morte, daí a necessidade de grupos e instrutores qualificados. A meta do trabalho esotérico é a transformação (e não o auto controle ou repressão) dos impulsos hostis e características indesejáveis, integração do ser, vínculo estável com o mundo divino e possibilidade de levar outros a experiências similares (BARROS, 1999, p. 10-11).

As fontes teóricas do esoterismo são variadas. Incorporaram o espiritismo, mas valorizam fontes diversas, orientais, principalmente as provenientes da Índia, além de mestres do esoterismo europeu e norte-americano, como alguns dos autores citados acima. O esoterismo transformou-se em um movimento que considerava a existência de um sentido oculto da realidade e suas práticas possuíam uma via iniciática.

Em relação ao ocultismo, termo atribuído a Eliphas Levi (1870-1875), esta foi uma corrente que surgiu no século XIX e que "serve para designar um conjunto de pesquisas e de práticas relativas à 'ciências', tais como astrologia, a magia, a alquimia, a cabala" (FAIVRE, p. 31). Representa um conjunto de práticas inspirado no esoterismo e utilizado muitas vezes como seu sinônimo, embora Faivre observe que esta associação não é correta, pois o esoterismo é a forma de pensamento, fonte das "ciências" ocultas (FAIVRE, p. 32). Para os ocultistas, as raízes de seu pensamento têm origens variadas, desde os mais remotos tempos na Antiguidade, e eles levam em consideração um pensamento simbólico; mas todos os conhecimentos que nutrem o ocultismo, a alquimia, astrologia etc., são praticamente os mesmos que inspiram o esoterismo, e se articulavam com as discussões científicas do período.

> De acordo como Oxford Dictionary, o termo "oculto" foi usado pela primeira vez em 1545, com o significado de "o que não é apreendido ou apreensível pela mente; além do alcance da compreensão ou do conhecimento comum". Quase um século depois, em 1633, a palavra recebeu um significado adicional, ou seja, o estudo de "assuntos considerados científicos na antiguidade e na Idade Média e que envolviam o conhecimento ou uso de expedientes de natureza secreta ou misteriosa (como mágica, alquimia, astrologia, teosofia)". Uma definição mais abrangente do "oculto", correspondente ao uso contemporâneo do termo, foi dada por Edward A. Tiryakian, em seu ensaio bastante interessante "Toward the Sociology of Esoteric Culture". Tiryakian escreve que, por oculto, eu entendo práticas, técnicas e procedimentos intencionais que: a) fazem uso de poderes secretos ou desconhecidos da natureza ou do cosmos, poderes esses incomensuráveis ou irreconhecíveis pelos instrumentos das ciências modernas, e b) que buscam resultados empíricos, tais como o conhecimento da sucessão dos acontecimentos ou a alteração de seu curso normal... Para se ir mais longe, na medida em que a pessoa que pratica a atividade oculta é alguém que adquiriu conhecimento e habilidades necessárias a tais práticas e, na medida em que tais práticas e habilidades são aprendidas e transmitidas de maneira social (embora não abertas ao grande público), de modo organizado, ritu-

> alizado, podemos chamar essas práticas de ciências ou artes ocultas (ELIADE, 1979, p. 56-57).

Na teosofia, que igualmente surgiu nesse período, uma das principais referências é Helena Blavatsky (1831-1891). Inicialmente ela havia se aproximado do espiritismo, mas depois o abandonou, afirmando estar desiludida com as fraudes encontradas (BLAVATSKY, 2011, p. 34-40). A teosofia se desenvolveu, portanto, no âmbito do espiritismo, mas tomou emprestado muitos elementos orientais (AUBRÉE; LAPLANTINE, 2009, p. 128). Blavatsky viajou para os Estados Unidos, onde conheceu o coronel Henry Steel Olcott, fundando com ele a Sociedade Teosófica em 1875 em Nova Iorque, cujo objetivo era a formação de uma fraternidade universal e o estudo das filosofias, ciências e poderes psíquicos (BLAVATSKY, 2011, p. 25-26). A teosofia procura representar uma síntese de diversos conhecimentos que intentam desvendar as relações entre o plano material e o espiritual, mas é um caminho diferente, pois o seu corpo doutrinário incorpora outras doutrinas orientais como o budismo, o jainismo, e também as religiões gregas.

Blavatsky afirma que o conteúdo da teosofia não se apoia na mediunidade, mas pode ser acessado em escrituras presentes em textos secretos de diversas religiões orientais e europeias e que estavam ocultas sob uma simbologia que apenas um trabalho de hermenêutica pode revelar, construindo uma espécie de síntese. De acordo com sua narrativa, teve acesso a manuscritos antigos e escreveu inspirada por Mahâtmas tibetanos; uma das preocupações da teosofia reside em disseminar as tradições dos chamados grandes iniciados da Antiguidade. Ela empreende uma série de críticas em *A chave da teosofia*, sobre o exercício da mediunidade e o espiritismo. Para ela:

> ...O Espiritismo se engana, não são os espíritos dos mortos que intervêm nas sessões, isto é impossível. O ser humano é um composto de sete princípios, três superiores (Atma, Budhi e Manas) formando o Ego imortal que reencarna, e quatro inferiores: Kama, a alma animal; o corpo astral ou duplo, veículo de Kama; Prana, o alento vital e, por fim, o corpo físico. Depois da morte, o homem se encontra em Kama-Loka (o mundo astral, o mundo do desejo, emoções e sentimentos) e passa por uma segunda morte, liquidando os princípios inferiores. O ternário superior se desprende e vai ao Devakan, o mundo celestial.

> O corpo astral leva um tempo para morrer, podendo ser revitalizado em contato com os vivos. Os fenômenos de uma sessão espírita são realizados pelo duplo do médium e dos assistentes, por elementais e por estes cadáveres astrais momentaneamente vitalizados. Que valor podem ter estas comunicações? (BARROS, 1999, p. 112).

Em 1877 ela publicou a obra *Ísis sem véu*, em quatro volumes, explicitando o seu pensamento e fazendo críticas ao materialismo e ao catolicismo. As questões em torno do cristianismo eram um dos motes das discussões e, embora afirmasse não ser contra os puros ensinamentos de Jesus, criticou o cristianismo teológico, denominando-o de "o principal adversário da liberdade de pensamento" (BLAVATSKY, s.d., p. 11). Ela considera a teosofia não como uma religião, mas como uma "ciência ou sabedoria divina" (s.d., p. 86). A teosofia possui uma cosmogonia altamente complexa e distinta do espiritismo:

> A alma humana é uma centelha que escapou do mundo monádico, parcela da alma global do universo. Quando o homem deve nascer, sua alma abandona o plano monádico e deve atravessar os vários planos, cada vez menos sutis, antes de alcançar a terra. Em cada um desses planos, sua alma se reveste de um envoltório de acordo com esse plano. Os três primeiros, os mais elevados, lhe dão, em seu conjunto, o corpo causal. Depois, sempre descendo, ele adquire, sucessivamente, o corpo mental, o corpo astral (ou etérico, o perispírito dos espíritas), enfim, no seio de sua mãe humana, um corpo de carne. O corpo mental lhe serve para emitir os pensamentos desinteressados, mas concretos. O corpo astral, ou corpo de desejo, contém os impulsos materiais, as paixões, toda a afetividade motora dos órgãos físicos e registra as emoções que daqueles resultam (CASTELLAN, 1955, p. 81-82).

Castellan, ao comparar algumas ideias espíritas e teosóficas, observa que são muito diferentes em relação à concepção de Deus e matéria, pois o espiritismo ainda está apegado a uma concepção clássica ocidental, de acordo com a tradição judaico-cristã, enquanto a teosofia passou por um processo de orientalização. Para a autora, existem muitas diferenças em termos de descrição das leis e fenômenos espirituais, e a teosofia possui uma complexidade bem maior, o que teria aproximado pessoas mais apaixonadas pelo ocultismo e as mais instruídas, interessadas em formas especiais de pesquisa, como a grafologia, a quirologia e a astrologia. Por outro lado, o interesse no espiritismo atrairia o interesse dos sofredores que esperavam consolação pelas revelações de além-túmulo, ou então de curiosos por esses fenômenos (CASTELLAN, 1955, p. 92). De acordo com ela, os teósofos consideram, ainda, os espíritas como inferiores, pois eles condenam a invocação dos mortos, pois

> ...esta prática atrai para junto dos homens os elementos desencarnados mais materiais, os mais grosseiros, os mais perniciosos, as 'Larvas'; as almas mais elevadas passam rapidamente do astral para o mental. Quanto aos mortos recentes, que é possível, chamar, porque atravessam obrigatoriamente o plano astral, a circunstância de fazê-los voltar ao plano físico é contrária à sua evolução, retarda seu acesso aos planos superiores e à beatitude. O maior mal que se pode fazer a um ente amado que morre é precisamente chamá-lo à terra (CASTELLAN, 1955, p. 83).

Portanto, embora as diversas doutrinas espiritualistas tivessem algumas similitudes, existem diversos pontos de conflito doutrinário e de práticas. Além do contato com os mortos de maneira contínua, criticado pelos teósofos, em relação à reencarnação o movimento anglo-saxão não o aceitou, o que foi abordado por Arthur Conan Doyle (1859-1930) em seu livro *História do Espiritismo* (DOYLE, 2013, p. 396). As ideias contrastantes são muitas e não cabe aqui apresentá-las e discuti-las, mas esses grupos se uniram em muitos momentos. Para Jacques Lantier o espiritismo e a teosofia conviveram de forma fraternal em alguns países e se encontravam em congressos como o Primeiro Congresso Internacional espírita em setembro de 1888, em Barcelona, que estabeleceu algumas diretrizes em comum, aconselhando o respeito por todos os pesquisadores da verdade (LANTIER, 1980, p. 162). E, no Congresso Internacional de 1889, em Paris:

> O Congresso fora ideia dos espíritas espanhóis que, no ano anterior, tinham realizado um Congresso em Barcelona com grande ressonância pública. Os delegados propuseram a P. G. Leymarie que organizasse um Congresso Internacional no ano seguinte, o do Centenário da Revolução. A organização do Congresso foi democrática. Leymarie

> chamou membros de todas as organizações e periódicos, tendo sido realizado de 9 a 16 de setembro. Maurice Barrès pensava que o Congresso devia se realizar em Paris, porque estavam tentando levar o centro do movimento esotérico para Londres. Mesmo entre os defensores da Fraternidade Universal, o nacionalismo estava presente.
>
> Léon Denis, G. Delanne e Papus se destacaram com muitas apresentações. Papus, que então era bem jovem, foi encarregado de fazer um balanço das resoluções numa sessão pública. Ele resumiu com imparcialidade as divisões existentes no movimento, dividiu os espíritas em dois grupos: os reencarnacionistas (Kardecistas e futuristas) e não-reencarnacionistas (americanos, escandinavos). Os ocultistas também foram divididos em dois grupos: os cabalistas (independentes e cristãos) e os teósofos (cristãos e budistas). Todos os grupos tinham em comum a crença em Deus, na imortalidade da alma e o repúdio ao materialismo. Dividiam-se quanto à reencarnação e às causas dos fenômenos produzidos pelos espíritas (BARROS, 1999, p. 128).

Para os esotéricos, ocultistas e teósofos, as manifestações parapsicológicas do ser humano eram muito complexas para ser encaixadas apenas como manifestações de espíritos ou seres humanos que morreram e deixaram o seu corpo físico. Embora os espíritas atribuíssem algumas manifestações ao próprio médium, as relações mediúnicas entre vivos e mortos dominavam as suas formulações. Alguns pesquisadores, quer provenientes daquelas outras correntes espiritualistas, quer cientistas que se debruçaram em relação a esses fenômenos, começaram a formular outras hipóteses, para além de uma intervenção dos espíritos, como atos derivados, possivelmente, de alguma ação psicofisiológica do próprio homem.

As pesquisas em torno da mediunidade, assim, migraram para outras formas de compreensão que se afastavam de qualquer pretensão religiosa ou filosófica. Importante destacar que este campo de pesquisa de fatos espíritas foi se autonomizando e se distanciando cada vez mais do espiritismo, desembocado em pesquisas psíquicas ou na metapsíquica. Esses cientistas procuraram atestar esses fenômenos, mas recusaram as interpretações espíritas e desenvolveram outras hipóteses, pois, observavam que muitos fenômenos ocorriam por conta de propriedades ainda desconhecidas do psiquismo humano. Charles Richet (1850-1935) foi um dos fundadores dessa ciência. Diversos estudos científicos auxiliaram nesta cisão que ganhou impulso com a publicação em 1925 do *Tratado de Metapsíquica* de Richet; tempos depois passou a predominar os estudos na área da Parapsicologia (SILVA, 1993, p. 210 e segs.). Isso significa que os estudos sobre os efeitos praticados pelos chamados médiuns percorreram outros caminhos que estão distantes dessa pesquisa.

> Sobretudo nos países anglo-saxões esta separação entre a necessidade de se estudar objetivamente os fenômenos psíquicos e uma atitude mais religiosa revelou-se desde cedo. A Sociedade de Pesquisas Psíquicas na Inglaterra e sua similar americana distanciaram-se do Espiritismo popular e religioso. Grupos de cientistas começaram a investigar, experimentalmente, os fenômenos mentais e mediúnicos, acumulando dados e provas objetivas que permitissem uma visão real, sem crenças extra-científicas, marcando uma posição diferenciada do espiritismo, desenvolvido em torno dos chamados "livros espirituais" revelados pelos espíritos dos mortos, ao estilo de Kardec. Isto fica bem claro num artigo de 1904 publicado pela Sociedade de Parapsicologia intitulado "Twenty Years of Psychical Research" (SILVA, 1993, p. 213-214).

Mas, para além de servirem como novos sistemas doutrinários, as correntes do moderno-espiritualismo dialogaram com outras frentes e grupos sociais. Alguns autores nos informam que esses ideários reforçaram um certo clima de rebelião e contestação, presente no século XIX, contra as verdades estabelecidas, não apenas as religiosas; e se colocaram ao lado da luta pela emancipação das mulheres, pelo fim da escravidão, pelos direitos dos trabalhadores, representando doutrinas de cunho progressista e que lutaram pela secularização da sociedade. Ann Braude defende que os espiritualistas estiveram à frente das mais radicais propostas de mudanças e reformas sociais do seu tempo e "denunciam a autoridade das igrejas sobre os crentes, dos governantes sobre os cidadãos, dos médicos sobre os pacientes, dos senhores sobre os escravos e, sobretudo, do homem sobre a mulher" (BRAUDE, Ann, 2001, apud ANDRADE, 2008, p. 24).

O espiritualismo foi uma forma de expressar ou dar vazão a muitos projetos e inconformismos sociais.[7] Os homens daquele período que se debruçaram sobre

7 Sobre um movimento que inspirou as doutrinas espiritualistas no século XVIII e XIX e possuiu consequências políticas e sociais que escaparam aos seus objetivos iniciais é importante a con-

uma nova realidade que os cercava, o mundo dos espíritos e as relações que se estabeleciam entre este e o plano terreno, e a reencarnação, abriram portas para muitas contestações e demandas sociais, questionando as estruturas de dominação existentes e aproximando-se de outros movimentos como os socialistas. Mircea Eliade, ao buscar compreender o ocultismo como uma importante corrente cultural da época, defende que:

> Observa-se uma orientação bastante diferente entre os escritores franceses da segunda metade do século dezenove, que se deixaram atrair pelas ideias, mitologias e práticas divulgadas por Eliphas Lévi, Papus e Stanislas de Guaita. Desde Baudelaire e Verlaine, Lautréamont e Rimbaud, até nossos contemporâneos, André Breton e seus discípulos, todos esses artistas valeram-se do oculto como arma poderosa em sua rebelião contra o establishment burguês e sua ideologia. Eles rejeitam a religião, a ética, as convenções sociais e estéticas contemporâneas. Alguns deles são, não somente anticlericais, como a maior parte da elite intelectual francesa, mas também anticristãos; na realidade, eles rejeitam todos os valores judeu-cristãos e os ideais greco-romanos e renascentistas. O seu interesse pelo Gnosticismo e por outros grupos secretos era motivado, não só pela doutrina ocultista, mas também pelo fato de esses grupos terem sido perseguidos pela Igreja. Aqueles artistas estavam procurando, nas tradições ocultistas, elementos anteriores ao Judeu-Cristianismo e ao classicismo grego, ou seja, métodos criativos e valores espirituais egípcios, persas, hindus e chineses (ELIADE, 1979, p. 56).

---

sulta da obra de DARNTON, Robert. *O lado oculto da revolução*, op. cit. O autor, ao analisar as ideias do médico austríaco Franz Anton Mesmer, criador da teoria do magnetismo animal ou "mesmerismo", demonstra como ela despertou interessesem vários setores da sociedade francesa nos anos que antecederam à eclosão da Revolução Francesa, desembocando em um movimento de cunho político e social. A partir do momento em que as academias recusaram as suas ideias, o discurso de seus seguidores migrou para uma luta contra o absolutismo monárquico e a defesa do parlamento, colocando-se contra as instituições científicas tradicionais da sociedade e representando uma outra forma de captar os descontentamentos do período em relação ao status quo (DARNTON, 1988, p. 78-89).

Itinerários espiritualistas no Brasil

> No Rio de Janeiro e em muitas cidades e vilas do Brasil, tiveram lugar as primeiras reuniões espíritas em 1857. Das pesquisas que fizemos, verificamos que desde a chegada dos primeiros exemplares do *Livro dos Espíritos*, em francês, e dos primeiros números da *Revista Espírita* de Paris, realizaram-se sessões espíritas de estudos teóricos e práticos, nas residências de diversas famílias. Dedicavam-se no começo, aos trabalhos de mesas girantes ou mesas dançantes e aos fenômenos de parentes afeiçoados, e ainda hoje dedicam-se aos trabalhos psicográficos e psicofônicos.
>
> Depois começaram a surgir no Brasil agremiações espíritas, tendo comissões diretoras, estatutos e regulamentos para as sessões. Estas agremiações multiplicam-se todos os dias sob as denominações de: sociedade, associação, grêmio, congregação, clube comunhão, loja, grupo, círculo e até de irmandade; continuando, entretanto, a centuplicarem-se as sessões íntimas, no seio de muitas famílias, nesta capital, das quais temos recebido convites e temos assistido às suas sessões semanais, e em quase todos os pontos do Brasil, desde as classes mais humildes até as mais elevadas (TORTEROLI, 1896, p. 12).

Nosso objetivo nesse tópico consiste em compreender as nuances da inserção das doutrinas espiritualistas em solo brasileiro, especialmente o espiritismo, a partir das pesquisas realizadas nessa temática. Não é nossa intenção propor uma nova interpretação sobre esse processo, mas apenas esclarecer alguns aspectos discutidos pela historiografia que privilegiou o percurso Rio de Janeiro-Bahia-Rio de Janeiro, como significativos para a construção do campo espírita no Brasil. Em seguida, procuraremos estabelecer alguns parâmetros sobre a entrada dessas doutrinas em São Paulo a partir da diversidade de fontes documentais existentes.

Deve-se notar a centralidade do espiritismo nessa discussão, tendo em vista a ausência de pesquisas que dão conta de outras tendências espiritualistas como o esoterismo ou, então, abordagens que muitas vezes tomam essas doutrinas em seu conjunto sob o rótulo de espiritismo, como foi avaliado na introdução deste livro.

Esses sistemas doutrinários adentraram paulatinamente no Brasil no decorrer do século XIX, ao mesmo tempo que uma torrente de ideias europeias, como o liberalismo, o evolucionismo, o cientificismo, mas também a homeopatia, o magnetismo, o espiritismo, doutrinas esotéricas e ocultistas, muitas delas dialogando entre si, pois seus sistemas comungavam princípios como a ideia de um fluido cósmico que permeava o universo, a possibilidade de se comunicar com os mortos ou a reencarnação.[8] Esses ideários foram trazidos, inicialmente, por imigrantes estrangeiros, especialmente pelos franceses, tendo em vista a influência deste país na cultura brasileira no período (AUBRÉE; LAPLANTINE, 2009, p. 133).

Os escassos trabalhos sobre o tema nos informam que essas ideias ganharam força na Corte, e em algumas outras cidades, inicialmente em torno da curiosidade em relação às chamadas mesas girantes. Como na Europa, os adeptos iniciais dessas práticas eram grupos intelectualizados, formados pelas camadas intermediárias da sociedade, especialmente jornalistas, médicos, bacharéis, comerciantes e militares, e com certa adesão da elite, pessoas que possuíam desejos de mudança e de modernização da sociedade a partir de um modelo europeu ou norte-americano (AUBRÉE; LAPLANTINE, 2009, p. 135).

> No Brasil da época, entre mudanças aceleradas e agitações políticas, parcelas dos setores urbanos depositaram no espiritualismo uma via de expressão de seus anseios e angústias. Rapidamente mobilizando como adeptos militares, jornalistas, profissionais liberais, as crenças na possibilidade de comunicação com os mortos e nos poderes dos fluídos magnéticos, a ideia da imortalidade da alma e da reencarnação, fenômenos que vinham sendo comprovados através de experimentos realizados na Europa e nos Estados Unidos e, em especial, a ideia do progresso em direção à perfectibilidade espiritual, ao mesmo tempo que mantinham tais setores em contato com as tendências evolucionista e cientificista da época, descortinavam renovados horizontes. Uma vez que se estabelecia aí, a harmonia entre a especulação, a experiência e a religião, era, na visão de Tobias Barreto, a grande tendência do livre pensar no século XIX, pois 'o senso de infinitude, o senso do divino' era o único capaz de alargar 'os círculos da inteligência humana em todas as suas aspirações' (WISSENBACH, 1997, p. 94).

8 Para essa discussão ver o estudo de Roque Spencer Maciel de Barros (1959), especialmente páginas 24 a 34. Embora o autor não cite as ideias espiritualistas, elas também fizeram parte dessa corrente de ideias.

O espiritismo na Corte

Na Corte brasileira o espiritismo parece ter se alastrado como uma doutrina de elite, presente em alguns círculos intelectuais, notadamente o da colônia francesa, com personagens como Casimir Lieutaud, Adolphe Hubert e Madame Perret Collard, constituindo um dos primeiros grupos que se dedicaram à divulgação da doutrina (DAMAZIO, 1994, p. 65). Lieutaud, diretor do Colégio Francês, escreveu, inclusive, o primeiro livro voltado à divulgação do espiritismo no Brasil, *Les temps sont arrivés*, em 1860. Ele fazia parte de um círculo de franceses que residiam na Corte e se organizaram em torno do jornal *Courrier du Brésil*, cujo conteúdo era crítico ao governo de Napoleão III (MACHADO, 1996, p. 65).

Alguns pesquisadores como Sylvia Damazio observam que um dos primeiros a defender ideias espíritas no Brasil foi o Marquês de Maricá, pois, em suas produções, residia a noção de reencarnação. Interessante notar que a reencarnação e a ideia de aprimoramento da alma humana a partir de vidas sucessivas, já surgiam entrelaçados com outras ideias sociais predominantes da época, como as do chamado "socialismo utópico", inspirado em autores como Fourier, pois o autor mencionado defendia a reforma da sociedade com base nessas ideias (DAMAZIO, 1994, p. 64).

> Naquela roda de homens pragmáticos e de sonhadores, a doutrina espírita encontrou imediata receptividade. O espiritismo não surgia apenas como uma nova opção mística, uma brecha para se entrever os arcanos misteriosos da morte: vinha, também, enlaçado às mais modernas tendências liberais. Em particular, ao socialismo. As teorias de Charles Fourier e Pierre Leroux, prematuras no tempo de Maricá, encontravam receptividade entre muitos românticos brasileiros. O prestígio do segundo, sobretudo, que procurava explicar as desigualdades sociais através da pluralidade das existências, já vinha de França, aureolada pela admiração que lhe devotava George Sand.
>
> Os franceses do Brasil, que conheciam aquelas teorias, se entusiasmaram quando as viram encaixadas no corpo de uma doutrina mística. Graças a esses elos de simpatia entre espiritismo e ideias socialistas, o *Courrier* se tornou o primeiro ninho, em nosso país, onde se acomodaram as suas crenças espíritas. Em 1861, Adolphe Hubert, editor do jornal, admitia a sua condição de espírita: um espírita cauteloso, cartesianamente sem fanatismos (MACHADO, 1996, p. 66).

Depois desse impulso inicial no país, o espiritismo parece ter se estruturado melhor na Bahia, com o aparecimento da primeira sociedade espírita, o Grupo Familiar do Espiritismo fundado por Luís Olímpio Teles de Menezes (1828-1893) em 17 de setembro de 1865. Nesse momento, o movimento parecia ter perdido impulso no Rio de Janeiro e a capital baiana se tornou o centro dinâmico do país. Ubiratan Machado indica que Salvador se transformou em "foco irradiador do espiritismo", com estudos e experiências práticas e se defrontou com uma dura repressão (1996, p. 79).

Luiz Olímpio era escritor, jornalista e professor, e escreveu em alguns órgãos da imprensa baiana. Ele publica em 1866, *Filosofia espiritualista*, livro que continha trechos de *O livro dos espíritos* de Allan Kardec, e se viu às voltas com a censura clerical e com as primeiras escaramuças dos espíritas com a Igreja Católica quando D. Manoel Joaquim da Silveira, arcebispo da Bahia e primaz do Brasil, criticou o espiritismo em 1867, em uma pastoral. Essas críticas o incentivaram a publicar o primeiro impresso de orientação espírita do país com o intuito de enfrentá-las (FERNANDES, 2003, p. 43-46). Em 1869 inicia em Salvador a publicação de *O Echo d'Além Túmulo, Monitor do Spiritismo no Brazil.* O periódico bimensal, distribuído para todo o país e enviado para algumas localidades do exterior, foi editado por dois anos. Magali Fernandes observa que o jornal teria se interessado pela libertação dos escravos, garantindo reverter parte de sua renda à essa atividade, o que demonstraria relações com o movimento abolicionista (2003, p. 63).

Interessante notar que o primeiro periódico espírita editado no Brasil trouxe uma marca profundamente católica, notada, inclusive, pela *Revista Espírita* francesa (FERNANDES, 2003, p. 74-77). Olympio não percebia qualquer incompatibilidade entre o catolicismo e as ideias espíritas que ele professava, declarando-se católico. Lembramos que naquele momento, qualquer outra religião seria considerada ilegal, pois o catolicismo era a religião de Estado e Olympio fazia questão de identificar-se dessa forma. Mas chamava a atenção a defesa de alguns preceitos em seu periódico como o "Juízo Final" (MACHADO, 1996, p. 96). De qualquer maneira, os primórdios do espiritismo no Brasil, para os seus adeptos, não o ligava necessariamente a um rompimento com o catolicismo.

A historiografia afirma que, posteriormente ao encerramento do periódico *Echo d'Além Túmulo*, o movimento espírita baiano parece ter arrefecido e o Rio de Janeiro voltou a se transformar no foco irradiador do espiritismo no Brasil (DAMAZIO, 1994, p. 103). Ubiratan Machado informa que esse renascimento veio entrelaçado com reivindicações liberais e sociais, pois entre os espíritas da Corte estavam republicanos signatários do Manifesto de 1870, como Francisco Leite de Bittencourt Sampaio (1834-1895), Antônio da Silva Neto (1836-1905) e Otaviano Hudson, enquanto Quintino Bocaiúva (1836-1912) e Saldanha Marinho (1816-1895) eram simpatizantes (MACHADO, 1996, p. 112-113). Grande parte desses agentes apoiava a abolição da escravidão, o que demonstra que esses primeiros espíritas estavam ligados às reivindicações políticas e sociais do período (VALLE, 2010, p. 51).

Em 1873 foi fundada a Sociedade de Estudos Espiríticos – Grupo Confúcio, na qual participavam Antônio da Silva Neto, Francisco Bittencourt Sampaio e o dr. Joaquim Carlos Travassos (1839-1915). Interessados na propaganda da doutrina, lançaram um periódico, o primeiro no Rio de Janeiro de caráter espírita, a *Revista Espírita*, com artigos extraídos da *Revue Spirite*, mas que sobreviveu pouco tempo. Neste grupo, o médico Joaquim Carlos Travassos (1839-1915) se empenhou na tradução dos livros de Allan Kardec, *O livro dos espíritos*, *O livro dos médiuns*, *O céu e o inferno* e *O Evangelho segundo o Espiritismo*, todos publicados pela Editora Garnier.

Este grupo foi encerrado em 1876, e alguns de seus fundadores, como Bittencourt Sampaio e Joaquim Travassos, criaram a Sociedade de Estudos Espíritas "Deus, Cristo e Caridade", mas pouco depois ela acabou sendo dissolvida, com o abandono de alguns membros, enquanto os que restaram transformaram a instituição na Sociedade Acadêmica Deus, Cristo e Caridade, que lançou outro periódico, a *Revista da Sociedade Acadêmica Deus, Cristo e Caridade*, editado mensalmente entre 1881 e 1882, e tendo o professor Afonso Angeli Torteroli (1849-1928), que anos depois foi importante no movimento espírita paulista, como um de seus dirigentes. Antônio Luiz Sayão (1829-1903) e Bittencourt Sampaio fundaram em 1880 o Grupo Espírita Fraternidade, mais tarde denominado de Grupo Ismael, que em 1884 foi integrado à Federação Espírita Brasileira (FEB) (ARRIBAS, 2008, p. 76-78).

Os historiadores que se dedicaram aos estudos sobre a institucionalização do espiritismo no Rio de Janeiro observam que no período correspondente ao último quartel do século XIX, inúmeros grupos foram criados, muitos dos quais dissidências com perspectivas divergentes em relação às formas de interpretação legítima do Espiritismo, como ciência, filosofia ou religião, com constantes cisões. Os autores advertem que naquele momento de construção do campo espírita no Brasil, a partir do espaço do Rio de Janeiro, influenciando os rumos tomados pelo movimento no Brasil, as divergências demonstraram a polarização entre "místicos" e "científicos", definidores do caráter do espiritismo brasileiro com a vitória de um espiritismo religioso, principalmente pela ação da FEB no Rio de Janeiro.[9]

Sylvia Damazio observa essas disputas entre os agentes espíritas no Rio de Janeiro, dividindo-os em três correntes: "científicos", preocupados com o conteúdo experimental da doutrina e com o estudo dos "fenômenos espirituais"; os "espiritistas puros" interessados nos aspectos científico e filosófico; e os "místicos" ligados aos ensinamentos morais de caráter cristão; esses últimos podem ser divididos, ainda, em kardecistas e rustanistas[10] (DAMAZIO, 1994, p. 104-106). Canuto Abreu informa que dentre essas várias "facções", os "científicos" comportariam outros grupos como os psiquistas e ocultistas, enquanto que entre os "místicos" aparecem os "swedenborgistas" e "teosofistas", o que indica que ele categoriza vários ramos do espiritualismo amalgamados sob o rótulo de espiritismo (ABREU, 2001, p. 67-68). Como veremos ao longo do trabalho, essas classificações, no caso do espiritismo paulista, embora também fossem verbalizadas no interior dos grupos, são muito contraditórias e não representavam categorias tão estanques. Sobre o periódico *Reformador*, editado a partir de 1883 pelo fotógrafo português Augusto Elias da Silva (1848-1903), com o intuito de defender o espiritismo dos ataques católicos e que, posteriormente, se transformaria em órgão oficial da Federação Espírita Brasileira, o mesmo autor observa:

> ...O *Reformador* tratava "indiferentemente", como era necessário num programa meio termo, de psiquismo, ocultismo, kardecismo, rustanismo, swedenborgismo, iluminismo, teosofismo, não se esquecendo, porém, de atacar quando e quanto podia o protestantismo e o catolicismo... (ABREU, 2001, p. 68)

9 Para essa discussão ver: ARRIBAS, Célia da Graça. *Afinal, espiritismo é religião?* A doutrina espírita na formação da diversidade religiosa brasileira. São Paulo, 2008. Dissertação (Mestrado em Sociologia) – Faculdade de Filosofia, Letras e Ciências Humanas, Universidade de São Paulo, p. 71-89.

10 Rustanistas são os espíritas que acolheram a obra do advogado francês Jean-Baptiste Roustaing (1805-1879), *Os quatro Evangelhos* (1866), criticada por grande parte dos espíritas por conter informações que Kardec havia refutado. Para essa questão consultar: ARRIBAS, Célia da Graça, *Op. cit.*, p. 167-182.

Giumbelli critica essa classificação que contrapõe "místicos" e "científicos", defendendo que são meramente categorias forjadas para acusação do outro, não existindo na prática oposição entre facções religiosas e científicas (1997, p. 113-114). Argumenta que entre os grupos religiosos sempre se falou em ciência e autores como o médico e político Adolfo Bezerra de Menezes, presidente da FEB e um dos expoentes do espiritismo no período, considerado pelos autores como um místico, escreveu uma obra com o intuito de contribuir para a ciência psiquiátrica denominada *A loucura sob novo prisma*. Ao mesmo tempo, as famosas conferências realizadas pela FEB reuniam conferencistas de ambas as tendências (GIUMBELLI, 1997, p. 67-68). O autor adverte que

> ...O ponto comum entre todos esses trabalhos é uma avaliação, mais ou menos elaborada, das obras de Allan Kardec, segundo a qual a doutrina nelas exposta constitui-se como produto de uma conciliação entre 'ciência' e 'religião'. Enfatiza-se o fato de que, embora o Espiritismo se apresente como revelação divina e possua diversas conotações morais, sua doutrina se constitui a partir de procedimentos supostamente experimentais, capazes de explicar racionalmente certos fenômenos. No caso do Espiritismo brasileiro, é como se essa complementaridade tivesse se rompido, havendo, por um lado, a formação de facções às quais corresponderiam apenas parte do legado de Kardec e, por outro, a predominância geral do aspecto 'religioso' em detrimento do aspecto 'científico'. Assim, a especificidade do Espiritismo brasileiro é tratada por muitos autores basicamente a partir desse ponto, em uma explícita ou implícita contraposição a sua formulação inicial na França (GIUMBELLI, 1997, p. 65-66).

Jeferson Betarello aponta a existência de ambiguidades no espiritismo em sua origem francesa. O autor argumenta que Allan Kardec insistiu na rejeição do espiritismo como religião em alguns dos seus textos, provocando uma ambiguidade que ecoou na avaliação dos espíritas brasileiros, que acabaram enfatizando um ou outro aspecto de sua doutrina (2009, p. 29). Enquanto que em alguns momentos, Kardec indicou que o espiritismo não seria uma religião, mas uma ciência e uma filosofia com consequências morais, em outros momentos defendeu que a moralidade de que trata o espiritismo estaria atrelada ao Cristianismo, sendo a mais pura das doutrinas, e que as questões religiosas estavam bem presentes nos princípios espíritas (BETARELLO, 2009, p. 42-45); na obra *O Evangelho segundo o espiritismo*, por exemplo, existe um compêndio de preces que devem ser utilizadas.

> Parece-nos, portanto, que já em Kardec temos a caracterização do Espiritismo como religião. Entretanto, ele propõe uma universalidade que não pode ser efetivada, dada a crença na reencarnação com todas as suas consequências - como evolução e comportamento ético, origem e destino dos espíritos, penas e gozos futuros. Essas posições doutrinárias são incompatíveis com a ortodoxia das Igrejas Cristãs e com a de qualquer religião que não compartilhe desse credo (BETARELLO, 2009, p. 44).

Ao que parece, no princípio ele não identificava o seu sistema doutrinário com religião, mas posteriormente se vê obrigado a dialogar com ela, pois está inserido em um mundo profundamente católico e precisa responder às inquietações religiosas que os seus postulados suscitavam.[11] Ele, então, oferece a interpretação de que o espiritismo é a nova revelação prometida por Jesus Cristo, e insere o espiritismo no interior do mundo cristão. A partir daí, reinterpretou várias passagens do Novo Testamento à luz de suas proposições, como a existência do inferno, das penas eternas, da justiça divina etc. Ao mesmo tempo, situa o espiritismo no interior de uma ética cristã, afirmando que colocará em prática as palavras do Cristo: amai o vosso próximo como a vós mesmos.

> O Espiritismo é uma doutrina filosófica de efeitos religiosos, como qualquer filosofia espiritualista, pelo que forçosamente vai ter às bases fundamentais de todas as religiões: Deus, a alma e a vida futura. Mas, não é uma religião constituída, visto que não tem culto, nem rito, nem templos e que, entre seus adeptos, nenhum tomou, nem recebeu o

11 Nesse sentido lemos em *Viagem Espírita em 1862*, Kardec assinalar que o Espiritismo irá regenerar o mundo, mas que não surgiu com o intuito de derrubar qualquer culto ou estabelecer um novo: na verdade ele prova verdades que são comuns a todos os cultos e base de todas as religiões; ele irá colocar abaixo apenas um templo: o do orgulho e do egoísmo (2000, p. 70-72).

> título de sacerdote ou de sumo-sacerdote. Estes qualificativos são de pura invenção da crítica (KARDEC, 1998, p. 260-261).

De qualquer maneira, os principais especialistas que se dedicaram à história do espiritismo no Brasil afirmam que ele aqui desenvolveu uma feição mais religiosa ou até mesmo terapêutica e mágica em detrimento de seu caráter filosófico e científico, voltado para a pesquisa experimental, que era mais marcante na proposta original francesa (STOLL, 2003, p. 57). As discussões de cunho moral e ético, atreladas a uma reconfiguração cristã, teriam sido mais importantes do que a experimentação científica e a crítica filosófica.[12] Ao mesmo tempo, teria havido uma inovação em relação ao espiritismo francês, ao estabelecer uma determinada ênfase nas práticas terapêuticas, como passes magnéticos e sessões de desobsessão, além da utilização da homeopatia com receitas recebidas mediunicamente (STOLL, 2003, p. 54-55).

Mas, no embate entre as tendências no interior do campo espírita em formação no Rio de Janeiro que a bibliografia nomeou, os autores advertem que predominou um espiritismo essencialmente religioso, atrelado às teses de Roustaing, o que o aproxima de uma perspectiva evangélica, e até mesmo católica, com a vitória dos grupos religiosos que assumiram o controle da recém-criada FEB, fundada em 1 de janeiro de 1884, cujo primeiro presidente foi Francisco Raimundo Ewerton Quadros (1841-1919). Como indica Giumbelli, inicialmente a FEB assumiu a função de servir como um veículo de propaganda do espiritismo e, somente anos depois, se esforçou na articulação dos grupos existentes no Rio de Janeiro (GIUMBELLI, 1997, p. 63-64).

Um dos intelectuais espíritas mais atuantes no período foi o dr. Adolfo Bezerra de Menezes (1831-1900). Filho de uma família de proprietários rurais do Ceará, rumou para o Rio de Janeiro e concluiu o curso de medicina em 1856. Foi deputado da Câmara da Corte e da Câmara dos Deputados, lutou pela abolição

12 Essa situação teria levado a uma deturpação do sentido original do espiritismo ao perder o seu caráter experimentalista que estava na raiz das preocupações de Allan Kardec na França e sendo interpretado a partir de um viés religioso e até mesmo fetichista, para autores como Aubrée e Laplantine (2009); enquanto Stoll (2003) critica a ideia de distorção, acreditando que se trata de um processo de reinterpretação ou ressignificação em face da necessidade de adaptação de uma doutrina estrangeira na cultura religiosa brasileira (STOLL, p. 58).

da escravidão e participou de várias ações modernizadoras como a Companhia de Estrada de Ferro Macaé a Campos, foi presidente da Companhia de Carris Urbanos de São Cristóvão, membro da Sociedade Auxiliadora da Indústria Nacional e de outras instituições da época. Figura conhecida na política da Corte, em 1886 anunciou publicamente a sua conversão ao espiritismo e escreveu uma série de artigos em defesa da doutrina no jornal *O Paiz*, dirigido por Quintino Bocaiúva, sob o pseudônimo de Max. Aubrée e Laplantine demonstram que seu prestígio e eloquência foram fundamentais para a difusão do espiritismo naquele tempo, além de ter sido um agente fundamental na construção de uma feição religiosa que o espiritismo teria assumido e que transparece até os dias de hoje, com os "referentes tradicionais católicos inexpugnáveis" (AUBRÉE; LAPLANTINE, 2009, p. 152).

De acordo com Célia Arribas, a FEB teria se inclinado ao espiritismo na sua feição religiosa, justamente a partir da gestão Bezerra de Menezes. Ele teria selecionado na obra de Allan Kardec alguns aspectos em detrimento de outros, com vistas à sua legitimação social, através de práticas filantrópicas, inclinando-se para uma abordagem "religioso-terapêutico" preocupado com a cura através da homeopatia e de "águas fluidificadas" (ARRIBAS, 2008, p. 103-104). Nesse processo, o "Serviço de Atendimento aos Necessitados" se destacou, ao se dedicar à prática de prescrição de receituário mediúnico homeopático, atendendo milhares de consultas. Reginaldo Prandi defende que a questão da cura assumida por instituições espíritas atraiu segmentos sociais diferentes a essas sociedades, ainda mais em uma época na qual o Estado não se interessava por obras de assistência social (PRANDI, 2012, p. 59-60).

Nesse processo, o espiritismo, ao buscar a sua legitimação social através de terapêuticas, entrou em conflito com a medicina oficial. Embora o decreto nº 119-A de 7 de janeiro de 1890 e o artigo 72 da Constituição de 1891 estabelecessem a liberdade de culto, o decreto nº 847 de 11/10/1890 que instituiu o Código Penal pesou sobre os ombros dos espíritas e, em diferentes momentos, foi utilizado para a perseguição a esses agentes. Ele possibilitava interpretações ambíguas, mas seu objetivo era criminalizar os médiuns receitistas (GIUMBELLI, 1997, p. 79). O capítulo III que especificava os crimes contra a saúde pública estabelecia:

> Art. 156. Exercer a medicina em qualquer de seus ramos, a arte dentaria ou a farmácia; praticar a homeopatia, a dosimetria, o hipnotis-

> mo ou magnetismo animal, sem estar habilitado segundo as leis e regulamentos:
>
> Penas - de prisão celular por um a seis meses e multa de 100$000 a 500$000.
>
> Parágrafo único. Pelos abusos cometidos no exercício ilegal da medicina em geral, os seus autores sofrerão, além das penas estabelecidas, as que forem impostas aos crimes a que derem causa.
>
> Art. 157. Praticar o espiritismo, a magia e seus sortilégios, usar de talismãs e cartomancias para despertar sentimentos de ódio ou amor, inculcar cura de moléstias curáveis ou incuráveis, enfim, para fascinar e subjugar a credulidade pública:
>
> Penas - de prisão celular por um a seis meses e multa de 100$000 a 500$000.
>
> § 1º Si por influência, ou em consequência de qualquer destes meios, resultar ao paciente privação, ou alteração temporária ou permanente, das faculdades psíquicas:
>
> Penas - de prisão celular por um a seis anos e multa de 200$000 a 500$000.[13]

O Código possuía uma preocupação especial com as práticas de curandeirismo, relacionando-se com a saúde pública e com a medicina que estava se institucionalizando no período. De acordo com Schritzmeyer, era patente a dificuldade de admissão no meio jurídico e oficial de uma religião que engendrasse ações diversificadas, com um corpo doutrinário que lhe garantisse a admissão como religião, mas também práticas que lhe conferissem uma relação com a modernidade científica, adentrando no terreno da medicina (SCHRITZMEYER, 1994, p. 155-158). Na prática, isso significava que o espiritismo como religião, ou até mesmo no campo da especulação filosófica ou científica, era legitimado, mas a partir do momento que adentrava na terapêutica médica alternativa, passava a ser perseguido. Os autores notam, ainda, que o espiritismo também foi sincretizado

13 Disponível em: <http://www2.camara.leg.br/legin/fed/decret/1824-1899/decreto-847-11-outubro-1890-503086-publicacaooriginal-1-pe.html>. Acesso em 22/05/2012.

com os cultos populares, incorporando referências de religiões de matrizes afro-brasileiras ou do catolicismo popular, nas práticas de "curandeiros", "feiticeiros" ou "sonâmbulas", o que pode ser evidenciado pela escrita de diversos cronistas da época (DAMAZIO, 1994, p. 13).

> Aos poucos configuraram-se correntes distintas dentro do movimento espírita no Rio de Janeiro. Grosso modo, firmou-se um Espiritismo de origem europeia, sóbrio, sem sincretismo com os cultos populares, baseado no estudo da doutrina e na prática da caridade, e o Espiritismo popular, que incorporava as práticas dos curandeiros, dos feiticeiros e das sonâmbulas, mais o catolicismo tradicional centrado no culto dos santos. Entre os dois extremos, toda a riqueza de nuances que aparece nas páginas dos cronistas da época e dos que se dedicaram a registrar a história dos primórdios do Espiritismo no país (DAMAZIO, 1994, p. 13).

A leitura de João do Rio parece demonstrar que a doutrina adquirira uma certa legitimidade no Brasil. Ele informa que existia, em 1900, 96 periódicos espíritas no mundo, sendo publicados 19 no Brasil. Mas contrapõe uma situação que parece representar parte da realidade do espiritismo no país e que chamou mais a atenção dos pesquisadores: a existência de um espiritismo de elite e um espiritismo popular, que se misturava com práticas e representações das religiões de matriz afro-brasileira. João do Rio faz uma diferenciação no seio dos adeptos, dividindo-os em "sinceros" e "exploradores", demonstrando simpatia pelos primeiros (RIO, 1976, p. 76-77).

> Há pelo menos cem mil espíritas no Rio. É preciso, porém, não confundir o espiritismo verdadeiro com a exploração, com a falsidade, com a crendice ignorante. O espiritismo data de 1873 entre nós, da criação da Sociedade de Confúcio. Talvez de antes; data de umas curiosas sessões da casa do Dr. Melo Morais Pai, a bondade personificada, um homem que andava de calções e sapatos com fivelas de prata. Mas, desde esse tempo, a religião sofre da incompreensão de quase todos, substitui a feitiçaria e a magia (RIO, 1976, p. 76).

Nesse processo de circularidade cultural, nos quais elementos provenientes de universos culturais distintos são reconfigurados, João do Rio diferenciou essas práticas derivadas das religiões populares, denominando-as de "baixo espiritismo" (RIO, 1976, p. 76). O pensamento espírita e espiritualista no Brasil foi, assim, influenciado pela confluência de saberes e práticas de origens diversas, habitando nas fronteiras entre o religioso, o filosófico, o científico e o terapêutico. De qualquer forma, essa fase do movimento espírita no Rio de Janeiro foi fundamental na articulação de propostas e debates e teve ascendência sobre parte do espiritismo no país. Mas outras instituições foram fundadas em diferentes estados, pois, conforme registro em *Memória histórica do espiritismo*, a FEB estimava em 1904 a existência de 160 associações do tipo no Brasil, felicitando a todos pela expansão do movimento no país (FEDERAÇÃO ESPÍRITA BRASILEIRA, 1904, p. 59). Nesse mesmo tempo, desenvolvia-se um movimento que tomou conotações específicas, embora influenciado pela dinâmica do espiritismo carioca, mas igualmente importante para o estabelecimento dessas doutrinas no Brasil, o do estado de São Paulo.

O espiritismo em São Paulo

> Aviso:
>
> Participo aos adeptos do espiritismo que d'ora em diante, no mesmo lugar, continuarão regularmente as sessões espíritas. [ass.] *Belzebu* (*Imprensa Ytuana*, n. 153, ano IV, 08/02/1879, p. 3).

A história do espiritismo no Rio de Janeiro, cidade palco de uma entrada mais vigorosa da doutrina e de diversos conflitos que permearam a história da introdução dessa doutrina no Brasil, já foi analisada por diversos autores que abordaram o tema, fornecendo intepretações diferentes, como vimos acima. Outros trabalhos acadêmicos procuraram abordar o espiritismo e outras doutrinas espiritualistas em outras localidades do país.[14] No caso de São Paulo, as pesquisas acadêmicas

14 CAMURÇA, Marcelo Ayres. "Le livre des Esprits" na Manchester Mineira: a modernidade do Espiritismo face ao conservadorismo católico nas primeiras décadas do século em Juiz de Fora. *Rhema*. Revista de Filosofia e Teologia do Instituto Arquidiocesano Santo Antônio. Juiz de Fora, n. 16, v. 4, p. 199-223, 1998b; ALMEIDA, Angélica Aparecida Silva de. *Religião e confronto*: o espiritismo em Três Rios (1922-1939). Campinas, 2000. Dissertação (Mestrado

pouco esclareceram sobre a introdução dessas doutrinas em nosso estado, tarefa que consideramos essencial para procurarmos alguns elementos importantes que possam fornecer subsídios acerca da construção de uma tradição ligada às práticas espiritualistas no estado.

Para a construção desse tópico, além dos poucos trabalhos que abordaram os agentes espiritualistas em São Paulo, utilizamos uma documentação variada, desde livros de historiadores espíritas, artigos extraídos da imprensa publicada na capital e de cidades do interior, periódicos editados pelas associações espíritas e os almanaques existentes. Reconhecemos que essa documentação apresenta apenas alguns indícios que nos permitem construir uma paisagem muito incompleta do movimento, mas suficiente para compor um quadro, ainda que limitado. Nessa tela que pretendemos pintar, como é característica do ofício do historiador, como demonstra Carlo Ginzburg (1989, p. 145), corremos o risco de perder agentes e discursos que não foram contemplados pela documentação que chegou até nós, silenciando sobre debates fundamentais no período. De qualquer maneira, essas ideias foram significativas para compreender o surgimento posterior das primeiras associações espíritas paulistas. Acreditamos, assim, ser necessário escrever um breve histórico do aparecimento dos grupos espiritualistas em São Paulo para situar o nosso objeto e, nos próximos capítulos, compreendermos melhor as suas práticas e discursos.

A história da cidade de São Paulo de meados do século XIX ao início do século XX é bem conhecida. De uma pequena cidade, sem grande importância política, destacando-se apenas pela academia de Direito, cuja função era a formação de parte da elite letrada brasileira (GLEZER, 1992, p. 149), transformou-

em História) – Instituto de Filosofia e Ciências Humanas, UNICAMP; SILVESTRIN, Mônia Luciana. *Olhares extremos*: 1900 e as imagens do fim de século na imprensa curitibana. São Paulo, 2003. Dissertação (Mestrado em História) – Faculdade de Filosofia, Letras e Ciências Humanas, Universidade de São Paulo; GIL, Marcelo Freitas. *O Movimento Espírita Pelotense e suas raízes sócio-históricas e culturais*. Pelotas, 2008. Dissertação (Mestrado em Ciências Sociais) – Instituto de Sociologia e Política, Universidade Federal de Pelotas; GODOY, Marino Luís Michilin. *O Espiritismo em Ponta Grossa – PR*: perspectivas de um espaço do além e para um além do espaço. Curitiba, 2007. Dissertação (Mestrado em Geografia) – Universidade Federal do Paraná; SILVA, Marcos José Diniz. *Moderno-espiritualismo e espaço público republicano* – maçons, espíritas e teosofistas no Ceará, op. cit.; BRITO, Clovis Carvalho. Do século XIX ao século XXI: as mulheres ou os "silêncios da história" do espiritismo na cidade de Goiás. *Fragmentos de Cultura*. Goiânia, n. 1, v. 23, p. 17-38, jan./mar. 2013.

-se décadas mais tarde em um importante centro urbano da América do Sul. A historiografia já se debruçou exaustivamente sobre esse processo, demonstrando que a economia cafeeira, a expansão ferroviária dela advinda, o comércio e o crescente processo de industrialização possibilitaram as condições a partir das quais a cidade se urbanizou rapidamente. Nesse processo de desenvolvimento, surgiram diversas associações científicas e outras de caráter secular, formadas por membros da elite política e econômica ou por grupos intermediários da sociedade, sendo que alguns destes se interessaram pelas ideias e práticas espiritualistas.

Os primeiros agentes espiritualistas parecem ter sido influenciados por estrangeiros e espíritas oriundos de outras cidades.[15] No início, essas práticas não representavam um movimento organizado. As primeiras sessões de estudos e experiências mediúnicas de comunicação com os mortos, possivelmente em fins dos anos 1860, surgiram no espaço privado através da iniciativa de grupos familiares, em suas residências e em fazendas do interior, que adquiriram livros e periódicos importados ou os já editados no país. As reuniões ocorriam secretamente, sem divulgação, com receio das autoridades e de possíveis perseguições, por isso, não deixaram registros. Esses grupos familiares eram formados por pessoas letradas e das camadas médias da sociedade, como professores, advogados, médicos, jornalistas e militares. Curiosidade, explicação racional oferecida para questões transcendentais, propostas para a regeneração da sociedade, críticas à religiosidade tradicional, enfim, diversas razões podem ter motivado esses primeiros agentes espiritualistas no estado de São Paulo. Cândido Procópio Camargo assinala que o estilo racional do espiritismo foi um dos aspectos importantes para a sua difusão, especialmente nas pequenas cidades do interior, cuja ideologia se opôs ao domínio do pensamento exercido pela Igreja Católica. Nesse sentido, acabou atingindo uma minoria de intelectuais que tinha ao seu alcance um sistema filosófico-religioso inovador, mais próximo do pensamento científico, fundamental para as suas aspirações intelectuais (CAMARGO, 1973, p. 163).

15 O jornal *O Commercio de São Paulo* de 13/09/1903 informa sobre um professor inglês chamado Enéas Bruce, estudioso das ciências ocultas desde 1854, e que viajara pelo mundo e vivera em São Paulo entre 1861 a 1869, ensinando que o "espiritualismo é a verdadeira religião sem dogmas". O mesmo artigo aproveita para noticiar o seu retorno a São Paulo aos 86 anos e sua perplexidade diante da transformação operada na cidade (p. 1).

Posteriormente, alguns grupos familiares prosseguiram com o seu interesse inicial e permaneceram com as reuniões, tendo em vista os laços de amizade construídos, adquirindo respeito e legitimidade, e deram origem a centros espíritas mais organizados. É importante destacar que o espiritismo e as doutrinas espiritualistas parecem ter penetrado no estado de forma progressiva e não sem conflitos no interior da sociedade paulista, como comprova a citação abaixo:

> Espiritismo: consta-nos que algumas pessoas, umas crentes nos princípios da escola de Allan Kardec, outras movidas pela simples curiosidade, e finalmente algumas, pelo mero desejo de passar o tempo a desfrutar o próximo, reúnem-se em algumas casas, e fazem sessões noturnas para invocar espíritos.
>
> A semana que se findou, em alguns grupos, não se falou em outra coisa, e foi o tema forçado das conversações.
>
> Tivemos ocasião de assistir a algumas reuniões, e, felizmente, nada vimos, e os espíritos nessa ocasião não quiseram se dar ao prelo, apesar de esforços empregados pelos *médiuns* entusiastas.
>
> Não ousamos discutir o sistema hoje tão propalado, mesmo entre pessoas ilustradas, mas em todo o caso fizemos votos para que essa moda não invada esta cidade, distraindo a população laboriosa de coisas mais úteis e aproveitáveis.
>
> Deixem os *espíritos dos mortos* sossegados, a bem da tranquilidade e bem estar do espírito dos vivos (*Imprensa Ytuana*, n. 264, ano VI, 06/04/1881, p. 3).

Em São Paulo, como em outros espaços urbanos no Brasil, as doutrinas parecem ter sido semeadas em terreno fértil. Ao mesmo tempo em que encontraram uma Igreja extremamente hostil,[16] havia uma imprensa interessada por novidades

16 O clero cerrou esforços para criticar o espiritismo, como fazia com a maçonaria e o protestantismo, o que podemos verificar pela quantidade de respostas nos jornais espíritas ao clero. Seus argumentos giravam ao redor das ideias de que o espiritismo era uma "ilusão", seus fatos causados pelo demônio ou, então, que levaria à loucura seus participantes. Ver análise desses conflitos no capítulo 3.

e que, embora temerosa dos caminhos que esses acontecimentos pudessem percorrer e crítica em relação à prática de comunicação com os mortos, descrevia com curiosidade as experiências das "mesas-girantes" e a presença de espíritas na cidade. Ao mesmo tempo, interpretava o movimento espiritualista como um reforço para o movimento anticlerical existente, que parecia adquirir mais uma frente atuante com essas doutrinas. É bastante provável que os jornais permitissem muitos artigos espíritas pelo seu teor de críticas aos dogmas religiosos e à atuação institucional da Igreja no período.

> ...Pois que a magia dá manifestas provas de sua existência, e refloresce debaixo de uma certa variedade de aspectos, entre os quais domina hoje a do espiritismo, por este único fato e desde então, não deixa, não cessa por ventura a fé católica de ser disforme, estropiada e manca? (*Diário de S. Paulo*, 13/11/1867, p. 1).

Nesse contexto, também foi importante a defesa dessas doutrinas por parte de pessoas reconhecidas pela sociedade paulistana na época, como o dr. Antônio Luiz Ramos Nogueira, conhecido advogado na cidade, líder político e dirigente de um dos primeiros centros espíritas na capital, que abordaremos mais adiante.

A primeira referência em obra ao espiritismo em São Paulo do qual temos notícia é a publicação em 1866 do folheto *O espiritismo reduzido à sua mais simples expressão*, pela Tipografia Literária (MACHADO, 1996, p. 88). Se a publicação era representativa de um certo interesse pelo espiritismo na cidade ou foi apenas publicado em terras paulistanas por questões financeiras não sabemos. Mas, em 1867, outro livro de orientação espírita foi publicado em São Paulo, *Uma sessão de espiritismo* escrito por Abdhallah. Embora o folheto tenha sido editado em São Paulo, o cenário da história é Salvador, na Bahia. Dedicado a uma senhora identificada apenas pelas iniciais D. N. S., trata-se da descrição de uma sessão espírita em um salão com a participação de médicos, juristas, estudantes, sacerdotes e negociantes. Importante ressaltar que o texto possui algumas tintas de ideias políticas, com severas críticas à Igreja Católica e à escravidão, defendendo a causa abolicionista (*Diário de S. Paulo*, 20/02/1867, p. 3).

No *Almanach Litterário Paulista* para 1876 aparece o conto "Uma aventura espírita", cujo autor é J. P. C., da cidade de Pirassununga. Ele relata a existência de reuniões espíritas ocorridas na década de 1860 nos salões do comendador Leal. Infelizmente não temos mais informações, pois o autor afirmava ter a preocupação em não indicar a data correta nem nomes de outros participantes além do anfitrião, para não implicar qualquer pessoa, o que mostra que as reuniões eram feitas em sigilo. O autor lamenta o fato da edilidade não ter prestado muita atenção ao episódio e faz críticas ao comendador, cuja alma teria sido apoderada pelo fanatismo. Para ele, a ideia espírita e as evocações de além-túmulo estavam invadindo os círculos da sociedade e os diversos salões, sendo que "Allan Kardec estaria em todos os gabinetes, em todas as cabeças" (ALMANACH, 1875, p. 58). Nesse texto já se prenuncia uma das preocupações em relação às sessões espíritas que dominará parte do imaginário da época: o medo da influência desses seres invisíveis na vida e nas escolhas dos indivíduos. O autor relatava uma sessão em especial na qual a falecida esposa do comendador interveio para que a sua filha não se casasse com o noivo pretendido pelo pai. Este, comovido, desfez o acordo e casou a filha com outro rapaz.

Em 1874, o *Diário de S. Paulo* observa em "Uma sessão de espiritismo", que a quadra da fama espiritista parecia ter passado. Espíritos batedores, mesas girantes, magnetismo animal e sonambulismo ainda resistiam apenas como "mistérios aos papalvos" (*Diário de S. Paulo*, 15/09/1874, p. 2). Mas o vaticínio do articulista parecia apressado, pois o mesmo jornal na edição seguinte se interessou em publicar máximas e excertos das obras de Kardec, resumindo os seus princípios (*Diário de S. Paulo*, 16/09/1874, p. 2). E o espiritismo, bem como as outras doutrinas espiritualistas, continuaram despertando um grande interesse nos anos posteriores, não apenas como curiosidade, com a fundação de associações formadas em torno dessa ideia e que abordaremos mais adiante.

Nesse período, a vida intelectual paulistana estava ligada às Arcadas, reduto das ideias iluministas (GLEZER, 1992, p. 149), espaço de convivialidade dos estudantes de direito os quais também não passaram incólumes às ideias espiritualistas. Foi neste ambiente citadino em ebulição cultural que os princípios espiritualistas se desenvolveram:

> Foi nesta, na vida extra-acadêmica, na prática diária que se deu o processo formativo dos jovens estudantes, que conheceram as novas formulações político-sociais na leitura de romances e obras estrangeiras,

> predominantemente francesas; pela experiência em editar jornais acadêmicos de curta existência; pelos laços de amizade estruturados nas turmas e nas 'repúblicas' estudantis; nas associações juvenis de tipo iniciático, como a Bucha; nas sociedades secretas como a Maçonaria, a qual quase todos se filiavam, com exceção dos católicos ultramontanos (GLEZER, 1992, p. 155-156).

Em "A Academia de S. Paulo em 1877", artigo publicado no *Almanach Litterario de S. Paulo* para 1878, o autor, um ex-aluno da Academia de Direito, efetua um esboço da sua geração, narrando fatos importantes presenciados em seu período e a atividade entusiástica dos estudantes, amparada na discussão e na propagação de novas ideias e na produção de periódicos, além da participação em clubes políticos de diversas matizes: liberais, conservadores, republicanos, ultramontanos e até espíritas.

> Formigaram os jornais; criaram-se clubes dominados por ideias políticas, científicas e literárias de toda a espécie, desde o espiritismo até o positivismo, desde a democracia pura até a preconização do poder autocrático do Papa sobre a universalidade das nações (ALMANACH, 1877, p. 118).

No ano seguinte, novamente aparece menção ao espiritismo no *Almanach Litterario de São Paulo*, e, mais uma vez, ele é visto dentro de um clima de livre-pensamento. Na crônica "Do céu à terra", assinado por J. M. L., os protagonistas são Deus e o apóstolo Paulo em visita à Terra. O texto tem um tom nitidamente anticlerical, a partir do qual criticava a postura do papa que vivia em abundância e recebia muitos presentes materiais, enquanto Pedro, em vida, nada recebia, e chamava Roma de "fábrica de fanáticos" (ALMANACH, 1878, p. 175). Após visitarem essa cidade, os dois vão para o Brasil. Passam por uma cidade não identificada e, ao tomarem contato com o jornal *O Apóstolo*, afirmavam tratar-se de doutrinas caducas e que Deus nada tinha a ver com isso, ao mesmo tempo em que Deus se admirava de invenções que ele desconhecia como o telégrafo, os caminhos de ferro, barcos a vapor, o telescópio e os balões.

Mas é interessante que, após a percepção do progresso científico e tecnológico alcançado pelos seres humanos, os dois peregrinos parecem trilhar um caminho que apresenta os percursos da modernidade. Após identificar os inventos, passam diante de uma "academia de sábios e filósofos" que discutiam "a imortalidade da alma". Pedro ficou angustiado com o que ouvira; e "mais adiante fazia-se uma sessão espírita. Noutra casa um grupo de livres pensadores discutia a não existência de Deus"; Deus desdenha e diz que não teme essas pessoas, mas sim os "homens dos fios e dos canudos", portanto, teme menos as ideias do que a ciência (ALMANACH, 1878, p. 175). Possivelmente, nessa perspectiva, o progresso tecnológico levaria a caminhos desconhecidos, enquanto as ideias iluministas sancionariam os verdadeiros caminhos que devem ser tomados pela sociedade para se afastar de uma religião que não mais expressava os anseios do homem, o que foi notado pela própria "divindade".

A partir dos anos 1870, surgiram muitas notícias em jornais paulistanos, como no *Correio Paulistano*, *Commercio de São Paulo*, *Diário de S. Paulo* e *A Província de São Paulo*, sobre o aparecimento do espiritismo em várias cidades do estado, as quais demonstravam as tensões que essas práticas e as suas representações provocaram na sociedade. Em imagens muito contraditórias, os articulistas se revezavam em artigos e notícias que, ora consideravam entusiasticamente o espiritismo como representante dos ideários modernos e europeus, cujas experiências seriam chanceladas pela ciência e realizadas por pessoas de moral elevada, e que deveriam ser comemoradas como "a mais sublime expressão da moral na humanidade", normalmente apresentando um resumo de suas proposições (*Diário de S. Paulo*, 18/07/1875, p. 2);[17] ora alternava com artigos em tom acusatório, vinculando essas doutrinas a superstições, má-fé, fruto de alucinações, feitiçaria, causadores de loucura e suicídios ao "exagitarem cérebros enfermos" de pessoas que participaram de sessões espíritas, noticiando sobre algumas delas que, em diferentes cidades paulistas, ao assistirem às sessões foram acometidas de loucura (*Correio Paulistano*, 28/07/1878, p. 1).[18]

17 Estevão L. Bourroul, por exemplo, escreveu alguns artigos sobre fenômenos que ocorreram em diversos locais e que poderiam ser explicados através dos pressupostos doutrinários espíritas, defendendo a doutrina em: *Diário de S. Paulo*, 02/04/1874, p. 4 e 24/04/1874, p. 2. Interessante notar que esse personagem era ligado ao catolicismo, mas se aproximou da fenomenologia espírita.

18 Outros artigos com teor semelhante podem ser lidos em: *Diário de S. Paulo*, 28/09/1875, p. 1; *Diário de S. Paulo*, 15/10/1875, p. 2; *Correio Paulistano*, 24/08/1882, p. 1; *Correio Paulistano*, 21/10/1882, p. 1. Uma crítica ao espiritismo como uma ameaça à medicina oficial pode ser lida no *Correio Paulistano*, 13/07/1879, p. 1.

No geral, a relação dos primeiros espíritas paulistas com a sociedade não foi tranquila, e denúncias de personalidades políticas que se convertiam ao espiritismo apareciam com frequência na imprensa. Em um desses casos, o *Correio Paulistano* censura o convite feito ao dr. Alexandre Rodrigues para ser o novo presidente da província de São Paulo; em tom de ironia o jornalista afirma que ele é produto do "espiritismo político do sr. José Bonifácio" (*Correio Paulistano*, 28/11/1878, p. 1). Em "Seção avulsa" de *A Província de São Paulo*, aparece uma crítica ao citado conselheiro José Bonifácio, conhecido em São Paulo e em Santos, e redator de alguns periódicos do estado, por ser espírita e ter em seus artigos criticado o positivismo de Augusto Comte, pois ele "... deu-se ao estudo e cultivo das doutrinas de Allan Kardec, pôs em prática o sistema, fez experiências, e hoje é convencido adepto da misteriosa seita" (*A Província de São Paulo*, 20/06/1878, p. 1). Posteriormente, ele teria organizado sessões espíritas e iniciado uma fase de propaganda espírita, o que é motivo de escândalo para o diário paulista, pois:

> Bem se sabe que a doutrina espírita possui todas as energias da fascinação, todos os prestígios do fantástico e do misterioso.
>
> Armada com as armas potentes do sobrenatural, a doutrina dos *médiuns* fascina, transmuda os polos mentais do adepto, modifica o equilíbrio cerebral, conquista, transfigura o crente, empossa-se dele, embebe-o, encharca-o nos influxos do mundo invisível, e faz *seu*, somente *seu*, na expressão literal da palavra (*A Província de São Paulo*, 20/06/1878, p. 1).

E o jornal, inconformado, assevera:

> Quem diria que em 1878 havia de ser ela, em plena América do Sul, o teatro do choque temeroso entre Comte e Allan Kardec?
>
> E quem diria, que havia de comparecer na arena, armado cavaleiro em nome dos *médiuns* e do mundo invisível, o ilustre estadista e conselheiro José Bonifácio?!...
>
> Feliz espiritismo (*A Província de São Paulo*, 20/06/1878, p. 1).

Em 1875 aparece no *Correio Paulistano* uma coluna intitulada "Sessões de Espiritismo" escrita por J. Paturot. O autor se dedica a esmiuçar o movimento espírita em São Paulo, informando que na cidade existia um clube importante, que reunia pessoas para estudar os fenômenos mediúnicos. Ele reprova a essência das sessões argumentando não haver novidades, pois elas apenas recuperavam as histórias de assombrações. Mas indica um componente interessante da sessão espírita, pois ela "proclama a igualdade dos homens perante as faculdades morais" (*Correio Paulistano*, 25/09/1875, p. 1).

Em "Sessões de Espiritismo II", Paturot produz um artigo caótico e repleto de ironias, que demonstra a desconfiança reinante sobre o espiritismo na época. Descreve aquele clube espírita, o médium utilizado e os sócios curiosos, narrando uma sessão na qual surgiam figuras da mitologia grega como os juízes dos infernos, Radamanto, Eaco e Minos e o debate que se seguiu com eles. O espiritismo é aqui associado a mistérios que poderiam ser desvendados e que aguçam a curiosidade (*Correio Paulistano*, 26/09/1875, p. 1). Os gracejos de Paturot foram criticados por um colega de imprensa, publicados no *Diário de S. Paulo*. Em "Sessões de Espiritismo", artigo assinado por Confúcio, condena o articulista do *Correio Paulistano*, afirmando que ele não produziu críticas sérias, pois nada sabia acerca da filosofia de Allan Kardec. E defende que:

> O espiritismo é a mais sublime expressão da moral da humanidade, a mais racional das concepções filosóficas, e por todos esses títulos é ele destinado a reunir sob sua bandeira, em um futuro mais ou menos próximo, a imensa maioria das nações do globo (*Diário de S. Paulo*, 28/09/1875, p. 1).

Os espíritas em cidades do interior também se envolveram em polêmicas que resultaram em ampla cobertura pela imprensa. Em "Espíritas de Taubaté" ficamos sabendo que nessa cidade ocorreria uma reunião na casa do "chefe tenente Lúcio", o que provocou uma revolta por parte de algumas pessoas que se encontraram no largo da matriz e dirigiram-se para aquela casa, obrigando os espíritas reunidos a se dispersarem. O jornal afirma ser este um caso de segurança pública e as pessoas faziam muito bem em velar por ela (*Correio Paulistano*, 03/11/1885, p. 1). Mas os espíritas prontamente publicaram uma resposta. Em "O Espiritismo em Taubaté", assinado por S. C. J., o autor defende a doutrina e condena os abusos ocorridos na ocasião, afirmando que a reunião era legítima e os protestos ocorreram em virtude da educação fanatizada da maioria da população taubateana (*Correio Paulistano*, 08/11/1885, p. 2).[19]

É importante destacar que essas polêmicas pela imprensa paulista representaram um dos mecanismos fundamentais para a disseminação dessas ideias em solo paulista. O posicionamento firme de seus adeptos perante a sociedade, provavelmente aumentava a curiosidade por esses novos ideários. Ao mesmo tempo, os espíritas iam construindo suas articulações com outros intelectuais liberais e anticlericais que igualmente se posicionavam favoravelmente, apoiando os espíritas, ao perceberem que a Igreja era o inimigo preferencial desses agentes.

A título de observação, destacamos o fato dos contendores não discutirem a veracidade dos fenômenos em questão, pois, para a maioria, a comunicação com os mortos era real; enquanto alguns acreditavam que esses conhecimentos poderiam produzir algum efeito ético, para além de superstições ou, então, servir como resistência à religião dominante, outros defendiam o silêncio sobre essas práticas, pois representariam apenas uma espécie de feitiçaria, já combatida pela Igreja desde tempos imemoriais. Todos os autores explicavam os fenômenos a partir de tradições religiosas existentes na cultura popular brasileira. O espiritismo e o esoterismo eram vistos por parcelas da sociedade, para o bem ou para o mal, como uma forma de atualização das práticas mágicas.

Um dos pontos de conflito no interior do campo espírita foi a relação com o campo da medicina, visto que alguns médicos evidenciaram uma série de críticas às práticas espíritas. As sociedades espíritas paulistas sofriam com acusações de exercício ilegal da medicina, charlatanismo e curandeirismo e se defrontaram publicamente com alguns médicos. Um dos principais acusadores foi o médico Francisco Franco da Rocha (1864-1933), diretor do Hospital Psiquiátrico do Juqueri. Ele reclamava dos males que essas práticas causavam a "indivíduos boçais" e sobre as curas patrocinadas por espíritas, além de associar o espiritismo ao aumento do número de pessoas acometidas pela loucura (*Correio Paulistano*, 05/07/1892, p. 2). Ele também observa que a medicina era praticada em "igrejinhas" e locais que

19 O dr. Ramos Nogueira também pondera sobre essas perseguições em "O Espiritismo no Brasil", responsabilizando os "positivistas", tidos como instrumentos do Anticristo (*Correio Paulistano*, 05/12/1885, p. 2-3).

são "verdadeiros focos de infecção lunática", citando uma na região do Lavapés (*Correio Paulistano*, 06/07/1892, p. 2).

Ao que parece, ele se referia às curas que ocorriam no Centro Espírita Verdade e Luz, de Antônio Gonçalves da Silva Batuíra (1838-1909), espírita que teve uma importância muito grande no movimento paulista a partir de 1890 e cuja trajetória discutiremos no capítulo 5. Desde o início de seus trabalhos, esse agente espírita foi reconhecido pelo atendimento aos pobres. Essas curas foram denunciadas por Franco da Rocha e sofreram investigação da polícia. A partir de tal fato, debates surgiram na imprensa, contrapondo Batuíra e Franco da Rocha. Em "A medicina e o Espiritismo", Batuíra responde ao médico argumentando que o espiritismo não causa histeria e, para proteger a sua medicina, não teria o direito de perseguir os espíritas, perseguições, em última análise, motivadas por razões religiosas. Estratégia significativa que apela para a liberdade religiosa como justificativa para a legitimação de suas práticas curativas (*Correio Paulistano*, 16/07/1892, p. 2). E como outros autores já informaram, a prática de uma terapêutica foi um dos fatores de expansão do espiritismo em solo brasileiro.[20]

Batuíra asseverava que não fazia concorrência com nenhuma clínica porque não recebia pagamentos pelos tratamentos, nem tampouco conhecia a alopatia utilizada pela medicina oficial, indicando que o tratamento era apenas através da homeopatia, o que não caracterizava, portanto, uma concorrência com a medicina oficial. Os médicos não deveriam levar em consideração os espíritas, pois eles não fazem mal a ninguém e conclui pedindo "liberdade para todos", isto é, para todas as doutrinas e formas de pensamento (*Correio Paulistano*, 06/07/1892, p. 2).

Para além desse clima de controvérsias e de institucionalização das doutrinas espiritualistas, a imprensa paulistana também veiculou notícias sobre médiuns e "feiticeiros" que atuavam na capital ou estavam em visita, identificando-os como espíritas, ocultistas ou magnetizadores, mas procurando criar um ambiente de mistério, que também foi importante para reforçar o interesse pelo espiritismo.

Na verdade, o noticiário reforçava um "imaginário transcendental" existente, cujos mediadores eram, além dos "feiticeiros", os médiuns, que se apresentavam tanto nas reuniões secretas nos diversos grupos familiares, como em espetáculos.

---

20 Para essa discussão, ver: AUBRÉE, Marion e LAPLANTINE, François, op. cit., p. 253-254 e GIUMBELLI, Emerson, op. cit., p. 221 e segs..

Mais tarde esse imaginário irá se alargar com peças de teatro e até filmes, que surgirão nos cinemas da cidade nos anos 1920.[21] Esse espiritismo como espetáculo apresenta os mesmos interesses que os modelos culturais europeus, mas sob outro viés, como pode ser notado nesse anúncio:

> A Mesa giratória.
>
> (Alta novidade) efeitos obtidos com forças desconhecidas, que se atribuem ao espiritismo.
>
> Todos podem assistir a este espetáculo, - senhoras e jovens; nada que horroriza, nada que assuste, como tiros de pistola, etc (*Correio Paulistano*, 28/09/1879, p. 3).

É difícil analisar muitas das notícias, no interior do campo vinculado às doutrinas espiritualistas de origem europeia, pois, muitas práticas mágico-religiosas relacionadas ao espiritismo surgem amalgamadas com outras derivadas de outros sistemas simbólicos, como foi analisado pelos autores citados na Introdução deste livro. Como vimos, Wissenbach comenta sobre um conjunto de práticas muito heterogêneas que utilizavam o rótulo de espiritualismo e que podem ser posicionadas no interior do ocultismo, magnetismo, esoterismo, espiritismo ou magia europeia, com a ação de curandeiros, benzedores, milagreiros ou médiuns.

Outros usos do espiritismo no período podem ser vistos em notícias que eram acompanhadas muitas vezes por profecias, na maioria das vezes sobre o cenário político brasileiro, o que demonstrava um outro nicho de interesse em relação à doutrina, isto é, a possibilidade de predição do futuro (*O Commercio de São Paulo*, 23/05/1909, p. 1); aparecem artigos, por exemplo, que afirmam que em breve o Brasil passaria por uma crise e uma espécie de Napoleão chegaria ao poder (*Correio Paulistano*, 01/03/1890, p. 2); ou, em outro artigo, no qual um médium profetiza que a monarquia iria retornar no futuro (*O Commercio de São Paulo*, 23/05/1909, p. 1), sempre avalizados por médiuns considerados importantes na época.

Nesse momento, o espiritismo adquiria legitimidade a partir de grupos familiares e de agentes que defendiam as doutrinas espíritas por meio de jornais e ini-

21 Sobre o espiritismo no cinema ver, por exemplo: *O Clarim*, n. 27, ano XVIII, 10/02/1923; *Verdade e Luz*, 2ª época, n. 17, ano II, mai. 1924, p. 982.

ciativas variadas, inserindo-as no campo intelectual paulista. Mas foi com a fundação de alguns centros espíritas importantes e, posteriormente, com as iniciativas editoriais especializadas, que o movimento parece ter adquirido força no estado.

As primeiras sociedades espíritas paulistas

A cidade de Silveiras, no Vale do Paraíba, caminho dos tropeiros que transportavam gado e outras mercadorias para as atuais regiões Sul e Sudeste, e que se desenvolveu graças ao plantio do café, parece ter sido uma das primeiras localidades a editar um periódico voltado à propaganda do espiritismo, o jornal semanal *A Aurora*, cuja publicação deve ter sido iniciada em 1874 e possuía como emblema "amor, caridade e instrução", valores caros ao movimento espírita. Conseguimos encontrar apenas duas edições desse jornal, o que nos possibilita perceber que não pertencia a nenhuma associação espírita formal, mas representava uma iniciativa de espíritas e livres-pensadores simpatizantes da doutrina na cidade, já que apresentava a maioria dos artigos versando sobre espiritismo e política. O periódico possuía um caráter diferente de uma imprensa tipicamente espírita ou espiritualista, que em décadas seguintes teve uma explosão no estado, mas possuía publicidade paga em jornais diários, apresentando-o como periódico espírita:

> *A Aurora*, órgão social.
>
> Publica-se todos os sábados na cidade de Silveiras, província de São Paulo, a 10$000 rs, por ano.
>
> Este órgão traz em todos os seus números manifestações espíritas sobre todas as teses sociais.
>
> O espiritismo no Brasil é de propaganda, e em França foi somente para a sua fundação, segundo os espíritos.
>
> O nº de 29 de abril trará a tese democracia desenvolvido pelos espíritos superiores de São Sebastião, Martim Francisco e Feijó (*Correio Paulistano*, 28/04/1876, p. 3).

Como se percebe, parte do jornal era composto por comunicações mediúnicas atribuídas a espíritos ilustres, dentre os quais Sócrates, Robespierre e São Luiz. Também eram publicados artigos sobre mediunidade e que procuravam esclarecer as bases da doutrina, além de notícias sobre estudos e fenômenos espíritas realizados em outros países. Ao mesmo tempo, ele revelava um interesse por temas políticos, o que caracteriza esses periódicos produzidos em São Paulo – conforme nossa pesquisa, apresentada no capítulo 4 –, com artigos ácidos sobre a situação política vivenciada no país, inseridos no interior de uma interpretação espírita. Seus redatores em 1876 eram Vicente Felix e Ernesto Castro, e contava com a colaboração de Estevão Leão Bourroul.

Em "As eleições", por exemplo, em tom de controvérsia, o articulista reclamava a necessidade de liberdade do voto, fazendo críticas contundentes à hipocrisia do governo brasileiro e defendia a democracia e a soberania popular.

> Se houvesse liberdade do voto neste nosso pobre país, amanhã seria o dia em que todo cidadão, independente deste ou aquele credo político, iria depositar na urna o seu voto para a escolha dos representantes da nação. Porém assim não acontece.
>
> Quem exerce esse mandato é o próprio governo, que, falamos franco, com a máscara da hipocrisia, perjurando a santa palavra – Liberdade – impõem (sic) ao votante de sua parcialidade os candidatos, que o devem ajudar a levar o país ao seu completo descalabro, em que se precipitará, se a misericórdia de Deus Todo Poderoso não vier socorrê-lo (*A Aurora*, n. 130, ano III, 30/09/1876, p. 1).

Um ano depois, encontramos uma edição com as mesmas características, tendo o espiritismo ocupado grande parte do jornal com artigos que procuram explicitar as bases da doutrina, e outros artigos sobre a caridade, a necessidade da instrução e a regeneração da sociedade (*A Aurora*, n. 163, ano IV, 06/10/1877).

Em uma edição do *Correio Paulistano*, Castariu Neresi, da mesma cidade de Silveiras, publica um artigo informando sobre as sessões espíritas nas quais teriam se manifestado os espíritos de José Bonifácio e Castro Alves e chamando a atenção para os escritos espíritas, pois eles são leves mas "de são princípios para a regeneração social" (*Correio Paulistano*, 03/06/1876, p. 2). Essa notícia, aliada à existência do jornal *A Aurora*, demonstra que nos anos 1870 havia um grupo na cidade ou em localidades vizinhas, interessado nas comunicações espirituais.

Este periódico informa sobre algumas características dos ideais espíritas que se formaram no estado de São Paulo desde o seu início. Difundia-se a ideia de uma doutrina redentora cujos adeptos não estariam alienados dos problemas sociais e políticos do mundo, pois o homem em sociedade, que almeja o progresso, deveria se interessar por todos os assuntos. O princípio da regeneração social, amalgamado com ideais republicanos, liberais e abolicionistas, estava na raiz da introdução do espiritismo em terras paulistas; dessa maneira, os valores doutrinários eram utilizados para o diálogo com os problemas sociais.

Após a iniciativa pioneira de grupos ainda não institucionalizados, começaram a surgir nos anos 1880 centros espíritas e instituições ocultistas, esotéricas ou de "investigações psíquicas", formalizados em diferentes cidades paulistas. Nesse aspecto, é importante notar que o próximo periódico espírita editado em São Paulo foi o jornal *União e Crença*, considerado o sexto periódico espírita editado no Brasil (*REFORMADOR*, n. 1, ano LXXIII, 1955, p. 23) e publicado a partir de março de 1881 na cidade de Areias, pelo Grupo Espírita "Fraternidade Areense", no Vale do Paraíba, como Silveiras; além de Taubaté, onde também havia notícias sobre reuniões espíritas, demonstrando que o espiritismo adquiriu um importante impulso inicial nessa região, nas cidades ligadas à expansão do café em terras paulistas. O Grupo Espírita "Fraternidade Areense", foi fundado pelo coronel Joaquim Silvério Monteiro Leite, que teria participado de sessões na Sociedade de Estudos Espíritas "Deus, Cristo e Caridade" no Rio de Janeiro e, de volta a Areias, fundou com amigos o novo grupo (MONTEIRO, 2004b, p. 155).

Nos primeiros anos de introdução do espiritismo em São Paulo, cidades localizadas em diferentes regiões presenciaram a criação de centros espíritas. O historiador espírita Washington Fernandes possui uma obra sobre os primeiros centros espíritas fundados no Brasil, que ainda se encontram em funcionamento e informa que provavelmente o centro mais antigo do Brasil, ainda hoje existente, é o Centro Espírita João Evangelista, em Sete Barras, São Paulo, fundado em 24 de junho de 1880 por José Lorena de Souza (FERNANDES, 2011, p. 25). Outro centro antigo é a Associação Espírita Beneficente Anjo da Guarda, em Santos, fundada em 2 de novembro de 1883, cujo fundador foi Benedicto José de Souza (FERNANDES, 2011, p. 28). De acordo com Eduardo Monteiro, outras iniciativas surgiram em Piracicaba (2000, p. 25 e segs.). Ele informa que nessa cidade havia um grupo no final do século XIX, composto na maioria por portugueses, que fazia reuniões e utilizava a homeopatia no tratamento de doentes. Outra instituição no interior paulista no final do século XIX foi o Centro Espírita "Esperança e Fé" em Franca, fundado em 1893 e que editou a partir do ano seguinte o jornal *Perdão, Amor e Caridade.*[22]

As primeiras associações inauguraram o *modus operandi* da maioria dos futuros agrupamentos espíritas, os quais iniciaram suas atividades em torno de algumas pessoas ligadas por laços de solidariedade, como um grupo de estudos, na casa de algum membro. Essas reuniões iniciais tinham o duplo interesse de comunicação com o além e de estudo das obras à disposição no Brasil. Em seguida, com a continuidade dos trabalhos e a adesão de um número maior de membros, formalizavam a fundação do centro, embora muitos apenas registrassem seus estatutos anos depois. Abriam as suas reuniões aos interessados, promoviam conferências públicas e uma pequena biblioteca era disponibilizada. Assim foram surgindo centros no interior e na capital com um relativo trânsito de pessoas entre estes. A partir daí, passam a desenvolver ações caritativas normalmente no terreno de curas através, principalmente, da chamada "desobsessão espiritual", com atendimento de pessoas independente de sua religião. Em seguida, articulam obras sociais com campanhas de arrecadação de donativos para a população carente e doação de remédios homeopáticos.[23] Se o grupo não desaparecesse e obtivesse sucesso em termos de financiamento através de doações ou pagamento de mensalidades dos sócios, adquiriam um terreno ou edifício construído para a sede da instituição e incrementavam as atividades de benemerência com a fundação de cursos ou até mesmo uma escola. Alguns promoveram, ainda, a fundação de periódicos, para divulgar suas atividades e ideários e se defender dos ataques do clero. Por fim, ampliavam o interesse em relação à saúde com a fundação de um hospital.[24]

---

22 A relação de centros espíritas encontrados em diversas cidades paulistas está apresentada nos anexos.

23 Sobre a relação existente entre espiritismo e homeopatia, ver capítulo 2.

24 Esse roteiro possui diversos exemplos, como a Sociedade Espírita "Anjo da Guarda" de Santos relatada em DIAS, Edith Pires Gonçalves. *Sociedade Espírita Anjo da Guarda* (a pioneira). [s.n.t.]. Ou o Centro Espírita São Luiz Gonzaga, em Itapira, de 1914 e que fundou posteriormente o Asilo Luís Gonzaga e o Sanatório Américo Bairral a partir de 1924, história que pode ser encontrada em BIANCHI, Cesar. *A história do Sanatório Américo Bairral.* Uma contribuição à história da psiquiatria no Brasil. São Paulo: Livraria Espírita Katie King, 1984.

Sobre os primeiros centros espíritas na capital paulista, o primeiro periódico editado na cidade, *Espiritualismo Experimental*, fundado em 1886 por Francisco dos Santos Cruz Júnior, informa:

> Funciona atualmente com regularidade, nesta capital, alguns centros espíritas, em casa de diversas famílias; grupos muito limitados que pode-se considerar como grupos espíritas familiares.
>
> Entre esses centros distingue-se a antiga Sociedade Espírita Verdade e Luz, a Sociedade Espírita Amor, Ciência e Liberdade e a "Sociedade Espírita Religião e Ciência" que acaba de ser instalada (*Espiritualismo Experimental*, n. 1, set. 1886, p. 12).

Sobre essas primeiras sociedades sabemos muito pouco. Não obtivemos informações sobre a "Sociedade Espírita Amor, Ciência e Liberdade" e a "Sociedade Espírita Religião e Ciência". Sobre a Sociedade Espírita Verdade e Luz sabemos que funcionava em 1883 na rua dos Lavapés, nº 20, e um de seus principais dirigentes foi o professor Angeli Torteroli,[25] que havia atuado no movimento espírita carioca. Possivelmente, foi essa a sociedade que depois foi refundada por Batuíra. Nesse período a instituição publicava anúncios em jornais convidando sócios para participar de suas reuniões (*Correio Paulistano*, 23/02/1883, p. 3).

Outra instituição conhecida na época era o "Centro Família Spirita", cujo presidente era o dr. Ramos Nogueira e na qual também atuou Angeli Torteroli, sendo frequentada por Antônio Gonçalves da Silva Batuíra, possivelmente a instituição na qual ele iniciou as suas atividades no espiritismo. Essa associação foi fundada provavelmente em 1 de janeiro de 1886 (MONTEIRO, 2004b, p. 155) e seu endereço era na rua Conselheiro Crispiniano, nº 11 (*Correio Paulistano*, 03/10/1890, p. 2). Durante os anos 1880, Ramos Nogueira, ao lado de Torterolli, parece ter sido uma das principais lideranças espíritas na capital e muitas reuniões eram realizadas em sua casa (*Reformador*, n. 106, 15/04/1887, p. 2).

---

25 A esposa de Angeli Torteroli, Luiza M. Torterolli, também possuiu um grupo espírita em São Paulo especializado na distribuição de medicamentos homeopáticos, de acordo com notícia publicada em *O Commercio de São Paulo*, 15/12/1898, p. 3.

Ele era atuante politicamente e promovia encontros com esse teor e, em alguns momentos, aproveitava para divulgar o espiritismo (*Correio Paulistano*, 26/04/1890, p. 1). Em setembro de 1890, encontramos Ramos Nogueira juntamente com Torteroli em uma reunião política em sua casa, com eleitores italianos para discutir as deliberações que o eleitorado italiano deveria tomar nas próximas eleições e defendendo que eles não votassem em nenhum candidato do partido católico, o que mostrava a ação anticlerical desses espíritas na cidade (*Correio Paulistano*, n. 10.206, 12/09/1890, p. 2). Mas essas reuniões pareciam servir, ao mesmo tempo, para fazer proselitismo espírita. Em outra reunião política no "Centro República Nacional", Ramos Nogueira aproveitava sua intervenção para fazer uma invocação espírita e defender que as dificuldades do momento político seriam, na verdade, um castigo da Providência Divina pelos erros cometidos na política brasileira (*Correio Paulistano*, 03/04/1892, p. 1).

Ramos Nogueira escreveu uma coluna no jornal *Correio Paulistano* durante algumas edições denominada "Alta política", com alguns artigos sobre Deodoro da Fonseca. Em um deles, ele defende a religião cristã, como uma religião nacional, e a separação entre Estado e Igreja, aproveitando para reprovar duramente os católicos pela organização do Partido Católico, pois este considerava o novo governo como o seu inimigo (*Correio Paulistano*, 01/06/1890, p. 3). Era um texto contundente, mas sem demonstrar adesão a outra religião. Foi no artigo seguinte que ele resolveu deixar claras as suas convicções.

Em um texto de cunho autobiográfico, encontramos seu perfil: era advogado, jornalista, escritor, candidato à Assembleia Geral de São Paulo, atuante em vários momentos políticos, fundador em 1856 do jornal *O Publicador Paulistano*, órgão do partido liberal da província, e do Clube Abolicionista de Taubaté. Ao mencionar a sua adesão ao espiritismo, adverte que suas convicções foram reforçadas pelo contato com essa doutrina, pois foi "pela força da nova ciência, que iluminou-me o intelecto, em 1881 declarei-me abolicionista" e "em seguida declarei-me republicano por ser esta a forma de governo, que mais se molda às ideias de igualdade e caridade"; ou então, foi ela que possibilitou aumentar o seu conhecimento sobre os homens, as coisas, a história e a ciência, que "rege o movimento progressivo da humanidade" (*Correio Paulistano*, 03/06/1890, p. 3).

A partir do momento em que se apresentou como espírita, passou a sofrer perseguições e foi ridicularizado mas, ainda assim, insistiu em seus propósitos e passou a fazer conferências espíritas para a difusão dessa doutrina:

> Há cinco anos haviam (sic) aqui três espíritas. Fiz duas conferências; e ano e meio depois encontrei mil espíritas. Fiz mais uma. Aqui me estabeleci. Hoje, pela bondade do Senhor, existem mais de três mil nesta ilustrada capital (*Correio Paulistano*, 03/06/1890, p. 3).

Ainda que essa descrição possa conter alguns exageros, é capaz de mostrar a importância desses primeiros agentes espiritualistas na difusão desses ideários. As conferências realizadas por homens ilustres reconhecidos na sociedade, como advogados, médicos e jornalistas convertidos, reunindo um público letrado, foram fundamentais para se conquistar adesões. E esses homens procuraram construir redes de relacionamento, unindo o movimento com o intuito de ampliar a participação na sociedade, conquistando maior visibilidade. No artigo "Bando Precatório a favor das vítimas dos terremotos" (*Correio Paulistano*, 03/04/1887, p. 3), aparece a descrição de um préstito que seguiu as principais ruas do centro da cidade de São Paulo com o intuito de angariar donativos em favor das vítimas de terremotos. As instituições que participaram do cortejo são variadas, como a banda de música do corpo policial, o curso jurídico de São Paulo, representantes do *Correio Paulistano*, da Sociedade Italiana Vittorio Emmanuele e outras como a "União Espírita de São Paulo", cuja data de fundação aparece como 1883. Sobre a participação dos espíritas no "Bando Precatório...", o periódico *Reformador* da FEB, informava que fizeram parte o "Centro Familia Spirita", participando o Dr. Ramos Nogueira, Batuíra, e Torteroli, que foi "a alma desta passeata sublime" (*Reformador*, n. 106, ano V, 15/04/1887, p. 2).

É importante salientar a existência da denominada "União Espírita de São Paulo". O surgimento de uma instituição que tinha como finalidade congregar os poucos centros espíritas paulistanos existentes é representativo de um relativo crescimento que a doutrina conhecia na cidade, e uma tentativa de organização em um momento no qual o espiritismo começava a ter reconhecimento, e os ataques pela imprensa se intensificavam cada vez mais. A União organizou alguns eventos, como a homenagem ao 17º aniversário de morte de Allan Kardec, em 31 de março de 1886, cuja direção coube a Angeli Torteroli, Santos Cruz Júnior, responsável pela redação da revista *Espiritualismo Experimental* e Domingos da Silva (*Correio Paulistano*, 30/03/1886, p. 3). Nos anos seguintes, não localizamos mais nos jornais a atuação da União, embora os espíritas paulistanos estivessem unidos em relação às perseguições sofridas, o que pode ser lido no seguinte convite:

> Aos Espíritas de São Paulo.
>
> Convidam-se à todos os espíritas para comparecerem à reunião que se realizará, segunda-feira, 9 do corrente, às 7 horas da noite, na rua da Constituição, nº 69, a fim de resolver sobre o seguinte:
>
> 1º A intenção do chefe de polícia da Capital Federal será perseguir à todos os espíritas ou apenas aos falsos ou pseudo-espíritas?
>
> 2º Em qualquer dos casos, qual deve ser a atitude dos Espíritas do Brasil?
>
> S. Paulo 1890 – junho – 8.
>
> Pela Sociedade Espírita Religião e Ciência - Domingos J. Coelho da Silva.
>
> Pelo Grupo Espírita Verdade e Luz – Antonio G. da Silva.
>
> Pelo Centro Familia Espírita – Angeli Torteroli (*Correio Paulistano*, 09/06/1890, p. 2).

A notícia demonstra que após a República, baseado no Código Penal, os espíritas paulistas sofreram perseguições pelas autoridades policiais. Esses momentos foram registrados pela imprensa especializada, sempre com considerações inflamadas, lembrando o espírito de liberdade religiosa presente na Constituição (*Verdade e Luz*, n. 381, ano XVI, 15/05/1906, p. 2). Se levarmos em consideração as notícias veiculadas nos periódicos espíritas, as perseguições foram frequentes e resistiram pelo menos até a década de 1910, embora não muito efetivas e os pequenos centros do interior possivelmente devem ter sentido mais essas ações. Na coluna "O Espiritismo e o Código", escrito em 1906, o autor reclamava das perseguições perpetradas pela polícia, respaldada no Código Penal, e lembrava que a Constituição garantia a plena liberdade de consciência, revogando *ipso facto* o dispositivo penal, e "firmou o princípio de que ninguém pode ser processado e punido por motivo de suas crenças religiosas ou filosóficas" (*Verdade e Luz*, n. 385, ano XVII, 10/07/1906, p. 9). O artigo advertia que isso ocorria com frequência em outras localidades, e que "na encantadora Paulicéia" a autoridade policial iria intensificar as perseguições, o que demonstra que a vida dos espíritas não era fácil em São Paulo no período.

Todos os anos o jornal *O Clarim*, da cidade de Matão, costumava ser distribuído nos dias de Finados, em várias cidades e necrópoles, como estratégia de divulgação das ideias espíritas. Atividade importante, que aproveitava a visita da população aos cemitérios para entregar impressos que defendiam o princípio da sobrevivência do espírito e das múltiplas reencarnações, o que poderia trazer conforto àqueles que perderam seus entes queridos, ao afirmar que eles não estariam mortos, mas apenas teriam encerrado as suas provações na Terra. Nesse momento, seu editor preparava edições especiais que ultrapassavam 40 mil exemplares. Em diversos momentos surgiram notícias de que os jornais foram apreendidos. Em 1913, por exemplo, o delegado Rudge Ramos mandou apreendê-los nos cemitérios do Araçá e da Consolação, o que provocou reclamação de Cairbar Schutel, argumentando sobre o caráter secular e público dos cemitérios, e denominando o ato de fanatismo e ignorância (*Clarim*, n. 12, ano IX, 08/11/1913, p. 2).

Em 1910 localizamos um processo na seção judiciária do *Correio Paulistano* contra o Centro Occultista de S. Paulo:

> ...o Tribunal firmou definitivamente a doutrina de que não mais poderão ter existência jurídica no Estado as associações que, praticando o espiritismo, a magia e seus sortilégios, inculcavam curas de moléstias curáveis e incuráveis, explorando por esse meios a credulidade dos incautos, em prejuízo da saúde pública (*Correio Paulistano*, 15/10/1910, p. 5).

Portanto, ainda sob a égide do Código Penal, as associações eram penalizadas se fossem relacionadas à prática ilegal da medicina e ao charlatanismo. Possivelmente essa tenha sido uma das motivações para que muitas das sociedades espíritas, mesmo que em um momento de secularização, que permitia a atuação livre no âmbito legal de outras denominações religiosas, preferissem ainda o trabalho familiar ou se mantivessem de uma forma oculta, não buscando a sua institucionalização. O professor Braulio Prego, espírita que escreveu em vários periódicos e atuou em instituições espíritas e esotéricas, nos informa em 1902 sobre a existência de muitos grupos em São Paulo que preferiam viver no anonimato (*Verdade e Luz*, n. 301, ano XIII, 30/11/1902). Quinze anos depois *O Clarim* noticia a multiplicação de centros familiares na capital, o que denota um interesse maior pela doutrina.

> Em São Paulo, como nos demais Estados estão se multiplicando os grupos familiares, que fazem seus estudos teóricos-práticos do Espiritismo.
>
> Dentre alguns que tenho visitado, notei em minha carteira os seguintes: o que é dirigido pelo confrade Vicente Pessutti, e funcionou à rua Duque de Caxias, 127, às sextas-feiras, às 8 horas da noite. O Centro Celestino dos Santos, às segundas e sextas, à rua da Mooca, 120. Um grupo que tem sede à rua Veridiana 22, e trabalha às quintas-feiras, sob a presidência do confrade Oscar Porto.
>
> O Grupo dirigido pelo confrade Andre Gomes, que funciona às terças feiras à rua dos Carmelitas.
>
> Centro Espírita 'Filhos da Fé'. Este bem orientado Centro, que como a União Espírita e o Centro União, Luz e Caridade, distribui *O Clarim* aos assistentes, e continua em franca atividade, realizando suas sessões às segundas, quartas e sextas (*O Clarim*, n. 26, ano XII, 17/02/1917, p. 2).

A criação de centros espíritas institucionalizados, e o desenvolvimento de periódicos para a disseminação de seus ideários, parece ter sido um elemento importante para a difusão e crescimento das doutrinas espiritualistas. Monteiro e D'Olivo afirmam que entre 1881 e 1910 em São Paulo surgiram 13 periódicos espíritas e 12 espiritualistas (1997, p. 32). Muitos destes tiveram curta duração, mas alguns sobreviveram por décadas, e *O Clarim* e a *Revista Internacional do Espiritismo*, ambos de Matão, e *O Pensamento*, de São Paulo, são editados até hoje. Essa profusão de periódicos fundados em poucos anos, denotava a inserção cultural que o espiritismo possuía em terras paulistas. Não apenas jornais e revistas, cujas tiragens cresciam significativamente surgiram nesse período, mas também uma produção editorial composta por livros traduzidos ou de autores nacionais, panfletos e opúsculos, alguns destes distribuídos gratuitamente, com o intuito de reforçar a sua penetração na sociedade e atingir públicos diferenciados. Livros de caráter filosófico e religioso, com leituras teóricas mais complexas, ou folhetos, apresentando de forma concisa um resumo das doutrinas, eram sistematicamente produzidos, diversificando a produção editorial. Essa produção era vendida através de encomendas, assinaturas de periódicos ou distribuídas em livrarias próprias, charutarias e outros locais, demonstrando o crescimento do consumo desse mercado e a formação de uma consistente estrutura de divulgação doutrinária.

Em 1890, Batuíra fundou o Centro Espírita Verdade e Luz, possivelmente reabrindo a antiga Sociedade Espírita Verdade e Luz, que funcionara na região, pois o *Reformador* do Rio de Janeiro noticiou que o grupo teria sido "restaurado", pois ele se achava adormecido.[26] No mesmo artigo, informava que Batuíra construiu um "chalet" na rua dos Lavapés, nº 4, com vasto salão decentemente mobiliado no qual fazia explicações sobre a obra de Allan Kardec, O *Evangelho segundo o espiritismo*. A primeira conferência teria ocorrido em 16 de abril daquele ano. Paralelamente, também fez a aquisição de uma pequena tipografia para dar início a um jornal (*Reformador*, n. 180, ano VIII, 15/05/1890, p. 1). Canuto Abreu indica que o núcleo espírita de Batuíra foi o primeiro na América do Sul a possuir sede própria e era o maior do Brasil na época, inclusive em comparação com a FEB (ABREU, 2001, p. 57-58).

Em maio de 1890 surgiu o jornal *Verdade e Luz*, que circulou entre 1890 e 1909, sendo o primeiro periódico paulista a manter regularidade durante anos e ser publicado com poucas interrupções até a morte de seu editor, em janeiro de 1909, retornando nos anos 1920. Esse jornal, depois transformado em revista, dirigido por Batuíra, foi considerado referência para o movimento espírita no estado por outros impressos e uma voz contundente na defesa do espiritismo e na crítica ao clero católico, engendrando diversas polêmicas, inclusive em relação a outros agentes espiritualistas. O que chama a atenção dos autores é a tiragem do periódico, considerada elevada para a época (AUBRÉE; LAPLANTINE, 2009, p. 158), de 2 a 3 mil exemplares iniciais, atingiu 15 mil em 1897 e chegou a 24 mil exemplares no início do século XX.

Interessante registrar que a rua na qual Batuíra iniciou suas obras sociais foi oficializada como rua Espírita, o que demonstra certa influência pública dele e da doutrina na sociedade. Ao adquirir terras na região do Lavapés, ele construiu sua

26 Existiu uma outra instituição espírita denominada Grupo Espírita Luz e Verdade criado em abril de 1885, cujo primeiro presidente foi De Lucca Strazzari e tendo na diretoria Dr. Gustavo Julio Pinto Pacca, Francisco Vieira de Souza e José Fortes de Lima Franco. O grupo, pouco citado pela documentação, foi aberto com 40 sócios "em geral, gente de reconhecida importância na nossa sociedade" (*Reformador*, n. 66, ano III, ago. 1885, p. 4). Eduardo Carvalho Monteiro desconfia que esse grupo seria o *Verdade e Luz* restaurado por Batuíra (MONTEIRO, 2004b, p. 155), embora nossa pesquisa tenha demonstrado que se trata da Sociedade Espírita Verdade e Luz de Torteroli.

casa e formou uma vila com pequenas casas alugadas. Essa vila deu origem à rua Espírita, denominada oficialmente pelo ato nº 972 de 24/08/1916. Paulo Cursino de Moura observa sobre a famosa rua Espírita:

> É que o Lavapés está tão intimamente ligado à Rua Espírita, ali ao seu lado – rua cuja origem se atribui ao velho Batuíra, "médium" conhecidíssimo naquele tempo – que, tal qual em uma sessão espiritualizada, o ente invocado evoca, com pormenores, a referida denominação popular" (MOURA, 1980, p. 213).

Em dezembro de 1904, Batuíra ampliou suas obras sociais e fundou a Instituição Cristã Beneficente "Verdade e Luz", doando todos os seus bens, prédio, tipografia e dois sítios localizados no município de Santo Amaro, que passaram a constituir o patrimônio da instituição, que será analisada no próximo capítulo.

Mas existiram outras sociedades nesse ambiente de ebulição cultural, algumas de curta duração e que deixaram poucos registros de sua atuação. Em 18 de julho de 1904 foi fundada a Sociedade de Estudos e Propaganda do Espiritualismo Científico-Filosófico pelo jornalista e escritor Ernesto Penteado, cujo periódico é *O Alvião*, fundado e editado em São Paulo, e depois transferido para Taubaté. Penteado realizou uma série de viagens para a divulgação dessa sociedade (PENTEADO, 1906, p. 91), cujo objetivo primordial era:

> Esta instituição tem por fim a vulgarização das grandes verdades do moderno espiritualismo.
>
> Qualquer pessoa, sem distinção de sexo nem de nacionalidade, poderá ser sócia, mediante a contribuição anual de dez mil réis apenas, devendo o pagamento ser feito no ato da inscrição (PENTEADO, 1904, p. 3).

Ernesto Penteado é citado em outros jornais espíritas como um intelectual com inclinações políticas, mas pouco conseguimos levantar sobre a sua atuação, na medida em que encontramos uma única edição de *O Alvião*. Em *Scenas da vida*, livro de contos de sua autoria, alguns dos textos estão repletos de críticas à Igreja e em alguns momentos ele faz menção à situação de crise política vivida pelo Brasil. N. Vianna[27] faz uma breve biografia de Ernesto Penteado afirmando ser ele um jornalista e polemista conhecido na época, escritor de crônicas humorísticas nos jornais e outras produções literárias, além de conhecedor das "doutrinas dos grandes iniciados" (PENTEADO, 1904, p. 5).

> Nos trabalhos de ordem política o seu verbo é, as mais das vezes, cáustico e violento, pois muito há ainda a colher na seara das reivindicações do direito do homem calcado aos pés dos déspotas do poder... (PENTEADO, 1904, p. 7).

Se as primeiras associações espíritas se desenvolveram inicialmente em cidades do interior em diferentes regiões, ocorrendo depois uma explosão em São Paulo, as cidades distantes da capital, mesmo as que não conheceram uma forte efervescência cultural, continuaram conhecendo a edificação de diversos centros espíritas, demonstrando o vigor dessas iniciativas em território paulista. Em 1905 surgiu um importante núcleo espírita, que serviu de referência para os adeptos da doutrina em Matão, cidade situada a cerca de 300 km da capital. O Centro Espírita Amantes da Pobreza, assim como seu jornal *O Clarim* foram fundados no mesmo ano e continuam existindo até os dias atuais. No caso do periódico, ele foi criado com a perspectiva de defender o espiritismo de um clero católico altamente agressivo que perseguia os espíritas da região. Ambos foram criados por um grupo liderado pelo farmacêutico Cairbar Schutel (1868-1938), que se transformou em personagem importante do espiritismo paulista, como veremos nos próximos capítulos. Em 1925, Cairbar fundou outro periódico, a *Revista Internacional do Espiritismo*, com características editoriais distintas de *O Clarim*, preocupado apenas com artigos espíritas de cunho científico.

Assim como outros estados que nesse período procuraram unificar o movimento espírita, como Minas Gerais, onde nasceu a União Espírita Mineira em 1908, São Paulo também criou o seu órgão federativo, a União Espírita do Estado de São Paulo (UEESP) no mesmo ano, que teria a responsabilidade de federar

27 VIANNA, N. O autor. In: PENTEADO, Ernesto. *Marchemos!* Ligeiras considerações sobre a vida dos animais e a dos homens precedidas de um estudo psíquico-biográfico do autor, feito pelo distinto publicista Dr. N. Vianna. São Paulo: Typographia Andrade & Melo, 1904, p. 6-9.

todos os centros e grupos existentes. A comissão responsável era composta pelo coronel Antônio Raposo de Almeida, Batuíra e Donato Donati (*O Mundo Occulto*, n. 41, ano IV, mai. 1908, p. 4). Nas informações que encontramos, Batuíra não participou da diretoria, pois o primeiro presidente foi Raposo de Almeida, ocupando a vice-presidência Studário Cardoso. Na reunião que levou à sua criação participaram representantes de grande parte das associações da capital e do interior, e a proposta consistia na recomendação de que todos os centros filiados funcionassem a partir de um único estatuto e tivessem uma mesma orientação (*O Mundo Occulto*, n. 42, ano IV, jun. 1908, p. 1). Na reunião que organizou a fundação da instituição um dos oradores defende a:

> ...necessidade do espiritismo deixar a vida embrionária dos grupos, verdadeiras moléculas, para assumir a compleição de um corpo acabado e forte, pondo as suas forças em relação direta com as exigências sociais hodiernas (*O Clarim*, n. 42, ano III, 01/06/1908, p. 2).

A União Espírita do Estado de São Paulo foi criada a partir da fusão de outras instituições espíritas existentes na capital, tendo como instituição principal o Centro Espírita de São Paulo, dirigido por Francisco Antônio Bastos, cujo órgão de divulgação era o jornal *A Nova Revelação*. Este Centro sempre apresentou características unificadoras, pois, desde o começo permitia que outros grupos funcionassem em sua sede, na rua Marechal Deodoro, nº 4 (*A Nova Revelação*, n. 4, ano II, 03/01/1904, p. 4), ocupando outros endereços como o Largo do Carmo, nº 22, rua Quirino de Andrade, nº 21 e rua da Glória, nº 5 em 1911. Pela listagem apresentada em 1904, sabemos que utilizavam as dependências do Centro Espírita São Paulo[28] agrupamentos como: Luz e União, Bezerra de Menezes, Alunos de Kardec, Escola de Médiuns, Luz, Amor e Caridade, Luz e União, Amor e Fé e Caridade e Luz. Também existiam centros espíritas da capital e do interior que eram filiados, mas funcionavam fora da sede dessa instituição, como os paulistanos: Grupo Aspirantes da Paz, Fé, Amor e Caridade, Antônio de Camargo e Grupo Familiar

28 Tanto a revista *Nova Revelação* como o Centro Espírita São Paulo tiveram a grafia modificada ao longo do tempo, inclusive no próprio título do periódico, podendo surgir como *A Nova Revelação* e Centro Espírita de São Paulo.

Antônio de Pádua; além do Centro Espírita de São Roque, Estrela da Verdade e Amor e Caridade, também de São Roque; Grupo Verdade, Luz e Caridade de Sorocaba e o Grupo Humildade e Caridade de Barretos (*Nova Revelação*, n. 96, ano VI, nov. 1911, contracapa). Essa instituição se esforçou na congregação das sociedades espiritas, procurando criar elos entre elas. Esse centro, desde o início de suas atividades, também se dedicou à oferta de aulas gratuitas para pessoas pobres e lições de moral às crianças (NEGRÃO, 2004, p. 565).

Com o passar dos anos diversificou suas atividades sociais, criando o serviço de socorro aos pobres e uma farmácia com distribuição de remédios (*O Clarim*, n. 6, ano X, 02/11/1914, p. 3). Desenvolvia sessões teóricas e práticas e conferências públicas, nas quais participavam espíritas famosos como Anália Franco, Francisco Bastos, João Pentado, Braulio Prego e alunas da Associação Feminina Beneficente e Instrutiva de São Paulo (AFBISP), instituição dirigida pela educadora Anália Franco e que mantinha dezenas de escolas, como veremos no capítulo 5.

Não sabemos até quando a UEESP funcionou, mas encontramos notícias nos jornais até 1919, quando foi fundada a Loja de São Paulo da Sociedade Teosófica, cuja posse da diretoria ocorreu na sede da União (*Correio Paulistano*, 31/01/1919, p. 4). A partir dos anos 1920 não há mais notícias na imprensa paulista, e a instituição parece ter sido abandonada; os espíritas paulistas pareciam estar mais interessados nas atividades de determinados centros espíritas que adquiriram legitimidade no período, como a Associação Espírita São Pedro e São Paulo e a Sinagoga Espírita Nova Jerusalém, e não em uma entidade que promovesse a organização dos ideários e práticas; o movimento em prol da unificação das entidades espíritas conheceu um novo impulso apenas nos anos 1930.[29] Essas associações irão representar novos centros de interesse, com projetos específicos e novas lideranças que procurarão direcionar o movimento a partir de suas perspectivas e interpretações, mas que escapam aos interesses de nossa pesquisa, até pela ausência de documentação sobre elas nos anos 1920.

O que podemos afirmar é que nos anos 1910, após o falecimento de Batuíra, e com o declínio da atuação de espíritas como Anália Franco e Francisco Bastos, a

29 Para o entendimento do longo processo de unificação do espiritismo paulista ocorrido a partir de uma série de conflitos nos anos 1930, ver BETARELLO, Jeferson. *Unir para difundir*– o impacto das federativas no crescimento do Espiritismo. São Paulo, 2009. Dissertação (Mestrado em Ciências da Religião) – Pontifícia Universidade Católica de São Paulo.

ser esclarecida nos próximos capítulos, outras associações se tornaram importantes em uma segunda fase de consolidação do movimento. A Associação Espírita São Pedro e São Paulo, que funcionava na rua José Bonifácio, nº 41 foi uma das mais importantes dos anos 1910 e nela atuaram nomes conhecidos do espiritismo na época como o médico Augusto Militão Pacheco (1866-1954)[30] e o advogado Pedro Lameira de Andrade (1880-1938).

Em 31 de agosto de 1916 foi fundada a Sinagoga Espírita São Pedro e São Paulo na rua do Gasômetro, nº 166, cuja sede foi transferida para a rua Casimiro de Abreu, nº 392, no Brás e, posteriormente, para a rua São Leopoldo, nº 728 no mesmo bairro. O nome homenageia os dois apóstolos que, na visão de seus fundadores, estariam reencarnados em Augusto Militão Pacheco e em Lameira de Andrade, o que demonstra o reconhecimento desses dois personagens no campo espírita paulista (SINAGOGA ESPÍRITA NOVA JERUSALÉM, s.d., p. 2). Entre seus fundadores estava Antônio José Trindade (1882-1962) um rico comerciante português que se estabeleceu na cidade.[31] Ele iniciou suas atividades em São Paulo realizando sessões espíritas de trabalhos teóricos e práticos na sede da UEESP e alguns anos depois inaugurou sua própria associação, continuando com seus trabalhos e com sessões de cura na Sinagoga.

Essa instituição autodenominava-se "Casa Máter do Espiritismo em São Paulo" (MONTEIRO; D'OLIVO, 1997, p. 32). Desde o início de seu funcionamento convidava todos os grupos para filiar-se à Sinagoga para "praticar o verdadeiro espiritismo". Além de Trindade, outros membros da diretoria eram o comerciante José Leonardo Gonçalves, o advogado Pedro Lameira de Andrade, o "capitalista e industrial" Luiz M. Pinto de Queiroz, o industrial Joaquim Campos Leite, o guarda-livros M. Medeiros, e o funcionário público Henrique dos Santos (*O Estado de São Paulo*, 30/08/1916, p. 3). Sobre a sede da Sinagoga alguns observadores ficaram maravilhados com as diferenças em relação aos tradicionais prédios de centros espíritas:

---

30 O dr. Militão Pacheco foi um conhecido médico na época formado pela Faculdade de Medicina do Rio de Janeiro. Aubrée e Laplantine informam que ele deve ter aderido à doutrina entre 1901 e 1902 e que auxiliou na difusão do espiritismo no interior, instalando importantes obras sociais, além de ter se dedicado à difusão da homeopatia (p. 168).

31 De acordo com sua autobiografia ele provinha de uma família de comerciantes e fez parte da corte portuguesa, amigo do rei Carlos I, in: TRINDADE, Antônio J. *Fatos*: subsídios para a história do Espiritismo. São Paulo: Gráfica Neves e Lino Ltda, 1947.

> Sua decoração era pitoresca, se assim a podemos chamar. Seu enorme salão de conferências tinha o teto pintado com alegorias bíblicas coloridas e a fachada do prédio era encimada por esculturas de animais (leão, touro etc.), inspiradas no Apocalipse de João, do Novo Testamento (MONTEIRO; D'OLIVO, 1997, p. 32).

As obras assistenciais cresceram e a instituição fundou uma outra filial, além de adquirir um terreno em Gopoúva, Guarulhos, no qual fundou um Sanatório, atualmente o Hospital Padre Bento. Por causa de divergências com a direção, Antônio Trindade se desligou do sanatório e dessa filial e ficou com a primeira sede, que passou a denominar-se Sinagoga Espírita Nova Jerusalém. Em torno de 1922, Antônio Trindade fundou a Cozinha dos Pobres, uma vasta obra assistencial na qual as pessoas carentes poderiam se alimentar no local ou levar os alimentos para casa, chegando a distribuir entre 500 a 600 refeições por dia (*Alvorada d'uma Nova Era*, n. 25, ano I, 01/12/1933, p. 22-23). Trindade defendeu, ainda, a fundação de uma Academia Espírita para o ensino da doutrina, pois imaginava que o espiritismo predominante na época não era o verdadeiro, sendo dominado por "tartufos" e pessoas com pouca responsabilidade social. Sobre a fundação da instituição, Trindade afirma, em 31/08/1928, as razões que o levaram a erguer aquela "catedral espírita":

> Que era nesse tempo a prática da doutrina espírita em São Paulo? Um verdadeiro caos, uma confusão estonteadora, sem princípios, nem método, às tontas, e às ocultas, por indivíduos na sua maioria boçais, analfabetos e fanáticos ou por exploradores, que transformavam os centros espíritas em agências de negócios, para satisfazer ambições (*Alvorada d'uma Nova Era*, n. 43, ano II, 01/09/1934, p. 3).

Nos anos 1930, ele editou e dirigiu a revista *Alvorada d'Uma Nova Era*. Sobre a sua instituição principal, a Sinagoga Espírita, ele observa que ela representa as "atalaias de Israel" (*Alvorada d'uma Nova Era*, n. 161, ano IX, 01/10/1949, p. 3).

O exame dos principais periódicos espiritualistas editados em São Paulo na Primeira República são reveladores da história da expansão dessas sociedades de ideias no Brasil, na medida em que esses impressos pretendem servir como referências fundamentais, o que os leva a noticiar o movimento espírita brasileiro, a inauguração de centros, a eleição de diretorias etc. As próprias sociedades espíritas enviavam essas informações e seus respectivos estatutos, o que revela certa credibilidade concedida a alguns empreendimentos, especialmente *Verdade e Luz* e *O Clarim*.[32] Isso nos permitiu mapear sua expansão em São Paulo, embora saibamos que as informações encontradas não possam dar conta de toda a realidade existente, devido principalmente às séries incompletas dos jornais e revistas.

A capital presenciou muitos centros espíritas e sociedades esotéricas, mas praticamente todas as regiões paulistas também conheceram a fundação dessas associações em cidades como Santos, Campinas, Sorocaba, Piracicaba, Jundiaí que viviam certa prosperidade econômica e aumento da população, além de abrigarem eixos ferroviários, ao lado do aumento do consumo de revistas e jornais, da edificação de escolas e gabinetes de leitura, o que aumentava as potencialidades de alfabetização, com novos leitores que poderiam ler novos livros com outras ideias.

Ao mesmo tempo, algumas sociedades estão presentes em regiões mais rurais, distantes de redes urbanas mais complexas. Na introdução deste livro, apontamos que os ideários espiritualistas forneciam uma nova visão sobre o indivíduo e a sociedade, comunicavam-se com os anseios liberais e democráticos e contestavam muitos dos valores tradicionais da sociedade, que tinham na Igreja Católica o seu principal bastião, o que pode ter sido significativo para a adoção dessas práticas e imaginários.

Muitas das associações foram transitórias e não sobreviveram por muitos anos, pois as notícias sobre suas diretorias desaparecem dos periódicos que informavam sobre o movimento. Construímos uma relação desses centros espíritas, apontando o nome, a localização, o ano da fundação, se ele editou um jornal próprio e a primeira referência na imprensa especializada, embora, normalmente surgissem outras, na qual aparece a citação ao centro, para se ter uma ideia do período de funcionamento.[33] Alguns centros não foram inseridos pela dúvida quanto à sua localização e a relação compõe os anexos 1 e 2.

32 No caso de *O Clarim*, José Tosta após oferecer aos leitores uma relação de revistas espíritas circulando no Brasil, provavelmente incompleta, explica o título do periódico: o clarim toca a reunir os soldados que correm aos seus postos (*O Clarim* n. 1, ano XXIII, 15/08/1927, p. 2); metáfora que demonstra que este jornal se colocava na posição de arregimentar novos adeptos.

33 Como desconhecemos o ano de fundação da maioria dos centros encontrados é difícil afirmar em qual período ocorreu uma maior expansão dessas sociedades.

Os nomes dos centros espíritas são representativos de esforço para comprovar sua fé cristã, pois, como vimos, o espiritismo se coloca no interior de uma revelação cristã; e, em alguns casos, como veremos, não existiu uma cisão total com o catolicismo.[34] Muitos são retirados da cosmologia dessa religião, evocando o nome de santos padroeiros ou anjos. Também são recorrentes palavras como verdade, luz, amor, caridade e muitos nomes se repetem, o que pode revelar a existência de vínculos entre essas associações. A palavra "luz", utilizada em muitos casos, também é uma referência à metáfora iluminista associada ao progresso, conhecimento, ciência, sabedoria, em contraposição às trevas e ao obscurantismo do mundo tradicional.

Teósofos, ocultistas e esotéricos no espaço paulista

Como já mencionado, os autores que se dedicaram ao estudo do espiritualismo no Brasil afirmam que o espiritismo foi utilizado como um termo genérico, abrigando um leque muito grande de doutrinas espiritualistas, esotéricas, ocultistas e teosóficas; muitos deles analisaram essas doutrinas integradas ao espiritismo. Se é verdade que em muitos momentos esses sistemas se confundiam e é difícil perceber se uma associação ou periódico pode ser considerado espírita ou ocultista, é possível averiguar um campo propriamente esotérico em São Paulo que, embora se relacionasse com os espíritas, possuía características específicas. Ao que parece, as pesquisas acadêmicas não se debruçaram profundamente em relação à atuação dos esotéricos no campo religioso brasileiro no período;[35] contudo, há

34 É representativa a história da Sociedade Espírita "Anjo da Guarda", de Santos. Edith Dias relata as reuniões em que o grupo consagrava a datas especiais do catolicismo, como os dias de São Luiz (25/08) e de Santo Agostinho (28/08), o primeiro sendo considerado o vice-presidente espiritual do grupo, e o segundo o presidente espiritual; a diretoria espiritual contava, ainda, com Santo Antônio e o guia espiritual era "Anjo da Guarda" (DIAS, Edith, [s.n.t.], p. 28).

35 Ver: BARROS, Rui Sá Silva. *Tomando o céu de assalto.* Esoterismo, ciência e sociedade 1848-1914: França, Inglaterra e EUA. São Paulo, 1999. Dissertação (Mestrado em História Social) – Faculdade de Filosofia, Letras e Ciências Humanas, Universidade de São Paulo; SILVA, Eliane Moura *Vida e morte*: o homem no labirinto da eternidade, op. cit.; SILVA, Eliane Moura. *O Espiritualismo no século XIX:* reflexões teóricas e históricas sobre correntes culturais e religiosidade, op. cit; SILVA, Eliane Moura. Similaridades e diferenças entre estilos de espiritualidade metafísica: o caso do Círculo Esotérico da Comunhão do Pensamento, op. cit.; SILVA, Marcos José Diniz. *Moderno-espiritualismo e espaço público republicano* – maçons, espíritas e teoso-

uma instituição que repercutiu inclusive em outros estados brasileiros, tornando-se uma importante referência, o Círculo Esotérico da Comunhão do Pensamento (CECP) fundado em 1909.

Nesse processo, os próprios agentes espiritualistas, vez ou outra, reconheciam suas identidades específicas. Ao discutir sobre a necessidade de um congresso espiritualista, cujo objetivo seria o de abstrair as bases do movimento, o impresso *O Mundo Occulto* observa:

> ...Poderão mesmo, caso assim julgarem melhor, ampliar a proposta: - em vez de um congresso exclusivamente espírita, fazer-se um espiritualista, ou de psiquismo em geral, para que possam também concorrer com as suas luzes ocultistas ocidentais, os teósofos, os magnetistas, etc (*O Mundo Occulto*, n. 39, ano IV, fev. 1908, p. 1).

Não apenas o espiritismo, mas outras doutrinas espiritualistas também se espraiaram pela cidade, cujos sistemas reuniam uma gama muito mais heterogênea de conhecimentos, derivados das religiões orientais como o hinduísmo e o budismo. Sob esse aspecto, Eliane Moura Silva observa:

> A entrada das tradições esotéricas e ocultistas no campo religioso brasileiro ao final do século XIX e início do XX ampliou a cultura religiosa, pois difundiu o mentalismo, o orientalismo, a cabala e o simbolismo, dentre outros. As diferenças sutis com o espiritismo, que pratica a incorporação enquanto o círculo esotérico enfatiza a concentração, demonstram estilos de práticas espirituais que, no caso brasileiro, não foram nem são contraditórias, mas complementares: o trânsito religioso entre espíritas e ocultistas é grande. Ocorre aqui um encontro de formas de espiritualidades manifestas e mutuamente comunicadas de um certo estilo espiritual (SILVA, 2006, p. 227).

fistas no Ceará. Fortaleza, 2009. Tese (Doutorado em Sociologia) – Centro de Humanidades, Universidade Federal do Ceará, 2009; SILVESTRIN, Mônia Luciana. *Olhares extremos*: 1900 e as imagens do fim de século na imprensa curitibana. op. cit.

Uma das primeiras iniciativas surgidas em torno dessas ideias, foi a Sociedade Psychica de São Paulo, fundada em 05/02/1899, localizada na rua Boa Vista, nº 42, que se colocava como um "grupo independente de estudos esotéricos", embora afirmasse que não estava filiada a nenhum centro ou escola, mas considerasse todas as opiniões, credos e crenças relacionados aos estudos psíquicos (*Revista da Sociedade Psychica de São Paulo*, n. 2, ano I, 01/10/1899, p. 1). Esta sociedade editou um periódico de curta duração, a *Revista da Sociedade Psychica de São Paulo*, de circulação trimestral lançado em 01/07/1899 com artigos sobre esoterismo, espiritismo, magnetismo, psiquismo e teosofia. Dentre os colaboradores da revista estavam Julio César da Silva, Diderot Júnior, dr. Pinheiro Guedes, R. Tavares e mlle. Suria Macedo. Em 01 de outubro do mesmo ano foi lançado o segundo e último número do periódico (FREITAS, 1915, p. 513).

Em Campinas foi criada a Sociedade de Estudos Psychicos O Mundo Occulto em 1903, que passou a editar no mesmo ano o periódico *O Mundo Occulto*, cujas edições permaneceram sem muitas interrupções até pelo menos 1910. Dentre os diretores que passaram pela associação encontramos: Antônio Batista Vieira, Henrique Serra, João Marcílio, Elias Dubard e Florindo da Fonseca. Pela leitura do impresso é difícil enquadrá-lo como esotérico, ocultista ou espírita, pois o ecletismo predomina em sua produção, com artigos sobre espiritismo, ocultismo, esoterismo, psiquismo, mentalismo, orientalismo e hermetismo, embora vez ou outra os seus editores se apresentassem como espíritas.[36]

> ...uma associação de estudos psíquicos, tratamos com imparcialidade, de acordo com as nossas forças, do Espiritismo, Ocultismo, Teosofia e outras questões que a todos interessa, procurando sempre combater o

---

36 Na imprensa espiritualista aparecem notícias sobre outras instituições sobre as quais nada conseguimos localizar além do nome e endereço. Por exemplo, o "Centro São Paulo Esotérico", instituição de estudo do ocultismo; entre os membros da diretoria, muitos dos quais "alguns já iniciados até o grau 3º" estão os professores Genesio Rodrigues e Carlos Escobar, Raul Silva, Dr. M. Levy e A. Mugnani (*O Mundo Occulto*, n. 38, ano IV, jan. 1908, p. 3). Outras instituições aparecem, como o "Gremio Occultista de S. Paulo", fundado em 18 de março de 1910 e funcionando na rua General Osório, nº 30, a "Ordem Esoterica do Mentalismo", fundada em fevereiro de 1924 com sede era na rua Américo de Campos, nº 2, a Loja de S. Paulo Sociedade Tehosophica, fundada em 01/02/1919 e a Ordem Internacional da Communhão do Pensamento, fundada em 01/01/1924 e localizada na rua Quirino de Andrade, nº 21 (FRANCISCO, 2011, p. 141).

> fanatismo e as vistas errôneas dos confrades pertencentes a qualquer uma das escolas espiritualistas supra citadas (*O Mundo Occulto*, n. 21, ano II, jun. 1906, p. 3-4).

No campo do esoterismo a personalidade que mais se destacou no período foi Antonio Olívio Rodrigues (1879-1943) fundador, em 1907, da Editora O Pensamento, do periódico de mesmo título e, em 1909, do Círculo Esotérico da Comunhão do Pensamento (SILVA, 2006, p. 228). *O Pensamento* era uma revista mensal que se identificava como "independente de qualquer seita religiosa ou científica" e órgão do "Brasil-Psíquico-Astrológico" (*O Pensamento*, n. 14, ano II, jan. 1909, p. 37). Possuía como redatores Raul Silva e Edla de Morais Cardoso, do Rio de Janeiro, e como correspondente em Paris Henri Durville; além destes, escrevia com frequência Surya Macedo.

Antonio Olívio escolheu como patronos da Ordem Swami Vivekananda (1863-1902), representante do pensamento oriental, Eliphas Lévi, representando o pensamento ocidental esotérico, e Prentice Mulford (1834-1891), representante do pensamento esotérico e mentalista moderno. Eliane Moura Silva observa o ecletismo da proposta do CECP, congregando diversas tradições espiritualistas em seu programa:

> As formas simbólicas e a língua sagrada são colocadas como síntese de conhecimentos que um verdadeiro esoterista deveria conhecer pela meditação e pelo estudo; assim, seria possível apreciar a beleza dos símbolos como a expressão de sublimes ideias metafísicas. As figuras simbólicas que ornamentaram livros, textos, manuais, bem como os templos e Tattwas do círculo esotérico, teriam origem nos remotos templos do Egito e da Caldeia, que os herdaram dos Atlantes, raça que dominara o mundo até dez mil anos antes de Cristo. Nessas tradições arcaicas, apenas os iniciados conheciam as correspondências dos símbolos e delas se serviam para transmitir conhecimentos secretos, "esotéricos"; como cada signo expressava um complexo de ideias, um mesmo símbolo poderia significar tanto objetos materiais como forças espirituais – conforme o grau de aperfeiçoamento dos indivíduos ou das sociedades (SILVA, 2006, p. 231-232).

O ideal dessa instituição, com o apoio de sua revista, era o de criar "uma comunhão do pensamento – a formação de uma cadeia mental para vibração de ondas pensantes e irradiadoras de paz e harmonia entre os homens..." (RAMACHANDRA, 2010, p. 14). Ao mesmo tempo, auxiliar as sociedades de diferentes países a partir da utilização de "forças mentais", com vibrações emitidas pelos sócios, adentrando em uma "comunhão do pensamento", isto é, a ligação entre os centros magnéticos do planeta em horas específicas do dia.

Antonio Rodrigues também editou outros periódicos como o jornal *O Astro*, inicialmente como suplemento de *O Pensamento*, tendo os mesmos temas, como ocultismo, cabala, magnetismo, esoterismo, preocupações com a saúde, alcoolismo etc. Ambos forneciam informações sobre outras publicações da editora e apresentavam previsões astrológicas.

A leitura da revista *O Pensamento* revela um rápido crescimento dos sócios da instituição. De acordo com Lísias Negrão, o CECP chegou a ter mais de 50 mil associados em todo o Brasil, duas décadas depois de sua fundação,[37] e entre eles contava com muitos funcionários civis e militares, profissionais liberais e setores da burguesia (NEGRÃO, 2004, p. 564). Em 1923 o Congresso Nacional declarou a ordem esotérica como de utilidade pública (RAMACHANDRA, 2010, p. 76). Nenhuma instituição espírita no período teve um crescimento dessa magnitude. A atuação dessa instituição no país foi ampliada a partir da fundação dos tattwas, "centros de irradiação mental", células do CECP, que objetivavam melhor organizar o movimento em cidades fora da capital paulista. Em pouco tempo, cidades de outros estados brasileiros e até em países como Argentina, Chile, Espanha, Itália e México receberam os seus tattwas, o que significa que o CECP conseguiu influenciar o movimento esotérico no Brasil e se transformou em referência na América Latina, auferindo legitimidade e ampliando suas redes de sociabilidade, como sua revista afirma reiteradamente (*O Pensamento*, n. 219, ano XIX, mar. 1926, p. 173). Em 1917, estabeleceu intercâmbio com a New Thought Alliance, uma entidade mentalista norte-americana e o presidente da instituição, James Edgerton, foi então nomeado membro honorário da Ordem (RAMACHANDRA, 2010, p. 66).

37 Com o que concorda Liana Trindade ao afirmar que em 1929 o CECP possuía mais de 48 mil filiados no país (TRINDADE, 1991, p. 137).

O artigo de fundo de janeiro de 1913 de *O Pensamento* demonstra esse crescimento rápido da instituição. Nele está expresso o entusiasmo pelo aniversário do CECP, ao afirmar que em breve conseguiria erguer na Pauliceia as ideias espiritualistas na mesma altura que chegaram nas maiores e mais populosas capitais do mundo. O autor descrevia as modernas oficinas e o aumento da tiragem da revista para 8 mil exemplares enquanto que o jornal *O Astro* teria alcançado 30 mil exemplares mensais, além de folhetos de ensinos esotéricos que foram distribuídos. Informa, ainda, que o CECP estendera a sua influência pela América Latina e Europa, estabelecendo relações com outras instituições estrangeiras e apresenta uma listagem de obras que foram publicadas em 1912, de autores como Prentice Mulford, Francisco V. Lorenz (1872-1957) e outros reconhecidos esoteristas. Por último, anunciava que os tattwas reuniam mais de mil membros para os estudos esotéricos (*O Pensamento*, n. 61, ano V, jan. 1913, p. 1-6).

Ao longo dos anos, o CECP se esforçou na propaganda de seus ideais por meio de publicações e conferências e inúmeros cursos realizados por correspondência. Outras instituições e periódicos foram fundados por Antonio Olívio Rodrigues, como o Instituto de Ciências Herméticas, em 1917. Um ano depois é publicada a revista *Ciências Herméticas*, como suplemento da revista *O Pensamento*. Vários livros foram publicados na área de magnetismo, medicina oculta, magia, astrologia, filosofia vedanta, saúde, psiquismo e homeopatia. Em 1916 foi lançado um livro de homeopatia do conhecido dr. Alberto Seabra. Essa produção literária, que reunia diversas tradições espiritualistas e científicas, era vista como fundamental para a disseminação das correntes espiritualistas e, pela diversidade das publicações, podemos perceber a existência de um público interessado por esses temas no período.

A partir de uma incansável produção editorial, disseminando periódicos e instituições esotéricas, em 1913 Rodrigues fundou o *Almanach d'O Pensamento Scientifico, Astrológico, Philosofico e Literario*, com tiragem de 20 mil exemplares e editado até hoje. Este era administrado pelo cabalista e astrólogo Francisco Valdomiro Lorenz, natural da Boêmia (RAMACHANDRA, 2010, p. 58).

> Contando agora com mais de vinte títulos no catálogo da editora, uma tipografia própria, um disputadíssimo almanaque de astrologia, um curso de ciências herméticas por correspondência, uma bem-sucedida revista e um procurado consultório de astrologia e cura magnética, An-

> tonio Olívio sente que seu atual endereço está novamente se encolhendo. A situação fica muito difícil, com o pequeno salão completamente lotado nas reuniões do Círculo Esotérico às segundas-feiras, quando qualquer pessoa pode participar, e em todo dia 27 do mês, nos encontros voltados somente para os filiados (RAMACHANDRA, 2010, p. 61).

Pouco tempo depois o CECP solicitava doações para a construção de um novo edifício, necessário em virtude do crescimento da instituição (*O Pensamento*, n. 102, ano IX, jun. 1916, p. 106). Nas edições posteriores, identificamos várias contribuições e doações feitas por sócios de diferentes estados do país. Uma dessas doações importantes ocorreu em 1924, quando o Delegado geral da instituição e sua esposa doaram ao CECP um prédio cujo valor era superior a 400 contos de réis; a construção do templo foi iniciada em 20 de março de 1923 e a 29 de abril de 1924 foi lavrada a escritura de doação (*O Pensamento*, n. 199, ano XVII, jul. 1924, p. 290).

A nova sede foi inaugurada em junho de 1925 na rua Rodrigo Silva, nº 23 e um dos contemporâneos assim descreve a edificação:

> Dentro deste templo, que nada pode nem deve invejar a quantos se idearam e levantaram no mundo, neste gênero, encontrareis as magnificências, pompas e lustres na argila, no bronze, no mármore e no ouro, no qual segredam as esfinges, se veneram os Mestres, e a Verdade se apresenta nos símbolos.
>
> Acrescenta-se a tudo isto o enlevo da luz que, jorrada por lampadários magníficos, se torna ainda mais viva e esplendente com a profusão do ouro, que mica e faísca pelo teto e pelas paredes (*O Pensamento*, n. 210, ano XVIII, jun. 1925, p. 293-294).

O articulista continua descrevendo o templo suntuoso, os relevos ornados, os móveis que saíram das mãos de exímios artistas, afirmando que isso significará uma "página de ouro da História do Esoterismo no Brasil" como se fosse uma obra do plano invisível. Em seguida, efetua a descrição esotérica da simbologia do templo, o significado das estátuas, suas simbologias ocultas e observava a grandiosidade do salão de conferências. Aqui podemos verificar o ecletismo da decoração com inúmeras referências a mestres, pensadores e símbolos orientais, a deusa Isis, signos do zodíaco, cruzes tibetanas, símbolos utilizados "nas fraternidades iniciáticas do Alto e Baixo Egito e na Grécia", a simbologia da Sociedade Rosacruz e os patronos Prentice Mulford, Eliphas Levi e Vivekananda. O salão é iluminado por 4.500 velas, o que lhe conferia uma ideia grandiosa, como se todos estivessem em um "palácio de fadas". E o autor continua em êxtase, causado pelo luxo e ostentação presentes em cada canto, até chegar na "sala de concentração e investidura enigmática da Iniciação superior"; a partir daí indicava não poder mais continuar a sua descrição, pois a sala estava reservada aos iniciados que recebem o grau de iluminação, o mais elevado das fraternidades ocultistas (*O Pensamento*, n. 210, ano XVIII, jun. 1925, p. 295-298).

> Como se vê por esta pálida descrição da simbologia esotérica, o novo Templo é uma obra digna de admirar pela beleza de sua concepção artística, pois nele não faltam os menores detalhes para as grandes cerimônias dos trabalhos exotéricos e esotéricos; os próprios vidros que ornamentam suas janelas estão ricamente gravados com figuras simbólicas de belo efeito decorativo (*O Pensamento*, n. 210, ano XVIII, jun. 1925, p. 299).

As edições seguintes da revista contém outras informações do templo, com fotos de sua fachada, mesa, plafonds, medalhões em bronze dos veneráveis mestres que ornamentam o salão de conferências etc. Mas pouco tempo depois, em janeiro de 1926, os sócios eram informados de que um novo templo era necessário, por causa das oficinas que seriam modernizadas para atender a crescente produção editorial e um salão maior para acolher ao grande público que acorria às sessões, por isso, um novo prédio foi adquirido no Largo de São Paulo, esquina da rua Conselheiro Furtado, por Antonio Olívio Rodrigues, que seria demolido para em seu lugar ser levantado um edifício com os vários departamentos da ordem (*O Pensamento*, n. 217, ano XIX, jan. 1926, p. 2-4). O CECP fará, então, uma nova campanha para a arrecadação de fundos, propondo a cotização por parte dos sócios, cujos pedidos aparecem em *O Pensamento* e *O Astro*, e as importâncias das prestações foram depositadas no Banco do Comércio e Indústria de São Paulo (*O Astro*, n. 12, ano XX, 01/12/1927). Pela leitura da lista de cotistas percebemos que muitas eram mulheres e que havia uma grande capacidade de arregimentação de recursos, o que claramente demonstra que se tratava de um público em melhores condições financeiras. O luxo dessas edificações e os altos gastos também denotam associados de grupos médios e de elite, além do fato de Olívio Rodrigues ter conseguido construir uma empresa lucrativa a partir das várias ações acima descritas. As inaugurações do CECP contavam com a participação de autoridades, como no lançamento da pedra fundamental da nova sede no qual esteve presente Adhemar de Barros, representando o presidente do Estado e o general Eduardo Sócrates, comandante da II Região Militar, além de outras autoridades (*O Pensamento*, n. 224, ano XIX, ago. 1926, p. 421). Essa situação também se diferencia da realidade dos centros espíritas, como veremos ao longo desse trabalho.

Em 1926 iniciou-se a construção do chamado Prédio da Torre, nova sede do CECP no Largo São Paulo, inaugurado em 27/06/1930. Novamente, um palacete suntuoso com estilo eclético e muitas obras em mármore, bronze e ouro. O projeto era do arquiteto Gilberto Gullo, as esculturas de Ruddo Fanucchi, e a decoração de Leôncio Neri. A simbologia esotérica, como no caso do prédio anterior, dominava a decoração e as esculturas (*O Pensamento*, n. 270, ano XXIII, jun. 1930, p. 244-247). O prédio abrigava, ainda, uma Policlínica com serviços ambulatoriais que atendiam a todos que necessitavam; entretanto, ela funcionou apenas entre dezembro de 1930 e janeiro de 1931, tendo em vista os seus altos custos (RAMACHANDRA, 2010, p. 89).

ASSOCIAÇÕES ESPÍRITAS NO ESTADO DE SÃO PAULO 1880-1926

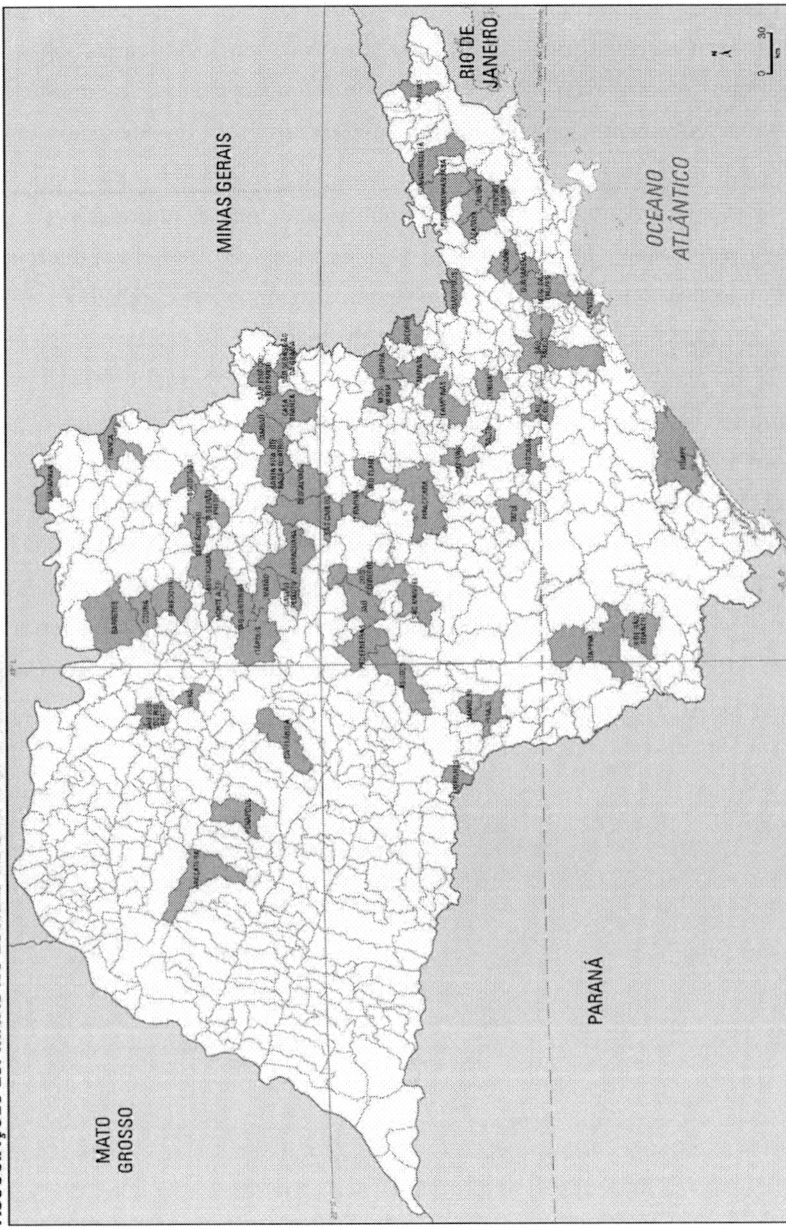

II. Sociedades espiritualistas: livre-pensamento, ciência, cultura e assistência social

> Não é um templo, mas uma oficina, não é uma igreja mas um consultório – uma academia, uma casa destinada à assembleia, onde todos aqueles que desejam tomar parte nas elevadas considerações da religião e da ciência, podem comparecer para estudar, aprender, compreender e ensinar o que de bom, de útil e de verdadeiro se tiver gravado no seu espírito (*O Clarim*, n. 17, ano VII, 02/12/1911, p. 3).

A notícia publicada acima no periódico dirigido por Cairbar Schutel sobre a fundação de um novo prédio da FEB no Rio de Janeiro revela a imagem que muitos dos agentes espiritualistas em geral, e espíritas em particular, possuíam de suas associações, o que indica algumas das características dessa nova sociabilidade construída a partir do modelo de sociedades de ideias, apresentado na Introdução.

Dessa forma, embora uma parcela importante das sociedades espíritas – mas não as esotéricas – tivessem assumidamente um caráter religioso, existia uma tendência expressada por periódicos como *Verdade e Luz* e *O Mundo Occulto* em criticar tal associação, o que será analisada no próximo capítulo. Se em alguns momentos os espíritas assumiram uma postura religiosa, também é verdade que eles procuraram apresentá-la como uma religião diferente das tradicionais, com uma orientação laica ou, como gostavam de afirmar, sem clero, templo, dogmas e ritos. Para os espíritas a sua doutrina, misto de filosofia, ciência e moral, que poderia ou não ter consequências religiosas, não representa um culto sectário, mas sim uma ciência que cultiva diferentes saberes, como a psicologia experimental e o magnetismo, e que está alicerçada na crença da imortalidade da alma, tendo como principal escopo a prática da caridade como instrumento de aperfeiçoamento moral.

Deve-se sublinhar que um centro espírita pode até representar para muitos de seus frequentadores um templo, ainda acostumados com a referência de uma religião tradicional, e um local de proteção espiritual diante das influências negativas de espíritos no mundo, mas forjava outras funções sociais, fundamentais na constituição do imaginário espiritualista. Era um centro de estudos nos quais as pessoas se reuniam para discutir assuntos variados nas esferas científica, cultural, social, religiosa e mesmo política, como veremos. Para a participação nessas sociedades é fundamental a aprendizagem de conhecimentos diversos e o interesse pelas investigações científicas, de acordo com os paradigmas e procedimentos das chamadas "ciências espiritualistas". O centro espírita deve almejar:

> ...o estudo e a propaganda dos ensinamentos espíritas, quer pela palavra escrita ou falada, quer pelo exemplo prático de tudo o que aprendemos de bem para o nosso próprio progresso espiritual, como também para o bem comum de todos os homens, nossos irmãos, na Terra.
>
> [...]
>
> E assim sendo, é preciso primeiro passarmos pela escola, para no estudo, na meditação, na reflexão – no exercício e na aprendizagem – adquirirmos com verdade a prova provada de nossos bons sentimentos – as boas obras – que anunciam o começo da regeneração espiritual – pela aquisição da moral evangélica e dos conhecimentos intelectuais, bússolas indispensáveis na grande trajetória que todos temos de percorrer, afim de oferecermos a Jesus, todo o mérito de nossos esforços, todo o bem de nossas obras alicerçadas na fé – arquitetadas pelo amor e erguidas pela humildade (*O Clarim*, n. 52, ano VII, 03/08/1912, p. 1).

A centralidade do estudo e da ciência para os espíritas aponta para uma finalidade ética do conhecimento, pois não apenas a fé em Deus, mas a busca por competências culturais proporciona o progresso moral e a construção de uma sociedade mais fraterna e solidária. Sendo assim, o motivo essencial para o espírita se inscrever em um grupo, não deveria consistir nas evocações de espíritos, mas para adquirir conhecimentos intelectuais, que lhe possibilitassem uma melhoria em seus comportamentos sociais. Essa importância da cultura letrada no espiritismo, já foi analisada por outros estudiosos:

> Da leitura, por fundamentar-se, desde as primeiras experiências do iniciante no centro espírita, numa relação de estudo e exegese de textos, aproximando-o de todo um abrangente universo de referências escritas, de citações, de exemplos e de narrativas, que coroam sua concepção de mundo e seu imaginário em relatos supostamente ditados pelos Espíritos. Ser espírita no Brasil não é apenas dar e receber passes, assistir a palestras e sessões de mesa ou mesmo comunicar-se com os mortos mas, por exemplo, ter lido Allan Kardec, saber citar o Espírito de Emmanuel, estar atento às transformações no mundo como sintomas da mudança do *status* da Terra, de "planeta de provas e expiações" para "de regeneração" (LEWGOY, 2000, p. 12).

Existia uma preocupação por parte de alguns setores com o fato dos centros espíritas se transformarem em igrejas, ou "locais de mistificação" (*Natalício de Jesus*, n. 41, 42, ano III, set. out. 1911, p. 127). No artigo "A Religião e o Sentimento Religioso", J. Eriam assinala a diferença entre essas duas noções: enquanto o sentimento religioso "é a consciência íntima de nossas relações com um Ente Supremo, autor de tudo quanto existe", a religião é um erro que serve para aumentar o prestígio e a força da dominação (*Verdade e Luz*, n. 260, ano XI, 15/03/1901, p. 1). Ele procura demonstrar que o espiritismo como filosofia desenvolve o sentimento religioso ao propor a caridade e a tolerância para com todos e a admiração a Deus em sua natureza sublime, não reconhecendo o direito de existência de rituais ou intermediários entre o ser humano e a divindade. O artigo procura, ainda, demonstrar a profissão de fé espírita, a partir da prática do livre-pensamento e do rompimento com as hierarquias.

Nesse aspecto, a ideia de liberdade de consciência era fundamental para os grupos espíritas na medida em que recusavam a imposição de qualquer dogma e verdade e construíam as suas convicções a partir do estudo e do debate franco com os seus pares. O caráter pedagógico da doutrina é nítido, pois demonstra que os participantes dessas associações acreditavam que através da aprendizagem dos conhecimentos divulgados, quer pela leitura de livros e periódicos, por discussões nas reuniões teóricas e práticas, ou pela participação nas conferências, adquiriam conhecimentos fundamentais para o entendimento do mundo. As sociedades espiritualistas se organizavam, como centros de convivialidade laicos, nos quais as pessoas entravam em contato com o universo letrado a partir da promoção de inúmeras atividades culturais, científicas e de benemerência, e em torno delas se agregavam pessoas de diferentes origens sociais. A partir dessas atividades eram construídas novas identidades dos indivíduos que possuíam aspirações emancipatórias e liberais, quando interessados nos novos ideários, distantes da ideologia dominante de matriz católica e ultramontana, o que os aproximava dos ideários iluministas. Veremos mais adiante como formaram um modelo de vida associativa de cunho democrático, cujo centro de interesse era o estudo, o debate e a filantropia.

Para Todorov, o livre-pensamento e a autonomia do indivíduo constituem os valores mais característicos do projeto das Luzes:

> ...Para poder engajar-se nele, é preciso dispor da inteira liberdade de examinar, de questionar, de criticar, de colocar em dúvida: nenhum dogma ou instrução pode mais ser considerado sagrado. Uma consequência indireta, porém decisiva, dessa escolha é a restrição que incide sobre o caráter de qualquer autoridade. Esta deve estar de acordo com os homens, isto é, ser natural e não sobrenatural. É nesse sentido que as Luzes produzem um mundo 'desencantado', ou obedecendo de ponta a ponta às mesmas leis físicas, ou, no que diz respeito às sociedades humanas, revelando os mesmos mecanismos de comportamento" (TODOROV, 2008, p. 15).

No artigo "Unidade da doutrina espírita" um autor não identificado reclama a necessidade de uniformização da doutrina espírita, dificultada com a variedade das publicações que forneciam uma diversidade de ensinamentos. Ao defender o espiritismo, ele procura externar as aspirações sociais do movimento:

> 1ª A livre manifestação do pensamento, da palavra e por escrito, na Imprensa, na Tribuna, na Cátedra e por todos os meios lícitos.
>
> 2ª A absoluta liberdade de professar e praticar toda a doutrina conforme com os princípios da Moral Universal.
>
> 3ª A liberdade de associação para constituir Sociedades de propaganda de toda a ideia humanitária e progressiva.
>
> 4ª A formação de Ligas contra a ignorância para difundir a instrução entre as classes populares.

5ª Ensino integral e leigo para ambos os sexos.

6ª A elevação do sentimento pela educação artística.

7ª Registro civil de nascimento; único obrigatório; casamento civil e secularização dos cemitérios.

8ª A justiça como princípio na solução dos problemas sociais e econômicos.

9ª Formação de Sociedades de Socorros Mútuos, cooperativas e outras que tendam a proteger a vida e a facilitar o bem estar material e moral.

10ª Moralização da penalidade. Abolição da pena de morte e das perpétuas.

11ª Criação de Ligas da Paz para difundir a ideia da Arbitragem Internacional, com o fim de evitar conflitos que tornem necessária a intervenção da força armada. Desarmamento dos exércitos permanentes.

12ª O cosmopolitismo presidindo a todas as relações sociais.

13ª União fraternal ibero-americana. Relação íntima entre suas sociedades espíritas.

14ª Organização de todos os espíritas de acordo com os princípios de autonomia e federação (*Verdade e Luz*, n. 328, ano XIV, 15/01/1904, p. 2).[1]

Esse programa contempla a maioria das preocupações sociais das sociedades de ideias espíritas e espiritualistas do período e que será analisada no capítulo 4. Em princípio, as aspirações religiosas são secundárias e existia um esforço em expressar uma visão profundamente laica da vida, interessada no bem coletivo.[2] Liberdade de pensamento, interesse pela educação, pela justiça, pela solidariedade

1 Esse mesmo texto foi publicado em 2 de novembro de 1906 em um suplemento do periódico *O Mundo Occulto* para ser distribuído gratuitamente à população no dia de Finados, prática realizada por periódicos espíritas, como já mencionado.

2 Em algumas instituições a visão religiosa é mais aguçada como no caso da Sinagoga Espírita, cujo estatuto determina: "Art. 31º - Os sócios da Sinagoga Espírita, se aceitarem estes estatutos confessam-se cristãos e, como tais, tem por escopo adorar e amar a Deus sobre todas as coisas e ao próximo como a si mesmo" (ESTATUTOS DA SINAGOGA ESPÍRITA NOVA JERUSALÉM, p. 14).

social e a absoluta autonomia do indivíduo, preocupações fundamentais daquela época de transição na qual o indivíduo deveria viver a sua liberdade sem limitações de caráter religioso ou autoritário.

Centros espíritas e sociedades esotéricas

Dessa maneira, os estatutos das instituições nos oferecem diversos princípios norteadores dessas práticas. A "Sociedade Espírita Caridade" de Tatuí estabelecia como objetivo o estudo teórico e experimental do espiritismo, proporcionando os meios de cultivá-lo pelas sessões doutrinárias e de comunicação com os espíritos, pela distribuição de livros e jornais doutrinários aos sócios e promovendo a propaganda espírita por todas as formas, efetivando a fraternidade entre os seres humanos (*Diário Oficial do Estado de São Paulo*, 23/09/1916, p. 3732). Objetivos parecidos estão presentes no Centro Paulista de Estudos Teóricos do Espiritismo Cristão, da capital, cuja preocupação consiste no estudo das bases "fundamentais da doutrina espírita, por meios de sessões teóricas, procurando desenvolver os conhecimentos por meio de discussões francas e livres"; ao mesmo tempo, estudar as obras de Kardec, promover conferências e quando possível instituir seções de beneficência a enfermos e necessitados, escolas, asilos, biblioteca e publicação de revista (*Diário Oficial do Estado de São Paulo*, 26/02/1905, p. 522). Outras sociedades tinham os mesmos objetivos em seus estatutos;[3] o Centro Espírita Antônio de Padua de Mogi das Cruzes, apresenta como finalidades da instituição:

> Efetivar a fraternidade espírita entre os homens; estudar teoria (sic) e experimentalmente a psicologia moderna que compreende os princípios e fenômenos do espiritismo e do psiquismo em geral; fomentar e propagar, por todos os meios, ao seu alcance, e, principalmente, pelo exemplo, a doutrina espírita; com a sua doutrina moral dar solução

---

3 Como a Sociedade Espírita Anjo da Guarda (DIAS, p. 38-40); Grupo Espírita Fora da Caridade não há salvação (MONTEIRO, 2000, p. 28); e o Centro Espírita Amor e Caridade de Santos (*Diário Oficial do Estado de São Paulo*, 15/10/1903, p. 2.024). Os estatutos do Centro Espírita Amantes da Pobreza, aprovados em 30 de maio de 1908, é lacônico ao informar que o objetivo da instituição é "o estudo completo do Espiritismo teórico e prático" e, em segundo lugar, a fundação de escola e outras formas de assistência (*ESTATUTOS DA SOCIEDADE ESPÍRITA AMANTES DA POBREZA*, 1908, p. 115).

> aos problemas sociológicos; difundir a instrução; exercer a proteção mútua entre os associados; praticar a beneficência; fornecer gratuitamente, consultas e medicamentos aos enfermos, mantendo, para esse fim, um posto mediúnico-receitista, criar e manter uma biblioteca especialmente de obras referentes ao objeto da Associação, bem como, logo que as condições pecuniárias o permitam, manter uma revista dedicada exclusivamente à causa; fazer aquisição de um prédio destinado aos trabalhos da Associação, o qual, com a biblioteca, mobílias e outros utensílios, ficará sendo patrimônio do 'Centro Espírita'; e, no caso de dar-se a dissolução do mesmo Centro, ficará ele entregue à 'União Espírita do Estado de São Paulo', que entrega-lo-á ao primeiro Grupo ou Sociedade Espírita que se organizar nesta cidade, uma vez que este seja regularmente constituído e filiado à mencionada 'União', perpetuando-se este dispositivo em idênticas condições (*Diário Oficial do Estado de São Paulo*, 01/03/1912, p. 1.115).

Além de centros espíritas, as instituições de estudos psíquicos que congregavam várias doutrinas espiritualistas também possuíam características semelhantes, como a Sociedade de Estudos Psychicos O Mundo Occulto, formada por "indivíduos em número ilimitado que admitem em suas doutrinas filosóficas ou crenças religiosas os princípios essenciais dos ensinos respeitantes a fatos e teorias, do Espiritismo, do Ocultismo, da Teosofia e da Doutrina Esotérica" (*Diário Oficial do Estado de São Paulo*, 19/05/1909, p. 1590). Seus estatutos articulam várias das preocupações existentes no interior dessas associações. A sociedade possuía um modelo organizacional parecido com as sociedades científicas do período e informava que seu objetivo era investigar a verdade através de todas as elaborações do pensamento humano, não rejeitando nenhuma fonte de estudo e buscando quaisquer conhecimentos que auxiliassem o adiantamento do homem. E, demonstrando sua adesão ao livre-pensamento, afirma que a sociedade não perfilava uma determinada opinião acima de outras, mas "deixa tal questão ao estudo e ao critério de cada um de seus membros", para não os aviltar (*Diário Oficial do Estado de São Paulo*, 19/05/1909, p. 1590).

Essa amplitude de conhecimentos, no interior de um quadro de referências espiritualistas, deveria forjar "o culto de todas as virtudes capazes de enobrecer e regenerar positivamente o indivíduo", levando a atitudes de benevolência e ao interesse por todos os indivíduos que sofrem, prevendo obras sociais como cursos de instrução às camadas populares (*Diário Oficial do Estado de São Paulo*, 19/05/1909, p. 1590-1591). A sociedade pretende, ainda, se engajar na pesquisa dos fenômenos e leis ocultas da natureza e no exame da constituição integral do ser humano, das suas faculdades e a análise dos fatos psíquicos. A instituição prevê a edificação de seções de ensino de espiritismo, ocultismo, esoterismo teórico e prático, teosofia e magnetismo. Por último, o engajamento na celebração de sessões solenes comemorativas de grandes fatos históricos ou vultos da humanidade, o que demonstra preocupações cívicas.

O mesmo ocorria em relação ao CECP. Através da leitura da seção "Movimento Social da Ordem Esotérica da Comunhão do Pensamento", presente na revista *O Pensamento*, na qual eram publicados resumos das atas de sessões dos tattwas, percebemos que a maioria das atividades era dedicada às conferências, discussões, leitura de trabalhos escritos pelos associados, principalmente relacionados aos cursos de iniciação esotérica ministrados, e as "sessões rituais", sem muitos detalhes, tendo em vista o caráter secreto dessas reuniões (*O Pensamento*, n. 1, ano XV, jan. 1922, p. 33-35).

A biblioteca ou gabinete de leitura presente em muitos centros costumava atender aos sócios e eventualmente o público em geral, permitindo a leitura de periódicos e obras espíritas e espiritualistas, embora em alguns casos fossem disponibilizados o acesso a jornais e revistas em geral, inclusive em línguas estrangeiras. O Grupo Verdade e Luz, desde 1893, oferecia a Biblioteca Pública Espírita na sua sede com livros e revistas sobre espiritismo, magnetismo, hipnotismo, homeopatia, teosofia e ocultismo em diversas línguas para atender a população imigrante (*Verdade e Luz*, n. 66, ano III, 15/02/1893, p. 3). Muitos centros possuíam livrarias que ofereciam livros espiritualistas em português, francês e inglês, obras traduzidas, folhetos e produções próprias; alguns se interessaram em construir um negócio lucrativo, enquanto outras procuravam se esforçar para vender com preços mais baixos, ampliando o acesso ao público.[4]

Essas sociedades em geral demoraram para assumir personalidade jurídica, sendo que muitas mantiveram o caráter familiar, como já abordado no capítulo an-

4 Sobre a discussão que defende livros espíritas mais baratos ler: *Verdade e Luz*, n. 321, ano XIV, 30/09/1903, p. 6.

terior. O funcionamento dos centros espíritas na capital e nas cidades do interior partilhavam algumas características em comum. Em princípio, realizavam sessões práticas mediúnicas e de estudo e a discussão das obras consideradas básicas da doutrina, práticas fundamentais que definiam essas associações. Essas atividades desdobravam-se em outras, tais como a divulgação dessas ideias para a sociedade e a vivência da caridade, na qual deveria oferecer assistência espiritual e material aos seus participantes e a todos que procurassem pelas associações, organizando locais de encontro, formadores de afinidades e solidariedades.

Desde o início do funcionamento dessas associações, as conferências e reuniões eram abertas, exceto as sessões práticas mediúnicas, nas quais apenas os sócios poderiam ter acesso.[5] As conferências públicas, ao lado de sua imprensa especializada, representavam as estratégias fundamentais para a divulgação doutrinária, ao levar esses conhecimentos a um público diversificado. Espiritismo, esoterismo, pluralidade das existências, cristianismo e clericalismo[6] eram temas recorrentes, mas elas eram realizadas muitas vezes em torno de temas amplos como ciência, saúde, educação e conduta moral, ou até mesmo vegetarianismo, mas que, obviamente, eram pontos de partida para disseminar a visão espiritualista de mundo. Os conferencistas eram espíritas e esotéricos renomados, provenientes de diferentes estados brasileiros, que se dispunham a discutir com as pessoas e dirimir suas dúvidas quanto às doutrinas disseminadas. Muitos eram homens com capital simbólico reconhecido na sociedade, como médicos, advogados e militares de alta patente que haviam se convertido, o que reforçava a legitimidade desses intelectuais.

Essas sessões públicas ou conferências ocorriam nos centros em dias e horários específicos, no salão do grupo ou em localidades especiais alugadas ou em-

5 O Centro Espírita Verdade e Luz, por exemplo, inicia as suas atividades oferecendo conferências para a "explicação do Evangelho segundo a ciência espírita" (*Correio Paulistano*, 19/04/1890, p. 3). Sobre a possibilidade das reuniões práticas serem abertas ao público, isso rendeu algumas polêmicas nas sociedades. Alguns, como o Grupo "Esperança e Fé", de Franca possibilitava ao público a participação desde que conhecessem a doutrina espírita (*Perdão, Amor e Caridade*, n. 1, 05/05/1894, p. 4). O Instituto Natalício de Jesus era contrário, enquanto o periódico *O Mundo Occulto* era defensor ferrenho da abertura das sessões para o público leigo (*O Mundo Occulto*, n. 54, ano VI, mai. 1910, p. 3).

6 As conferências realizadas pelo Centro Espírita Verdade e Luz, costumavam abordar temas como Socialismo, Positivismo, Maçonaria, Materialismo, Hipnotismo e Magnetismo (*Verdade e Luz*, n. 317, ano XIV, 31/07/1903, p. 8).

prestadas por simpatizantes. Alguns grupos ofereciam semanalmente essas conferências que ocorriam em finais de semana ou no período noturno, possibilitando a participação no tempo livre das pessoas. Elas eram consideradas tão importantes, que o Círculo Espírita Santo Agostinho da capital criou um Centro de Conferências, cujas palestras se realizavam no Centro Dramático Gil Vicente, no Brás (*Nova Revelação*, n. 96, ano IV, nov. 1911, p. 236). Muitas delas eram transcritas e publicadas nos periódicos especializados, ou, pelo menos, era apresentado um breve resumo do conteúdo ministrado.

Os centros e sociedades esotéricas aceitavam como sócios pessoas independentemente do sexo, etnia, origem social e grau de conhecimento sobre a doutrina. Em relação ao Círculo Esotérico e de alguns centros espíritas, aceitava-se pessoas de outras religiões, embora no caso dos espíritas esperava-se que, com o estudo da doutrina, elas abandonassem a religião original. No caso do grau de conhecimento sobre a doutrina, às vezes os sócios com maior conhecimento poderiam ter acesso a determinadas funções e participar de algumas atividades, vedadas provisoriamente a outros, como no caso das sessões práticas. O Centro Verdade e Luz, por exemplo, advertia que "todos os que tiverem simpatia pelo espiritismo podem ser admitidos a membro da Sociedade, sem que lhes seja lícito, desde logo, fazer parte do grupo investigador" (*Verdade e Luz*, n. 335, ano XIV, 30/04/1904, p. 1). Como veremos adiante, algumas sociedades cobravam mensalidade ou anuidade, o que impedia a participação das pessoas mais pobres. Embora as sociedades espíritas advertissem que elas funcionavam sem fins lucrativos, a cobrança de mensalidades, anuidades e a venda de assinaturas de periódicos eram justificadas como recursos para manter suas obras sociais.

A estrutura das sociedades espíritas é semelhante a outras sociedades existentes na época, com uma diretoria composta pelos cargos de presidente, vice-presidente, secretários, tesoureiro e procurador, eleitos anualmente pela assembleia de sócios, os quais decidem a maior parte das questões. Além da diretoria, poderia existir um conselho, igualmente eleito por assembleia anual, cuja pauta consistia na avaliação das contas, discussão sobre as mudanças no estatuto ou eleição da diretoria. Observamos aqui a prática democrática existente no cerne das associações a partir da eleição de seus dirigentes, tendo como mote a horizontalidade e a ampla participação nas decisões, a partir das quais todo membro poderia interferir nos destinos da sociedade, sem hierarquias ou traços de autoritarismo.

Através da imprensa especializada acompanhamos a escolha dos dirigentes, muitas vezes com a renovação das pessoas nos diversos cargos na diretoria, embora em alguns casos ocorresse uma espécie de rodízio dos diretores. Claramente os fundadores das instituições permaneciam em sua diretoria durante muito tempo e, em associações como o Centro Espírita Amantes da Pobreza, Cairbar Schutel aparecia na diretoria em momentos diferentes, ocupando cargos de presidente, vice-presidente e tesoureiro em diferentes gestões, enquanto que Batuíra ficou à frente de sua instituição até sua morte. Também é verdade que, em alguns centros, embora com práticas democráticas, os estatutos previam a permanência do fundador como presidente da instituição, como no caso da Sinagoga Espírita Nova Jerusalém, que estabelece em seus estatutos que Antônio José Trindade era o presidente perpétuo da associação (ESTATUTOS DA SINAGOGA ESPÍRITA NOVA JERUSALÉM, p. 14).

O espiritismo nos *Anuários estatísticos* de São Paulo

Os *Anuários estatísticos* publicados pela Repartição de Estatística e Arquivo do Estado de São Paulo representam uma fonte documental importante para a compreensão de diferentes aspectos das sociedades de ideias espíritas existentes no estado de São Paulo. Obviamente, fornecem um quadro bastante incompleto, pois são dependentes das informações enviadas pelos centros à instituição pública e sabemos que, por motivos diversos, nem todas as associações existentes naquele período se interessaram ou conseguiram enviar as informações solicitadas. Percebemos a incompletude dessas informações, principalmente no que se refere às suas obras sociais, quando cotejamos com as informações publicadas na imprensa espírita. Cairbar Schutel no jornal *O Clarim* noticia o recebimento do questionário e lembra aos espíritas a necessidade de envio de informações para o fortalecimento do movimento; embora em alguns anos elas tivessem sido enviadas, por motivos que desconhecemos, mas não foram publicadas (*O Clarim*, n. 12, ano IX, 08/11/1913, p. 2).

De todos os *Anuários* publicados entre 1898 e 1920, apenas em dois anos (1912 e 1913) foram publicadas informações sobre os centros espíritas no interior da seção "Estatística dos Cultos", com informações sobre o "Culto acatólico-espiritismo"[7] ou "Estatística do Culto Espírita".[8] A despeito do pouco interesse que as associações espíritas despertaram, é importante perceber quais informações eram solicitadas, destacando o olhar do Estado sobre elas. Nesse sentido, apenas os centros espíritas foram questionados, não aparecendo quaisquer informações sobre as entidades espiritualistas de orientação esotérica nos *Anuários*.

Dessa maneira, constatamos que o modelo organizativo desses grupos era distinto do das igrejas católicas e templos protestantes. Em relação às informações requisitadas aos católicos e protestantes, referiam-se, principalmente, à quantidade e categoria dos templos (catedral, basílica, matriz), no caso católico, se o prédio era próprio ou alugado, no caso dos protestantes, além do pessoal ligado a ambas religiões, como o número de pastores, oficiais e outros (*ANNUÁRIO*, 1913, p. 142). Já para os espíritas, havia uma diversidade maior de informações, embora também surgisse a pergunta se a associação possuía um templo próprio. Sobre esse quesito, no *Anuário* de 1912, 7 dos 19 centros espíritas citados afirmaram não possuir templo, embora saibamos que instituições como o Centro Espírita Amantes da Pobreza possuía um salão para reuniões, o que deve ser atribuído ao fato da recusa de muitos espíritas em afirmar que possuíam templo, negando qualquer vínculo religioso.

Para os espíritas surgem indagações como: se possui sessões públicas, frequência média das sessões, se possuem dispensário, biblioteca, número de volumes, língua, tiragem, se possui escolas, número de professores e alunos, se cobram ou não mensalidades, apresentando associações com finalidades diferentes dos católicos e protestantes, com uma diversificação de atividades, claramente ligadas a questões culturais e a obras assistenciais ligadas à saúde e educação. Informações semelhantes aparecem no *Anuário* de 1913, demonstrando um crescimento no número de associações.

Em 1912, aparecem 19 sociedades espíritas distribuídas em municípios do interior paulista e nenhuma sociedade na capital. Não aparece, por exemplo, a Instituição Cristã Beneficente Verdade e Luz (ICBVL) ou a União Espírita do Estado de São Paulo (UEESP), sociedades em pleno vigor na época, e outras instituições do interior citadas nos periódicos encontrados. Sobre a frequência das sessões nos

7 *ANNUARIO ESTATÍSTICO DE SÃO PAULO 1912*. 2 vol. São Paulo: Typographia do "Diario Official", 1914, p. 130-131.

8 *ANNUARIO ESTATÍSTICO DE SÃO PAULO 1913*. 2 vol. São Paulo: Typographia do "Diario Official", 1915, p. 143.

centros registrados, os números são muito heterogêneos, com centros nos quais frequentavam 12 pessoas, como em Barretos, até o espantoso número de 1.500 pessoas no centro Amor e Caridade de Santos; mas, exceto este, o de Taubaté e o de Piracicaba, todos os outros apresentam menos de 100 frequentadores, entre 20 e 80 pessoas; 11 centros possuem dispensário médico público, atendendo a população e apenas 4 não possuem biblioteca, sendo que apenas 3 centros afirmam que a biblioteca é de uso particular, enquanto nos outros a biblioteca é de uso público, com número de volumes variando de 20 a 300. Dos 19 centros, apenas 5 possuem periódicos próprios, mas de todos os citados localizamos apenas *O Clarim*, de Matão. Três instituições mantiveram escolas com apenas um professor, sendo que o Centro Caridade e Fé, de Jaboticabal, não mencionou o número de alunos, o Centro Fora da Caridade não há Salvação, de Piracicaba, informou 40 alunos de instrução primária e o Centro Espírita Perdão, Amor e Caridade, de Sorocaba, contava com 124 alunos na instrução primária. Por último, de acordo com as informações do *Anuário*, 9 centros registraram o pagamento de mensalidades pelos sócios, o que nos faz pensar que possivelmente não eram obrigatórias nas outras sociedades; das que cobravam mensalidades, variavam entre $500 e 2$000, valores expressivos para a época, o que dificultava a adesão de pessoas oriundas de camadas mais baixas da sociedade (*ANNUÁRIO*, 1912, p. 130-131).

O *Anuário* de 1913 mostra um crescimento do número de centros informados, que passam para 32. A maioria das instituições citadas, 18, afirma não possuir templo, mas 9 destas possuíam dispensário e/ou biblioteca, o que nos leva a deduzir que novamente teriam respondido não possuir por não entenderem como templo a sua instituição (*ANNUÁRIO*, 1913, p. 143); ou, então, é possível que as reuniões ocorressem na casa de algum de seus membros, na qual eram guardados os livros e remédios. Mas do total de sociedades relacionadas, 21 possuíam biblioteca e 11 dispensário, o que demonstra o interesse em disponibilizar esses espaços, a maioria abertos aos não associados. Quanto às bibliotecas, o Centro Espírita Amantes da Pobreza de Matão, possui o maior acervo, com 300 volumes, e o Centro Espírita Religião e Ciência, de Casa Branca, o menor, com apenas 15 volumes; a maioria das sociedades possui menos de 100 volumes em seus acervos, quantidade razoável e compostos por obras nacionais e estrangeiras na área do espiritualismo. A edição de 1913 disponibiliza um conjunto menor de informações, e não existe indicação sobre escolas mantidas pelos centros, como na edição anterior. Sobre o número de associados, o Centro Espírita Verdade e Luz, da capital, registra 280, e o Grupo Espírita Fé, Amor e Caridade, de Santos, apenas 8 sócios. Cinco sociedades possuíam entre 100 a 200 associados e as outras menos de 100. No caso das mensalidades, 12 declararam cobrar valores dos sócios, entre $500 e 2$000. Podemos perceber, ainda, os periódicos espiritualistas citados na Seção "Jornalismo" (*ANNUÁRIO*, 1913, p. 147-161); e, na seção "Bibliotecas" (p. 164-167), os espaços de leitura que os centros disponibilizavam à população de cidades como Barretos, Jundiaí, Piracicaba, Sertãozinho e Sorocaba, embora essas informações não reproduzam as mesmas que encontramos sobre o espiritismo, cujo número de centros nos diferentes municípios que possuem bibliotecas são maiores dos aqui citados.

Nos *Anuários* seguintes deixa de figurar o culto espírita, embora o protestante seja mantido, deixando de ser fonte de informações sobre as sociedades espíritas e seu movimento associativo. As instituições espíritas continuam aparecendo apenas nas seções Jornalismo e Bibliotecas. No primeiro item figuram informações apenas de *O Clarim*, de Matão, e *O Pensamento* e *O Astro*, do CECP da capital. Os importantes periódicos dos anos 1910, que utilizamos ao longo de nossa pesquisa e que serviram de referência para os espíritas na época, *Verdade e Luz*, *Nova Revelação* e *Natalício de Jesus*, da capital e *O Mundo Occulto* de Campinas, não foram mais citados e desconhecemos as razões do encerramento de suas atividades, já que as séries encontradas estão incompletas. Em relação às bibliotecas, aparecem nas mesmas cidades citadas em 1913, incluindo apenas Matão[9].

O conjunto de informações, embora incompleto, permite inferir que os centros reuniam pequenos grupos envolvidos em trabalhos institucionais, como as reuniões práticas, mas não podemos esquecer que muitos dos centros organizavam reuniões teóricas abertas e ofereciam conferências, atraindo possivelmente um número maior de frequentadores, que preferiam não se associar. Havia, sem dúvida, outras fontes de atração social, a biblioteca e o dispensário, além de outras ações assistenciais, que não são reveladas por essa documentação, pois não encontramos quaisquer referências à assistência social espírita na seção "Caridade Par-

9 Ver, por exemplo: *ANNUARIO ESTATÍSTICO DE SÃO PAULO 1920*. 2 vol. São Paulo: Typ. Piratininga, 1923, p. 108-113.

ticular". Mas sua presença nas seções Jornalismo e Biblioteca atesta a participação dos espiritualistas em atividades diversas no espaço público paulista.

No domínio da ciência

Um dos traços distintivos do moderno-espiritualismo era a associação de suas doutrinas com a pesquisa científica. O cientismo, ou culto à ciência, tão ao gosto da produção intelectual do século XIX, era um dos componentes essenciais do discurso produzido pelos intelectuais espíritas. Insistia-se que as doutrinas espiritualistas estavam alicerçadas no domínio da ciência, do experimentalismo, da comprovação, como todas as demais esferas do conhecimento. O espiritismo seria uma nova ciência que iria ser aceita e se estabelecer como tantas outras no período.

> O cientificismo é uma doutrina filosófica e política, nascida com a modernidade, que parte da premissa de que o mundo é inteiramente passível de conhecimento; então passível de transformação de acordo com os objetivos que nos colocamos, objetivos deduzidos eles próprios diretamente desse conhecimento do mundo. É nesse sentido que o bem decorre do verdadeiro. As Luzes já conhecem bem a tentação científica... (TODOROV, 2008, p. 88).

Nesse processo, parte do esforço editorial empreendido por esses agrupamentos, em termos de artigos publicados em seus periódicos e tradução de livros estrangeiros, assumiu uma função de vulgarização de conhecimentos científicos relacionados às manifestações espirituais ou à realidade do outro mundo, e que comprovariam as suas visões de mundo. Nas páginas dos jornais e revistas era bastante comum a reprodução de fragmentos de livros de cientistas ou "sábios ilustres" que se dedicaram às pesquisas com médiuns famosos do século XIX, atestando o conhecimento oferecido pelos espiritualistas e garantindo a sua credibilidade.

Nesse momento, auxiliavam em determinado processo de "popularização da cultura letrada", ao mediar a cultura erudita e a popular (CRUZ, 2000, p. 136). Como conhecimento valorizado na modernidade, a ciência atraía o interesse da sociedade e chancelava tudo aquilo que era verdade. Na prática, isso significava que a entrada das ideias espiritualistas era acompanhada por uma profusão de saberes e conhecimentos que deveriam estar à disposição dos leitores, para que eles fossem capazes de acompanhar a riqueza de uma doutrina que caminhava lado a lado de outros conhecimentos modernos. Ao mesmo tempo, procurava-se demonstrar que o espiritismo não residia apenas nas obras de Allan Kardec, ou de espíritas eminentes do período como Léon Denis e Gabriel Delanne, mas sua legitimação estava igualmente presente nos estudos sobre os fatos espirituais. Trata-se de uma recolha de provas, a partir das quais não poderia existir espaço para refutações, pois ninguém poderia entrar em desacordo com sábios eminentes.

E a lista dos sábios mencionados nos periódicos era extensa: Cesar Lombroso (1835-1909), que empreendeu pesquisas com a médium italiana Eusapia Paladino (1854-1918); Charles Richet (1850-1935), doutor em medicina, professor da Universidade de Paris, premiado com o Nobel de Medicina em 1913 e um dos fundadores da Metapsíquica; Paul Gibier (1851-1900), diretor do Instituto Pasteur em Nova Iorque e autor de livros que relatavam suas experiências com médiuns; Gustave Geley (1868-1924), médico francês que pesquisou a médium Eva Carriére (1866-19??) e que foi presidente do Instituto Metapsíquico Internacional; Aleksander Aksakof (1832-1903), médico russo autor de *Animismo e Espiritismo*; Friedrich Zöllner (1834-1882) físico e astrônomo alemão, pesquisador dos médiuns Henry Slade (18??-1905), Elizabeth d'Espérance (1855-1918) e William Eglinton (1857-1933); Alfred Russel Wallace (1823-1913), um dos propugnadores da teoria da evolução das espécies e pesquisador das "mesas girantes" e de fenômenos da mediunidade; o físico inglês Oliver Lodge (1851-1940) que realizou pesquisas sobre a telepatia, e o pesquisador Ernesto Bozzano (1862-1943), estudioso dos fenômenos metapsíquicos.

Dentre estes, o mais famoso, cujas pesquisas eram citadas de forma recorrente, era William Crookes (1832-1919), professor do Colégio Real de Química de Londres e membro da Sociedade Real. Recebeu prêmios como a Royal Gold Medal e foi nomeado Cavaleiro pela rainha Vitória em 1897. Ele notabilizou-se pela descoberta do tálio, foi estudioso da matéria radiante e inventor do radiômetro e dos "tubos de Crookes". A partir de 1869 iniciou uma série de investigações sobre os chamados fenômenos espíritas, inicialmente pela Sociedade Dialética de Londres, mas sem conclusões que o levassem a acreditar na existência dos espíritos. Posteriormente pesquisou o médium Douglas Home e, entre 1870 e 1873 interessou-se pela materialização de espíritos e pesquisou a médium Florence Cook, que dizia materializar o espírito de Katie King (LANTIER, 1980, p. 134); publicou o livro *Fatos Espíritas* em que afirmava ter analisado e pesado o perispirito dessa entidade.

Esses cientistas e os médiuns estudados tinham seus textos ou biografias publicados nos periódicos. Eles eram comumente saudados como sábios que não teriam se curvado à ciência oficial da época, tendo resistido às críticas e teriam se preocupado em estudar os denominados fenômenos supranormais. Embora tivessem sido denunciadas fraudes, os artigos costumavam explicar que a despeito de alguns casos comprovados, os fenômenos eram inegáveis e atestados pelos cientistas.

> O Espiritualismo Experimental aparecendo na imprensa desta Capital, aspira ser mais um defensor da Doutrina que tem por adeptos - Kardec, Hugo, Crookes, Wallace, Zolner, Castellar, Pasteur, Pezzani, Lincoln, Flamarion, e outros, e outros.
>
> Essa doutrina que é a FILOSOFIA DA NATUREZA, vindo nos ensinar, quem somos, o que fomos, e havemos de ser, e que o INFINITO é o império que havemos de conquistar, pela virtude e saber sendo então, todos, reis, não,... Irmãos!
>
> [...]
>
> O Espiritismo não é pois uma religião mas sim, uma ciência (*Espiritualismo Experimental,* n. 1, ano I, set. 1886, p. 1).

Quase três décadas depois, encontramos a mesma linha de argumentação:

> Ninguém mais tem o direito de negar os fatos espíritas, sem que se cubra com o manto negro da ignorância, ou se disfarce com a máscara da má fé.
>
> A biblioteca espírita cresce e se avoluma dia a dia, enriquecendo-se com os testemunhos insuspeitos de sábios eminentes como William Crookes, Zoellner, Paul Gibier - substituto de Pasteur, Charles Richet, Sckrenk-Notzing, Ochorowicz, Cesar Lombroso, Enrico Imode, Gabriel Delanne, Denis e milhares de outros cujos livros traduzidos já em vários idiomas manuseados e estudados por aqueles que não estiverem presos pelo espírito de sistema, inimigo fidagal do progresso intelectual e moral (*O Clarim*, n. 6, ano X, 02/11/1914, p. 1).

As sociedades espiritualistas, a partir de seus órgãos de divulgação e da comercialização de uma ampla literatura, abordavam a necessidade do reconhecimento de cientistas famosos da época e acabavam assumindo uma função de divulgação de conhecimentos científicos, fugindo do escopo das religiões tradicionais, pois elas se situavam em um campo alicerçado sob o signo da prova, ao contrário das demais religiões. Para a adesão a essas doutrinas eram imprescindível o entendimento desses conhecimentos científicos acessados a partir da racionalidade. Ao mesmo tempo, outros conhecimentos relacionados ao campo do espiritualismo, magnetismo, hipnotismo, telepatia, astronomia, química, física, óptica, fotografia, fisiologia, medicina e homeopatia, eram necessários para o trânsito nesse campo, mesmo que de forma superficial.[10]

Como os espiritualistas afirmavam constantemente que suas doutrinas acompanhavam as transformações técnicas e as descobertas de todos os ramos da ciência, eram comuns artigos em sua imprensa nessa temática. Eles tinham o intuito de demonstrar que as pesquisas sobre os fenômenos psíquicos ou espíritas pertenciam igualmente à modernidade científica, como a descoberta da eletricidade e do rádio. Essas doutrinas eram apresentadas como estando no mesmo patamar que as outras ciências que estavam sendo construídas no século XIX, chegando alguns a defender que o espiritismo e a teosofia seriam, na verdade, uma forma de ciência superior, pois ultrapassariam o paradigma materialista presente na ciência, ao trazer o estudo do "espírito" para a esfera do conhecimento.

Os textos de cunho científico eram muito diversificados. Muitas vezes, os seus leitores poderiam se deparar com textos densos, traduções de trechos ou capítulos dos livros desses autores, com uma linguagem mais técnica e que discorriam sobre categorias complexas, necessitando de um público com um maior grau de conhecimento para acompanhar os raciocínios emitidos; em outros momentos, o público se defrontava com textos com muitas simplificações.[11] Possivelmente, o reconhecimento dessa problemática fez com que Cairbar Schutel investisse em um periódico específico para os assuntos científicos, a *Revista Internacional do Espiri-*

10 Como exemplo, o artigo "Uma página de Fuentes", no qual o autor procura construir uma explicação sobre a formação dos organismos e que necessita para o seu entendimento de conhecimentos provenientes da área de biologia (*A Nova Revelação*, n. 4, ano II, 03/01/1904, p. 3-4).

11 Caso do texto "Deve-se estudar o Espiritismo?", publicado em*Verdade e Luz*, n. 359, ano XV, 15/05/1905, p. 1-3, que parece construir uma "colcha de retalhos" ao citar várias teorias científicas sobre eletricidade, teoria calórica, geologia etc., sem muitos esclarecimentos; ou o artigo "Matéria Radiante" sobre as pesquisas de Marie Curie (1867-1934) e Pierre Curie (1859-1906) em *O Pensamento*, n. 52, ano V, abr. 1912, p. 191-192.

tismo, com divulgação da produção desses cientistas, procurando manter *O Clarim* com informações sobre o movimento espírita e artigos de cunho anticlerical, com temas religiosos ou moralizantes e textos curtos sobre fenômenos espíritas nos quais aparecia de forma superficial a associação com a ciência.

Toda essa discussão surgiu no campo da divulgação científica. No que se refere à pesquisa, grande parte das associações previam em seus estatutos reuniões práticas para a experimentação mediúnica.[12] A demonstração da sobrevivência da alma humana através da comunicação com os espíritos fazia parte do paradigma espiritualista, embora apenas os espíritas levassem a cabo tal prática sistemática, denunciada por outros espiritualistas, como vimos no capítulo anterior. Por isso, alguns centros informavam sobre as sessões realizadas e os cuidados a serem tomados, pois os participantes deveriam se pautar pelo estudo e observação e não pela aceitação natural das comunicações e do seu conteúdo (*Verdade e Luz*, n. 326, ano XIV, 15/12/1903, p. 6).

Schutel aparenta ser, ao lado do casal Anália Franco e Francisco Bastos, aquele que mais se preocupou em desenvolver uma metodologia e um interesse na pesquisa espírita. O seu esforço, que acabou caracterizando parte de sua produção literária, consistia em estabelecer parâmetros para a experimentação nesse campo.

Na seção existente durante algumas edições em *O Clarim*, "Espiritismo Experimental: Médiuns e Mediunidades", procurou descrever as sessões nas quais participara, suas pesquisas e metodologia, buscando se aproximar do que fora proposto por Allan Kardec.

> As experiências com a mesinha tomam muito tempo, pela dificuldade do meio de comunicação, e por esse motivo requerem muita paciência.
>
> Às vezes no primeiro dia se obtém manifestações, outras vezes são precisas muitas sessões. Por isso julgamos que nunca se deve tentar experiências sem método.

12 Ao afirmar o interesse dos espíritas paulistas na pesquisa científica, não estamos contestando as pesquisas realizadas acerca da inserção do espiritismo no Brasil, citadas no capítulo 1 e que afirmam que em nosso país os agentes espíritas negligenciaram os aspectos filosóficos e científicos contidos em Allan Kardec e valorizaram apenas o religioso. A leitura da documentação demonstra uma preocupação nítida no período por parte de algumas sociedades acerca dos aspectos científicos, embora a maioria das pequenas sociedades não tivessem condições ou pessoal preparado para a realização de pesquisas, dedicando-se apenas a "consultar" os mortos.

> Seria bom metodizar os trabalhos – iniciando-os em uma série de sessões – por exemplo – quinze ou vinte – sendo duas ou três vezes por semana, a uma hora determinada e num mesmo lugar (*O Clarim*, n. 47, ano IX, 11/07/1914, p. 2).

Ao mesmo tempo, alguns autores criticavam as sociedades organizadas exclusivamente no interesse pela evocação de espíritos. Em "Conselhos úteis", assinado por M. M., o autor procura enfatizar que as instituições deveriam ser formadas para estudar as obras de autores espiritualistas importantes, especialmente Allan Kardec, cujo conhecimento tem a finalidade, acima de tudo, de auxiliar as pessoas a dominarem suas paixões e vícios, portanto, com uma finalidade moralizadora. Somente depois desse processo, seria conveniente "se entregar a investigações do mundo espiritual" (*Verdade e Luz*, n. 335, ano XIV, 30/04/1904, p. 1). As comunicações com os espíritos não deveriam ocorrer de maneira frívola, mas para promover o avanço moral de todos ou auxiliar os sofredores.

Sociabilidade espírita: o aqui e o além

Um dos princípios basilares que definem a ideia de sociabilidade no espiritismo e de outras doutrinas espiritualistas é a noção segundo a qual a nossa vida não se completa na Terra, na sua existência atual, mas existe uma continuidade ontológica com a esfera espiritual e no retorno dos espíritos à vida corpórea que ocorrerá inúmeras vezes, o que é condição necessária para todos os espíritos, sendo que estes chegariam através desse processo à suprema perfeição e felicidade. O ser humano é um espírito imortal que habita transitoriamente um corpo material, assim a noção de sociabilidade espiritualista se amplia com a ideia da eternidade da vida e do aperfeiçoamento do ser humano através de suas reencarnações, sendo o espírito um "ser interexistente" (PIRES, 1979, p. 57). Se a realidade humana é o espírito – pois é este que sobrevive com a morte do corpo –, a razão de ser da sociabilidade espírita, além de social e histórica, é cósmica, interplanetária, pois a Terra seria um planeta atrasado e os seres humanos poderão continuar a sua jornada em outros planetas. O homem, e, portanto, a sociedade, progride ao longo do tempo entre dois mundos, o espiritual e o carnal, sendo as reencarnações etapas necessárias para o desenvolvimento e a aprendizagem do ser humano. Dessa maneira, todos estão unidos no contexto social da evolução.

O mundo espiritual e o material não são considerados como opostos, mas como complementares, tendo em vista o intercâmbio, a comunicação e a constante migração dos espíritos para este mundo e de volta ao espiritual, tendo em vista as reencarnações sucessivas. Os espíritos deixam amizades e parentes no outro mundo, e muitos destes o auxiliam quando ele está aqui encarnado; portanto, as contribuições entre um e outro mundo são permanentes.

Essa noção, aliada à comunicação dos espíritos encarnados com os desencarnados, leva a uma outra condição essencial, a ideia de que esses seres estão em contato permanente, sendo que um mundo – espiritual ou carnal – atua no outro, pois estabelecem relações e influências contínuas, o que constrói uma outra noção de sociabilidade, a partir de um relacionamento constante com a esfera espiritual naturalizada, pois o sobrenatural, de acordo com essa intepretação, não existe. Se o ser humano entender que a vida não se extingue nesse mundo, mas há uma continuação, é óbvio que as relações entre os seres se alargam. Ele não é apenas este ser visível, mas um ser incorpóreo que se relaciona com muitas outras pessoas. O ser poderia retornar como homem ou mulher, rico ou pobre, ou ainda no Brasil, nos Estados Unidos ou no Egito. As noções de sociedade, de família, de pátria se alargam. A única coisa que resta é praticar uma "fraternidade universal". Ou, porque não dizer, uma sociabilidade interplanetária.

Dessa maneira ampliam-se as noções de realidade, sociedade, família, pois os seres humanos pertencem a um mundo muito maior do que imaginam e estabelecem laços de sociabilidade muito mais heterogêneos do que a atual existência humana.

> Com a doutrina da criação da alma no instante do nascimento, vem-se a cair no sistema das criações privilegiadas; os homens são estranhos uns aos outros e nada os liga; os laços de família são puramente carnais; não são de nenhum modo solidários com um passado em que não existiam; com a doutrina do nada após a morte, todas as relações cessam com a vida; os seres humanos não são solidários no futuro. Pela reencarnação, são solidários no passado e no futuro e, como as suas relações se perpetuam, tanto no mundo espiritual como no corporal, a fraternidade tem por base as próprias leis da natureza; o bem tem um objetivo e o mal consequências inevitáveis.

> Com a reencarnação, desaparecem os preconceitos de raças e de castas, pois o mesmo Espírito pode tornar a nascer rico ou pobre, capitalista ou proletário, chefe ou subordinado, livre ou escravo, homem ou mulher. De todos os argumentos invocados contra a injustiça da servidão e da escravidão, contra a sujeição da mulher à lei do mais forte, nenhum há que prime, em lógica, ao fato material da reencarnação. Se, pois, a reencarnação funda numa lei da natureza o princípio da fraternidade universal, também funda na mesma Lei o da igualdade dos direitos sociais e, por conseguinte, o da liberdade (KARDEC, 1995, p. 31).

Nesse sentido, as duas humanidades existentes, encarnada e desencarnada, estão inseridas no ideário do progresso. A sociabilidade espiritualista deve, por isso, ultrapassar a percepção limitada de uma única existência. A existência humana conhece inúmeras e imponderáveis experiências a partir das quais o ser humano irá desenvolver as suas faculdades. Portanto, a base dessa sociabilidade une os vivos e os "mortos".

> O espiritismo vai ainda além, chega a ampliar a esfera dos fatores sociais, em um raio certamente não admitido nem sonhado pelos positivistas.
>
> Para estes, a sociedade, ou seja o ambiente social donde surgem aqueles fatores, reduz-se à sociedade formada pelos homens que vivem neste mundo, ao passo que os espíritas admitem uma sociedade imensamente maior, — ainda que só se refiram à sociedade do ambiente humano — que é a sociedade formada pelos espíritos encarnados neste planeta e os espíritos errantes que com eles estão em comunicação constante (ORTIZ, 1998, p. 132).

Para que tal concepção se concretize era preciso disseminar na sociedade o paradigma espiritualista, alicerçado na crença das vidas múltiplas e sucessivas a que os homens são submetidos. O ser humano não vive apenas "de uma alvorada a um pôr do sol", mas sendo a vida humana inextinguível, percorrendo miríades de vidas com o intuito de progredir em termos éticos, intelectuais e amorosos, isso forja novas atitudes perante o mundo. Inicialmente, o homem se sente ligado a todos os seres e essa ideia deveria elevá-lo progressivamente para que este ideal conforte as almas e faça brotar obras de abnegação, de solidariedade, de amor, contribuindo para uma nova sociedade e superando as desigualdades através da tomada de consciência da necessidade da prática da caridade. Esses grupos acreditavam que, ao defender a melhoria individual e preparando o homem para o futuro, estão contribuindo de maneira inexorável não apenas para o seu futuro, mas para a melhoria da sociedade em geral. O indivíduo só pode se aperfeiçoar, portanto, a partir dos outros, auxiliando-os. É fundamental, assim, um relacionamento maior com a comunidade através da caridade, estabelecendo outros elos de amizade e novas experiências em um contato permanente com o mundo exterior através da associação.

A valorização do indivíduo nessas doutrinas estava alicerçada no princípio segundo o qual o progresso almejado depende de cada um, através de seu esforço na prática do bem e no estudo, e o seu consequente desenvolvimento moral e intelectual. Mas esse progresso individual ocorre no meio social e a prática da caridade é a condição *sine qua non* para a evolução do indivíduo. Portanto, os espiritualistas defendem uma relação com a sociedade de forma ativa, atuante, procurando vivências que sejam produtivas, que levem ao progresso de todos, que auxiliem a vida das outras pessoas. Não defende uma vida na qual o indivíduo se distancie do social, recuse o mundo, mas, ao contrário, que interaja de forma positiva com a realidade.

As doutrinas espiritualistas asseguram a certeza absoluta da eternidade da vida, o que deve levar os seres humanos a renunciar aos gozos da vida, pois são todos passageiros. Daí a necessidade das comunicações espirituais, presentes nos centros espíritas, como fundamentais para se comprovar essa percepção de realidade. Essa certeza seria fornecida, necessariamente, por comprovações científicas, comunicações espirituais realizadas em inúmeras sessões, estudadas por cientistas renomados, como dissemos, e confirmadas nos inúmeros centros, na medida em que a comunicação com o além é considerada algo natural. Dessa forma, com o auxílio da ciência, o indivíduo compreende que o corpo é apenas uma "veste carnal" e entende que a vida do homem deve ser pensada em termos da eternidade, portanto, de acordo com os desígnios da espiritualidade. As sessões buscavam revelar que a verdadeira pátria era o mundo espiritual e não este mundo terreno, eivado de ilusões transitórias. São os próprios homens que viveram na Terra que se comunicam nas sessões mediúnicas, revelando a existência de Deus e da vida espiritual. Isso demonstra que o ideário espiritualista não era produto da fé ou do misticismo, mas de pesquisas realizadas sob determinados parâmetros e comparações dos resultados, o que lhe assegurava um caráter científico. Esses são os fundamentos do "edifício" espiritualista.

> Com a fé na vida futura, dilata-se-lhe o círculo das ideias; o porvir lhe pertence; o progresso pessoal tem um fim, uma utilidade real. Da continuidade das relações entre os homens nasce a solidariedade; a fraternidade se funda numa lei da Natureza e no interesse de todos.
>
> A crença na vida futura é, pois, elemento de progresso, porque estimula o Espírito; somente ela pode dar ao homem coragem nas suas provas, porque lhe fornece a razão de ser dessas provas, perseverança na luta contra o mal, porque lhe assina um objetivo. A formar essa crença no espírito das massas é, portanto, o em que devem aplicar-se os que a possuem (KARDEC, 1998, p. 386-387).

Como vimos, para os grupos espiritualistas, a sua ciência possui o mesmo estatuto das outras ciências conhecidas, e todas são igualmente importantes para compreender a realidade. Bernardo Varjão, no artigo "Verdadeiro Destino do Homem: Questões e problemas III", defende que a experimentação é a única via legítima que se abre para a verdade e, ao comemorar o desenvolvimento dos conhecimentos científicos astronômicos, químicos, físicos e geológicos, que descortinam o mundo, lembra que o espiritismo também faz parte deste rol de conhecimentos, além de produzir as suas consequências éticas.

> É assim que a humanidade entrará verdadeira e rapidamente na era do progresso e da regeneração; porque os indivíduos, não mais sentindo-se entre dois abismos – o desconhecido do passado e a incerteza do futuro, - trabalharão ardentemente por se aperfeiçoarem e por multiplicarem os elementos de felicidade que estão ao seu alcance; reconhecerão que não devem ao acaso a posição que ocupam no mundo – e que terão no futuro os frutos de seus trabalhos e de suas vigílias.
>
> O espiritismo ensinar-lhes-á, se as faltas cometidas coletivamente, são expiadas solidariamente, os progressos realizados em comum são igualmente solidários – e é em virtude deste princípio que desaparecerão as dissenções de raça, de família, de indivíduos – e que a

> humanidade, despida as faixas da infância, marchará rapidamente e varonilmente à conquista do seu verdadeiro destino (*O Clarim*, n. 12, ano IX, 08/11/1913, p. 1).

A noção de sociabilidade se amplia, visto que a vida associativa tem como uma de suas referências a pratica da comunicação com o plano espiritual, intentando o contato com espíritos simpáticos para aconselhar os vivos ou pedir auxílio para seus sofrimentos.[13] Essas comunicações asseguram, inclusive, a legitimação do presente. Interessante que nas lutas anticlericais que serão explicitadas no próximo capítulo, o plano espiritual fornece uma sanção histórica, demonstrando que a Igreja é o grande inimigo a ser combatido. Em uma comunicação ocorrida no grupo Luz e Caridade, de Lavras, em Minas Gerais, apareceu Giuseppe Mazzini, alertando que lutara pela liberdade da Itália antes de Garibaldi, Cavour, etc., denunciando o jugo dos padres e a tirania clerical que assolava a Itália, e vaticinando com uma linguagem contundente e polêmica:

> Não tendes que recear agora a sanha clerical; o monstro do Vaticano, que é a besta do Apocalipse, tem seus dias contados; sabe o Leão XIII, e também sabe o que ele é o penúltimo papa (*Verdade e Luz*, n. 240, ano X, 15/05/1900, p. 4).

Todas essas considerações – eternidade da vida, valorização do indivíduo, perfeição através do progresso incessante, comunicações espirituais, caridade, crença no poder da ciência – procuravam construir uma harmonia nas relações sociais a partir de uma postura moral que levasse em consideração o cuidado com os outros, estabelecendo que a sociedade é algo bem maior do que o ser humano consegue imaginar, pois a verdadeira pátria é a espiritual.

> Assim, pois, fica mais que claro, que nós os espiritistas, temos o dever de prestar o nosso concurso à política e de mãos dadas com os nossos

---

13 Percebemos a diferenciação em relação à sociabilidade proposta pelos espíritas e esotéricos, na medida em que a comunicação espiritual não é fundamental para os segundos, interessados na ligação através do pensamento entre os seus membros, o que será explicitado adiante.

> irmãos alheios ao Espiritismo, cuidando sempre do próprio Espiritismo, trabalharmos como filhos reconhecidos da Pátria, no bem geral da humanidade. Mas, para o espiritista, a Pátria não é apenas essa região de terras, que alguns povos bem limitada possuem, mas sim o Universo, a totalidade dos mundos. Portanto, ao espiritista incumbe, pela sua convicção, mais do que a qualquer um outro, a obrigação de tomar um lugar no trabalho dirigente das leis do povo, porque aí ele terá a ocasião de por em prática o que sabe de moral e o que pode de inteligência.
>
> O mundo, na universalidade das coisas, é apenas uma casa onde habita uma família única que, por sua natureza, vê cada dia se acentuar mais a necessidade de viver humanamente, em sociedade; pois bem, nós sabemos que todo o homem tem a sua missão benéfica no mundo, e que os que se desviem de seus deveres pagarão ceitil por ceitil os desvarios praticados (*A Nova Revelação*, n. 56, ano V, 03/05/1908, p. 2).

Instituto Espírita Natalício de Jesus

A fundação da União Espírita do Estado de São Paulo (UEESP) por um grupo de espíritas paulistas, dentre os quais se destacava Francisco Bastos, bem como o Centro Espírita de São Paulo, parecia concretizar um projeto de unificação dos espíritas no estado. Na sede da União se estabeleceram alguns centros, mas pouco sabemos sobre seu funcionamento, pois foram encontradas raras edições de seu órgão de divulgação, a revista *Nova Revelação*, editada por Bastos.

Mas esse agente, juntamente com sua esposa, a educadora Anália Franco, se empenharam na construção de outra instituição que igualmente procurava congregar instituições espíritas, embora não intentasse rivalizar com a UEESP, pois era filiado a ela e solicitava a adesão de todos os centros ligados à União e à FEB. Nunca houve concorrência em relação às duas entidades, também, pelo fato de Francisco Bastos participar dessa instituição e editar o periódico oficial da União, além do fato de Anália ter sido presidente dessa instituição em 1911 (*Nova Revelação*, n. 96, ano VI, nov. 1911, p. 233). Ao que parece, sua atuação era complementar à União, instituindo uma prática pedagógica não existente nesta, mas que o casal, ligado à educação, procurou promover. A estratégia de organização do movimento espírita por este instituto não era o de representação, mas o de coesão doutrinária. Sua preocupação inicial era o de procurar "estabelecer a uniformidade de orientação com aqueles que estejam de acordo conosco" (*Natalício de Jesus*, n. 33-34, ano III, jan. fev. 1911, p. 69).

O Instituto Espírita Natalício de Jesus (IENJ) foi fundado à rua Quirino de Andrade, nº 39 e, posteriormente, transferiu-se para a rua dos Estudantes, nº 76, e depois para a Colônia Regeneradora da AFBISP, na Mooca, Zona Leste da cidade. O seu órgão de divulgação, a revista *Natalício de Jesus*, apareceu em 1 de maio de 1908.[14] É possível que o instituto tenha sido fundado na mesma data ou pouco tempo antes. Esse periódico publicou ao longo de suas várias edições artigos que tinham o objetivo de construir uma uniformização conceitual e das práticas sobre as quais se baseia a doutrina espírita em todas as agremiações, embora reconhecesse que uma total uniformização era impossível.

> Assim, pois, embora não seja possível uma uniformidade perfeita quanto ao modo de pensar, - porque a cada um é facultativo o livre-exercício de consciência, - haja ao menos harmonia de vistas sempre que se trate dos interesses gerais (*Natalício de Jesus*, n. 35-36, ano III, mar. abr. 1911, p. 80).

Uma das atuações do IENJ, portanto, consistia em estabelecer quais as práticas legítimas deveriam ocorrer no interior do espiritismo, o que tornava obrigatório a distinção em relação a outras práticas, muitas das quais relacionadas às características religiosas e que deveriam ser afastadas do meio espírita; ou outras práticas identificadas como absurdas, como a utilização de sessões para fazer consultas sobre negócios, casamentos e "...outras tantas coisas de que apenas se podem ocupar aqueles que se dão à prática da feitiçaria" (*Natalício de Jesus*, n. 43, ano III, nov. 1911, p. 171), o que demonstra que uma das tentativas é de se distinguir de práticas derivadas do catolicismo popular e das religiões de matriz afro-brasileira.

> Não queremos incriminar os que assim tão indevidamente querem praticar o espiritismo, porque talvez sejam levados a isso pela ignorância, mas, também, não podemos calar, porquanto o silêncio, neste

14 Ana Luiza Martins ao citar esse periódico, se equivoca ao afirmar que era ligado ao periodismo católico, provavelmente seguindo o título (2008, p. 367).

> caso, implicaria uma falta, aliás imperdoável, de que não desejamos ser acusados (*Natalício de Jesus*, n. 43, ano III, nov. 1911, p. 171).

O IENJ filiava grupos paulistas e de outros estados brasileiros a partir da aceitação de seu regulamento. Também disponibilizava seu espaço para grupos da capital que não possuíam sede própria, mas estes mantinham a sua integridade institucional (*Natalício de Jesus*, n. 33-34, ano III, jan. fev. 1911, p. 69). Nesse sentido, Anália e Francisco Bastos redigem o "Regulamento dos grupos espíritas, fundados e filiados ao Instituto Espírita 'Natalício de Jesus'", que informa bastante sobre o funcionamento de uma associação que pretendia influenciar o movimento espírita a partir de determinados parâmetros. O regulamento instituía um conjunto de normas que deveriam conduzir os trabalhos nas associações, com a preocupação em se definir as especificidades das sessões realizadas pelos grupos.

> Art. 1º As sessões de grupos serão: teóricas, práticas, de estudos e escola de médiuns.
>
> § 1º As sessões teóricas serão para explicar as obras de Allan Kardec e outros livros, quando esses estejam suficientemente estudados.
>
> § 2º Nas sessões teóricas dar-se-á ingresso a todos os espíritas ou neófitos que queiram assisti-las independente de ser sócio.
>
> [...]
>
> § 5º As sessões de estudos serão para estudar os fenômenos e as comunicações recebidas nas sessões práticas, as quais só poderão ser estudadas e discutidas pelos sócios conhecedores das obras de Allan Kardec, de cada grupo (*Natalício de Jesus*, n. 33-34, ano III, jan. fev. 1911, p. 65).

Nesse regulamento se introduz um "Programa para dirigir os grupos espíritas das sessões práticas dos círculos fundados ou filiados ao Instituto Espírita Natalício de Jesus" (*Natalício de Jesus*, n. 33-34, ano III, jan. fev. 1911, p. 67). O documento possui um propósito normativo e apresenta informações meticulosas sobre como deve ser o funcionamento de cada sessão promovida pelos centros aderentes, quem poderia participar, os conhecimentos que deve possuir, as recomendações aos médiuns, quem pode fazer perguntas aos espíritos, os responsáveis pela "doutrinação" do espírito, como proceder se este se comportar de forma violenta, são algumas das determinações relatadas no documento. Ao mesmo tempo, solicita um certo cuidado com a pesquisa e a manipulação das informações. A reunião não se resumiria apenas à "doutrinação" do espírito, isto é, a tentativa de convencimento do espírito comunicante, mas o secretário deve efetuar resumos de tudo aquilo que transcorreu nas sessões, inclusive os diálogos, com o intuito de efetuar o estudo das comunicações; portanto, as sessões não possuem uma finalidade em si, mas material para uma pesquisa em torno da mediunidade.

Havia uma preocupação em relação às pessoas provenientes de estratos sociais mais humildes. Os neófitos não sócios poderiam assistir as sessões teóricas apenas por dois meses, devendo, posteriormente, associarem-se; mas, os que não pudessem pagar a mensalidade, deveriam se comprometer a iniciar os pagamentos quando tivessem condições. Ao mesmo tempo, Anália Franco e Francisco Bastos compreendem que o fato da doutrina espírita ser baseada na leitura reduzia a participação a uma pequena parcela da sociedade, excluindo a grande massa iletrada. Por isso, enfatizam a possibilidade de analfabetos e pessoas que não possam adquirir livros participarem das atividades, o que indica um grau de diferenciação em relação a outras sociedades existentes, pois em nenhuma outra encontramos essa preocupação.

> Art. 6º:
>
> § 2º. Os completamente analfabetos que frequentarem assiduamente os estudos dos *Livro dos Espíritos*, *Evangelho* e *Livro dos Médiuns*, nas sessões teóricas e que tenham dado provas de moralidade e conhecimento da doutrina, poderão também assistir às sessões práticas (*Natalício de Jesus*, n. 33-34, ano III, jan. fev. 1911, p. 66).

O documento informa que todos os grupos filiados ao IENJ devem seguir o regulamento, cuja aceitação é a única condição e formalidade para a filiação e demonstra uma forma diferenciada, em relação à UEESP, de organização do movimento espírita, assumindo o compromisso de fiscalizar os centros para assegurar que os princípios contidos no documento fossem plenamente realizados. A preocupação principal estava relacionada com as formas legítimas de interpretação e prática da doutrina, o que, insistimos, se afasta de uma religião constituída e se aproxima de um modelo de uma academia, ou, mais especificamente, de uma sociedade de ideias.

> Art. 11. Quando algum dos grupos ache-se desviado dos ensinos do mestre e da orientação do Instituto, adotando práticas exteriores, como sejam batizados, casamentos, receber quantias por paga de curativos e tudo mais que não se conforme com a Doutrina Espírita, segundo A. Kardec será observado de modo a não continuar, afim de mantermos a orientação (*Natalício de Jesus*, 33-34, ano III, jan. fev. 1911, p. 66).

O regulamento solicita, ainda, que os grupos se correspondam constantemente, via visitas ou cartas, para solidificar os circuitos de sociabilidade existentes entre eles. Havia a preocupação com a manutenção dos centros, e requestava para que os presidentes dos grupos filiados que se encontrassem em dificuldades ou dissensões, solicitassem auxílio do Instituto, advertindo que "todos os grupos filiados deverão trabalhar ativamente para que se consiga o surgimento dos sócios e grupos filiados, com o fim de estabelecer a solidariedade entre todos os grupos espíritas" (*Natalício de Jesus*, n. 33-34, ano III, jan. fev. 1911, p. 66).

O capítulo concernente à "Escola de Médiuns do Instituto Espírita Natalício de Jesus" destaca outra preocupação, a educacional, ao afirmar a necessidade de formação daqueles que iriam se comprometer com as comunicações espirituais, procurando garantir que somente pessoas sérias e realmente comprometidas com a causa participassem do grupo. Assim, para pertencer a esta escola de médiuns era necessário ser sócio do IENJ, demonstrar conhecimento sobre o conteúdo das obras de Allan Kardec, ser assíduo e possuir um atestado assinado pelo diretor provando estar em condições de participar das aulas. Estabelece, ainda, um programa a ser realizado na escola, provável esforço de Anália Franco em garantir um conteúdo e estratégias educacionais, tendo em vista que essa educadora se preocupava em confeccionar os programas, manuais, livros de leitura e regulamentos utilizados nas escolas vinculadas à AFBISP e nos liceus dessa instituição que preparavam as futuras educadoras.[15]

O interesse na organização das sociedades em moldes que garantissem a formação de seus trabalhadores e o interesse na investigação das manifestações mediúnicas, inspirando-se no projeto inicial de Allan Kardec na Sociedade Parisiense

---

15 Sobre as obras pedagógicas escritas por Anália Franco ver: LODI-CORRÊA, Samantha. *Anália Franco e sua ação sócio-educacional na transição do Império para a República* (1868-1919). Campinas, 2009. Dissertação (Mestrado em Educação) – Faculdade de Educação, UNICAMP, p. 102-105.

de Estudos Espíritas, foi reafirmada ao longo da trajetória do IENJ, assim como o seu projeto educacional, condição fundamental para o pleno funcionamento dos centros e para a reforma moral do indivíduo.

> Os centros em que se não estuda, em que se não investiga, em que se não comprova o que dizem e o que fazem os seres de ultra-tumba, não são reuniões de espíritas, senão de espiriteiros, como chama o mestre Kardec aos seres frívolos, aos que com facilidade se deixam enganar e aos que, deixando de lado a razão e a lógica, aceitam absurdos como ensinamentos superiores, apenas pelo fato de procederem do mundo espiritual, olvidando-se de que ao redor de nós pululam multidões de seres inferiores que estão dispostos a contestar nossas perguntas no mesmo tom com que as fazemos. O que quer dizer que temo quem nos responda sempre de acordo com as nossas tendências: - se a vaidade nos agrada, há quem no-la fomente; se a avareza nos domina, há quem nos apoie; se a ambição nos cega, há quem nos fortaleça nela, e assim sucessivamente ("Os centros espíritas familiares e as suas mistificações", *Natalício de Jesus*, n. 41-42, ano III, set. out. 1911, p. 127).

As edições seguintes do *Natalício de Jesus* informam os centros que aderiram ao regulamento dos trabalhos práticos e teóricos. A iniciativa de uniformidade doutrinária foi bem recebida, o que revela demanda por diretrizes em sociedades muitas vezes isoladas. Um mês após a publicação do regulamento o IENJ recebeu 5 adesões, a promessa de mais 10 centros de aderirem no futuro, e os comentários elogiosos por parte de *O Clarim* (*Natalício de Jesus*, n. 35-36, ano III, mar. abr. 1911, p. 89). Em novembro do mesmo ano, apresentavam um total de 12 filiados, desde pequenos grupos espíritas até sociedades espiritualistas como a Sociedade Magnética do Rio de Janeiro e a Sociedade de Estudos Psíquicos e Assistência de Pernambuco (*Natalício de Jesus*, n. 43, ano III, nov. 1911, p. 145). O Instituto procurava, através da discussão do regulamento e de sua revista, representar uma direção para um movimento tão fragmentado e com práticas diversas e contraditórias, mas essas ações não representaram o único capital cultural acumulado pela instituição.

Espiritismo e cultura

Além de sua clara intenção doutrinária, o Instituto Espírita Natalício de Jesus se destacou pela promoção de atividades culturais para a divulgação do espiritismo, o que representava uma novidade para a época, ao propor uma atuação diferenciada e explorar outras linguagens possíveis. Anália Franco e Francisco Bastos ficavam à frente dessas iniciativas, compreendendo o valor da cultura como componente educacional fundamental e valorizando outras práticas que se relacionassem à concretização dos ideários doutrinários.

Um dos destaques do IENJ foi a promoção de festivais espíritas e festas nas quais ocorriam representações dramáticas e conferências literárias com recitações de poesias, hinos e outras atividades. Esses festivais artísticos eram amplamente noticiados e representavam uma forma de angariar novos adeptos ou pelo menos aguçar a curiosidade sobre o espiritismo a partir de atividades culturais.

O "Festival Artístico e Literário" ocorrido em 1908 e organizado pelo instituto, tinha em sua programação uma conferência sobre o tema "Ciência Espírita", poesias de Anália declamadas por meninas, uma peça teatral encenada por crianças e jovens e música executada por uma orquestra em diversos momentos ao longo do festival. Costumavam participar dessas atividades as alunas da AFBISP, dirigida pela educadora, o que revela uma relação entre as duas instituições, que veremos adiante; ao mesmo tempo, as atividades visavam valorizar o trabalho cultural, o que fazia parte do projeto educacional e de emancipação social defendida por Anália Franco no decorrer de sua atuação.

Posteriormente, os Festivais Espíritas passaram a ser realizados de forma rotineira, tendo copatrocínio da União Espírita do Estado de São Paulo, especialmente na época em que Francisco Bastos e Anália Franco ocuparam postos de direção nessa instituição, e realizados na sede da AFBISP por alguns anos que não conseguimos precisar. Nestes, a UEESP estabelecia a finalidade de propaganda do espiritismo, ao mesmo tempo em que buscava doações para suas ações caritativas ou, ainda, fazia a distribuição de donativos às crianças pobres. Ao dirigir-se às mulheres, o convite afirmava intentar "atrair a atenção das exmas. Sras. para o estudo de nossa doutrina, proporcionando-lhes, mensalmente, por meio de conferências e representações teatrais, os conhecimentos do espiritismo" (*Nova Revelação*, n. 96, ano VII, nov. 1911, p. 222).

Além dos festivais, o IENJ organizava festas em datas comemorativas como o Natal, mas sob o mesmo formato. A estrutura era muito parecida com a dos festivais com apresentações musicais pela orquestra do asilo da AFBISP, composta por alunas, conferências, muitas vezes realizadas por mulheres, e peças teatrais. Francisco Bastos também era autor das peças, como "*O natalício de Jesus*" e defendia a importância da música nesses encontros para "desmaterializar" a alma humana, sendo empregada nos fundamentos do bem, da moral e da caridade (*Nova Revelação*, n. 97, ano VII, dez. 1911, p. 248).

Na revista *Natalício de Jesus*, observamos, também, o interesse pela cultura. As poesias, especialmente de Casimiro Cunha (1880-1914), tido como "o iniciador da poesia espírita no Brasil", eram constantemente publicadas e elogiadas (*Natalício de Jesus*, n. 35-36, ano III, mar. abr. 1911, p. 76). Também eram publicados textos de alunas sobre temas variados, incentivando a produção das meninas. O educador João Penteado foi colaborador de Bastos e convidado para ser redator da revista a partir de março de 1911. Com sua contribuição, percebemos uma mudança do periódico com novas sessões, acentuando a tendência cultural. Seu artigo de apresentação anuncia algumas transformações:

> ...principalmente em sua parte literária, tornando-se, por isso, mais atraente, não só pela variedade de leitura que apresentará em suas colunas, mas ainda, sobretudo, pela importância artística da colaboração de verdadeiros homens de letras, de quem obtivemos promessas de trabalhos literários (*Natalício de Jesus*, n. 35-36, ano III, mar. abr. 1911, p. 81-82).

Aparece a seção Literatura composta por resenhas de livros feitas por Penteado. Nesse espaço, o autor se preocupava em discutir romances e poesias que, mesmo não sendo escritas por espíritas, tinham o seu conteúdo interpretado de acordo com as noções da doutrina, procurando demonstrar como as ideias dos autores se coadunavam ou não com essas noções. Nesse processo, destacava a visão espírita de mundo capaz de fornecer elementos suficientes para reinterpretar todos os aspectos da realidade. Normalmente eram evidenciadas as noções morais, tais como caridade, amor, solidariedade, que vicejavam no conteúdo das obras. João Penteado se esmerou nesse processo, como na resenha do livro *Sonhos e visões* de Luiz de Oliveira, membro da Academia Mineira de Letras. Ele analisou os sonetos e informou que o conceito filosófico utilizado pelo autor estava de acordo com a teoria espírita.

> Que amoráveis conselhos se vêm nessas quatorze linhas em que se percebe o intenso palpitar dos sentimentos inspirados pelo amor paterno!
>
> Luiz de Oliveira é poeta que fala com a alma nos lábios, calmo, amável, cheio de delicadezas e de afetuosidades que encantam, porque são sinceras, puras como o seu coração (*Natalício de Jesus*, n. 35-36, ano III, mar. abr. 1911, p. 85).

Outra seção que aparece sob os auspícios de João Penteado é a denominada de "Primeiros voos", formada por pequenos textos escritos por alunas, entre 10 e 16 anos, provavelmente da AFBISP, e cujos temas tinham conotação moral como a prece, o trabalho, o bem e o mal, com o intuito de privilegiar o trabalho das crianças e reforçar determinados valores sociais (*Natalício de Jesus*, n. 43, ano III, nov. 1911, p. 152-153).

Outro objetivo do IENJ considerado inovador para a época foi seu projeto educacional. A associação possuía escola primária, escola intermediária, escola de música e uma escola de Filosofia espírita, cujo professor era Francisco Bastos. O projeto de ensino do IENJ era o de uma escola para espíritas e tinha como base um projeto educacional e cultural de cunho proselitista, ausente em outras associações espíritas.

> A meta de nossas aspirações é a propaganda da doutrina espírita, por meio do ensino, criando institutos e oficinas para educar e amparar os pobrezinhos órfãos, indistintamente, abandonados e filhos de espíritas.
>
> E nesse sentido temos já funcionando, regularmente, o Instituto, com 30 internados.
>
> Temos a escola preparatória, aulas tipográficas, de ensino primário e música, aulas de estudos filosóficos e moral, as quais tem até hoje funcionado com grande aproveitamento e êxito.
>
> Como se pode verificar, a parte técnica do Instituto está evidentemente acentuada (*Natalício de Jesus*, n. 25-26-27, ano III, mai. jun. jul. 1910, p. 1).

A experiência de Anália Franco, que veremos no capítulo 5, à frente de dezenas de instituições escolares fundadas por ela em São Paulo, baseava-se em um projeto de ensino laico. Entretanto, a educadora e seu esposo procuraram edificar a partir do IENJ um projeto educacional de atendimento a crianças, no qual estavam inseridas aulas de espiritismo. As demais escolas formadas pelos centros espíritas da época, pelas informações encontradas, forjaram programas de educação laica, por isso essa experiência se destacava no interior do movimento.

O IENJ também abrigava órfãos e oferecia cursos para os alunos de todas as crenças, com aulas de tipografia, música, agricultura e preleções morais. Para isso, utilizava-se do espaço da Colônia Regeneradora da AFBISP. Desse modo, sua atuação se parecia bastante com esta instituição, embora em menor proporção. A diferença era o atendimento a filhos de espíritas com aulas sobre filosofia espírita. O Instituto também atendia adultos e senhoras, que igualmente tinham acesso a aulas sobre a doutrina espírita (*Natalício de Jesus*, n. 43, ano III, nov. 1911, p. 141-146). De acordo com Alexandre Ramos de Azevedo, a FEB que recebera a notícia do início do funcionamento do IENJ de forma entusiástica, teria se afastado ao saber que ele abrigaria desvalidos órfãos e, portanto, distante de seus objetivos iniciais relacionados a uma educação exclusivamente espírita (2006, p. 152). Para este mesmo autor, que abordou o IENJ a partir de notícias publicadas no *Reformador*, o instituto teria fracassado na medida em que os adeptos do espiritismo não se interessaram em colocar seus filhos em escolas espíritas; como a única função que lhe teria restado era a mesma realizada pela AFBISP, não haveria razão para sua continuidade (AZEVEDO, 2006, p. 158). Em nossa pesquisa, a última referência que encontramos sobre o IENJ foi em sua revista de dezembro de 1911; não conseguimos localizar outros números nem referências na imprensa periódica ou em *O Clarim*, único periódico espírita que encontramos sendo editado ao longo da década de 1910. Ao que parece, realmente o instituto não sobreviveu por muito tempo, possivelmente por falta de recursos ou até mesmo por possíveis diferenças com a direção da AFBISP, que poderia resistir ao funcionamento de uma instituição espírita em suas dependências, embora Anália fosse também a sua presidente.

Mas o IENJ não representou apenas uma escola para filhos de espíritas e órfãos. Ao longo do seu funcionamento, diversificou as suas atuações, configurando uma instituição com um projeto bem mais abrangente do que as outras associações:

> Os planos desta Instituição são vastos e só poderão ser executados por partes, segundo os elementos, que forem sendo reunidos pelos esforços e boa vontade, daqueles que já compreenderam que há de ser da escola e da educação moral, que terão de surgir a unidade de pensamentos e a harmonia no seio da família espírita. Toda a nossa atividade deve convergir para esse ponto quase abandonado.
>
> A maioria só cuida das sessões práticas, não se lembrando que não se levanta edifícios sem alicerces.
>
> É preciso que o espírita divida metodologicamente o tempo, cuidando do seu aperfeiçoamento espiritual e, simultaneamente, dos que sofrem na terra e no espaço, e sobretudo na educação moral e intelectual da infância (*Natalício de Jesus*, n. 25-26-27, ano III, mai. jun. jul. 1910, p. 2).

Dessa maneira, construindo um regulamento que normatizasse o funcionamento dos centros, promovendo festivais culturais espíritas, publicando uma revista que valorizava a cultura e fundando uma escola para espíritas e órfãos, além da participação em atividades de benemerência, o IENJ forjaria as práticas legítimas em torno das quais o espiritismo seria reconhecido. Os adeptos deveriam levar em consideração todas essas frentes, se quisessem contribuir de forma decisiva para a necessária regeneração social. Nesse projeto de caráter universalista, ficou evidente que os princípios educacionais eram fundamentais e norteavam a ação do Instituto, identificando-o com a necessidade de um programa de educação espírita.

E, nesse sentido, foi primordial a participação de Anália Franco. Na construção do regulamento, na organização dos festivais, como colaboradora da revista, como idealizadora da escola. Mas não era apenas isso. O IENJ funcionava no espaço da Colônia Regeneradora da AFBISP, sem o qual não seria possível a diversidade de suas atividades. A leitura dos balancetes do instituto, publicados em seu periódico, revelam o empenho da educadora na concretização da instituição, na medida em que as despesas com a revista, os alugueis e os materiais escolares eram superiores aos donativos recebidos, principalmente mensalidades, joias de matrículas e contribuições dos internados, e somente o aporte de recursos em forma de empréstimos realizados por Anália fez com que o IENJ sobrevivesse (*Natalício de Jesus*, n. 25-26-27, ano III, mai. jun. jul. 1910, p. 13-14).[16] Simultaneamente,

16 O balancete referente ao ano de 1911, por exemplo, demonstra que cerca de 75% da receita era

ocorriam intercâmbios entre funcionários do IENJ e da AFBISP e convênios eram firmados, além das festas de Natal e festivais artísticos serem realizados em conjunto (*Natalício de Jesus*, n. 43, ano III, nov. 1911, p. 141).

Esse esforço de Anália Franco, ao lado de Francisco Bastos, parecia ser uma forma da primeira colocar em prática seus ideais espíritas sem comprometer a enorme obra social da AFBISP, entidade laica na qual participavam muitas pessoas que não eram espíritas, e que necessitava de recursos públicos e privados, o que poderia ser comprometido se a entidade se inclinasse a essa doutrina. Dessa forma, o IENJ era uma forma de concretizar seu ideal, complementando o seu projeto de educadora e espírita e deixando cada vez mais claro suas intenções doutrinárias.

Nessas publicações também encontramos o diálogo dos espíritas com outras linguagens culturais. O cinema, por exemplo, mais uma novidade que seduziu as metrópoles nas décadas iniciais do século XX, foi instrumentalizado pelos espíritas como forma de propaganda, deslumbrados com tudo aquilo que representasse a modernidade. Era comum aparecerem notícias sobre filmes que possuiriam, na percepção dos editores, uma visão espírita, como o filme "*Uma alma em suplício*", que seria "baseado nos moldes da doutrina codificada pelo grande filósofo e Mestre Allan Kardec" (*O Clarim*, n. 9, ano XVIII, 07/10/1922, p. 3). O periódico de Matão gostava de se referir ao "espiritismo na tela cinematográfica" e lembrava que o cinema estava sendo aproveitado para a divulgação das verdades da imortalidade;[17] dessa maneira noticiava que alguns espíritas gaúchos contrataram uma empresa para produzir um filme denominado "*O beijo da morta*", ao mesmo tempo em que lembrava de outro filme que estava nas telas do cinema com conotação espírita com o título "*Os mistérios da vida e da morte*", apresentando uma resenha e concluindo que "enfim, o cinema que foi convertido em escola do crime, será em breve restituído em sua verdadeira tarefa de moralidade e instrução" (*O Clarim*, n. 27, ano XVIII, 10/02/1923, p. 2).

Sobre o cinema, ainda, *O Clarim* aproveitava a sua inclinação anticlerical, a ser apresentada posteriormente, para lembrar os conflitos do clero com o cinema, denunciando o atraso do primeiro em face da superioridade do segundo, inclu-

---

proveniente de Anália Franco (*Natalício de Jesus*, n. 44, ano III, dez. 1911, p. 166).

17 O *Verdade e Luz*, que após a morte de Batuíra desaparecera e foi relançado nos anos 1920, também apresentava películas sob o tema "cinematografia espírita", como o filme "*Morrer sorrindo*" (*Verdade e Luz*, n. 17, ano II, 2ª época, mai. 1924, p. 982).

sive, em seu componente pedagógico. Em "O cinematógrafo e a Igreja Romana", o autor faz questão de relatar um conflito ocorrido em Araraquara, no qual o vigário pediu para que o "empresário do cinematógrafo" transferisse a data do seu espetáculo para não "transviar os devotos no acompanhamento da procissão" (*O Clarim*, n. 40, ano III, 01/05/1908, p. 3) e cita o artigo de Olavo Bilac no qual este observava que, no mundo atual, as pessoas não se satisfazem mais com coisas que lhes entravam nos ouvidos, mas sim com aquilo que lhes impressionasse as vistas, afirmando que o cinema era concorrente da Igreja:

> ...e o cinematógrafo, com o seu movimento, com as suas mutações rápidas de cenário e de ação, com a intensidade de sua vida palpitante, está destinado a substituir os cultos exteriores e os espetáculos aparatosos da igreja romana.
>
> O cinematógrafo é filho da eletricidade e esta segundo ensina a igreja é a filha predileta de Satanás, sendo portanto para temer o *neto* que vai se tornando tão apreciado dos nossos irmãos católicos (p. 3).

O teatro também parece ter sido outra forma de atuação dos espíritas em busca da difusão de suas propostas. Além de Anália Franco e Francisco Bastos terem escrito peças teatrais para a apresentação de seus alunos em festivais espíritas, o italiano Umberto Brussolo (1877-1938), fundador do Centro Espírita Luz e Caridade, na Mooca, foi um quadro espírita importante na divulgação da doutrina através do teatro. Eduardo Monteiro afirma que em 1919 ele encenou a peça *O ressurgir de uma alma* nos teatros Colombo e Guarany (1999, p. 72):

> Foi o primeiro espírita a vislumbrar nas artes cênicas um grande canal de divulgação doutrinária e se tornou um entusiasta dessa forma de manifestação artística. O próprio Brussolo escrevia as peças de conteúdo espírita, as dirigia e preparava os atores amadores. Também idealizava os cenários e figurinos com competência e dedicação ao ideal espírita (MONTEIRO, 1999, p. 71).

De diferentes maneiras, as associações espíritas se transformaram em espaços de acesso à cultura.[18] Seus periódicos valorizavam diversas linguagens culturais, como o cinema, a literatura e a poesia. Seus sócios, ou o público em geral, tinham acesso à leitura de livros e periódicos em suas bibliotecas, a conferências versando sobre diversos temas, a reuniões teóricas, ou, ainda, aos festivais culturais do IENJ que proporcionavam apresentações musicais e teatrais, constituindo-se em locais de mediações culturais a partir dos quais entravam em estreito contato com diferentes produtos culturais. Mas ainda havia algumas outras características dessa nova sociabilidade em construção.

Os espiritualistas e a assistência social

As sociedades espiritualistas, especialmente os centros espíritas, além de suas finalidades culturais, empreendiam outras atividades voltadas às obras de benemerência, presentes em vários setores, nos quais se destacam saúde e educação, e outras iniciativas ligadas ao auxílio aos mais pobres, como doações de mantimentos e dinheiro, que ocorriam em momentos especiais como festas e datas comemorativas, o que construía um tipo de convivialidade cuja base eram as práticas caritativas fundamentais na construção de suas identidades.

Giumbelli analisa as práticas espíritas ligadas à assistência social, contestando uma visão predominante dos estudos nessa área que teriam relegado tais práticas ao campo genérico do assistencialismo. Para ele, a concepção de caridade para esses grupos, reconfigurada ao longo das décadas, não representaria meramente uma "es-

18 Outro ideal valorizado pelos agentes espiritualistas, no interior de seu projeto de fraternidade entre os povos era a difusão do esperanto, língua criada pelo médico e filólogo polonês Ludwik Lejzer Zamenhof (1859-1917) em 1887. Vários periódicos se dedicaram a apoiar a aprendizagem dessa língua com notícias e cursos. A "Sociedade de Estudos Psychicos O Mundo Occulto" fazia publicidade do grupo esperantista *Suda Stelaro* de Campinas, considerada a primeira associação esperantista brasileira e patrocinou o funcionamento de uma escola com aulas gratuitas aos associados (*O Mundo Occulto*, n. 19, ano II, abr. 1906, p. 4). A revista *Natalício de Jesus* se comprometeu a publicar o *Almanack Esperantista* a partir de 1912 com colaborações em esperanto de autores de todo o mundo sobre assuntos como história, ciências, artes, letras, socialismo etc e informava sobre movimento esperantista mundial (*Natalício de Jesus*, n. 41-42, ano III, set. out. 1911, p. 139). *O Pensamento* editou um Almanaque esperantista em 1912 (*O Pensamento*, n. 50, ano V, fev. 1912); e o jornal *O Clarim* publicou artigos e lições de esperanto ao longo de suas edições (*O Clarim*: n 48, ano IX, 18/07/1914, p. 3; n. 11, ano XII, 21/10/1916, p. 2).

mola" ou uma transferência de bens, na medida em que o assistido era considerado um "sujeito de direitos", mas uma relação fundamentada na ideia de direito e convergência para a cidadania (1998, p. 140). Nessa acepção, as ideias de justiça social, de respeito à vida e à liberdade do outro, de resgate do sujeito, estariam agregadas às práticas caritativas. Essas proposições foram percebidas na leitura dos impressos espiritualistas paulistas, cujo discurso denunciava as mazelas e injustiças sociais presentes no mundo e sua necessidade de superação, tema apresentado no capítulo 4. De imediato, podemos afirmar que concordamos com o autor, pois a caridade praticada por esses grupos construía um ideário social transformador que pretendia possuir consequências democráticas e até mesmo igualitárias.

A assistência social espírita se desenvolveu rapidamente no período e, ao procurar suprir as carências materiais existentes, fundou instituições como escolas e hospitais, o que era valorizado pela sociedade e reconhecido pela imprensa, embora grupos católicos resistissem a essas práticas. Essas obras reforçavam a participação desses agentes no espaço público e produziam uma força simbólica dos espíritas, atraindo diferentes setores sociais que auxiliavam com doações ou que se utilizavam desses serviços, ainda mais quando para se ter aceso a eles não era necessária a conversão, demonstrando a feição laica de suas iniciativas. Para Alexandre Azevedo, ao avaliar a atuação dos espíritas no campo da educação:

> As práticas espíritas de assistência e escolarização da infância no Brasil estiveram presentes desde o início do século XX. Apesar de pouco investigadas, nelas verificamos o investimento de sujeitos sociais que procuraram deixar sua marca numa sociedade com graves problemas sociais, dentre os quais a vulnerabilidade e a falta de escolarização da infância. De um lado, a lacuna deixada pela falta de políticas públicas que atendessem grande parcela da população. Do outro, a Igreja católica quase que monopolizando a ação privada. Suas ações, portanto, representavam os novos tempos do pluralismo possibilitado pela chegada do regime Republicano em nosso país (AZEVEDO, 2010, p. 305).

Em um período no qual o Estado atuava de forma limitada na área de assistência social, faltando hospitais públicos, escolas para filhos de trabalhadores ou uma legislação trabalhista que garantisse direitos mínimos, a população procurava os poucos serviços de assistência existentes, como as Santas Casas de Misericórdia, mantidas por irmandades católicas. Nesse sentido, a caridade, igualmente um valor pertencente ao imaginário católico, foi objeto de disputa entre espíritas e católicos, no período estudado, como observa Marcelo Camurça em relação à cidade de Juiz de Fora. O autor demonstra como as obras filantrópicas foram essenciais para a preservação do monopólio da presença católica junto à população, enquanto que os espíritas buscavam a legitimação e o reconhecimento pela sociedade (2001, p. 132). Emerson Giumbelli partilha de interpretação semelhante, ao afirmar que uma das formas de legitimação social da Federação Espírita Brasileira foi através de suas atividades de beneficência (1997, p. 244).

No caso paulista, essa competição pode ser verificada na presença de artigos que procuravam comparar as ações dos dois grupos. Os argumentos insistiam na superioridade das obras espíritas em face da dos católicos que, mesmo podendo realizar muito mais, não o faziam, como estratégia anticlerical de desqualificação da atuação da Igreja, o que veremos no próximo capítulo. Notícias eram publicadas destacando que crianças enjeitadas e enfermos recebidos nas unidades das Santas Casas em diferentes cidades eram maltratados ou morriam de fome, a superlotação dessas unidades, o descaso por parte das autoridades eclesiásticas que dispensavam poucos recursos a estas instituições enquanto gastavam com outras obras como construção de igrejas, as irmãs que não tratavam pessoas que não fossem católicas etc..[19]

Nesse contexto, a maioria dos centros espíritas iniciavam suas ações caritativas logo em seguida à sua fundação, afirmando essa atribuição em seus estatutos. Encontramos alguns exemplos importantes e, nos estatutos e nas páginas dos periódicos espiritualistas, essas práticas são as que mais se destacam. A ICBVL, fundada em 25 de dezembro de 1904, estabelecia como objetivo asilar órfãos desvalidos e viúvas "honestas", fornecendo-lhes roupas, alimentos de acordo com um regime vegetariano, tratamento médico, instrução para as crianças e ocupação compatível para as senhoras. Também objetivava recolher obsedados (deficientes mentais) e lhes ministrar gratuitamente o tratamento psíquico adequado (*Verdade e Luz*, n. 352, ano XV, jan. 1905, p. 1). Suas finalidades eram próximas às do IENJ embora com um caráter laico (*Verdade e Luz*, n. 349, ano XV, 30/11/1904, p. 5).

19 Críticas podem ser lidas em *Verdade e Luz*: n. 243, ano XI, 30/06/1900, p. 7; n. 272, ano XII, 15/09/1901, p. 6; n. 274, ano XII, 15/10/1901, p. 3; n. 279, ano XII, 31/12/1901, p. 6; e *O Clarim*: n. 49, ano IX, 25/07/1914, p. 2; n. 39, ano XII, 19/05/1917, p. 3; n. 3, ano XVIII, 26/08/1922, p. 2.

O interesse pelos obsedados também surgiu em outras instituições como o Centro Espírita Esperança e Fé de Franca, que edificou o Asilo Allan Kardec em 1922, transformando-o em 1927 em Casa de Saúde Allan Kardec, entidade psiquiátrica (FERNANDES, 2011, p. 73). A Associação Espírita São Pedro e São Paulo igualmente fundou um sanatório, cuja direção clínica ficava a cargo do conhecido dr. Augusto Militão Pacheco (1866-1954) (*O Clarim*, n. 2, ano XVII, 20/08/1921, p. 4); assim como o Centro Espírita Luiz Gonzaga de Itapira, que fundou o Sanatório Américo Bairral em 1924 (BIANCHI, 1984, p. 75). Essas iniciativas entravam em choque com a medicina da época, assunto que veremos mais adiante.[20]

Os cuidados no tratamento de problemas específicos como o alcoolismo ou a atenção especial aos alienados, que, de acordo com os princípios espíritas seriam "obsedados", isto é, pessoas que tinham a sua existência influenciada por outros espíritos, era uma das preocupações mais caras aos espíritas. Embora não negassem causas físicas para a loucura, interpretavam muitas vezes que os distúrbios mentais eram causados pela ação de espíritos.

O Centro Espírita Amantes da Pobreza, em Matão, iniciou seu funcionamento na casa de Cairbar Schutel que, mesmo assim, anunciava reuniões periódicas abertas e disponibilizava uma biblioteca e uma botica homeopática ao público (*O Clarim*, n. 1, ano I, ago. 1905, p. 3). Poucos meses depois, iniciava a Assistência aos Necessitados com a distribuição gratuita de medicamentos e outros recursos aos que precisavam, sem cogitar o credo ou a posição social dos beneficiados e organizou, um ano depois, uma escola denominada "Allan Kardec" (*O Clarim*, n. 5, ano I, 15/10/1905, p. 2-3; *O Clarim*, n. 14, ano II, 24/12/1906, p. 3).

Em 1912, o CEAP informa a expansão de suas atividades com a fundação de uma instituição muito valorizada por grupos espíritas: um hospital. Embora Cairbar reconhecesse não possuir todos os requisitos para uma boa instalação, solicitava a colaboração de todos para a manutenção, interrompendo durante um mês as sessões levando a cabo o seu projeto (*O Clarim*, n. 30, ano VII, 02/03/1912, p. 2). Nas edições subsequentes, os pedidos de ajuda continuaram e o jornal publicava as informações sobre os internados, receitas aviadas e prescrições de medicamen-

20 Para essa discussão, ver SCOTON, Roberta Müller Scafuto. *Espíritas enlouquecem ou espíritos curam?* Uma análise das relações, conflitos, debates e diálogos entre médicos e kardecistas na primeira metade do século XX (Juiz de Fora - MG). 2007. Dissertação (Mestrado em Ciência da Religião) - Universidade Federal de Juiz de Fora, especialmente p. 7 e segs.

tos homeopáticos (*O Clarim*, n. 36, ano VII, 13/04/1912, p. 3). Mas o "Hospital da Caridade" não resistiu por muito tempo ao aumento das despesas e foi fechado em novembro de 1913.

O CEAP, como outros centros, patrocinava festas como o "Natal dos pobres", na qual se organizava a distribuição de gêneros alimentícios e roupas e aproveitava para distribuir o seu jornal e oferecer conferências públicas sobre espiritismo e cristianismo. A preparação das festas pode ser acompanhada nas edições precedentes de *O Clarim*, nos quais se relatavam todos os preparativos, a arrecadação de donativos e, posteriormente, descrevia o sucesso das celebrações.

Embora todas as principais instituições estudadas tenham se vinculado a obras caritativas, nem todas se empenharam nessas práticas, mais características dos centros espíritas do que das sociedades esotéricas ou as que se definiam como científicas e recusavam qualquer viés religioso, como a "Sociedade de Estudos Psychicos O Mundo Occulto". Essa sociedade, embora tenha informado a sua intenção em criar um "Asilo da Mendicidade", solicitando doações dos leitores através de seu impresso, com o tempo desistiu dessa iniciativa (*O Mundo Occulto*, n. 8, ano I, 15/04/1905, p. 4).

Terapêuticas de cura

Muitos centros espíritas e sociedades espiritualistas se interessaram em desenvolver terapêuticas para a cura de doenças físicas e mentais. Os principais agentes espíritas, como Batuíra e Cairbar Schutel, se dedicaram a curar enfermidades das pessoas que lhes procuravam, fora do circuito científico da medicina em processo de institucionalização. Por isso, representaram espaços para o tratamento de doenças, principalmente para os setores populares, oferecendo alternativas diferenciadas como a prescrição de receituário mediúnico, a disponibilização de medicamentos homeopáticos, a utilização de "passes magnéticos", "águas fluidificadas" ou curas à distância pela vibração mental, representando, de certa maneira, práticas de concorrência com a medicina oficial; justamente em um período no qual a medicina adquiria legitimidade e o médico era um dos agentes sociais fundamentais na formulação de modelos e condutas sociais, de acordo com Herschmann, que avalia que "a ascensão do médico à condição de intelectual prestigiado e da medicina à posição de uma saber 'regenerativo' e crucial para o país" foi uma das características da transição do Império para a República (HERSCHMANN, 1994,

p. 43). Giumbelli informa sobre a oposição que o espiritismo enfrentou tanto da Igreja como de outras instituições preocupadas com dimensões mais práticas e públicas sobre o campo da saúde, ao passo que os espíritas procuravam demonstrar que não intentavam invadir outras esferas que não as religiosas (1998, p. 132).

Em São Paulo, os conflitos com a medicina oficial foram discutidos pela imprensa especializada. No artigo "O privilégio dos doutores e a verdadeira medicina", Pitris investe contra essa nova ciência a partir dos pressupostos espiritualistas. Ele observava que as associações espiritualistas e magnetizadoras francesas tinham defendido que o poder de curar seria um dom pertencente a pessoas como magnetizadores, médiuns curadores, hermetistas, teósofos e massagistas. Os médicos que não possuíssem essas disposições físicas e morais necessárias não poderiam curar, mas, infelizmente, investem contra os verdadeiros curadores. A medicina, como toda ciência, deveria ser livre, não podendo ser monopolizada, na medida em que todos podem estudá-la e praticá-la. Por fim, existiriam formas diferentes de curar e o médico não pode conhecer todas (*Verdade e Luz*, n. 269, ano XII, 31/07/1901, p. 3-5). Batuíra também participou do debate, defendendo que somente os espiritualistas teriam uma visão mais ampla das enfermidades, pois:

> Como o nosso sistema de curar não visa apenas o físico dos doentes, mas também o seu estado moral, cuja perturbação é na maior parte das vezes a causa eficiente da doença, é bem de ver que as palavras que lhes dirigimos sejam palavras de paz, de amor e de caridade; que os incitemos constantemente ao arrependimento das más ações praticadas contra seus irmãos e ao perdão das ofensas recebidas, como tanto recomendou o Cristianismo (*Verdade e Luz*, n. 279, ano XII, 31/12/1901, p. 3-4).

E aproveita para lembrar acerca da falta de caridade e critério de todos que criticam as curas operadas por espíritas, advertindo que sua revista "declara-se partidária da liberdade do exercício de curar os doentes, aos quais ninguém tem o direito de impor este ou aquele sistema" (*Verdade e Luz*, n. 279, ano XII, 31/12/1901, p. 8). Os enfermos seriam os únicos que livremente poderiam escolher o sistema de cura que melhor lhes aprouver.

Em periódicos como *Verdade e Luz* e, principalmente, *O Pensamento*, existia a preocupação com os vícios como a hipocondria e o alcoolismo, e um interesse na saúde e na melhoria da qualidade de vida de seus leitores. A revista do CECP publicava muitos assuntos relacionados à difusão de tratamentos alternativos para a saúde, como a bromoterapia, aeroterapia, helioterapia, hidroterapia, magnetoterapia, metaloterapia, hipnotismo, metapsiquismo, espiricultura, fluidoterapia, teleterapia, espiritoterapia, psicometria.[21] Esses tratamentos estavam ligados à necessidade da higiene psíquica, capaz de influenciar todo o corpo. Mas também se desenvolveu uma preocupação com as curas à distância, com a fundação de um Centro de Curas por meio da comunhão do pensamento, que iremos tratar mais adiante e o que a diferenciava das sociedades espíritas que preferem a cura presencial dos males físicos ou das "obsessões espirituais". O CECP preocupava-se com a medicina preventiva, publicando folhetos, livros, e artigos em seu periódico, sobre a necessidade de uma alimentação sadia, a preservação do bem-estar do indivíduo e possuía uma perspectiva integradora das diversas terapêuticas defendidas. Nesse particular, esperava dos associados austeridade e combate aos maus hábitos, fundamentais para a melhoria da qualidade de vida.[22]

Ao mesmo tempo, praticamente todas as sociedades espiritualistas possuíam uma afinidade muito grande com a homeopatia. A maioria dos centros possuía um serviço de prescrição, através de médiuns, médicos formados ou farmacêuticos que auxiliavam na prescrição, ou simplesmente a distribuição de medicamentos homeopáticos, incentivando a sua utilização. Os periódicos faziam propaganda de guias para tratamento homeopático ou de farmácias que manipulavam os medicamentos. A editora O Pensamento publicou obras do renomado médico homeopata Alberto Seabra. A partir de múltiplas ações, os espiritualistas auxiliaram na legitimação dessa medicina, o que fortalecia as suas práticas de oposição à medicina oficial.

A homeopatia foi descoberta pelo médico alemão Christiano Frederico Samuel Hahnemann (1755-1843) que, insatisfeito com os princípios da terapêutica

21 Ver, em especial, *O Pensamento*, n. 18, ano II, mai. 1909.

22 Também aparece a defesa dos benefícios do vegetarianismo para o organismo por parte do CECP e do Centro Espírita Verdade e Luz em seus periódicos (*Verdade e Luz*, n. 272, ano XII, 15/09/1901, p. 2); surgiam artigos mais sofisticados sobre o tema que analisavam a economia em torno da venda de carne, criticando os "trusts" de alimentos e as atrocidades cometidas contra os animais (*Verdade e Luz*, n. 390, ano XVII, 15/09/1906, p. 10-12). Batuíra era um defensor do vegetarianismo e abrigava no asilo do ICBVL apenas pessoas que aceitassem o regime vegetariano. *O Pensamento* publicou durante algum tempo uma seção denominada Vegetarianismo, com receitas e listagem de alimentos (*O Pensamento*: n. 25, ano III, dez. 1909; n. 55, ano V, jul. 1912; n. 66, ano VI, jun. 1913).

médica praticada em sua época, iniciou uma série de experimentos que revelaram que uma droga pode curar uma doença na medida em que ela fosse capaz de reproduzi-la em um homem são, desenvolvendo o "princípio da semelhança como base da cura" (LUZ, 1996, p. 47-48). Com o tempo, experimentando diversas drogas e reorganizando suas experiências, foi aperfeiçoando suas hipóteses e defendeu a necessidade de se ministrar apenas um medicamento de cada vez ao enfermo, feito a partir de sucessivas diluições (dinamizações), base da edificação de uma nova medicina (LUZ, 1996, p. 49).

> Na homeopatia, o medicamento é capaz de curar porque produz uma doença *artificial* no organismo já atacado por uma doença natural. Mobilizando-se para reagir contra a nova doença, o organismo vence a primeira, natural, e a artificial (induzida pelo remédio), porque esta é provocada em escala minimal, possibilitando o reequilíbrio do organismo. Para os homeopatas, desde Hahnemann, essa mobilização impede que duas doenças ocupem o mesmo organismo com seu dinamismo patológico (LUZ, 1996, p. 48-49).

Dessa forma, ele construiu novos conceitos de saúde, doença e organismo completamente diferentes das assimiladas pela chamada medicina oficial. A princípio, o objeto de sua terapêutica seria o indivíduo enfermo e não a doença.

> ...Para Hahnemann, a saúde é o equilíbrio do princípio ou força vital. Há, no caso, uma definição *positiva* de saúde, ligada ao princípio de harmonia na dinâmica vital. Quando qualquer agente hostil à vida, externo ou interno, atinge o indivíduo, este princípio de harmonia se altera pelo dinamismo do agente hostil. Segundo Hahnemann, neste caso, a energia vital se altera, mudando seu ponto de equilíbrio, produzindo no organismo sensações desagradáveis, inclusive os processos irregulares que são conhecidos como doenças... (LUZ, 1996, p. 56).

A medicina homeopática tem como paradigma, assim, uma racionalidade científica completamente diferente da medicina alopática ou ortodoxa. Trata-se de uma concepção vitalista, tendo como princípio básico a noção de uma energia ou força vital existente que anima os organismos físicos. As enfermidades surgiriam a partir do momento que essa força vital sofresse alterações no ser. Essa terapêutica, assim, dialoga diretamente com o imaginário espiritualista, na medida em que entende o corpo humano e o espírito sofrendo mediações de uma força vital. Donald Warren afirma que Kardec tinha admiração pela perspectiva holística da homeopatia (1986, p. 104), no que concorda Sylvia Damazio, ao afirmar que existe uma correspondência entre as doutrinas espiritualistas e a homeopatia, na medida em que esta não se coloca como um sistema materialista, levando em consideração princípios imateriais: "por essa proximidade filosófico-conceitual, a homeopatia foi adotada pelos espíritas como forma preferencial de tratamento de saúde, e se constituiu em veículo para a prática da caridade" (DAMAZIO, 1994, p. 87).

Para Bertolli Filho, a ideia de força vital presente nessa medicina a aproximou de concepções religiosas, não sendo considerada por muitos como pensamento racional e científico, mas no contexto das seitas neo-espiritualistas (1990, p. 72). O autor defende que essas discussões também ocorreram quando da introdução da homeopatia no Brasil, sendo recusada pelos médicos alopatas, principalmente pela atuação mística dos primeiros homeopatas brasileiros, Benoit Mure (1809-1858), João Vicente Martins (1808-1854) e José Alexandre Melo Moraes (1816-1882) (BERTOLLI FILHO, 1990, p. 72-73).

Sobre o pioneiro Benoit Mure, algumas considerações merecem ser feitas. Ele foi um comerciante francês que nasceu em Lyon em 1808, teve contato com Hahnemann em Paris e veio para o Brasil em 1840 (LUZ, 1996, p. 58). Mas antes de propagar o espiritismo procurou colocar em prática propostas provenientes do chamado socialismo utópico, intentando montar um falanstério no Brasil, de acordo com as ideias de Charles Fourier (1772-1837) e construiu uma colônia de franceses em Santa Catarina com o apoio do imperador, proposta que não prosperou e ele retornou ao Rio de Janeiro (AUBRÉE; LAPLANTINE, 2009, p. 135). Em 1843, fundou o Instituto Homeopático do Brasil com o intuito de implementar essa prática no país.

Embora fosse duramente atacada pela medicina alopática, a homeopatia adquiriu uma certa legitimidade e se expandiu com o auxílio dos espíritas brasileiros. Madel Luz argumenta que o espiritismo foi uma influência filosófico-religiosa na homeopatia brasileira a tal ponto que na Primeira República a maioria dos médicos homeopatas eram espíritas e os grandes propagandistas dessa medicina foram os farmacêuticos e médiuns espíritas (LUZ, 1996, p. 38-39). Esse fato foi notado pelos contemporâneos, pois os "homeopatas cientificistas" desqualificavam esses outros agentes, designando-os como curandeiros e médiuns e procurando se distanciar dessa "medicina popular espiritualista", o que causava tensões entre os grupos (LUZ, 1996, p. 213). Ubiratan Machado, adverte que a homeopatia durante um tempo chegou a ser um quase monopólio dos espíritas e a sua utilização foi uma forma auxiliar para a penetração das ideias espíritas no Brasil (MACHADO, 1996, p. 70).

A incorporação da homeopatia pelos espiritualistas como uma de suas terapêuticas representava uma resistência à medicina oficial, além de se justificar pela proximidade com seus sistemas simbólicos, utilizada pelos centros espíritas e valorizada pelas sociedades esotéricas, na medida em que muitas pessoas procuravam essas sociedades para obter curas. Em São Paulo essa convergência se mostrou forte, e alguns homeopatas se destacaram, como o dr. Augusto Militão Pacheco. Desde o início das primeiras sociedades, estava presente um discurso dominante que procurava valorizar essa medicina, pois muitos, "cansados de sofrerem as consequências do velho sistema alopático com suas tisanas e intoxicações lançam mão da homeopatia como tratamento racional e conforme com a organização do corpo humano" (*Espiritualismo Experimental*, n. 1, ano I, set. 1886, p. 4). Além dos diversos centros que defendiam o tratamento homeopático, os impressos espiritualistas se esforçavam na explicação do histórico dessa medicina, seu significado e propriedades benéficas.[23]

Círculo Esotérico da Comunhão do Pensamento

O Círculo Esotérico da Comunhão do Pensamento, como uma sociedade de ideias de origem espiritualista, possuía características semelhantes aos dos centros espíritas do período, funcionando como um espaço público com biblioteca aberta, edição de livros, folhetos e periódicos, promoção de conferências e aceitação de qualquer membro como sócio. Mas assim como ocorria com seus imaginários, seu modelo associativo divergia com os das sociedades espíritas paulistas, principalmente em termos de organização e estratégias.

---

23 Para alguns exemplos, ler: *Verdade e Luz*, n. 333, ano XIV, 31/03/1904, p. 6-7; *O Mundo Occulto*, n. 12, ano II, 01/09/1905, p. 3-4; n. 37, ano III, nov. 1907, p. 1; *Nova Revelação*, n. 96, ano VI, nov. 1911, p. 238.

Em primeiro lugar, como vimos no capítulo 1, era uma instituição melhor aparelhada do que os centros, e que chegou a construir edifícios suntuosos, diferentemente dos centros espíritas que ocupavam casas simples ou sobrados. Possivelmente era frequentado por um público mais homogêneo, proveniente das camadas média e superior da sociedade, pois a filiação era paga e os valores eram altos para a época, 30$000 no primeiro ano e 15$000 a partir do segundo ano (*COMUNHÃO DO PENSAMENTO*, 2012, p. 33). Ao nomear seus colaboradores, seu editor orgulhava-se em informar que são médicos, advogados, engenheiros, professores e outras pessoas cultas (*O Pensamento*, n. 266, ano XXIII, fev. 1930, p. 243), e esses grupos, além dos militares, formavam a maioria de seus delegados. A construção dos dois templos nos anos 1920 demonstra a capacidade da instituição em arregimentar recursos, seja pelo crescimento do número de sócios, seja pelas diversas publicações vendidas e cursos oferecidos.

Sua organização estava ligada às sociedades esotéricas, existindo toda uma hierarquia que colimava no "Supremo Conselho", composto por 7 membros e sob a presidência de um delegado geral, que centraliza as decisões da instituição. Ramachandra destaca que, embora não existissem graus iniciáticos como outras ordens esotéricas, existia no CECP "uma estrutura hierárquica e regras a serem seguidas, que impulsionam o filiado a se tornar mais justo e perfeito em seu caminho espiritual, social e moral" (2010, p. 51). Embora fossem informadas eleições para a composição da diretoria, não encontramos informações sobre como ocorriam essas eleições e nada é mencionado em seus estatutos.[24]

Ao mesmo tempo, devemos destacar a prática no CECP de reuniões esotéricas e exotéricas, sendo que estas eram realizadas principalmente por meio de conferências, sessões solenes ou reuniões ordinárias cujo conteúdo era publicado em sua revista mensal. Em relação às esotéricas, estas eram revestidas de um caráter secreto e reservadas aos sócios da instituição. A identidade dos sócios era resguardada e os estatutos informavam que seus nomes só figurariam no registro do Supremo Conselho através de uma numeração (*O Pensamento*, n. 30, ano III, mai. 1910, p. 158). Nesse documento está registrado que:

---

24 Os estatutos do CECP foram publicados em diversas edições de seu periódico principal, como por exemplo: *O Pensamento*, n. 57, ano V, set. 1912, p. 506.

> Nas práticas do ocultismo e (sic) êxito depende sempre do segredo que se guarda, não importando que alguém saiba que fazemos parte do "Círculo", porém jamais devemos revelar os conhecimentos que adquirimos por seu intermédio (*O Pensamento*, n. 30, ano III, mai. 1910, p. 159).

Os objetivos da instituição eram semelhantes aos das outras sociedades espiritualistas, amparados no estudo e na pesquisa, mas diferiam em alguns aspectos:

> O Círculo Esotérico Da Comunhão Do Pensamento tem por objeto: promover o estudo das forças ocultas da *Natureza* e do *Homem*, despertando as energias criativas latentes no pensamento de cada filiado, de acordo com as leis de vibrações invisíveis; fazer que estas energias convirjam no sentido de assegurar o bem estar físico e moral de seus membros, mantendo-lhes a saúde do corpo e do espírito e como afirma que o Homem é alguma coisa mais que um simples animal que traja roupas e que a sua natureza íntima é Divina, ainda que a sua divindade se conserve oculta pelo véu da carne, prova que este Homem não é simplesmente um fenômeno da vida ou um joguete da casualidade, mas uma potência, sendo o Criador e o Destruidor da mesma casualidade... concorrendo assim na altura das suas forças, para que o Amor e a Harmonia se efetivem cada vez mais no seio da humanidade... (*O Pensamento*, n. 91, ano VIII, jul. 1915, p. 242).

A instituição possuía como prática essencial o aperfeiçoamento da existência humana através do pensamento, isto é, o princípio segundo o qual as pessoas podem receber uma influência positiva das forças vibratórias emanadas pelas mentes dos associados que formariam a corrente mental do CECP. O sócio seria obrigado, de acordo com os estatutos, a "pôr-se em comunhão mental com os seus associados uma vez ao dia", em horas reservadas, e realizar os exercícios mentais recomendados pela instituição (*O Pensamento*, n. 57, ano V, set. 1912, p. 508). A comunhão mental que permitia o auxílio mútuo era a forma de melhorar o indivíduo e a humanidade.

> O pensamento é o princípio do Verbo, e o Verbo é o princípio da realização, ou, por outras palavras, o pensamento é o princípio, o Verbo é o meio, e a realização é o fim.

> Pensai só no que tendes de fazer, quando nada estais fazendo, e quando estais fazendo alguma coisa, pensai só no que fazeis; assim adquirireis o hábito de pensar numa só coisa e esta já é um bom princípio de realização (*O Pensamento*, n. 54, ano V, jun. 1912, p. 297).

Nesse imaginário que privilegia o que poderíamos chamar de "cultura mental", o pensamento passa a ser a força ou energia construtora da realidade e de todas as suas transformações, o que forja necessariamente uma forma de sociabilidade distinta daquela construída nos centros espíritas. O CECP colocava a sua força nessa ligação mental e no poder criativo das vibrações invisíveis de seus associados, os quais recebiam instruções para praticar em qualquer lugar, mas em horas determinadas, as sintonizações mentais coletivas, para se ligar com os outros membros, gerando a comunhão do pensamento. Também deveriam participar dos estudos e meditações individuais, além da obrigação em seguir o *Livro de Instruções* e a revista *O Pensamento* (*COMUNHÃO DO PENSAMENTO*, 2012, p. 34).

Dessa maneira, através de uma concepção idealista da História, procurava-se demonstrar que toda a realidade existente é fruto da elaboração de ideias no cérebro, que se efetivavam no mundo exterior, sem qualquer análise das condições a partir das quais se processava o advento dessas ideias. Exemplo disso é o artigo "O Poder do Pensamento", que defende, entre outras coisas, que as ideias inovadoras de cientistas como Copérnico, Kepler e Newton, ocorreram graças à força do pensamento, pois "todas as coisas produzidas pelo ser humano são obras do pensamento", a partir de uma estratégia de se contar a história a partir dos pressupostos da doutrina (*O Pensamento*, n. 15, ano II, fev. 1909, p. 65-66).

Ao longo de todas as suas publicações aparecia a defesa dos benefícios obtidos com essa comunhão e são publicadas cartas de pessoas que, ao seguir as instruções recebidas, obtiveram curas por meio dessa prática. Também eram endereçadas cartas ao "Centro magnético de curas à distância", dirigido por Antonio Olívio Rodrigues, reconhecido como "benemérito da humanidade"; algumas delas acompanhadas por atestados de médicos que comprovavam que os pacientes estavam curados.[25]

---

25 Ver, por exemplo, *O Pensamento*: n. 13, ano II, dez. 1908; n. 22, ano II, set. 1909; n. 27, ano III, fev. 1910.

É nesse sentido que se apresentam os tattwas, "centros de irradiação mental", fundados com alguma rapidez em várias cidades do Brasil, de acordo com as notícias publicadas em seus impressos. Sua função era a de facilitar as ligações mentais entre os sócios, possibilitando a vibração da energia cósmica com maior intensidade em direções diversas (*O Pensamento*, n. 51, ano V, mar. 1912, p. 161).

> Com a multiplicidade de seus Tattwas, centros de irradiação da força mental, e a influência das correntes superiores que formam as poderosas barreiras onde se quebram os manejos ocultos dos que entendem embaraçar o movimento espiritual, estamos certos de que o Círculo Esotérico da Comunhão do Pensamento chegará a realizar no mundo os ideais de paz e amor que as nações não puderam por meio dos seus tratados e conferências (*O Pensamento*, n. 181, ano XVI, jan. 1923, p. 2).

O número de tattwas cresceu rapidamente entre os anos 1910-1920, como citado no primeiro capítulo e vários estados brasileiros e alguns outros países receberam essas instituições. Alargou, portanto, seu circuito de sociabilidade e foi uma das poucas associações espiritualistas brasileiras que tiveram uma representatividade internacional, com seu fundador tendo contato com sociedades e autores esotéricos de outros países. Ele costumava enviar representantes a muitos congressos internacionais, como o Congresso da Aliança do Novo Pensamento, em Atlanta, em 1922 (*O Pensamento*, n. 1, ano XV, jan. 1922, p. 17-19). O número de adesões também ganhou impulso, pois seu crescimento era anunciado ao longo das edições de *O Pensamento*. Em 1912, o CECP informava possuir mais de 3.100 membros espalhados pelo Brasil e por outros países (*O Pensamento*, n. 59, ano V, nov. 1912, p. 612), e, em 1926, em torno de 35 mil associados (*O Pensamento*, n. 226, ano XIX, out. 1926, p. 530).

A sociabilidade construída a partir dessas práticas diferia da dos centros espíritas. Embora o CECP possuísse uma grande biblioteca com obras sobre esoterismo, espiritismo e ocultismo de consulta pública e realizasse conferências, as reuniões entre os associados não eram frequentes e muitas eram de caráter secreto, como mencionado acima. Ao invés da discussão de ideias, os sócios recebiam um conjunto de normas, periódicos e livros para serem estudados de forma solitária. Importante notar que o artigo 11º dos estatutos observa que "cada associado praticará isoladamente ainda que em comunhão de ideias com os seus irmãos, não havendo, por isso, necessidade de reuniões, nem de se conhecerem pessoalmente" (*O Pensamento*, n. 30, ano III, mai. 1910, p. 158).

Existia outra questão que distinguia as sociedades espíritas do CECP: a ênfase na caridade. Embora o CECP promovesse algumas ações sociais, especialmente os seus tattwas, cujos relatórios de sessões publicados revelam iniciativas como o recebimento de pecúlio para fins humanitários ou a fundação de escolas para pessoas carentes,[26] não encontramos, na leitura de seus órgãos de imprensa, a revista *O Pensamento* e o jornal *O Astro*, uma iniciativa sistemática nesse sentido, o que era uma espécie de profissão de fé por parte dos espíritas. É verdade que existia uma Caixa de Socorro que servia para auxiliar os "irmãos" em caso de alguma necessidade, mas poucas foram as informações encontradas sobre o seu funcionamento (*O Pensamento*, n. 49, ano V, jan. 1912, p. 43).

Essa questão parece ter sido identificada pelos contemporâneos, pois o CECP foi acusado de se organizar apenas em função de "interesses materiais", o que necessitou de uma resposta por parte da associação em editorial (*O Pensamento*, n. 85, ano VIII, jan. 1915, p. 15). O autor, Gaspar Pereira de Moraes, delegado do CECP, procurou enfatizar que o objetivo da associação era movido por fins nobres e humanitários e todos os que buscavam os seus auspícios, mesmos que não filiados, recebiam consolo; embora o artigo não identificasse as formas de consolação, imagina-se que se referia à corrente mental emanada pelos sócios. Ou então, sua importância se revelaria na disseminação das correntes esotéricas desconhecidas até então por parte da sociedade, o que igualmente contribuiria para o progresso da humanidade, ao se retirar muitas pessoas da ignorância sobre as realidades espirituais. É o que se depreende da leitura da resposta de Gaspar de Moraes ao informar que a principal contribuição da Ordem esotérica era:

> Tornar conhecidas estas verdades a todos os filiados e a todas as pessoas cultas que habitam este Planeta, abrindo as portas do Templo, e recebendo com carinho a todos que quiserem entrar e se apossarem dos meios que ali se acham poderão alcançar a sua Paz e eterna felicidade, são os intuitos, é o escopo do Colossal Edifício Círculo Esotérico da Comunhão do Pensamento (*O Pensamento*, n. 85, ano VIII, jan. 1915, p. 17).

26 Caso do tattwa Vivekananda no Recife (*O Pensamento*, n. 223, ano XIX, jul. 1926, p. 402).

Essas práticas levaram a alguns conflitos por parte dos agentes espiritualistas, o que iremos discutir, em termos doutrinários, no próximo capítulo. Embora entre muitos desses agentes ocorresse o fenômeno do duplo pertencimento, a legitimidade dessa situação era questionada e produzia algumas dúvidas nos associados. Essa questão chegou aos ouvidos de Cairbar Schutel, que procurou argumentar que o espírita que frequenta o centro e o "Círculo de Comunhão de Pensamento" seria o mesmo que o espírita ir à missa ou adotar as preleções dos protestantes; o adepto bem orientado na doutrina de Allan Kardec e no pensamento de Jesus, não precisaria estabelecer outras fórmulas de trabalho que misturariam teosofia ou "cabalismo" (*O Clarim*, n. 39, ano VII, 04/05/1912, p. 3).

Se Cairbar intentava encerrar o assunto para os leitores espíritas, abriu uma polêmica que perdurou algum tempo com Antonio Rodrigues. Após receber a resposta do editor de *O Astro*, que criticou o posicionamento de Cairbar, este em seu estilo vigoroso e não deixando escapar nenhuma polêmica, explicou que seu artigo sobre os círculos esotéricos não pretendia ofender ninguém, pois se baseava em teses e não em personalidades.[27] E aproveitava para reafirmar todas as suas críticas anteriores, advertindo que os "Círculos de Pensamento" não eram instituições espíritas e deveriam ser evitadas, demonstrando que a caridade cristã presente nas associações espíritas era falha no CECP, pois ela estabelecia dias e horas específicos para as vibrações e a verdadeira prática do bem e do amor ao próximo devem ser constantes (*O Clarim*, n. 46, ano VII, 22/06/1912, p. 2).

> E tanto é verdade que foi esse o escopo principal do codificador do Espiritismo que logo adiante ele acrescenta: segue-se que se, em uma reunião numerosa *duas* ou *três pessoas* se reunirem de coração pelo sentimento de verdadeira caridade, enquanto as *outras* se isolarem e se concentrarem em *pensamentos egoísticos e mundanos*, ele se *achará* com *as primeiras* e não com as outras (*O Clarim*, n. 46, ano VII, 22/06/1912, p. 2).

Suas críticas são direcionadas ao fato da principal ação do CECP e seus tattwas ser a busca da fraternidade humana a partir das ligações mentais, de forma

27 Temos apenas as respostas de Cairbar, pois não conseguimos encontrar os volumes correspondentes de *O Astro*.

isolada, sem o relacionamento no circuito social. As ações sociais pautadas pela moralidade seriam mais significativas do que a irradiação do pensamento. Ao mesmo tempo, afirmava que os esotéricos também não poderiam realizar esse *desideratum* porque admitiam sócios em número indeterminado sem distinção de crenças, o que os afastaria da possibilidade de comungar princípios comuns; aceitar qualquer doutrina não significava superioridade ou unificação das crenças, que deveriam estar assentadas na crença na caridade. Schutel fala a partir de um campo cristão e desconfia de outras doutrinas que não emanadas do cristianismo ocidental. Dessa maneira:

> ...irradiamento de fluidos benéficos não consiste em palavras formuladas, mas sim na concatenação das virtudes que assimilamos de Nosso Senhor Jesus Cristo, pela prece, pelo estudo, pelo trabalho e principalmente pela humanidade e boa vontade de servir ao Senhor, satisfazendo seus desejos – ou seja: pondo em prática a sua Doutrina, tal como Ele exemplificou (*O Clarim*, n. 46, ano VII, 22/06/1912, p. 2).

Como as críticas de Antonio Rodrigues permaneceram em *O Astro*, Cairbar novamente responde em "Crítica e aclaração". Ele foi mais contundente desta vez e afirma que seu contraditor raciocinava apenas por sofismas, fazendo um "libelo acusatório que soube lançar sobre os grupos, centros e federações espíritas do Brasil" (*O Clarim*, n. 48, ano VII, 06/07/1912, p. 3). Parece que Antonio Rodrigues argumentava que a questão do pensamento estava presente nas formulações de Allan Kardec, ao passo que Cairbar afirmava que Kardec e Léon Denis não autorizariam a Constituição de Círculos de Pensamento como eles são formados e repetia os argumentos acima, advertindo que as associações livres não prescrevem fórmulas e rituais, o que iria contra a liberdade do indivíduo.

> O missionário espírita não diz – cem, duzentas ou mil vontades livres – diz: TODAS as vontades livres, e a VONTADE livre não é maometana, católica, protestante ou budista, porque onde há sectarismo não há liberdade de ação, nem de pensamentos. Ao demais como diz Allan Kardec, nas 'Obras Póstumas', citada por s. s.: 'O espírito não pode identificar-se senão com o que sabe e crê que é verdade'.

> Para o materialista a realidade é a terra, seu corpo é tudo, fora dele nada existe, pois acredita que o seu pensamento se extingue com a desorganização da matéria, assim como o fogo sem o combustível. Que impressões pode transmitir aquele que não as tem?
>
> O católico e o protestante creem num céu de beatífica contemplação e num inferno de tormentos perpétuos, logo – outra coisa não podem transmitir em suas vibrações ou irradiações mentais. Será com estes pensamentos que a face do mundo será renovada?
>
> Parece-nos que a vontade a que se refere Leon Denis é a VONTADE CONSOANTE AO ESPÍRITO DE CARIDADE PERSONIFICADO EM JESUS, e não as *vontades caprichosas* que dividem a humanidade (*O Clarim*, n. 48, ano VII, 06/07/1912, p. 3).

Essa discussão ressurgiu anos depois em *O Pensamento*, a partir da transcrição de discurso de Allan Kardec na *Revue Spirite* na qual ele abordava a "comunhão de pensamento", o que legitimaria as práticas do CECP perante os espíritas (*O Pensamento*, n. 95, ano VIII, nov. 1915, p. 379-386). Na mesma edição, Jarbas Ramos, em "O Espiritismo e o Círculo Esotérico da Comunhão do Pensamento", reforçava a argumentação, reclamando da guerra que entidades de destaque nos meios espíritas faziam contra o CECP, mas não esclarece quais seriam essas entidades e defende que o espiritismo era tolerante e universalista e os espíritas não deveriam condenar nenhum trabalho que contribuísse para o progresso da humanidade (*O Pensamento*, n. 95, ano VIII, nov. 1915, p. 394-395). Essas disputas simbólicas em torno da legitimidade dos discursos e práticas espiritualistas é um dos temas a ser analisado no próximo capítulo.

III. A imprensa periódica espiritualista: encontros e desencontros doutrinários

> As diversas modalidades da traição, da hipocrisia se nos deparam, a cada superficial observação, entre os católicos práticos, entre aqueles que se rojam ao chão dos templos, que ouvem missa, que batem no peito, que confessam que comungam, mas que guardam ocultos na consciência os princípios imundos de um (sic) moral desprezível.
>
> É nessa religião de espetaculosas formalidades que insensivelmente se aprofundam no mal.
> Que vale a obediência falsa aos preceitos da igreja e a falsa santidade?...
> Que valem as missas, a fingida humildade, as pancadas maquinais no peito, as confissões, as comunhões, toda essa série falsa da mais falsa fé?! (*Natalício de Jesus*, n. 41-42, ano III, set. out. 1911, p. 129).

O interesse crescente em torno das doutrinas espiritualistas no estado de São Paulo tem como indício significativo o surgimento de novos periódicos e o aumento de suas tiragens. Na senda da explosão de periódicos culturais verificada na cidade a partir do advento do regime republicano, as associações espíritas e esotéricas promoveram a expansão de seus ideários a partir de projetos editoriais distintos.

Percorrer essa produção impressa espiritualista possui uma dupla função. Em primeiro lugar, é possível acompanhar parte da história cultural de São Paulo e a expansão de sua vida urbana. Sua riqueza temática expressa a construção de novos discursos e práticas culturais no interior do rico universo cultural paulista do período. Em segundo lugar, é importante para compreender e identificar mais de perto o campo espiritualista em São Paulo, que não pode ser tomado de forma inequívoca, pois era muito heterogêneo, com as suas disputas simbólicas específicas, como todo campo intelectual.

Os autores que se dedicaram à multifacetada imprensa paulistana na passagem do século XIX para o XX, afirmam que ela, ao procurar abrir novos espaços públicos e atuar na proposição de discursos, é capaz de revelar uma multiplicidade de sociabilidades urbanas que vão se construindo no espaço da cidade, produzidos por grupos distintos, religiosos, operários, literários, científicos (CRUZ, 2000, p. 12; MARTINS, 2008, p. 12-16). Esses especialistas nos revelam que a imprensa paulista conheceu uma profusão de periódicos entre as décadas de 1880-1910, em face da modernização da economia da cidade, com São Paulo alcançando o número de 341 periódicos em 1912 e ocupando o primeiro lugar no país (MARTINS, 2008, p. 141).

> A imprensa periódica vira moda e transforma-se no principal produto da cultura impressa e o periodismo emerge como um importante espaço de renovação da cultura letrada. Mais ainda, no ambiente da metrópole em formação, a imprensa periódica apresenta-se como foco fundamental de formulação, discussão e articulação de concepções, processos e práticas culturais e de difusão de seus projetos e produtos. A pequena imprensa de folhas e revistas aproxima o jornalismo do cotidiano da vida urbana (CRUZ, 2000, p. 71).

Entretanto, os periódicos espiritualistas foram pouco referenciados nesses trabalhos. O estudo sistemático de Ana Luiza Martins (2008) sobre a imprensa periódica paulista é minucioso e inovador ao apresentar sua diversidade temática e construir tipologias dos jornais e revistas. Mas em sua obra inexiste a classificação dos periódicos espíritas ou espiritualistas. Alguns dos periódicos importantes e com grande tiragem na época, utilizados em nosso trabalho não apareceram em seu estudo,[1] e outros surgiram sob o termo genérico de anticlericais, embora alguns desses não possuíssem essa faceta.[2] Embora a classificação desses periódicos no interior de uma tipologia ligada à laicização, e não como religiosos, o que ocorre com os protestantes,[3] reforce a nossa premissa inicial desses espaços constituí-

1 Caso do jornal, depois revista, *Verdade e Luz*.

2 Como os jornais espíritas *A Verdade* e *Luz da Verdade* (MARTINS, 2008, p. 369).

3 MARTINS, Ana Luiza. *Revistas em Revista*: imprensa e práticas culturais em tempos de República, op. cit., p. 370.

rem sociedades de ideias, na medida em que a autora esclarece que a divisão corresponde às "temáticas privilegiadas pelo projeto republicano, seguidas daquelas que emergiram em razão da demanda conjuntural do novo Estado" (MARTINS, 2008, p. 280), não podemos deixar de notar certa invisibilidade que esses grupos receberam por parte da historiografia.

Sobre os primeiros periódicos espíritas produzidos, ainda, no final do Império, temos notícias de apenas três, dois deles com ciclos de vida efêmeros.[4] Inicialmente, os espaços de produção dessa imprensa especializada foram diversos e eles eram produzidos, como grande parte dessa imprensa editorial, em condições precárias, sem sofisticação, com erros de editoração, por conta das dificuldades financeiras, somada aos obstáculos para se conseguir uma tipografia que aceitasse a impressão dos exemplares; além de perseguições do clero, o que inviabilizava a sua produção.

A partir do advento da República, houve a expansão dessa imprensa. Eduardo Carvalho Monteiro informa que entre 1881 a 1910, 13 periódicos espíritas e 12 espiritualistas foram fundados em São Paulo (1994, p. 166). Esse processo parece ter arrefecido com o passar dos anos, pois o autor indica que entre 1910 a 1930, apenas 8 periódicos espíritas foram fundados, o que teria ocorrido pela crise proporcionada pela I Guerra e as tentativas de unificação do movimento (MONTEIRO, 1994, p. 168).

Em torno dessas publicações se formou um espaço de sociabilidade importante, no qual surgiram intelectuais e lideranças que expressaram determinados ideários no interior do campo espiritualista em busca de legitimação. Mas existem algumas dificuldades em compreender as especificidades dessa produção. As informações sobre os redatores e o corpo de colaboradores são vagas e a maioria não pode ser identificado; muitos artigos não são assinados ou são com pseudônimos, o que demonstra preferência pelo anonimato ou desejo de evitar retaliações. Dos autores identificados, podemos averiguar que muitos não possuem formação acadêmica e outros são professores, jornalistas, advogados, médicos e militares. Também podemos perceber que alguns colaboradores transitavam por diversos periódicos, escrevendo no espírita *Verdade e Luz*, no espírita/ocultista *O Mundo Occulto*, ou no esotérico *O Pensamento*.

4 Trata-se de *União e Crença* de Areias com apenas 4 edições, e *Espiritualismo Experimental* de São Paulo, que teria sido editado durante 2 anos. No caso de *A Aurora*, de Silveiras, não nos foi possível precisar o ciclo de vida do periódico.

Algumas publicações procuravam implementar um clima de livre-pensamento, permitindo que articulistas com diferentes visões escrevessem em seus periódicos, o que dava azo a inúmeras polêmicas; enquanto outros permitiam apenas textos que legitimassem a visão de seus editores. Mas a maior parte dessa imprensa era alimentada por controvérsias constantes, com o intuito de legitimar os seus ideários. Artigos que eram publicados na imprensa diária, católica, ou protestante, e que procuravam estigmatizar os agentes espiritualistas, eram prontamente respondidos, dando origem a réplicas e tréplicas que duravam algum tempo, e com adendos posteriores quando a polêmica já havia se encerrado. E alguns desses debates foram transformados em livros pelas editoras espíritas. Os agentes espiritualistas observaram desde cedo que a publicação de livros, folhetos, periódicos especializados e artigos na imprensa diária era fundamental para a propagação de suas doutrinas, induzindo à curiosidade e levando as pessoas a procurarem as suas associações.

O conjunto da imprensa espiritualista paulista é material rico que permite identificar a construção de imaginários dessas sociedades formadas no estado e propicia o entendimento sobre parte do legado cultural construído por elas. Mas os projetos editoriais eram muito diferentes entre si. Existiram periódicos constituídos inteiramente por mensagens obtidas por médiuns com tom moralizante e sentimental. Alguns eram profundamente religiosos e publicavam artigos que procuravam apresentar uma leitura edificante, a partir da qual se mostrava os comportamentos virtuosos a serem reproduzidos; outros criticavam essa tendência e se interessaram mais pelo lado científico da doutrina. Mas a maioria reunia todas essas tendências, procurando conciliar o lado religioso e moralizador, embora nem sempre assumido, e as perspectivas científicas das doutrinas, além de textos que analisavam a situação política e social do país e faziam a defesa de doutrinas sociais. Paralelamente, alguns periódicos recusaram qualquer tipo de altercação com a religião tradicional, mas os principais jornais espíritas foram criados para responder às investidas do clero católico, mantendo uma inclinação combativa ao longo dos anos.

Diferentemente da imprensa diária, com sua informação alicerçada no tempo presente, a imprensa periódica especializada produzia informação que pretendia ser conhecimento, resistindo à ação do tempo, pois eram feitas muitas vezes em forma de coleções com numeração contínua. Encontramos alguns desses volumes em acervos particulares, o que nos permite deduzir que era utilizado como material de consulta. Nas páginas desses periódicos eram publicados artigos de cunho doutrinário e pesquisas científicas sobre temas diversos, o que, como vimos, tinha o objetivo de relacionar as práticas espiritualistas com o progresso científico do período. Eram publicadas muitas notícias sobre novas sociedades espíritas e esotéricas fundadas e seus estatutos, ou a posse de novas diretorias, notícias sobre sessões realizadas em centros espíritas e orientações aos grupos, cujo objetivo era o de legitimar esses impressos como representantes do movimento. Apareciam informações sobre o movimento espiritualista no mundo, como congressos e novas associações, procurando demonstrar o internacionalismo do movimento, o que deveria lhes garantir maior legitimidade. Também eram comuns artigos sobre fatos políticos e sociais no Brasil e no mundo, normalmente procurando-se interpretá-los à luz de seus sistemas doutrinários. Os artigos eram endereçados a um público amplo, desde leigos no assunto que se deparavam com textos com uma linguagem simplificadora e artigos mais complexos, até mesmo herméticos, relacionando diversos conhecimentos, voltados para especialistas. Algumas sessões eram escritas em italiano, demonstrando a intenção em absorver imigrantes ao movimento.

Alguns periódicos eram muito rigorosos em termos editoriais, caso de *Natalício de Jesus* e *O Pensamento*, possuindo sumário e seções definidas. Outros eram mais livres, sem seções determinadas, que desapareciam ou retornavam meses depois. No caso de *O Pensamento*, a qualidade editorial era bem superior à de outras publicações do período, com a utilização de imagens, fotos e constantes encartes surgiam ao longo das edições. Outros impressos mudavam seu formato ao longo do tempo, modificando seus projetos editoriais, de acordo com as condições financeiras ou o crescimento do interesse dos leitores. No caso das tiragens, eram muito diversas e se modificavam ao longo do tempo, podendo transitar entre 2 mil a 40 mil exemplares.

Mas no interior dessa imprensa tão diversa, algumas temáticas foram recorrentes e intensos diálogos se estabeleceram entre esses agentes intelectuais, tanto em termos doutrinários, como demonstram as disputas simbólicas em torno da legitimidade em torno das propostas espiritualistas, como em posturas mais assumidamente anticlericais, que igualmente expressavam outras disputas e se relacionavam com o lugar que essas doutrinas pretendiam assumir na sociedade.

Em busca da pureza doutrinária I: entre "místicos e experimentadores"

Em "Falsos espíritas", Jarbas Ramos adverte que a humanidade estava desiludida com as religiões, na medida em que estas teriam dominado o mundo através do terror e da mentira, voltando-se cada vez mais ao neo-espiritualismo, a única opção viável para os tempos vindouros (*O Clarim*, n. 42, ano VII, 15/05/1912, p. 2). No entanto, havia fortes empecilhos ao desenvolvimento dessas doutrinas, principalmente pela presença de espíritas que não conseguiam renunciar ao catolicismo.

> Conheço inúmeros diretores de Grupos e Centros Espíritas – mistificadores encarnados – que, conhecedores da doutrina e dos seus deveres, vão aos ofícios da igreja romana, batizam seus filhos, servem de padrinho, casam suas filhas – com todo aparato do ritual pomposo do romanismo e depois... vem para os centros que dirigem, papaguear tolices e aparentar sentimentos e virtudes, que estão muito longe de sentir! (*O Clarim*, n. 42, ano VII, 15/05/1912, p. 2).

A passagem acima expressa um exemplo, dentre inúmeros outros, de denúncias que proliferaram na imprensa espiritualista. Uma das principais reclamações desses agentes residia na predominância de um "falso espiritismo", contrário às maneiras legítimas de encarar a doutrina, ainda que o espiritismo correto fosse interpretado de maneiras diferenciadas, e cujo pior modelo era aquele que não conseguia se desvencilhar de fórmulas religiosas predominantes na sociedade. Lins de Vasconcellos, espírita atuante no movimento paranaense e que nos anos 1930 se destacou por presidir a Coligação Pró-Estado Leigo, observa que muitos desses espíritas não se interessavam em estudar melhor os livros de Kardec, simplificando e obstruindo o movimento, sendo preciso a sua defesa urgente:

> Mas, porque esses indivíduos de sentimentos mesquinhos, de inteligências lastimavelmente obtusas, de conhecimentos restritos, e, muitas vezes, de baixa moral, provocam certas obsessões individuais ou coletivas... segue-se que os verdadeiros princípios (científico, religioso e sociológico) devem ser condenados? Não! (*O Clarim*, n. 25, ano IX, 07/02/1914, p. 1).

Esse interesse em estabelecer as interpretações e práticas legítimas levou a disputas em torno da hegemonia do movimento com interpretações variadas e perseguiu os principais agentes do período. Batuíra, Anália Franco, Francisco Bastos, Cairbar Schutel, Henrique Serra e Antonio Olívio Rodrigues se destacaram nesse processo. No interior dessa discussão, residia a questão das comunicações espirituais, a base científica da ciência, a sua dimensão religiosa e a função "sociológica" da doutrina.

O Clarim dedicou-se a publicar diversos artigos que analisavam as sessões e práticas espíritas de outros centros. Em "Fetichismo na Propaganda", o autor saúda o desenvolvimento do espiritismo em solo brasileiro, mas critica a proliferação de sociedades organizadas discricionariamente, atraindo curiosos de todos os credos e arrastando-os às pressas para o espiritismo.

> Assim, há grupos (e não poucos!) que mantém uma solidariedade fetichista com certas religiões no uso clandestino de imagens, registos sacros e outros emblemas de invenção clerical, impostos desde séculos à cegueira e ao fanatismo das multidões (*O Clarim*, n. 32, ano IX, 28/03/1914, p. 2).

A crítica reside no afastamento do espiritismo de seu ideal científico e de um certo sincretismo com o catolicismo, em que as reuniões espíritas se pareciam com missas, com um aparato luxuoso nos cultos, o que mutilava a essência do pensamento espírita, reduzindo-o a um amontoado inútil e prejudicial de fórmulas e atos que em nada concorriam para o aperfeiçoamento individual. Esses procedimentos não poderiam ser imitados, pois "o espiritismo não comporta nem sanciona puerilidades supersticiosas, genuflexões generativas a símbolos materiais de qualquer natureza" (*O Clarim*, n. 32, ano IX, 28/03/1914, p. 2). Embora os espíritas criticassem a tendência religiosa por parte de alguns representantes do movimento, como vimos no capítulo anterior, sem dúvida ela predominava em alguns lugares, o que era motivo de intensas críticas por parte dos principais agentes do período.

Um dos exemplos mais claros residia no Centro Espírita Esperança e Fé de Franca, que editava o jornal *Perdão, Amor e Caridade*, ligado aos grupos espíritas do Rio de Janeiro, pois publicava mensagens e textos dos espíritas desse estado, e que destoava do restante do movimento paulista, com um programa claramente evangelizador, defendendo a supremacia da religião diante da ciência. De acordo com a sua posição doutrinária, o espiritismo:

> Como ciência, é a luz que jorra fachos de luz a confundir os sábios. A ciência sem religião, é limitada por se fundar no raciocínio do homem, que é falível; não abrange a verdade e labora no erro (*Perdão, Amor e Caridade*, n. 2, ano I, 01/10/1896, p. 1).

Em seus textos aparecem palavras e noções semelhantes ao catolicismo como pecadores, heresia, blasfêmia, castigo de Deus, e afirmavam que Jesus é o filho unigênito de Deus (*Perdão, Amor e Caridade*, n. 59, ano V, 01/08/1901, p. 2). Seus artigos costumavam reprovar os falsos espíritas, que não compreendiam a verdadeira doutrina cristã e muitas comunicações espirituais eram publicadas, defendendo a resignação diante do sofrimento para apagar os erros cometidos e a "mancha do pecado" contra as leis de Deus (*Perdão, Amor e Caridade*, n. 2, ano I, 01/10/1896, p. 1). O espiritismo seria uma criação divina e não humana e "seu poder é indestrutível, porque assenta nas verdades assinaladas no Velho Testamento e confirmadas por Nosso Senhor Jesus Cristo" (*Perdão, Amor e Caridade*, n. 11, ano I, 11/07/1897, p. 1).[5]

Era patente a dificuldade de alguns agentes espiritualistas em romper com o catolicismo. O espiritismo parecia acrescentar apenas a ideia da reencarnação e a possibilidade de acesso ao mundo dos espíritos, mas reforçava suas crenças iniciais. E isso não ocorria apenas em centros do interior. Na capital temos, pelo menos, dois exemplos. Um deles é o Centro Luz e Fraternidade, proprietário do jornal *A Luz da Verdade*, que afirma ser redigido por "sacerdotes espíritas" (n. 1, ano I, 01/06/1903, p. 1) e era reprovado por seus colegas de imprensa como "espi-

5 Um dos temas presentes nos impressos paulistas, analisados por outros autores sobre o espiritismo no Rio de Janeiro, organizado em torno da FEB, residia na aceitação por parte de alguns da obra de Roustaing, que teria a função de conciliar o catolicismo com o espiritismo, confirmando alguns dogmas católicos. Os espíritas paulistas combateram muito as ideias de Roustaing, cuja defesa apareceu somente em *Perdão, Amor e Caridade* e, possivelmente em *A Luz da Verdade*, segundo nossas pesquisas. Sobre o assunto, ler o artigo do dr. Pinheiro Guedes em *O Mundo Occulto*, n. 21, ano II, jun. 1906, p. 1.

ritólogo místico" (*Verdade e Luz*, n. 326, ano XIV, 15/12/1903, p. 7)[6]; e *A Verdade*, que aparece como órgão do Centro Luz e Fraternidade e depois do Centro Deus e Caridade. Importante mencionar que esses periódicos não apresentam uma tendência anticlerical manifesta nas poucas edições que tivemos acesso.

No entanto, essa tendência parece ter sido minoritária e os discursos predominantes referiam-se à uma conciliação entre os aspectos religiosos e científicos ou a supremacia do segundo, embora a confusão sobre essa dicotomia seja enorme. No artigo "Ciência ou Religião?" de B. Florido, este defende que o aspecto científico se sobrepõe ao religioso no espiritismo, uma tensão que percorreu os adeptos da doutrina:

> O espiritismo praticado unicamente como religião é de funestas consequências; dá livre curso ao fanatismo, abre portas à obsedação (sic), à loucura, à fascinação e tem por isso sido mais prejudicial que útil à grande causa. É verdade que nem todas as inteligências estão aptas para a ciência, mas segue-se daí que já o Espiritismo seja oficialmente religião? (*Verdade e Luz*, n. 245, ano XI, 31/07/1900, p. 4).

O Mundo Occulto, de Campinas, sempre recusou qualquer assimilação por parte do campo religioso e não aceitava nenhum resquício de religião em outras instituições espiritualistas. Seus editores não toleravam que os outros impressos possuíssem artigos com referência religiosa, o que ocorreu quando critica o *Natalício de Jesus*:

> Temos presente os primeiros números desta nova folha, órgão da agremiação do mesmo nome, que se publica na Capital.
> Em todos os seus artigos nota-se um demasiado misticismo; ora parece-nos ser uma folha que se propõe a propagar a ciência espírita, ora, como o seu título indica, é um acérrimo propagandista da religião cristã (*O Mundo Occulto*, n. 43, ano IV, jul. 1908, p. 4).

6 Como exemplo de críticas citamos as de Batuíra que alerta que "*A Luz da Verdade* é mal escrita, recheada de comunicações tolas, que são assinadas por nomes veneráveis, e contém coisas estapafúrdias" (*Verdade e Luz*, n. 317, ano XIV, 31/07/1903, p. 3); e o critica por advogar a tese da divindade de Jesus (*Verdade e Luz*, n. 337, ano XV, 31/05/1904, p. 5).

Essas dúvidas do periódico campineiro poderiam ser reproduzidas para grande parte da imprensa espírita da época. E, nesse sentido, *O Mundo Occulto* produziu as críticas mais ácidas em relação à presença de inclinações religiosas nesse tipo de imprensa. Após criticar o *Natalício de Jesus*, solicitou ao *Nova Revelação* que suprimisse de suas páginas qualquer tendência religiosa, pois, como ciência, o espiritismo não precisaria da chancela da Bíblia. E aproveita para disparar contra outros jornais espíritas que apresentavam um determinado "beatismo" e pregavam uma nova seita evangélica, fazendo reuniões espíritas com interpretação bíblica (*O Mundo Occulto*, n. 43, ano IV, p. 3). Seus articulistas defendiam que a moral exalada pelas doutrinas espiritualistas advinha da ciência, produtora de insumos éticos e não precisaria pedir emprestada nada a uma religião. Em seu entendimento, não existia identidade entre cristianismo e espiritismo, pois, enquanto a primeira é uma religião copiada de tantas outras, a segunda era uma ciência integral positiva (*O Mundo Occulto*, n. 45, ano V, set. 1908, p. 2). O impresso campineiro repete sem cessar que "o Espiritismo é uma ciência experimental, cujas consequências morais desafiam todos os credos do mundo e não precisa estar unido ou encostado em religião de nenhuma espécie" (*O Mundo Occulto*, n. 42, ano II, jul. 1908, p. 1).

A continuidade de práticas católicas em meios espíritas era uma das preocupações dos agentes. O tema do batismo era recorrente, e, em uma sociedade que durante séculos vivenciara a liturgia e cosmogonia católicas, parecia ser difícil afastar-se desse universo; em alguns pequenos centros interioranos aparecia o "batismo espírita", o que era repreendido em muitos momentos, pois os críticos avaliavam que essas práticas pertenciam a um universo simbólico inconciliável com o dos espiritualistas (*O Mundo Occulto*, n. 12, ano II, 01/09/1905, p. 5).

Nessa visão, a religião era vista como sinônimo de servilismo, enquanto a ciência era filha do livre-pensamento, da razão e da verdade, relacionando-se com o progresso e a evolução do pensamento, e não haveria limites nem preconceitos ao seu alcance. O único culto que a ciência poderia proporcionar é do próprio espírito e de suas potencialidades, quase ilimitadas. Essa tendência em criticar a dimensão religiosa do espiritismo ou os excessos de religiosidade por parte de alguns, se apresentava em periódicos esotéricos ou que contemplavam diversos sistemas doutrinários, mesclando o espiritismo, o ocultismo e a teosofia. Para todos os outros periódicos que se consideravam espíritas, exceto os demasiadamente religiosos descritos acima, procurava-se construir uma sintonia entre as feições cientifica, filosófica e religiosa da doutrina.

Batuíra em seus textos, por exemplo, foi um autor com sinais contraditórios em relação a essa temática. Embora seu periódico fosse denominado "órgão do espiritualismo científico", desde o início do *Verdade e Luz* deixou claro que o periódico tinha como função a propaganda do Espiritismo e, consequentemente, da religião cristã (*Verdade e Luz*, n. 4, ano I, 16/07/1890, p. 1). Em muitos momentos da publicação, principalmente em seus primeiros tempos, fica clara a defesa do espiritismo como o verdadeiro cristianismo, doutrina que havia resgatado a verdade estabelecida pelos primeiros cristãos, em detrimento das outras religiões, nas quais apenas predominava o orgulho e os interesses econômicos e políticos.

Posteriormente, sua linha editorial sofre modificações e passa a criticar a tendência religiosa no espiritismo, ora considerando a doutrina no interior de um discurso cristão, ora contestando essa relação e passando a abrigar autores ocultistas em seu periódico, como veremos adiante. Batuíra critica os "espíritas católicos" ao responder a Antônio Pombo, redator de *O Espírita Alagoano* que censurava a mudança editorial no periódico paulista, o que indica que o *Verdade e Luz* era lido como uma referência no campo espírita brasileiro.

> Para responder cabalmente ao Sr. Pombo, chamamos a sua atenção para o nosso artigo de fundo.
> Querer reduzir o espiritismo a mais uma seita evangélica, é querer reduzir a sua estatura grandiosa à proporção de um ridículo pigmeu. Esta doutrina, no nosso entender, não é nem cristão, nem muçulmana, nem budista: o espiritismo é o espiritismo. Tira de todas as religiões a verdade que elas encerram; o seu evangelho é o evangelho mesmo da humanidade, é o grande livro da Natureza aberto à sua eterna investigação (*Verdade e Luz*, n. 328, ano XI, 15/01/1904, p. 6).

A polêmica durou algumas edições. Era mais uma das controvérsias que o jornal, depois revista, se acostumara ao longo de quase 20 anos de existência.[7]

---

7 Observe-se, apenas que este discurso que aparece em *Verdade e Luz*, não é compartilhado por outros como *O Clarim*, *Nova Revelação* e *Natalício de Jesus*, todos estes defendendo a conciliação entre ciência e religião.

Uma das suas características era a publicação de opiniões divergentes, permitindo o debate no interior de suas páginas, mas devemos destacar que Batuíra costumava registrar a sua opinião e intervir nos momentos em que as polêmicas alcançavam o clímax. O autor do texto no impresso espírita de Alagoas não se conformava com o seu colega paulistano ter se afastado de uma postura assumidamente religiosa e passar a publicar artigos ocultistas e esotéricos.

O artigo de fundo "Interpretações", sem indicação do nome do autor, esclarece sobre as novas posições assumidas:

> Muitos de nossos confrades e mesmo alguns periódicos da nossa comunidade tem-se abespinhado conosco por não dizermos *amem!* à feição acentuadamente religiosa que, talvez, sem o quererem, por um pendor natural para o misticismo, vão imprimindo à propaganda da doutrina espírita. Mostramos, em artigo anterior, que esse quase exclusivismo, encerrava um perigo, qual o de reduzir a grandiosidade da nossa cara doutrina às proporções minúsculas de mais uma seita evangélica, protestante, agregada às cento e tantas outras que por aí andam a pregar a sua preexcelência. Fizemos ver também que os diversos Congressos espíritas e espiritualistas realizados em várias épocas, com assentimento e aplausos dos espíritas e espiritualistas de todas as partes da Terra, *afirmaram e proclamaram a existência e virtualidade do Espiritismo como a Ciência integral e progressiva*, e mais, como um dos seus fundamentos, que *ele ministra solução aos mais árduos problemas morais e sociais...* (*Verdade e Luz*, n. 332, ano XIV, 15/03/1904, p. 1, grifos originais).

Estes exemplos demonstram onde estava o cerne da problemática. Assumir o espiritismo como religião para tais autores não poderia dar conta de todo o projeto de regeneração da sociedade, que passava necessariamente por questões sociais e políticas, daí a recusa em apresentar-se como religião pura e simplesmente, pois a religiosidade é algo que pertence à esfera da intimidade, que liga o ser humano à divindade, mas sem consequências mais amplas na realidade, e desemboca, normalmente, em misticismo ou em vulgarizações, o que os afastaria de sua inclinação científica, isto é, no campo das investigações psíquicas.

E o artigo tocava em outro ponto controvertido no período: a ideia de que o espiritismo é uma doutrina eclética, com fontes diversificadas, cristãs e orientais, que conteriam moralidades igualmente verdadeiras; artigo escrito, em nosso entender, por um esotérico, e o autor não é Batuíra. Mas a colaboração foi aceita, o que indica que contou com sua anuência para a publicação. E outros artigos foram publicados com esse teor, como veremos. Ele parecia revelar a intenção de demonstrar que o que mais importa ao espiritismo era o seu caráter investigativo, e que o religioso é secundário.[8] Na sessão Bibliografia, ao saudar um novo jornal espírita publicado na capital federal, adverte sobre o viés religioso assumido por este, mas não adota uma postura de confronto, preferindo o entendimento entre os projetos em disputa:

> Conquanto não esteja a *Verdade e Luz* de acordo com o colega quanto ao caráter sob que deve ser encarado o espiritismo, pois que, já se manifestou francamente pelo espiritismo científico, contudo, não pode deixar de acolher com benevolência e amor ao novo campeão, que agora entra para a arena, embora trazendo pendão de cor diversa mas não adverso.
>
> O nosso desejo é que o colega jamais se esqueça, quando em frente a um adversário, da tolerância que nos parece ser um dever do espírita, afim de que os ensinamentos religioso-espíritas que pretende difundir, não venham futuramente a degenerar em seita; porque, se isso acontecesse, os intuitos do espiritismo seriam completamente falseados e ele de bem feitor que é, se tornaria um elemento mais de discórdia lançado no meio da humanidade, para separá-la por ódios ou ressentimentos desrazoados.
>
> Não é combatendo a crença alheia mas procurando nela os vínculos que por ventura a ligam à nossa crença, que os trabalhadores do bem chegarão a implantar o amor no seio da humanidade: e este é o dever do espírita quer ele encare a doutrina espírita sob o ponto de vista científico, que pelo lado religioso. Espírita religioso ou científico, cada um segue por atalhos que vão ter à mesma culminância: - a perfectibilidade a que almeja a humanidade.

8 Em nosso entender, a análise de Aubrée e Laplantine, afirmando que o *Verdade e Luz* possuía uma orientação religiosa derivada da FEB (2009, p. 158) não é sustentável.

> Saudamos, pois o novo colega, desejando-lhe longa e próspera vida (*Verdade e Luz*, n. 288, ano XII, 15/05/1902, p. 7).

Contudo, como na maioria dos agentes espiritualistas do período, as posições muitas vezes se mostravam incoerentes. Embora o próprio Batuíra tenha criticado o espiritismo religioso e visto seu jornal publicar artigos que questionavam a preferência pelo cristianismo, ao lançar sua nova associação em 1904, que substituía o Centro Espírita Verdade e Luz, denominou-a de Instituição Cristã Beneficente Verdade e Luz. E advertia que seu periódico continuaria "a propagar o Espiritualismo Científico, de par com o ensino moral do nosso mestre Jesus Cristo, explicado por Allan Kardec e por outros" (*Verdade e Luz*, n. 349, ano XV, 30/11/1904, p. 5). Para completar o quadro, seu jornal, agora revista, passa a apresentar em seu frontispício a partir de 1905 uma imagem de Jesus Cristo, que havia sido feita por uma menina médium em uma sessão em Paris e que foi reproduzida ao longo dos anos; muitos espíritas reclamaram dessa imagem, ameaçando cancelar suas assinaturas, mas ele defendeu a utilização, pois Jesus era o símbolo máximo da doutrina, o que demonstra que o periódico convivia no cruzamento de tendências que pareciam inconciliáveis (*Verdade e Luz*, n. 382, ano XVII, 31/05/1906, p. 13).

Desse modo, essas tensões são frequentes, e poderíamos reproduzir diversos exemplos que demonstram o temor do espiritismo ser interpretado como uma nova religião, limitando sua atuação e atentando contra o livre-pensamento e a laicidade característica desde a sua origem.[9] A noção de religião aparecia sob um aspecto negativo, ligado ao fanatismo e à exploração da credulidade pública, ao passo que os ideais compartilhados pelos espíritas se relacionam com os ideais modernos e científicos.

Essas disputas nos remetem às reflexões de Pierre Bourdieu, ao advertir que todo campo de produção cultural é portador de seus "conservadores" e de sua "vanguarda", construídos a partir de lutas internas no interior desses grupos (BOURDIEU, 2004, p. 169-170). No caso dos espiritualistas, é patente a existência de grupos que procuraram romper com os valores e práticas religiosas existentes no período e aqueles que procuraram acomodar os diversos imaginários existentes na época, antigos e modernos.

---

9 Ver, por exemplo, *Verdade e Luz*, n. 386, ano XVII, 20/07/1906, p. 2.

De qualquer maneira, ao notarmos as práticas dos grupos, como visto no capítulo anterior, as diferenças eram poucas, na medida em que as conferências com temas moralizadores ou científicos e as sessões práticas dominavam o cotidiano da maioria dos grupos. Como nota Célia Arribas, em relação à realidade existente no Rio de Janeiro, havia agentes que estavam filiados a grupos diferentes, o que impossibilita a redução a categorias engessadas como "científicos", "puros" ou "místicos" (ARRIBAS, 2008, p. 81). No caso paulista, era igualmente reinante a confusão, mas as disputas no terreno discursivo recrutaram muitos agentes em torno das práticas legítimas a serem seguidas.

Em busca da pureza doutrinária II: espíritas e espiritualistas

Não era apenas o excesso de religiosidade, por parte de alguns agentes espíritas, um dos pontos de tensão no interior do discurso espiritualista. Em termos doutrinários, existia um esforço para demarcar fronteiras entre o espiritismo e as demais doutrinas espiritualistas em nome de um "purismo" doutrinário, ao passo que apareciam tentativas de dirimir as desavenças teóricas, advogando a necessidade de união com as outras escolas do espiritualismo moderno, como o esoterismo, superando qualquer forma de intransigência em nome de uma postura eclética.

Para os esotéricos, os espíritas que se interessavam apenas pela obra de Allan Kardec, algumas vezes denominados de "kardecistas", eram chamados de "ortodoxos", "intransigentes", dogmáticos que recusavam o diálogo com outras doutrinas irmãs e estavam em contradição com os princípios de liberdade e livre-pensamento, base do moderno espiritualismo. O relacionamento entre estes agentes não era apenas ideológico, mas o fato de todos estarem irmanados no combate ao materialismo e às "religiões dogmáticas" e comungarem dos mesmos princípios – imortalidade da alma e reencarnação – era suficiente para o entendimento. Defendiam que, sob o rótulo de espiritismo poderia ser abrigada uma rede de doutrinas, embora alguns ocultistas e esotéricos recusassem esse rótulo e defendessem identidade específica. Em contrapartida, alguns grupos argumentavam que seguir a obra do pedagogo francês não representava dogmatismo e intolerância, mas sim reconhecer que era ele quem estabeleceu as verdades inquestionáveis e não seriam necessárias outras doutrinas, apenas se elas representassem forças auxiliares. É a partir destes parâmetros que o diálogo ocorreu. Esse era, por exemplo, o caso de *O Clarim*, que raramente apresenta artigos com tendências esotéricas, preferindo manter uma linha exclusivamente espírita. Como vimos, Cairbar Schutel já havia recusado a participação dos espíritas no CECP e em seus tattwas, mas não havia consenso em relação a essa questão para todos os espíritas no período.

Nesse debate, os agentes reclamavam do pouco espaço que as redações espíritas ofereciam a esotéricos, discutiam o valor das reuniões mediúnicas e a definição do cristianismo como religião universal. Daqueles que mais se empenharam em procurar estabelecer um equilíbrio entre as doutrinas estavam os intelectuais que se organizaram em torno da redação da Sociedade de Estudos Psíquicos "O Mundo Occulto", fundada em Campinas em 1903 e que abrigou entre seus fundadores, espíritas, ocultistas e teósofos. Seu periódico procurava seguir uma linha eclética e publicava as seções Espiritismo e Ocultismo, mas ainda assim, vez ou outra, surgiam conflitos, quando uma tendência parecia predominar. No artigo denominado "Artimanhas", por exemplo, o autor, não identificado, afirma ser teósofo e reclama do pouco conhecimento que os espiritualistas possuíam da teosofia. Aproveita para afirmar que o espiritismo era importante, mas ele não continha todas as verdades, e pergunta o "que é que os autoriza a não ver no ocultismo ou teosofia de que desdenhosamente falam a realização das predições formuladas pela esclarecida Individualidade que era Denizar Rivail?" (*O Mundo Occulto*, n. 7, ano I, 15/03/1905, p. 2).

No decorrer dos anos, os ocultistas começaram a criticar o espiritismo, tornando mais claras as disputas internas. No artigo "Espiritismo e Ocultismo", seu autor defende a maior complexidade do ocultismo em relação ao espiritismo:

> A linha de demarcação entre Espiritismo, como o termo é geralmente entendido, e Ocultismo, como é explicado pelos Iniciados, é tão larga como o abismo que separa os planos de vida superiores dos inferiores, enquanto que de fato as duas palavras são empregadas por muitas pessoas para designar um aspecto de vida particular; e as dificuldades que se encontra para explanar satisfatoriamente a diferença que existe entre eles são muito grandes, especialmente não preparada, não evoluída, porque as diferenças são altamente concernentes aos planos de vida interior, aos quais nem todos os da nossa atual raça humana tem acesso consciente (*O Mundo* Occulto, n. 30, ano III, mar. 1907, p. 2).

Como vimos, na revista *Verdade e Luz* as fronteiras doutrinárias não eram tão nítidas e o próprio Batuíra deu sinais contraditórios em relação ao moderno espiritualismo, afirmando que em seu grupo espírita eram estudadas as obras do ocultismo (*Verdade e Luz*, n. 283, ano XII, 29/02/1902, p. 5). Ao analisar fatos relacionados a um médium famoso na época, que causou atritos no movimento ao abandonar o espiritismo, o professor Faustino, Batuíra faz um comentário que parecia estabelecer uma hierarquia entre as doutrinas, considerando o ocultismo superior ao espiritismo:

> O Espiritismo é a ciência que tem por fim melhorar e esclarecer o homem. Ele é um ramo das Ciências Ocultas. Ora o nosso irmão Faustino não aprendeu espiritismo, e não estava, portanto, no caso de aprender ocultismo. Quis começar por onde os mais prudentes acabam (*Verdade e Luz*, n. 283, ano XII, 29/02/1902, p. 6).

Verdade e Luz, depois de anos publicando exclusivamente artigos sobre espiritismo, passou a dedicar espaço a outras tendências, permitindo o debate entre os sistemas doutrinários em suas páginas. Batuíra foi intensamente criticado por outros espíritas e alegou que enquanto os teósofos não possuíssem um periódico próprio aceitaria as suas contribuições, que deveriam ser enviadas sob a epígrafe de "Seção Teosófica", "para não envolver outras responsabilidades que não sejam as dos signatários" (*Verdade e Luz*, n. 314, ano XV, 15/06/1903, p. 6), o que significa que permitiu a publicação dos artigos, mas na condição de que seriam confinados a um espaço específico, não comprometendo o conjunto da obra.[10] Outros periódicos como *Nova Revelação* e *Natalício de Jesus*, publicavam notícias e informavam sobre novos livros e periódicos que versavam sobre essas doutrinas, recomendando muitas vezes a sua leitura.

Henrique Serra expressa de forma inequívoca essas ambiguidades. O intelectual escreveu em vários periódicos espiritualistas, se assumiu inicialmente como espírita, mas a *posteriori* foi um dos mais combativos críticos do espiritismo, declarando-se teósofo e defendendo o ocultismo. Ele representa de forma emblemática a dinâmica de construção das identidades espiritualistas em atividade no pe-

10 Embora as maiores críticas surgissem em 1903, desde 1900 percebemos artigos vinculados ao ocultismo e esoterismo, alguns dos quais criticando o espiritismo, ver: *Verdade e Luz*: n. 238, ano X, 15/04/1900, p. 5; n. 246, ano XI, 15/08/1900, p. 4; n. 278, ano XII, 15/12/1901, p. 2.

ríodo, envolvendo-se em controvérsias e apontando as contradições existentes no interior do campo espiritualista. O autor reclama constantemente da má vontade dos espíritas com a teosofia e a existência de um espiritismo ortodoxo e intransigente, pontuando as discussões fundamentais naqueles tempos. Em artigo intitulado "Do Ocultismo", respondendo ao artigo publicado em *O Espírita Alagoano*, ele se coloca na condição de um dos redatores do impresso de Batuíra e adverte:

> Antes, uma declaração. A redação da "*Verdade e Luz*" tendo por fito a defesa dos princípios e verdades do Imortalismo, não se compromete a bafejar uma escola de preferência a uma outra, como não envolve a sua responsabilidade ao publicar as diversas opiniões filosóficas de seus colaboradores, os quais conservam a responsabilidade pessoal do que escrevem. A "*Verdade e Luz*" é órgão do *espiritualismo cientifico* e sob esse estandarte e com a tendência libérrima que constitui a base de sua orientação, não pode deixar de acolher os vários escritos que estejam dentro daquele programa. Demais, nós, ocultistas-teósofos, não possuindo ainda um periódico próprio temos de nos servir daqueles que, carinhosamente, queiram dar-nos a liberdade de expor nossas opiniões, aliás, tão respeitáveis como de qualquer espiritualidade-kardecista. Quanto a nós constituindo o ocultismo a fase filosófica moderna dos problemas d'além túmulo, a *Verdade e Luz, fazendo-se eco de semelhantes ideias,* não *vemos o enorme pecado que comete,* nem *as graves consequências que podem resultar da crença nessas ideias por parte dos adeptos da doutrina* da qual o *Espírita Alagoano* é paladino distinto. É que absolutamente não pode nos compreender esse perigo a que alude o colega (*Verdade e Luz*, n. 284, ano XII, 15/03/1902, p. 3).

O autor afirma que pertence ao ocultismo teosófico, uma ciência vasta com brilhantes adeptos e que conta com uma enorme bibliografia, muito maior do que as obras de Kardec, colocando o espiritismo em uma relação de subalternidade ao campo ocultista.[11] Sobre o periódico que abrigava as suas contribuições, reconhece

---

11 Sobre essa menção de Henrique Serra ao fato de escrever em periódico espírita enquanto os ocultistas-teósofos não possuíssem periódico próprio, a partir da fundação em 1904 do jornal *O Mundo Occulto* de Campinas, ele passou a escrever neste e não aparece mais no *Verdade e Luz*. Representativo das confusões entre as diversas doutrinas espiritualistas é o fato dele se

que é único com um caráter livre-pensador, mas desfere críticas ao seu anfitrião, ao lamentar "que o seu atual diretor, homem já cansado pelo excessivo labor da propaganda, não possa imprimir aos escritos e à parte material, à confecção e ao estofo do jornal, uma orientação semelhante à que deu em assunto de liberdade de exposição" (*Verdade e Luz*, n. 284, ano XII, 15/03/1902, p. 4). Embora externasse gratidão pela abertura para contribuições diversas, preferia que Batuíra expandisse as contribuições ocultistas, deixando mais ou menos claro que este agente não era ocultista.

A presença desses artigos causou conflitos que perduraram por anos nas páginas da revista, pois nem todos os grupos concordavam com o espaço ofertado a outras doutrinas espiritualistas. Serra insistirá em suas altercações com outros periódicos que reclamavam da confusão doutrinária presente no *Verdade e Luz*. E seus artigos expuseram os principais conflitos teóricos entre as doutrinas. Em primeiro lugar, a questão das comunicações espirituais, pois em seu ponto de vista os espíritas consultavam em demasia os seres invisíveis, por qualquer questão e muitas vezes por futilidade, o que representava até um desrespeito e feria o livre-arbítrio. Além disso, os fatos de ordem espiritual observados nas sessões, não poderiam ser atribuídos exclusivamente aos desencarnados, mas sim a outras forças extraordinárias e ofereciam uma série de perigos aos médiuns, citando sessões espíritas que levaram a tragédias. Os centros espíritas não estavam aptos a enfrentar a complexidade do mundo espiritual e somente o concurso de ocultistas capazes de visitar o plano astral, ainda enquanto vivos e instruídos por mestres competentes, poderiam dar conta do entendimento desses fenômenos. A desculpa de oferecer consolo aos irmãos sofredores invisíveis não produzia sucesso, pois seriam poucos os que se regeneravam. Nesse sentido, concordava com as críticas feitas pelos católicos, os quais declaravam que as sessões espíritas poderiam produzir loucos.[12] Uma das barreiras instransponíveis para os espiritualistas, reside na questão da mediunidade, uma espécie de iniciação para os ocultistas, enquanto era um dos motes principais para os espíritas.

Essas polêmicas renderam diversos artigos e não cabe aqui explorar todos. Serra chama constantemente o "credo kardecista" de "ideias religioso-místicas dos

---

apresentar nos primeiros artigos no outro periódico como espírita e defender a doutrina (*O Mundo Occulto*, n. 10, ano I, 15/06/1905, p. 1).

12 Henrique Serra defende essas ideias em *Verdade e Luz*: n. 285, ano XII, 31/03/1902, p. 3; n. 286, ano XII, 15/04/1902, p. 6; n. 342, ano XV, 15/08/1904, p. 7.

espíritas", colocando todos no interior de um mesmo espectro religioso (*Verdade e Luz*, n. 291, ano XIII, 30/06/1902, p. 4). O tom é sempre muito contundente e destoa dos outros polemistas espiritualistas, estes normalmente escrevendo com polidez, pois procura desqualificar os seus interlocutores, afirmando que precisavam estudar mais, nada sabiam sobre teosofia, eram "ignorantes" ou "pândegos" (*Verdade e Luz*, n. 326, ano XIV, 15/12/1903, p. 5).

Como vimos acima, outro motivo de debate era o fato dos espíritas adotarem o cristianismo em matéria religiosa. Para os esotéricos, ocultistas e teósofos, o cristianismo não era a única religião verdadeira, e defendiam uma "unidade religiosa", a partir do momento no qual as religiões seriam apenas manifestações parciais de uma "Verdade" superior (*Verdade e Luz*, n. 291, ano XIII, 30/06/1902, p. 5). A partir dessa caracterização, consideravam que os espíritas, ao defenderem o cristianismo, acabavam se aparentando aos católicos e protestantes. Na verdade, como haviam sido educados em meio cristão, não conseguiam superar as diretrizes dessa religião.

Como as críticas se intensificaram e, para muitos espíritas, Batuíra havia se rendido ao ocultismo, ele resolveu intervir no debate em alguns momentos. Ainda que tenha aberto seu periódico para as contribuições de outras doutrinas, a defesa eloquente do ocultismo e as críticas sucessivas ao espiritismo parecem tê-lo incomodado. Sua resposta veio através da publicação de um artigo de um dos espíritas mais famosos da época, Léon Denis (1846-1927), cujas ideias se transformaram em palco de disputas simbólicas para os grupos espiritualistas que procuravam legitimar suas propostas a partir desse autor. O artigo "Pelo Espiritismo" era uma resposta de Denis a uma conferência realizada pelo "Sr. Aubin" sobre o espiritismo. Ele procurava defender essa doutrina, apresentando pesquisas científicas que teriam evidenciado a realidade dos fenômenos espirituais. Afirmava ser verdade que o espiritismo oferecia certos perigos, pois, pela diversidade dos observadores, sempre existiriam alguns inconsequentes, mas sobre os possíveis efeitos na saúde dos médiuns, afirma que há 30 anos se ocupava do espiritismo e, embora tivesse conhecido alguns médiuns que não possuíam método em suas práticas, nenhum se tornara louco. O artigo intentava demonstrar que as práticas mediúnicas eram fundamentais para alicerçar a doutrina espírita no domínio da ciência e a reunião de dados cada vez maiores, comprovaria a sobrevivência da alma, tese cara aos espiritualistas. O artigo fora cuidadosamente escolhido, pois Denis citava quase que os mesmos cientistas que Serra apresentava para criticar o espiritismo.[13]

> Todos esses sábios deram-se ao estudo do Espiritismo como céticos, materialistas, no fito de desmascarar o que lhes parecia uma trapaça. Todos concluíram a favor do Espiritismo, depois de 5, 10, 20 anos de pesquisas.
>
> Nenhum sábio, nenhum experimentador, de tantos que se aplicaram observar com independência e vagar um número de fatos suficientes, deixou de concluir ainda no sentido espírita. Entre os negadores só se contam os que pouco estudaram, pouco observaram por si mesmos (*Verdade e Luz*, n. 287, ano XII, 30/04/1902, p. 2).

Ao que parece, ao abrir o espaço de seu periódico, famoso entre os espíritas brasileiros, a outros sistemas doutrinários, Batuíra queria alargar os circuitos de sociabilidade em nome de uma identidade espiritualista mais aberta, provavelmente percebendo que era necessária a união das diversas associações, a despeito de diferenças irreconciliáveis, para expandir a legitimidade social desses grupos minoritários que viam, na Igreja católica, o inimigo a ser combatido. Essa aliança anticlerical era necessária, tendo em vista que os ocultistas apresentavam um discurso contundente de crítica ao catolicismo, ao mesmo tempo em que defendiam as propostas científicas que se coadunavam com o espiritismo, construindo um espaço amplo de debate de ideias e recusando ortodoxias, embora ele se mostrasse um espírita cristão na maioria das vezes. Mas ele se mostrou uma voz dissonante, pois a maioria dos espiritualistas naquele período almejava construir uma identidade específica, muitas vezes em oposição a outras doutrinas espiritualistas, recusando os diálogos possíveis.

Como as críticas ao espaço cedido à Serra se avolumaram, Batuíra precisou se explicar novamente, ainda mais pelo tom radical do articulista, e mais uma vez, demonstrar sua inclinação pelo espiritismo, apresentando sinais inequívocos de que fora em nome da liberdade de pensamento que ele possibilitara os artigos ocultistas (*Verdade e Luz*, n. 291, ano XIII, 30/06/1902, p. 7). E ele sempre reafirma

13 Batuíra afirma que o artigo em questão realmente representava uma resposta à Henrique Serra (*Verdade e Luz*, n. 291, ano XIII, 30/06/1902, p. 7).

o espírito de liberdade que ofereceu aos redatores, ficando com a responsabilidade dos editoriais e de seções específicas.

> E nem de outra forma poderíamos proceder, uma vez que nos batemos por uma causa essencialmente racionalista, e não por um credo cerrado, inçado de dogmas, do *crê ou morres*!
> [...]
> Essa diversidade de vistas sobre um mesmo objeto é uma garantia de progresso e de adiantamento; pois que do choque de ideias opostas, mas convergindo para um mesmo ponto, é que nasce a luz e a verdade engrandece. Assim, pois, como espírita e, portanto racionalista, não nos é lícito pôr peias no pensamento de ninguém (*Verdade e Luz*, n. 365, ano XVI, 15/08/1905, p. 12-13).

Outros redatores do mesmo periódico, igualmente combateram pela defesa de uma postura espiritualista mais aberta e ampla. O professor João Marcilio critica a ortodoxia presente no espiritismo e defende a leitura de livros de teosofia:

> Não há portanto motivos, creio, para que se leia por uma cartilha só. Devemos ler de tudo e de todos aproveitando o que for de utilidade ao nosso adiantamento moral, intelectual e mesmo físico. Não esqueçamos nunca que o verdadeiro espírita precisa ser um livre pensador, fazendo em virtude disto, sempre que for possível, passar as ideias, que for adquirindo, pelo cadinho do livre pensamento e não alimentando o seu espírito com dogmas inexplicáveis e absurdos, lá dos arraiais do romanismo e protestantismo como tem feito, nestes últimos tempos o órgão oficial do espiritismo no Brasil em relação à virgindade de Maria e à divindade de Jesus, dogmas perfeitamente contestáveis pelos próprios Evangelhos.
> Não! O espírita é um livre pensador e não pode, de forma alguma, estar preso no círculo de ferro da ortodoxia e dos dogmas absurdos, próprios das doutrinas antiprogressistas (*Verdade e Luz*, n. 325, ano XIV, 30/11/1903, p. 3).

Mas foi no interior desse processo de ampla liberdade aos redatores e colaboradores que surgiram artigos que criticavam a heterodoxia e a confusão reinante no meio espírita. O extenso artigo de Ernesto Castro "Cegos, recuai!" desfere críticas aos "espíritas católicos", ao mesmo tempo em que concentra suas energias contra outras doutrinas que estariam contaminando o espiritismo, chamando a atenção a práticas que as distinguiam:

> A Ciência Positiva, o Método Experimental, a Síntese Filosófica, são, hoje em dia, alavancas poderosas ofertadas aos homens de boa vontade para erguer a Terra, o Universo, descobrindo as Leis Divinas, Deus Onipotente!
> A Teosofia, o Ocultismo, não são mais deste período histórico, já fizeram seu tempo, assim como a Maçonaria.
> Por que?
> Pela prática do Mistério, do Segredo, dos Ritos e do Simbolismo.
> A ruína de tais criações antigas é manifesta, como evidente se torna o apodrecimento da Igreja Romana e suas congêneres do Protestantismo, incluindo nessa destruição final as Monarquias de direito divino e constitucionais (*Verdade e Luz*, n. 326, ano XIV, 15/12/1903, p. 6).

Em um tom igualmente polêmico e belicoso, chamando os detratores de "covardes" e "hipócritas", o autor defende o espiritismo como a doutrina verdadeira, enquanto as outras eram seitas intolerantes e vaidosas, que misturavam conceitos complexos e mistérios. Portanto, recusa qualquer diálogo entre as doutrinas, sob o argumento de que a verdade está apenas de um lado e concluía afirmando que o espírita como um "homem novo" deve estar liberto dos "dogmas teológicos, esotéricos, maçônicos" (*Verdade e Luz*, n. 326, ano XIV, 15/12/1903, p. 6).

As polêmicas envolvendo defensores de um purismo doutrinário e os que criticavam esse posicionamento duraram muito tempo e constituem uma parte interessante da vida desse periódico, mas para os limites deste trabalho é impossível reproduzi-las. De qualquer maneira, em 1908, no editorial de aniversário da revista *Verdade e Luz*, o último com Batuíra ainda vivo, após fazer um balanço de sua atuação, o redator conclui:

> Empolgando os mais esclarecidos espíritos e absorvendo as melhores consciências, o que por aí corre mundo debaixo dos nomes de Teosofia, Ocultismo, Espiritualismo experimental ou moderno, Psquis-

> mo, Yoguismo, Magnetismo transcendental e Espiritismo é tudo um, desprezados os ligeiros matizes que caracterizam as diversas cores em que se desdobra um e o mesmo prisma, pois todos esses altos problemas que agitam o pensamento contemporâneo se prendem ao estudo e cultura das forças latentes no homem, à demonstração positiva da existência da alma, da sua preexistência e persistência, das comunicações dos chamados mortos com os vivos, das vidas sucessivas, da pluralidade dos mundos, etc. Pouco importa a variante do nome, quando é um e o mesmo o assunto: - o além que hoje polariza todos os entendimentos (*Verdade e Luz*, n. 420, ano XIX, mai. 1908, p. 385-386).

Portanto, a opção pelo entendimento entre as correntes do espiritualismo moderno era reforçada e considerada um dos destaques de sua história. Mas o periódico sobreviveu apenas mais um ano e meio e sua proposta não foi imitada. Essa opção desapareceu, quando ressurgiu nos anos 1920, com artigos que criticavam duramente outras correntes espiritualistas. Em "Ocultistas e teósofos", por exemplo, o autor desaprova os ocultistas, afirmando que eles se interessavam apenas por mistérios como a Atlântida, e estes deveriam se reunir aos espíritas, que não são outra coisa do que "ocultistas evoluídos"; dessa maneira critica os ocultistas, pois "... essa sorte de *importância misteriosa* de que se rodeiam e que dão às coisas mais insignificantes, sem necessidade alguma, e feito somente para complicar e dificultar a compreensão geral" (*Verdade e Luz*, 2ª época, n. 1-2, ano V, jan. fev. 1926, p. 25).

O Clarim recusou todas as outras concepções e sistemas espiritualistas no seio do espiritismo, abraçando uma doutrina estritamente espírita, embora tenha evitado adentrar com ênfase nessas polêmicas, ainda mais que vivia atarefado com as altercações com católicos e protestantes e outras autoridades que perseguiam o espiritismo. Mas, em alguns momentos faz questão de demonstrar seu posicionamento no campo.[14] Em "Ocultismo, teosofia, magia" assinado por Ptolomeu, deixa claro que o espírita deve evitar a confusão doutrinária:

> ...O ter o Espiritismo pontos de contato com o Ocultismo e a Teosofia, como por exemplo, na ideia da pluralidade das existências terres-

14 A discussão entre Cairbar Schutel e Antonio Olívio Rodrigues do CECP, já foi mencionada.

> tres, não quer dizer que constituam uma só doutrina; pois também a filosofia espírita tem pontos de contato com o catolicismo de Roma e protestante, quanto à caridade, às virtudes, e, entretanto, os dogmas destas *religiões* são inteiramente discordantes dos Ensinos dos Espíritos, como também o são os dogmas ocultistas e teosóficos (*O Clarim*, n. 22, ano XII, 13/01/1917, p. 2).

No que se refere à revista *O Pensamento*, também surgiram conflitos doutrinários. O periódico prezava as suas boas relações com os espíritas, e alguns de seus colaboradores afirmavam ser partidários dessa doutrina. Muitos espíritas eram parabenizados pelo seu trabalho, tanto estrangeiros como brasileiros, como Léon Denis, Batuíra e Anália Franco. Um dos "avatares" da instituição era Allan Kardec, ao lado de Eliphas Levi, Prentice Mulford, Swami Vivekananda, Papus, coronel de Rochas e dr. Hypp. Baraduc (O Pensamento, n. 170, ano XV, fev. 1922, p. 49). Esotéricos costumavam escrever nos periódicos espíritas – o contrário era incomum – e existia uma dupla pertença por parte de alguns agentes. Isso parece ter sido uma das características desses movimentos espiritualistas também na Europa, como observa Yvonne Castellan:

> Como o espiritismo tinha se metido no terreno da Igreja, a teosofia, por seu lado, interferiu com o espiritismo. Sem dúvida, os teosofistas não repelem os espíritas, mas consideram-nos dum ponto de vista superior. Um fato sintomático: existe em Paris uma Casa dos Espíritas ou Centro Espiritualista, e uma Sociedade Teosófica, cada qual em seu bairro. As duas organizações possuem, em parte, os mesmos conferencistas e, numa certa medida, o mesmo público curioso de ocultismo, sob todas as suas formas. Mas não se confundem (CASTELLAN, 1955, p. 78).

Rui Barros afirma que na Europa era prática comum os intelectuais dessas correntes frequentarem várias sociedades e escreverem em revistas de diferentes orientações. Maçons, teósofos e espíritas possuíam trânsito entre essas instituições e podemos verificar isso em relação ao Congresso Internacional de 1889, observando que os espíritas Léon Denis e P. G. Leymarie pertenciam a organizações diferentes – Denis era maçom e Leymarie se interessava pela teosofia – pois "com este comportamento, elas indicavam que não percebiam divergências doutrinárias intransponíveis", ao mesmo tempo em que no Congresso Internacional de 1889 muitas delegações proclamavam-se espíritas e teosóficas simultaneamente (BARROS, 1999, p. 128).

Em *O Pensamento* se revezavam artigos defendendo o espiritismo e outros que preferiam demonstrar o divórcio existente entre as doutrinas. E nele também um dos principais polemistas foi Henrique Serra. Em seu primeiro artigo na sessão "Espiritismo e Teosofia", defende a base da teosofia, as religiões orientais, ancoradas em meditações profundas, na concentração do espírito, na disciplina mental, pois "o pensamento oriental é a introspecção, o estudo da vida interior, do eu oculto, profundo, misterioso, que reflete o universo e a vida" (*O Pensamento*, n. 18, ano II, mai. 1909, p. 146). Seria um pensamento superior, que acessaria de modos diferentes o mundo invisível, enquanto o pensamento ocidental estava vinculado às questões materiais.

Para comprovar essa tese, lembra da imagem utilizada por Denis, que contrapõe dois personagens: o Buda na sua contemplação do mundo interior, representando o Oriente, e Prometeu, que subtraiu o raio terrível dos deuses e que depois não consegue repouso interior e acaba sendo dominado, representando o Ocidente. Uma visão interessante que tomava a Europa como símbolo do progresso material, mas insuficiente para fornecer a felicidade humana, que necessitava da meditação para isso. E, apropriando-se do pensamento do renomado espírita, reinterpretando-o a partir de suas próprias convicções, afirma que "se a Teosofia se inspira, como é verdade e o disse Denis, no método oriental, e o espiritismo no método ocidental, a consequência lógica, imediata, imarcescível, é que a Teosofia suplanta pelo menos, pelo seu método, o Espiritismo" (*O Pensamento*, n. 18, ano II, mai. 1909, p. 146). Para completar essa conclusão, em tom provocativo, declara que Blavatsky vale dois Kardecs.

O artigo, como era característico de Serra, produziu polêmicas e surgiram outros contendores. Na edição seguinte é publicada uma carta de João Gonçalves, contestando o artigo. Ele se diz teosofista e afirmava aceitar os argumentos, mas não concorda que Blavatsky valia dois Kardecs, pois, tal afirmação é negativa quanto ao valor moral de sua obra:

> ...a Vigilante e Bondosa Providência incidindo sobre aquele que se denominou Allan Kardec, incumbiu-o de criar e difundir um corpo de doutrinas que, por sua simplicidade, pudesse facilmente mergulhar

> nas massas, preparando-as para o advento da elevada filosofia teosófica (*O Pensamento*, n. 19, ano II, jun. 1909, p. 184).

O que quer dizer que, sendo a teosofia constituída por conhecimentos superiores e mais complexos, o espiritismo era uma espécie de preâmbulo e teria a função pedagógica de introduzir alguns princípios que posteriormente a teosofia iria problematizar. Essa visão era compartilhada por muitos esotéricos e ocultistas, e surgia com frequência na argumentação daqueles que pertenciam a esse campo espiritualista, mas defendiam a importância do espiritismo. Essa carta foi acompanhada de uma nota da redação:

> Pelo muito que nos merece o autor da carta supra, inserimo-la nas páginas do presente número da revista, entretanto, como somos infensos a toda polêmica, qualquer que seja a sua natureza, pedimos licença para declarar que, em nossa revista, damos o incidente por terminado (*O Pensamento*, n. 19, ano II, jun. 1909, p. 184).

Uma carta escrita em tom educado era considerada incidente, pois, Antonio Olívio Rodrigues não era afeito a debates e discordâncias em seus periódicos, preferindo manter um clima de harmonia. Embora não aparecessem polêmicas, alguns artigos com algumas visões contraditórias eram comuns; embora a tese generalizada era de que o ideal a ser alcançado no futuro seria a unificação doutrinária de todas as correntes espiritualistas, portanto, não haveria sentido em reafirmar constantemente as suas desavenças. Mas existia um problema, pois muitos espíritas consideravam a sua doutrina uma religião enquanto os ocultistas e esotéricos recusavam essa pecha, pois representavam, na verdade, uma somatória de tradições e realidades superiores, isto é:

> ...a reunião da tradição escrita e oral vinda dos santuários egípcios e caldeus até nós, por Moisés, Daniel e os cabalistas judeus, os Essênios e os discípulos iniciados de Cristo, os neo-Platônicos, os Mestres da Gnose, os Alquimistas, os Irmãos Iluminados da Rosa-Cruz e os iniciados, membros de todas as altas Fraternidades do Ocidente cuja cadeia nunca foi interrompida (*O Pensamento*, n. 52, ano V, abr. 1912, p. 182).

Nesse mesmo artigo estão expressas as principais diferenças entre espiritismo e ocultismo já apresentadas. Os argumentos de que os ocultistas são mais criteriosos, principalmente em determinar se o fenômeno é produzido por um espírito ou não, e o fato de que o espiritismo, na sua simplicidade, é acessível à massa e serve para introduzir o ocultismo aparece em vários momentos. E, no interior das disputas simbólicas, o autor despreza a forma de organização dos espíritas:

> Os diversos caminhos de realização seguidos pelos ocultistas são ainda bem diferentes dos caminhos seguidos pelos espíritas. Com efeito estes últimos pedindo a propaganda das suas ideias à experiência individual, guiada pelos livros e os jornais especiais, não tem necessidade alguma de centros hierarquizados. Pelo contrário, cada experimentador, cada grupozinho, deseja ser autônomo, e os agrupamentos só se podem realizar pela federação, geralmente temporária, de uma multidão de grupos e de pequenas sociedades isoladas (*O Pensamento*, n. 52, ano V, abr. 1912, p. 185).

Já a Ciência Oculta necessitava de estudos variados e técnicos, o encontro de um mestre ou estudante mais adiantado e lojas centralizadas e hierárquicas. A hierarquia e a disciplina seriam fundamentais para a sociedade ocultista realizar com rapidez e vigor todas as suas ações. As sociedades espíritas não conheciam a centralização sob uma direção, delegados, grupos, lojas, supremo conselho central, como acontecia com a Ordem Martinista, apresentando atuação desorganizada.

Em busca da pureza doutrinária III: médiuns e feiticeiros

Um outro tema importante abordado em termos doutrinários era o das relações com as religiões e religiosidades de origem popular ou afro-brasileiras. Não é nosso objetivo aprofundar o tema que já foi exaustivamente debatido pelas pesquisas acadêmicas. Apenas vamos destacar alguns momentos nos quais esse tema surgiu na imprensa especializada espiritualista.

As experiências culturais e religiosas do povo brasileiro, construídas desde a época colonial, apoiavam-se em múltiplas tradições que se amalgamaram em nosso território, advindas do catolicismo ibérico, das sociedades indígenas existentes no território sul-americano e das sociedades africanas retiradas à força de suas terras e trazidas de forma violenta para a colônia portuguesa. Os autores que se debruçaram sobre esse tema informam que o catolicismo devocionário popular, que se alicerçou aqui trazido pelo português, era portador de um universo mágico, que se referenciava no culto aos santos, anjos, promessas, rezas, benzimentos, medicina tradicional, escapulários, medalhas e outras mediações mágicas, que se relacionaram com as outras culturas religiosas, construindo novas significações para a sociedade colonial.[15] Para eles, a característica fundamental desse rico universo religioso é a "plasticidade", isto é, a construção de um mundo religioso a partir de universos culturais diferentes, que possibilitaram a existência de uma religiosidade marcada pela diversidade. As experiências religiosas tinham alguns pontos de encontro, como a crença no sobrenatural e nas comunicações com seres invisíveis, o que teria sido um componente importante e facilitador da introdução do espiritismo em solo brasileiro.

> ...Nos períodos colonial e imperial eles acomodaram-se à nova situação e criaram suas estratégias de sobrevivência dentro dos estreitos limites do cativeiro. Começou aí a formação dos cultos afro-brasileiros propriamente ditos, com a incorporação, pelos negros, de crenças católicas e indígenas com as quais passaram a conviver. O sincretismo com o catolicismo, ou seja, a absorção de mitos e rituais católicos, tais como o batismo, a assistência a missas, a correspondência e identificação de orixás com santos católicos, derivou, até certo ponto, do caráter obrigatório desta religião na situação colonial, sendo o escravo batizado, às vezes, já no porto de embarque. O ambiente da sociedade colonial, envolto em crenças e práticas católicas as quais o negro cativo não podia evitar, certamente também influi, assim como a distância

15 Ver: MONTES, Maria Lucia. As figuras do sagrado: entre o público e privado. In: SCHWARCZ, Lilia Moritz (org.). *História da vida* privada: contrastes da intimidade contemporânea. São Paulo: Companhia das Letras, 1988, p. 100-111; NEGRÃO, Lísias Nogueira. Religiões afro-brasileiras: candomblé, macumba e umbanda. In: PORTA, Paula. *História da cidade de São Paulo: a cidade no Império*. v. 2. São Paulo: Paz e Terra, 2004, p. 551-554; SILVA, Vagner Gonçalves. *Candomblé e Umbanda*: caminhos da devoção brasileira. São Paulo: Selo Negro, 2005, p. 19-21; TRINDADE, Liana Maria Salvia. *Construções míticas e história*: estudos sobre as representações simbólicas e relações raciais em São Paulo do século XVIII à atualidade, op. cit., p. 27-32.

> existente entre ele e o senhor branco, e o fato de não ter sido submetido a uma catequese sistemática (NEGRÃO, 2004, p. 551).

Trindade afirma que os europeus que vieram para São Paulo entre os séculos XIX e XX encontraram esse universo de práticas mágico-religiosas muito parecidas com aquelas que eles já conheciam (1991, p. 154). Essa realidade teria facilitado a penetração do espiritismo e das outras doutrinas espiritualistas, pois a comunicação com entidades invisíveis já fazia parte do universo religioso e cultural brasileiro. Lisias Negrão afirma que, além desse processo, o espiritismo angariou muitos adeptos no Brasil ao legitimar esse imaginário a partir de conhecimentos ligados à ciência positiva. Nesse sentido – como foi analisado na Introdução desta tese –, os espíritas teriam garantido a sua legitimação, ao passo que as práticas derivadas das religiões e religiosidades populares e de origem afro-brasileira foram hostilizadas, principalmente em um momento no qual as elites paulistas abraçaram os ideais de modernidade europeia e construíram uma visão altamente preconceituosa de práticas associadas à feitiçaria e ao curandeirismo (NEGRÃO, 2004, p. 552-564). Koguruma concorda com tal interpretação e avalia que os próprios espíritas condenavam atividades organizadas por adeptos de práticas mágico-religiosas de origem afro-brasileira e observa que no período estudado surgiram as categorias de alto e baixo espiritismo, cuja construção foi fruto dos próprios espíritas e de autoridades policiais, juízes e outros agentes que perseguiram as práticas religiosas populares (KOGURUMA, 1998, p. 198-199).

Em nossa pesquisa, embora tenhamos reconhecido que os agentes espíritas também sofreram perseguições, quer pelo clero, quer pelas autoridades, mesmo que não tenham sido de forma recorrente, como descrito, as práticas religiosas populares foram pouco abordadas pelos periódicos espiritualistas, o que indica a invisibilidade desses grupos por esses agentes. Entretanto, em alguns momentos, ao serem retratados através de notícias ou artigos analíticos, de fato era nítida a preocupação com as possíveis identificações entre os imaginários, e o esforço para se diferenciar demonstrava um preconceito por parte dos agentes aqui estudados.

Em 1875, os simpatizantes de um espiritismo ainda pouco conhecido em terras paulistanas, já chamavam a atenção para essa possível associação. O articulista Irmah Thirpsé, no artigo "Anathema sit!", repreende aos fanáticos que procuravam os feiticeiros existentes na cidade e reclama que o verdadeiro desmoralizador do espiritismo era o charlatanismo e não as declamações pomposas e ocas de seus adversários (*Diário de S. Paulo*, 20/04/1875, p. 2).

Nas páginas dos periódicos espiritualistas, aparecia a recusa em dialogar com qualquer perspectiva que se relacionasse com as religiões de matriz afro, denominando seus adeptos de feiticeiros, curandeiros e enganadores. A principal forma de desqualificação das práticas de cura ou de adivinhação era observar que seus agentes pleiteavam ganhos materiais, enquanto que os espíritas seriam guiados pela prática da caridade cristã perante os sofredores, não auferindo qualquer rendimento. A deslegitimação desses imaginários era realizada normalmente pelo viés cristão, conclamando essas pessoas ao abandono dessas práticas, na medida em que seus resultados poderiam ser os mesmos, caso imitassem a experiência dos espíritas. Qualquer atividade que procurasse predizer o futuro, realizar milagres, ou que tivesse danças e cantos ou "movimentos convulsivos" era classificada como errônea, pois a mediunidade deveria ser exercida de forma equilibrada, salutar, visando o bem do próximo; os espiritualistas passavam, portanto, a pretender definir as formas legítimas de contato com o "invisível".

Batuíra mostrava interesse especial pelos casos de loucura. Ao ler na imprensa diária uma notícia sobre uma família em Santo Amaro na qual três pessoas ficaram loucas, resolveu averiguar e descobriu que a família tinha o costume de fazer "rezas", e que estas se transformavam em "pagodes", nas quais se praticava o "bate-pé", conclamando a família a abandonar tais práticas e adotar a caridade cristã:

> Aconselhei que daquela data em diante procedessem como verdadeiros cristãos, pois para se agradar a Deus não era preciso fazer ostentação de religiosos. Disse que, aqueles que muito trabalhassem e repartissem o produto do seu trabalho com seus irmãos enfermos, estes seriam os escolhidos do Senhor, e valiam mais do que se rezassem muito e não os socorressem (*Verdade e Luz*, n. 1, ano I, 25/05/1890, p. 3).

O Clarim comenta um artigo publicado em *O Estado de São Paulo*, no qual o diário associava o espiritismo às práticas de feitiçaria por parte de uma mulher que alegava predizer o futuro. O articulista não se mostra ofendido e agradece a notícia, colocando-se ao lado do jornal, temendo que outras atividades de caráter mediúnico pudessem ser associados à sua doutrina.

> Valha-me o último trecho que transcrevemos do diário paulistano, e muito agradecemos a imprensa quando no desempenho dos seus deveres denuncia e ataca esses focos de superstições e charlatanismo que tomando o nome de espiritismo não tem outro fim que desmoralizar a causa pela qual nos esforçamos em propagar (*O Clarim*, n. 15, ano VIII, 18/11/1911, p. 3).

Em momento posterior, ao analisar um artigo de Leonídio Ribeiro (1893-1976), médico que se notabilizou por intensas críticas ao espiritismo,[16] associando essa doutrina à charlatanice, novamente prefere agradecer ao médico por estar desenvolvendo um importante trabalho para os espíritas, invertendo o sentido do seu trabalho, na medida em que ele cita casos de fraude, mas que, na visão de *O Clarim*, não seriam da alçada dos verdadeiros espíritas: "por isso, aplaudimos de coração, o Dr. Leonídio Ribeiro, enquanto combate os charlatães, os exploradores, os intrujões, os burlões, os embusteiros" (*O Clarim*, n. 8, ano XXIII, 15/10/1927, p. 1).

Esses exemplos, dentre outros, demonstram as tensões existentes entre as ideias e práticas de cunho espiritualistas e as originárias de sistemas simbólicos de origem popular. Os articulistas denunciavam essas práticas e as condenavam, procurando afastá-las do espiritismo ou esoterismo, inclusive apoiando as interpretações dominantes que surgiam na imprensa ou nos meios acadêmicos. Embora os fenômenos produzidos fossem considerados reais, eram praticados por pessoas "atrasadas" e de espíritos pouco evoluídos, o que indica interpretação de cunho evolucionista. Uma das explicações era que a população poderia ser enganada pelos espíritos se os médiuns fossem pessoas "simples e ignorantes", enquanto que os "homens mais espirituosos", inteligentes e instruídos teriam mais critérios e condições de não cair em fascinações ou obsessões. E criticavam aos exploradores dos assuntos espíritas por estabelecer o comércio entre encarnados e entidades do plano astral e o uso leviano da mediunidade, isto é, a magia. Por fim, não aceitavam em hipótese alguma que o espiritismo pudesse ser confundido com a necromancia e os sortilégios, condenando os centros que eram utilizados para comunicações consideradas frívolas.[17]

---

16 Leonídio Ribeiro é autor, com Murilo de Campos, do livro *O Espiritismo no Brasil*. São Paulo: Cia Editora Nacional, 1931.

17 Artigos com essas interpretações podem ser encontrados em *Verdade e Luz*, n. 241, ano XI, 31/05/1900, p. 1; *O Clarim*: n. 12, ano IX, 08/11/1913, p. 1; n. 23, ano IX, 24/01/1914, p. 1;

Anticlericalismo: tradicionalistas *versus* modernos

> Os espíritas não mercadejam, em nome da divindade, com um céu fictício, nem com um inferno mitológico, nem com um diabo hipotético, nem com um purgatório imaginário. Não dizem missa, não batizam, não ungem, não recomendam defuntos, não casam, nem dispensam jejuns, nem concedem indulgências, nem dispensam graus de parentesco para casamento, coisas estas que só se fazem a peso de ouro, isto é, de *nicolaus*, segundo a expressão chula de "Muitos Católicos". Os espíritas são pessoas que tem ocupação definida, são homens do trabalho, que não vivem vida milagrosa à custa dos crentes. Onde estão os exploradores? A resposta não se faz esperar (*Verdade e Luz*, n. 367, ano XVI, 15/09/1905, p. 11).

Se os agentes espiritualistas através de seus órgãos de imprensa tiveram pontos de atrito em termos doutrinários, em muitos momentos se aproximaram a partir de um discurso anticlerical que por vezes tomou forma opositora e militante. A despeito da heterogeneidade existente, alguns periódicos surgiram justamente para defender os centros espíritas dos ataques do clero local e, como visto no primeiro capítulo, na origem do movimento espírita em São Paulo existiu um componente anticlerical importante, que o aproximou de alguns intelectuais. Dessa maneira se organizava um processo de confronto, às vezes mais contundente, e que era visto como fundamental para a sobrevivência do espiritismo em um *locus* pouco favorável. Ao mesmo tempo, os agentes espíritas procuravam demonstrar um certo intelectualismo, apresentando uma superioridade fundamental para o convencimento dos leitores. Se em todos os periódicos existiam críticas ao catolicismo em termos de dogmas, o anticlericalismo se notabilizou em alguns, exceto nos impressos que ainda possuíam traços católicos, e nos que estavam ligados ao CECP que, como vimos, preferiam evitar polêmicas e se interessaram mais pela publicidade dos princípios esotéricos, pois aceitavam pessoas de religiões diferentes, inclusive católicos.

Como veremos adiante, os argumentos eram variados, mas se configuravam em torno de ideais políticos, sociais, morais e religiosos. A recusa de instituições

---

Natalício de Jesus, n. 44, ano III, dez. 1911, p. 171.

que tutelassem os valores e normas sociais e impedissem o progresso da sociedade era constantemente anunciada. Ao mesmo tempo, estavam em pauta os conflitos acirrados com a Igreja Católica, preocupada com o crescimento de doutrinas laicas na sociedade e nos meios intelectuais, o que a fez combater as sociedades espiritualistas. Nesse processo, os espiritualistas não apresentavam um discurso isolado, pois outros grupos como maçons, liberais, livres-pensadores, socialistas, anarquistas e protestantes também os faziam, e se relacionaram de diferentes maneiras com os grupos espiritualistas. David Gueiros Vieira, por exemplo, afirma que ocorreram no país vários incidentes nos quais os espíritas fizeram causa comum com os protestantes contra os ultramontanos (1980, p. 54). Na imprensa espiritualista em questão, não eram raros os momentos nos quais se pedia a união de grupos diferentes, sempre em torno da questão anticlerical:

> A campanha contra o jesuitismo no Brasil precisa ser dada logo e sem tréguas. A nosso ver todos os elementos anticlericais deviam se unir, protestantes, espíritas, maçons, livres pensadores, etc, com o fim único de opor um dique forte e invencível à invasão das hostes jesuíticas neste país (*Mundo Occulto*, n. 11, ano I, 15/07/1905, p. 3).

No entanto, como discutido por outros pesquisadores, o livre-pensamento e o anticlericalismo não caminharam necessariamente juntos e nem todos os grupos espiritualistas foram francamente anticlericais. Como afirma Balhana, "o católico, o evangélico, o livre-pensador, podem ser anti-clericais. De outro lado, o livre-pensador ou o espiritualista, podem estar distanciados de quaisquer choques com o clero da Igreja Católica Romana" (1980, p. 3). Este autor procura descrever o anticlericalismo a partir das seguintes premissas:

> Não se trata, em absoluto, de uma ideologia complexa. Ao contrario, é muito clara e gira em torno de temas muito simples, ainda que de temperaturas altas, como a intolerância, a hipocrisia, o poder dos Papas, o jesuitismo, o ensino religioso.
>
> Sobretudo, o *anticlericalismo* se concentra no combate à expansão do poder dos Papas, quer religioso, como, principalmente, temporal. Deste modo, os anti-clericais são adversários das chamadas doutrinas

> ultramontanas de subordinação do poder temporal à autoridade eclesiástica (1980, p. 3).

Eliane Moura Silva interpreta essa questão de forma semelhante, ao lembrar a recusa dos grupos espiritualistas em debater contra a religião dominante e as possíveis motivações políticas e sociais para essa situação:

> A queixa frequente da falta de coerência de maçons, espíritas, republicanos, socialistas brasileiros que não eram ostensivamente anticlericais é, por exemplo, um dado que nos coloca em confronto com outros movimentos internacionais. Pusilanimidade? Este era o argumento dos articulistas ferozes. Os jogos de poder, a sobrevivência, a ascensão social, as mentalidades de uma época são elementos que não podem ser desqualificados ou esquecidos: devem ser investigados, interpretados e reinterpretados, revelando tendências, movimentos e debates que desfazem o manto homogeneizador sob o qual abrigam-se denominações genéricas, como Maçonaria que sabemos ser hoje também, dividida em "Potências" de várias obediências. Assim também revelam-se múltiplas as denominações de anticlericalismo e livre pensamento (SILVA, 1997, p. 18).

De qualquer maneira, Balhana argumenta que a Igreja parece ter sentido o movimento anticlerical de vários livres-pensadores e, aliado ao receio de perder o monopólio religioso na sociedade, procurou combater esse movimento a partir de discursos, pastorais, congressos católicos e outros instrumentos, alegando que a imoralidade e o materialismo tomariam conta da sociedade e a família desmoronaria com o crescimento dos grupos anticlericais (1980, p. 45 e segs.).[18]

A produção intelectual dos agentes espíritas paulistas nos permite averiguar os termos católicos utilizados na disputa. Os artigos revelam respostas a outros artigos publicados na imprensa católica ou na grande imprensa, o que demonstra o desconforto gerado pela introdução das doutrinas espiritualistas em solo pau-

18 Sobre os conflitos entre espíritas e a Igreja Católica ver: COSTA, Flamarion Laba da. *Demônios e anjos* (o embate entre espíritas e católicos na República Brasileira até a década de 60 do século XX). Curitiba, 2001. Tese (Doutorado em História) – Universidade Federal do Paraná.

lista. É evidente que a Igreja se ressentia da nova configuração do campo religioso e da disputa no interior desse campo com a ascensão de outras religiões com a perda do seu monopólio religioso, o que a faz organizar uma ofensiva por meio de seus órgãos de imprensa e dos intelectuais engajados. Também eram publicados opúsculos e folhetos com denúncias das atividades das sociedades espiritualistas, interditando aos católicos a participação nessas instituições, nos eventos patrocinados por elas, ou contribuições para as suas obras sociais e até mesmo proibindo a leitura de sua produção editorial, com o argumento que eram doutrinas ateístas, diabólicas ou que simplesmente provocavam a loucura em seus adeptos.[19] Um desses folhetos escritos por clérigos que se propunham a criticar o espiritismo, surgidos no final do século XIX, de autoria do Monsenhor Camilo Passalacqua, iremos comentar mais adiante. Em 1911, surgia em São Paulo o livro *O Espiritismo em si e nas suas relações*, do padre Angelo Martin. Logo no início informa que é apenas mais um livro sobre o espiritismo, doutrina que representa "entre os erros que lavram no povo cristão, o mais perigoso pelas formas sedutoras e quase irresistíveis que toma e de que se reveste..." (MARTIN, 1911, p. IV).

Ele demonstrava o incômodo da Igreja da época com essa nova doutrina e discorria sobre os seus perigos, fazendo uma espécie de síntese de todos os argumentos que a Igreja se utilizava naquele momento, muitas vezes reunindo em torno desse imaginário espiritismo, esoterismo, magnetismo, hipnotismo, médiuns e feiticeiros, sob o signo das comunicações espirituais. Ele apresenta um razoável conhecimento sobre a história do espiritismo e dos chamados fenômenos e efeitos espíritas, o que significa que havia estudado o assunto, ao contrário de outros opúsculos anteriores, publicados de forma apressada e que eram intensamente criticados pelos espiritualistas. Padre Martin avalia que muitos dos fenômenos não poderiam ter sido produzidos pelos próprios médiuns e que de fato existia

19 As polêmicas religiosas entre católicos e espíritas no Brasil surgiram desde o início dos primeiros grupos espíritas no país. Em 1867, Teles de Menezes e o arcebispo da Bahia, Dom Manuel Joaquim da Silveira, travaram uma disputa em torno das principais teses do espiritismo: a comunicação com os mortos e a reencarnação. Em sua Carta Pastoral, o arcebispo procurava demonstrar os erros perniciosos do Espiritismo, ao passo que o espírita baiano argumentava reinterpretando as passagens bíblicas e procurando legitimar o espiritismo a partir da tradição cristã (FERNANDES, 2003, p. 38-46). Os bispos brasileiros publicaram outras Pastorais em 1881 e 1882, atacando a doutrina espírita como heresia e orientando o clero católico sobre o assunto (CAMURÇA, 2001, p. 137-138).

uma causa inteligente por trás delas. Mas a partir desse ponto, revisita os mesmos argumentos que a Igreja utilizava contra esses grupos. Se de fato eram espíritos que se comunicavam, não poderiam ser bons, pois estes são movidos pela dignidade e bondade e isto não aparecia nos fenômenos registrados por cientistas famosos como Crookes e Lombroso. Estes eram caracterizados pelo movimento dos objetos, gritos, ruídos estrondosos, e pela materialização de mãos e bustos indecorosos (MARTIN, 1911, p. 40). O autor procura construir uma argumentação que aterroriza o leitor, reduzindo as doutrinas espiritualistas a fenômenos assombrosos. E perguntava se acaso a revelação de além-túmulo estava fadada a esses espetáculos grotescos. Explorando o principal argumento contrário a essas práticas, e após uma argumentação sofisticada, seu ponto de chegada era a conclusão tradicional da Igreja: os espíritos que se comunicavam não eram sérios, mas enganadores, cujas identidades só poderiam estar associadas ao demônio; além disso, outro malefício era o sofrimento que essas comunicações trariam aos médiuns. Como os espíritas argumentavam que muitos dos espíritos comunicantes eram pouco evoluídos, era mais um motivo para se acreditar que se tratam de seres demoníacos; portanto, os espíritas, com seus discursos intelectualistas que se escondem por detrás de argumentos científicos, nada mais são do que sofisticados feiticeiros (MARTIN, 1911, p. 51). O autor ainda lembra que Deus havia proibido a comunicação com os mortos, nada restando aos homens e mulheres na Terra do que obedecer aos desígnios divinos. Por último, avalia que as obras de caridade eram estratégia para atrair cada vez mais adeptos, e os bons católicos deveriam se afastar dessas imposturas. Nesse particular, a argumentação utilizada consistia em defender a manutenção da tradição religiosa brasileira, no apego aos cultos e dogmas existentes, única forma de salvação do ser humano.

E, em função da disputa, surgiram artigos na imprensa paulista que atacavam o espírito conservador da Igreja e o seu tradicionalismo. O já citado Henrique Serra escreve na seção denominada "A Defesa" publicada a partir de maio de 1905 em *O Mundo Occulto*, um conjunto de artigos que respondiam aos ataques do periódico católico *O Mensageiro Paroquial*, um dos mais críticos aos espíritas no período. Em seu texto percebemos um dos tons do debate no período, que procurava não apenas criticar a Igreja a partir de um ponto de vista religioso, mas sim por seu significado social e político, ao demonstrar o "espírito sectarista" dos articulistas católicos, a carência de "probidade" filosófica e honestidade científica ao combater os espiritualistas, e resume as divergências no "combate entre o espírito velho e o novo, entre o decadentismo e o progresso, entre a autoridade espiritual arrogante e a liberdade intelectual" (*O Mundo Occulto*, n. 13, ano II, 01/10/1905, p. 1). O articulista prossegue, afirmando que o fundamentalismo da Igreja estava alicerçado em uma sociedade arcaica, ao passo que o espiritismo era fruto dos "espíritos progressistas e liberais"; a Igreja era um "grêmio arcaico" que produzia "vãos terrores" para inculcar nas pessoas, o que ia contra o que a sociedade almeja, "a solução de todos os problemas da vida individual e social", e sem a interpretação literal de "cartas dogmáticas", por isso os espíritas devem ser sempre os "adversários intemeratos" da Igreja.[20] Em uma linguagem assertiva e dura, como lhe é característico, o autor descreve as aspirações do homem moderno:

> Examinam, perscrutam e decidem com inteira liberdade de espírito as mais complexas questões que concernem à origem e destino dos seres, sem mais se preocuparem com o que diz e ensina o seu cura, cujo papel se vai restringindo aos poucos, na medida da liberdade das consciências, até acabar, por força da evolução pessoal e coletiva, pela anulação total da sua existência pretendidamente moral e civilizadora.
> A História aí está rubra e palpitante a atestar que a instituição que representais, foi sempre um estorvo ao progresso, a liberdade e ao bem estar. O que a humanidade hoje tem de grande, generoso e belo foi obtida a contra gosto da Igreja.
> Por espírito de seita e por ódio ao espírito novo que ordena o exame das questões, não podeis fazer de outro modo senão combatendo-nos. Exerceis o vosso papel, cumpris o vosso destino (*O Mundo Occulto*, n. 13, ano II, 01/10/1905, p. 1).

Nesse discurso em que contrapõe o "velho e o novo", Serra e muitos dos agentes espiritualistas procuraram demonstrar que o espiritismo, ou as doutrinas espiritualistas, estavam destinadas a promover uma profunda reforma social, construindo uma sociedade tolerante, sem preconceitos e distante das ortodoxias religiosas, a partir de novos ideais, sancionando os conhecimentos e as ciências modernas. Esse "espírito moderno" oferecia um mundo de liberdade relacionado com o momento

20 Eliane Moura Silva observa o maniqueísmo do discurso que opõe livres-pensadores a católicos, a civilização contra o atraso, característico de muitos agentes anticlericais (SILVA, 1997, p. 7).

histórico vivido, uma época de progresso, de acordo com o projeto das Luzes; em compensação, a Igreja oferecia um mundo que pertence a uma outra época, a opressão, a centralização, o monopólio da verdade, escravizando as consciências a partir de uma fé passiva, sem reflexão, que só poderia produzir fanáticos e supersticiosos. Essas ilusões precisavam ser definitivamente destruídas, as consciências adormecidas deveriam ser despertadas e o mundo pautado pelo estudo e pela observação iria predominar. E somente os espiritualistas seriam portadores do verdadeiro progresso, pois acompanham a ciência, o liberalismo e mantém a crença racional em Deus. Essa argumentação era recorrente. Os espíritas e esotéricos procuravam demonstrar que a Igreja seria o lugar do misticismo e do fanatismo, com seus dogmas, rituais, templos, sacerdotes e sacramentos, que podiam ser desconstruídos pela razão, enquanto os espiritualistas estavam amparados nas descobertas científicas dos pesquisadores que se dedicaram a desvendar a alma humana.

Alguns redatores e colaboradores, com um tom mais polêmico, procuravam demonstrar o desprezo que possuíam por uma instituição repleta de preconceitos e superstições. E encontramos Henrique Serra, o crítico do espiritismo, identificando-se agora como espírita, para nossa surpresa, que explicava:

> ...É que somos filhos de uma época de paz e de progresso que não mais comporta a execução dos ditames do *Syllabus*; professamos uma crença, e quiçá uma ciência, que inscreve em sua bandeira: *inviolabilidade da consciência*, princípio que debalde procuraríamos em qualquer manual de teologia cristã, inscrição essa que o Tribunal fundado por Inocencio III soube conspurcar, e que a instituição, da qual sois entusiastas e valentes defensores pelo que muito vos respeitamos, pretendia talvez arrancar do código dos direitos modernos se o pudesse, já que vontade não lhe falta (*O Mundo Occulto*, n. 9, ano I, 15/05/1905, p. 2).

Mas essa nova época de progresso só poderia ser completa a partir do resgate do cristianismo, pois a mensagem deste não estava superada, apenas as religiões tinham se apropriado falsamente dessa mensagem; o resgate do verdadeiro cristianismo tornava-se urgente. Em "Cristianismo e Tradicionalismo", Vinicius observa a necessidade de combater o tradicionalismo católico, portador do mesmo papel que os fariseus e sacerdotes representavam na época de Jesus Cristo, mas mantendo a pureza original do cristianismo:

> Tradicionalismo, importa no apego à tradição. Tradição significa legados do passado; crenças, usos, hábitos, costumes e leis que, observadas pelos povos, se vão transmitindo de uma para outra geração. Ora, é bastante refletirmos um momento sobre o objeto do Cristianismo e do Tradicionalismo, para chegarmos à conclusão de que, são incompatíveis. A doutrina de Jesus visa estabelecer na Terra o império da moral a mais elevada, consoante o estado intelectual em que se encontrar a humanidade através de todos os tempos.
>
> [...]
>
> O Tradicionalismo, pelo contrário, quer o império incondicional da tradição; pretende a perpetuação imutável do passado, com suas crenças, hábitos, costumes e leis. Para lograr seu inexequível intento, o Tradicionalismo se faz déspota; - lançando mão da força, luta desesperadamente, em pura perda, para ver se consegue entravar a roda da evolução (*O Clarim*, n. 5, ano VIII, 21/09/1912, p. 1).

Neste artigo reaparece a visão dualista entre tradicionalistas e modernos, os portadores de velhas crenças e privilégios, cujo baluarte são as ideias religiosas e os partidários do progresso. Aqueles defendem a teocracia amparada no direito divino, estes são reformadores, revolucionários ou progressistas. Mas é verdade que, nesta época, essa discussão não era monopólio apenas dos espiritualistas. Ana Luiza Martins observa que as páginas da imprensa paulista do início do século XX possuíam como um dos temas preferenciais a dicotomia entre Tradição e Modernidade, especialmente em relação à cidade de São Paulo que vivenciava seu processo de urbanização peculiar (2008, p. 14-16).

Artur Isaia também analisa o discurso espírita, demonstrando que as ideias de progresso, civilização, república e ciência fizeram parte deste imaginário apresentado em contraposição ao catolicismo.

> O Espiritismo, ao mesmo tempo em que, à sua maneira, tentou a reaproximação entre conhecimento e revelação, trouxe uma leitura da história extremamente próxima da modernidade, com uma proposta de cunho macro-explicativo. O reconhecimento, pelo Espiritismo, da inevitabilidade do progresso como sentido da história humana, levava à necessidade de confrontar as propostas sócio-políticas à 'grande lei da evolução'. Assim, o Espiritismo pregava que os reacionários, ligados a

> antigos privilégios de um mundo dominado por trono e altar, se retardavam o progresso, jamais poderiam impedi-lo (ISAIA, 2007, p. 289).

A revista *Nova Revelação*, assim como outros impressos espíritas, tinha um caráter anticlerical, e procurava de uma forma pedagógica contrapor o espiritismo e o catolicismo, como era característico de espíritas como Anália Franco, Francisco Bastos e João Penteado ligados a esse periódico. Em "Espiritismo e Catolicismo", de Deocleciano Pacheco, o autor produz um diálogo imaginário entre pai católico e seu filho espírita:

> — Filho, larga essa quimera diabólica; confessa-te e volta para a Santa Igreja Católica Romana, que é a única religião que nos assegura os gozos da bem aventurança eterna.
> — Largar a minha consoladora doutrina por uma crença absurda, inimiga da Luz, da Ciência e do Progresso, do amor e da liberdade, que nos aterroriza com os sofrimentos do Inferno, que faz de Deus um pai desumano? Nunca.
> — A crença espírita, filho, põe os homens doidos.
> — Quando temos predisposição para isso; quando não se compreende o que é o Espiritismo, é verdade; porém isso não é descrédito para a doutrina de Kardec, porquanto tenho visto inúmeros católicos enlouquecerem, não por seguirem o espiritismo, mas por lerem as 'Missões Abreviadas', por causa do Inferno, etc, etc.
> — O que vem nas sessões espíritas é o Diabo.
> — Como, se é em nome de Deus que se evoca?
> — Mas o que vem é o Diabo.
> — Como, em certas sessões, o Diabo instrui aos ouvintes com uma revelação pura?... E como consola... Como induz ao amor... (*Nova Revelação*, n. 97, ano VII, dez. 1911, p. 4-5).

O pai dialoga sob o signo da tradição; o filho argumenta a partir da racionalidade. O colóquio continua de forma didática, e o filho vai desmontando os argumentos paternos e explicando amorosamente que às vezes surgem nas sessões espíritos atrasados e zombeteiros, advertindo que realmente existem falsos espíritas, na mesma medida em que sempre existiram falsos clérigos que excomungaram e provocaram a morte de muitos. Através da persuasão ele vai mostrando ao pai a superioridade do espiritismo e de como o catolicismo pertenceria a um outro mundo, monárquico e conservador, distante do real.

Nesse processo, surgia o imaginário que contrapunha o Deus verdadeiro dos espiritualistas e o Deus dos padres; enquanto que este estava ligado a sacramentos e é celebrado com festas, mas demonstra ser intolerante, escravocrata e sem caridade, o Deus verdadeiro estava ligado às ideias iluministas, como autor supremo da liberdade e do livre-pensamento. O Deus da verdade em contraposição ao Deus dos padres "proclama o trabalho como lei universal, aconselha o estudo como condição de perfeição, e estabeleceu o progresso como meio de atingir a Verdade" (*O Clarim*, n. 17, ano XVIII, 02/12/1922, p. 1). O "Deus verdadeiro" tem a intenção de tornar o homem melhor, enquanto que o dos padres se baseava na dominação.

Os artigos presentes no jornal *O Clarim*, costumavam ser bem escritos, alguns autores demonstravam alguma erudição e existia uma inclinação para a controvérsia. Muitos textos utilizavam uma visão muito próxima da produzida pelos católicos: a ideia de uma crise moral e degeneração que a humanidade vive no momento. Entretanto, não decorria do fato de novos ideários ameaçarem a sociedade, mas justamente porque os costumes e valores tradicionais, advindos de uma religiosidade repleta de erros, estavam caducos e o legado católico precisava ser suplantado. Essa crítica aparecia muitas vezes ligada a uma crítica política e social, como veremos no próximo capítulo, igualmente decorrente desse mundo católico a ser combatido.

Em um artigo no qual Cairbar lança uma espécie de manifesto aos operários, comerciantes e industriais contra o clero, ele destaca que os problemas de nosso país são derivados de nosso apego às cadeias férreas do Vaticano, cujos sacerdotes eram os escribas e fariseus das modernas sinagogas:

> A aristocracia é a morte do proletariado e o clero é o coveiro de ambos. Há pouco era o clericalismo que dava a nota dominante, governo dos governos das nações os *curas das almas* quais Espíritos malévolos que perseguem os homens traziam de um lado uma cruz, de outro um punhal com que impunham suas ideias abstrusas; hoje quais vampiros sociais eles se agarram a nobreza que para melhor dar pasto a sua vaidade curva-se hipocritamente aos pés dos vendilhões fazendo jus a um título honorífico – a uma benção com que pensa mais se engrandecer.

> A alta hierarquia sacerdotal não está só no meio das sotainas – dos vestidos de seda, de brocado e de púrpura, mas também nas casacas dos imbecis que não puderam até agora compreender a sentença de Jesus: 'Quem se exaltar será humilhado'.
>
> [...]
>
> É tempo de reagir, – o servilismo é a condição execranda do covarde, – e o covarde é um escravo do medo, do despotismo, da tirania (*O Clarim*, n. 5, ano V, 15/10/1909, p. 1).

Para os responsáveis pela redação do jornal espírita *O Clarim da Luz*, de Sorocaba, possivelmente um dos mais ativos impressos anticlericais do período, cujos artigos eram quase que exclusivamente voltados às críticas à Igreja com tom radical, se o clero possuísse tanto poder como nos séculos anteriores, teria lançado à fogueira os seus novos adversários: maçons, positivistas e espíritas, denominados de livres-pensadores. De acordo com esse discurso, o clero almejava que o povo continuasse obediente e cego e "cada crente um autômato que se moveria ao aceno dos benfeitores da humanidade" (*O Clarim da Luz*, n. 38, ano III, set. 1910, p. 1).

O periódico era repleto de respostas a clérigos que publicaram críticas ao espiritismo em diferentes órgãos de imprensa e a alguns protestantes, isto é, "membros do decadente clero romano e do exótico protestantismo" (*O Clarim da Luz*, n. 38, ano III, set. 1910, p. 1), em tom ácido e com pouco espaço reservado a esclarecimentos doutrinários. Ele insistia na imagem do clero mantendo a ignorância do povo:

> Sabeis leitores, porque não convém a igreja romana, que o povo investigue e procure acompanhar a ciência moderna?
>
> Porque ilustrado e aperfeiçoado o espírito humano, livre desse polvo imenso e pavoroso que por todo o globo estende os seus tentáculos; desse espantalho de dogmas e burlas interesseiras, elevar-se-á puro e radiante aos paramos celestes. Para que o "homem deus" infalível, proibiu o ensino moderno, dizendo-o contrário a Deus? (*O Clarim da Luz*, n. 38, ano III, set. 1910, p. 2).

Contra os "escravos do romanismo"

Outro tema que não escapava aos agentes espíritas da época, era uma avaliação do ultramontanismo, sua repercussão na Igreja brasileira, e dos documentos papais que lhe serviam como referência. O ultramontanismo foi um movimento cultural e religioso que surgiu na Europa no século XIX e que representou a oposição da Igreja diante das novas ideias e propostas iluministas. Possuía alguns corolários como a centralização das decisões da Igreja em torno da Cúria Romana, controlando rigidamente a doutrina católica e a infalibilidade papal.

> Etimologicamente falando, ultramontano ou *outremontagne* foi a expressão usada, no início do século XIX, na França e na Alemanha, para indicar, na rosa-dos-ventos, o ponto escolhido de referência e fidelidade: ele está para lá das montanhas, além dos Alpes. Seu nome é Roma, é Pedro, o papa. A reação ultramontana se desenvolveu sobre um plano duplo: tendência a reconhecer no Papa da Igreja, uma autoridade espiritual total, e a reivindicação para a Igreja da independência a respeito do poder civil, e mesmo de um certo poder ao menos indireto sobre o Estado (WERNET, 1987, p. 178).

No contexto histórico em que a Igreja Católica perdia influência e controle sobre a sociedade, ela preferiu recusar as ideias modernas e assumir uma posição reacionária. Esse posicionamento foi instrumentalizado a partir de uma série de documentos que redefiniram a posição católica diante das transformações mundiais. Em 1864 o papa Pio IX publicou a encíclica *Quanta Cura* e o seu apêndice, *Syllabus*, medidas que procuravam reforçar o poder da Igreja, manter seus direitos e privilégios tradicionais em contraposição ao processo de secularização em curso na Europa, e condenar o progresso, o racionalismo, o liberalismo, o comunismo e as sociedades secretas, considerados como erros modernos. Essas determinações provocaram reações contrárias, inclusive no interior da própria Igreja, pois alguns setores e intelectuais já vinham procurando conciliar as ideias modernas e o cristianismo. Alguns países se mantiverem contra esses documentos, particularmente a Itália, cujo processo de unificação se colocava mediante a oposição aos interesses da Igreja. Como defende Sergio Miceli, a Igreja ao propor esses documentos desenvolveu uma "revisão defensiva das doutrinas oficiais da Igreja", mas também assumiu uma postura ofensiva ao empreender iniciativas para seu fortalecimento organizacional (1988, p. 12). Essas ações propositivas levaram a uma centralização das igrejas nacionais ao redor da autoridade papal.

No Brasil, a entrada do ultramontanismo não ocorreu sem conflitos. Augustin Wernet demonstra como um catolicismo iluminista presente na Igreja brasileira, particularmente na paulista, foi sendo substituído por um catolicismo romano conservador e antimoderno, característico de países europeus e pautado pela uniformização dos ritos e pela centralização em torno dos ditames de Roma, afastando-se paulatinamente das características nacionais das igrejas.

> Sem dúvida, o catolicismo iluminista cedeu lugar ao ultramontanismo. O catolicismo tradicional, que marcou o Brasil colonial, caracteristicamente leigo, social e familiar, foi substituído pelo catolicismo renovado de cunho individual, clerical e romanizado. Uma Igreja mais independente e mais pura começou a consolidar-se e a participação de sacerdotes na vida pública e econômica diminuiu. E, apesar de períodos de 'nostalgia do Padroado', no sentido de a Igreja, conquistada a sua autonomia, querer novamente ser a religião do Estado para usar as suas estruturas e os seus recursos, a separação entre Igreja e Estado, cultura religiosa e civil laicizada continuava a crescer, fazendo com que a inteligência católica se afastasse no terreno da razão, das correntes gerais, concentrando-se em si mesma e dedicando todas as suas forças à defesa e à transmissão de um sistema doutrinário quase imutável (WERNET, 1987, p. 187-189).

Wernet detalha como São Paulo era uma província na qual proliferavam as ideias liberais, cujo centro irradiador era a Academia de Direito, identificada com o catolicismo iluminista. Ele analisou a gestão episcopal de D. Antônio Joaquim de Melo (1791-1861), que iniciou a reforma do clero paulista e fortaleceu o catolicismo ultramontano, processo esse que resultou em uma cisão entre as ideias iluministas e liberais da Academia e as ultramontanas que vicejavam no Seminário Episcopal instalado por ele. Portanto, no momento no qual o espiritismo e as demais doutrinas espiritualistas adentraram no solo paulistano, a Igreja passava por uma fase de transição, separando-se do Estado brasileiro e consolidando o seu processo de romanização, isto é, de aceitação dos ideais ultramontanos de Roma, a partir dos quais recusava as ideias modernas.

Esse processo foi confrontado pelos intelectuais espiritualistas. Em diversos momentos eles se dedicaram a discutir os documentos papais contrários à modernidade, os quais condenavam todas as doutrinas modernas por suas incompatibilidades com o catolicismo.[21] E consideravam que os documentos eram exemplos de um pensamento atrasado, pois "a *'Quanta Cura'*, e o *Syllabus*, são documentos históricos que já estão aparecendo como os '*achados anti diluvianos*' para figurarem nos museus, a nos relembrarem a idade do obscurantismo e da escravidão religiosa" (*O Clarim*, n. 25, ano XVIII, 27/01/1923, p. 2). Cairbar ataca essas determinações e lembra que os documentos tinham causado tanta indignação que não haviam sido sancionados por governos de outros países. Em "O modernismo e o papa", ele afirma:

> Em todos os jornais temos lido telegramas comentando a última encíclica do papa. O prisioneiro do Vaticano condena o 'Modernismo' que diz estar em contradição com o espírito do dogma e a disciplina da igreja. Mas a qual 'Modernismo' sua santidade se referirá?
> À navegação aérea, telégrafo Marconi, bonde a tração elétrica, automóveis, ou a opinião externada pelo clérigo contra o celibato?
> Por mais que nos esforcemos para compreender o que quer o papa, não percebemos as suas intenções.
> Condenar o 'Modernismo' na nossa opinião é querer destruir a lei do Progresso, é se revoltar contra todas as novas descobertas, é não querer sair do círculo acanhado de ideias em que se colocou e forçar a humanidade ao estacionamento, é ser ignorante e querer que todos ignorem.
> Eis um novo dogma de fé que precisa ser observado pelos nossos irmãos católicos: 'o modernismo é o pai das heresias', logo, na opinião dos católicos, tudo o que é moderno, tudo o que é novo deve ser condenado.
> Não há dúvida que a igreja de Roma descamba vertiginosamente pelo despenhadeiro.
> Não duvidamos que o *infalível* seja inspirado ou esteja em comunicação direta com um Espírito, mas podemos garantir que esse Espírito não é um Santo, porque mesmo um Espírito de condições me-

21 Tema que aparece em: *Verdade e Luz*, n. 322, ano XIV, 15/10/1903, p. 3-4; *O Mundo Occulto*, n. 9, ano I, 15/05/1905, p. 2; *O Clarim*, n. 25, ano XVIII, 27/01/1923, p. 2.

> dianas não dá semelhantes comunicações (*O Clarim*, n. 25, ano III, 01/10/1907, p. 3).

Em uma controvérsia com o monsenhor Seckler, que deu origem a uma sessão intitulada "O Diabo na Igreja", perdurando durante muitos meses, Cairbar Schutel insiste no fato da Igreja sempre ter recusado o progresso, ao perseguir homens de ciência como Galileu, Vesálio, Newton ou Crookes, demonstrando a tradição da Igreja em menosprezar aqueles que pensam diferente e aproveita para inserir os espiritualistas nessa tradição.[22]

> Todas as invenções, todas as descobertas, todas as verdades científicas e religiosas que vem fazer progredir a humanidade cheiram à pez queimado e a enxofre para os servis adoradores da matéria que fizeram deste mundo o seu reino.
>
> [...]
>
> Se o gênio humano consegue revolucionar as forças da natureza atraindo com um *papagaio elétrico* o raio, que tem por patrono São Jerônimo, as janelas do Vaticano se escancara, para o lado do gênio e as excomunhões pontificais são atiradas contra o pobre *descobridor diabólico*, que quis empregar o seu tempo e prestar o seu concurso à evolução da sociedade humana (*O Clarim*, n. 3, ano VII, 26/08/1911, p. 3).

As polêmicas sustentadas com clérigos e que renderam réplicas e tréplicas, algumas durando anos e resultando em publicações de livros com a reunião dos artigos, foi característica da atuação desses agentes que apreciavam o confronto e a apresentação fundamentada de suas opiniões. Os debates ocorriam normalmente com polidez, embora em alguns momentos se extrapolasse essa conduta. Cairbar se notabilizou com essas práticas e na primeira delas, motivo da fundação de seu jornal, enfrentou o padre Van-Esse, como esclareceu na passagem abaixo:

> Unicamente no intuito de defender a ciência espírita, tão levianamente atacada pelo clero representado na pessoa do revd.º p.º Van-Esse,

22 Por exemplo: *O Clarim*, n. 2, ano I, ago. 1905, p. 1.

> levamos a efeito a fundação deste e que no órgão que tem demonstrado, cabalmente, ser o Espiritismo a verdadeira doutrina pregada pelo Justo Nazareno e, portanto, a que há de congraçar todas as seitas que dividiram o Cristianismo, libertando-as, então, dos enxertos e dogmas absurdos que muito concorrem para levar os povos à descrença e ao ceticismo (*O Clarim*, n. 5, ano I, 15/10/1905, p. 1).

O anticlericalismo militante de alguns periódicos e associações, especialmente o *Verdade e Luz*, *O Clarim* e *O Clarim da Luz*, trouxeram muitas críticas e um debate no interior do movimento espírita. Em um desses momentos, Paulo Vero, cujos contos eram publicados com frequência na imprensa espírita, discutiu o radicalismo de algumas posições. No texto "O espiritismo deve ser combatente?" chama a atenção sobre o posicionamento de alguns confrades. Cita alguns espíritas que acreditavam que o espiritismo deveria ser uma doutrina passiva ou até mesmo "aliado submisso do catolicismo"; mas perguntava o que então o espiritismo veio fazer na sociedade se não servia para extirpar o erro e arrancar o joio do trigo? Na verdade, ele deveria combater com todas as forças o clericalismo:

> Não saberão esses pseudo-espiritistas que o catolicismo, apoucado a romanismo, é a mentira, é o erro, é a hipocrisia? Não saberão que ele é um perigo social, porque não dá de mão a nenhuma de suas estultas e ridículas pretensões, a um só dogma, e forceja por reduzir a sociedade aos ominosos tempos medievos, em que o papa era a cabeça, os imperadores e reis eram os braços para o servir, e o povo não passava de ser os pés? Não saberão que entre os mandamentos da Igreja – o que vale por dizer dos homens –, se agacha a ordem expressa de pagar dízimos e primícias? Não saberão que Roma é a besta apocalíptica?
>
> Fiquem-se com o seu romanismo os pseudo-espíritas com o qual viverão sossegados e talvez ricos; mas deixem combater os que tem a fé ardente na vinda do Reino de Deus, que será o estabelecimento neste mundículo da paz, da concórdia e da justiça, depois de extintas todas tiranias, de derrubadas todas as supremacias, de extirpados todos os erros, de conculcadas todas as hipocrisias (*Verdade e Luz*, n. 331, ano XIV, 29/02/1904, p. 2).

Cairbar Schutel teve que responder às muitas críticas que recebeu por sua atuação contundente e, em "O espiritismo é combatente?", explica seu programa e defende a legitimidade de suas controvérsias como forma de tornar a doutrina mais clara para a sociedade:

> O espiritismo é combatente, e seus adeptos não devem poupar as ocasiões que se lhes oferecem, projetando assim o grande holofote espiritual a todos aqueles que imbuídos das ideias preconcebidas quiserem-no julgar sem o estudo prévio e o indispensável exame experimental. Mas o nosso combate é o da Luz contra as trevas, o da Ciência contra a ignorância, o do amor contra o ódio e todas as vis paixões que conspurcam o coração humano.
> [...]
> Atacamos os cultos exteriores, a hipocrisia farisaica, o fanatismo, a superstição e as fórmulas vãs e banais com que querem apresentar a Doutrina do Crucificado; – combateremos a mercancia, as graças tarifadas, os falsos profetas de que fala o Evangelho, repudiamos as interpretações à letra do Antigo e Novo testamento e porfirizamos no cadinho da Razão os dogmas caducos e absurdos que paralisam o progresso intelectual e retardam os nossos passos na longa estrada da Vida psíquica.
> Com o (sic) grande dinamite da discussão procuramos fazer ruir por terra o colossal castelo de mentiras e convenções, erigido pela vontade de domínio, amor ao fausto e sinistra ambição que tantos corações tem corrompido.
> [...]
> É tempo da luta e lutar é viver. A vida é a luta pelo bem da humanidade. A luta é a vida íntima da criatura humana que busca o bem geral e por ele se aproxima do Inefável Ser, Vontade Eterna criadora do Amor e da Ciência (*O Clarim*, n. 18, ano II, 15/06/1907, p. 1).

Os embates com os religiosos foram motivos para expor diversas facetas da Igreja passíveis de censura: seus dogmas, sua cosmogonia, os crimes cometidos pela instituição ao longo de sua trajetória e a imoralidade das práticas sacerdotais.

> Quem governava o mundo? Quem batizava as crianças? Quem instruía os moços? Quem dizia missa aos homens? Quem sacramentava

> o povo? Quem finalmente conseguiu se apoderar do *reino dos céus* e do *reino da terra*, durante todos esses séculos que se escoaram na ampulheta do tempo, não teria obrigação de, no momento presente de *prestação de contas*, apresentar ao Grande Juiz - uma sociedade reformada que soubesse amar ao seu Deus - cumprindo a Caridade que é a Lei eterna dos mundos (*O Clarim*, n. 25, ano IX, 07/02/1914, p. 2).

Outras frentes de investida contra a Igreja Católica era a das críticas teológica ou filosófica aos dogmas cristãos tradicionais e uma reconstrução da história do cristianismo, explicitando uma insatisfação com a herança cultural e institucional da Igreja. E um dos órgãos que mais se notabilizaram nesse processo foi *O Clarim*. Em diversos números, desde o início de sua edição, se esforçou em desconstruir a dogmática da Igreja e seus anacronismos, e explicar os fatos bíblicos de acordo com o espiritismo, o que levaria mais tarde Cairbar Schutel a escrever livros sobre o assunto, procurando realizar uma exegese dos textos bíblicos presentes no Novo Testamento de acordo com a sua doutrina. Passaram por sua pena a contestação do dogma da Santíssima Trindade, o celibato clerical, a confissão, a extrema-unção, a excomunhão, as promessas realizadas pelos católicos, a existência do inferno e do purgatório, a "imaculada conceição" de Maria, a canonização etc. Criticava uma religiosidade realizada pelas coisas exteriores e afastada da vivência cotidiana das pessoas, e que representava um "tráfico vergonhoso das causas divinas" (*O Clarim*, n. 19, ano II, 01/07/1907, p. 2). Em muitos momentos, citações bíblicas e passagens evangélicas eram apresentadas, procurando construir outras interpretações, distantes da ortodoxia da Igreja e apresentadas como a exegese legítima da Bíblia. Muitas vezes ocorria a reapropriação de personagens ligados à história da Igreja, como Santo Agostinho ou São Tomás de Aquino, que eram resgatados para comprovar determinados argumentos espíritas e procurar demonstrar os falsos argumentos da Igreja.[23]

Os padres eram apresentados como prisioneiros de dogmas, autômatos que renunciaram ao livre-arbítrio, limitados pelas imposições de seus superiores. Para

23 Os exemplos sobre esses temas são variados e exemplificamos com alguns: *O Mundo Occulto*, n. 9, ano I, 15/05/1905, p. 2; n. 7, ano I, 15/03/1905, p. 1; *Verdade e Luz*, n. 251, ano XI, 31/10/1900, p. 1; n. 279, ano XII, 31/12/1901, p. 4; n. 302, ano XIII, 15/12/1902, p. 1-2; *O Clarim*, n. 3, ano I, 15/09/1905, p. 1; n. 14, ano II, 24/12/1906, p. 1.

controlar o povo humilde, lançavam mão da fabricação de ídolos, da invenção de cultos, propagando a superstição e o fanatismo, defensores de um céu monopolizado e hierarquizado, tendo o papa e os santos como seus advogados (*O Clarim*, n. 42, ano III, 01/06/1908, p. 2).

Nesse sentido, *O Clarim* apresenta uma série de informações sobre a história da Igreja e a construção de práticas dogmáticas ou ritualísticas. Em "Invenções da Igreja", o autor esclarece em breve histórico a origem de algumas práticas:

> No século III teve origem a vida monástica, no IV o culto dos santos, no VII o culto da cruz, no VIII a confissão auricular, no X o celibato do clero, no XIII os rosários e as dispensas ou bulas e o Corpus Christi, no XV o dogma do purgatório, no XIX o dogma da Imaculada Conceição de Maria e a infalibilidade do papa.
> Foi durante estes séculos que se inventou as velas dos altares, os sinos das torres, o cantochão pelos defuntos, o culto dos anjos, a missa em latim, a festa de todos os Santos, as indulgências plenárias, a inquisição e muitas tantas coisas que estão em uso e alguma em desuso, que seria ocioso mencionar (*O Clarim*, n. 6, ano I, 01/10/1905, p. 3).

A linha de argumentação residia na demonstração que o cristianismo havia se distanciado dos primeiros cristãos, quando era caracterizado pela abnegação e altruísmo, e se transformado em clericalismo, ou "igrejismo", pelo sacerdócio romano e seu apego à opulência. Costumava-se traçar o percurso do cristianismo, expondo seus erros, desde o reconhecimento por parte do império romano, transformando-se em religião de Estado, as perseguições às heresias contra albigenses e valdenses que teriam ceifado a vida de milhões de pessoas, a atuação da Inquisição etc, demonstrando a necessidade de legitimação histórica e se apropriando de outros agentes do passado na busca da realização de seus ideais.[24] Nesse contexto, os cientistas, filósofos e religiosos haviam lutado pela liberdade de consciência, inseridos em um processo no qual os espiritualistas eram os atuais porta-vozes.

---

24 Interessante observar que, de acordo com Fernando Catroga, essa ideia de recondução do cristianismo à sua pureza primitiva era antiga, característica de movimentos laicos e pode ser encontrada, inclusive, na Constituição Civil do Clero redigida em 1790 na França pelo "Comitê Revolucionário" (CATROGA, 2010, p. 234).

Augustin Wernet ao descrever as atitudes de parte do clero paulista nota um quadro de costumes mundanos, pautado pela péssima formação e pela corrupção. Muitos padres se engajavam em atividades profissionais que pudessem lhes render outras formas de sustento e eram mais ligados às questões mundanas do que às suas obrigações de sacerdote (1987, p. 42-60). Esse quadro era observado pelos agentes espiritualistas, que denunciavam os clérigos como homens que não prezavam o trabalho, apegados aos bens materiais e cuja atuação era motivada por interesses políticos e que não gostavam dos espíritas, por estes exporem essas condutas condenáveis publicamente (*O Clarim*, n. 2, ano I, ago. 1905, p. 1). Para isso, os periódicos revezavam análises longas e notícias curtas, em alguns momentos com ironias, sempre colocando a Igreja como local de riqueza e os clérigos como interesseiros.

Procuravam denunciar a licenciosidade do clero com notas sobre padres que se casaram, casos sexuais ligados a eles, outros que enlouqueceram no exercício de suas funções, outros que foram perdoados pelos seus erros de maneira hipócrita.[25] A lista de adjetivos imputada aos sacerdotes era grande: fanáticos, orgulhosos, prepotentes, dissolutos, hipócritas e gananciosos, piores do que os fariseus. Criticavam as cobranças realizadas pelos serviços religiosos que poderiam ser comparadas às indulgências, as faustosas cerimônias materiais regadas a comida farta e bebidas para festejar algum santo, o que servia apenas para ostentação (O Clarim, n. 27, ano VII, 10/02/1912, p. 1). Surgiam notícias de práticas do clero ligadas ao lucro como a inauguração de um novo mirante em Araraquara, na torre da igreja matriz da cidade, cuja visita era cobrada pelo vigário pela quantia de 200 réis (*O Clarim*, n. 38, ano III, 01/04/1908, p. 4). Ou sobre padres que se recusaram a enterrar um homem porque a família não podia arcar com as despesas (*Verdade e Luz*, n. 331, ano XIV, 29/02/1904, p. 7).[26] A tônica consistia em apresentar a falta de caridade dos sacerdotes que se aproveitavam de um povo fanatizado.[27]

25 Ver: *O Clarim* n. 2, ano V, 01/09/1909, p. 3-4.

26 Outras críticas referiam-se à prática comum de vendas de rifas e tômbolas nas igrejas, tendo como prêmios imagens, o que garantia um lucro alto com um prêmio de pouco valor (A. P. Guedes. Rifando o Cristo. *O Clarim*, n. 21, ano XVIII, 01/01/1923, p. 1-2).

27 Também apareciam notícias sobre práticas católicas prejudiciais à saúde pública, como a água benta ou o beijo em cordões (*Verdade e Luz*, n. 239, ano X, 30/04/1900, p. 7); inclusive, com a reprodução de notícias que forneciam uma análise bacteriológica das águas bentas realizada em laboratório, procurando comprovar que elas são impuras e causam enfermidades, inclusive

> Ora é a sugestão pela palavra, ora é o tilintar dos sinos, e os dobres fúnebres dos *finados*; ora são os fogos de vista, a bateria, a música, os aparatos luxuosos dos padres; o perfume do incenso, os cultos místicos ao som do órgão e do canto; todos os meios são empregados para sugestionar as pobres almas, com o fim de cativá-las a essa igreja, cujos ministros vivem dos bens da terra (*O Clarim*, n. 32, ano IX, 28/03/1914, p. 1).

Cairbar, novamente, chega a afirmar que os padres anatematizaram o magnetismo, mas fazem exatamente o mesmo, pois hipnotizam o povo com o dourado dos altares, os vestidos de seda e de púrpura, as estátuas atrativas, as mímicas dos sacerdotes, a troada das girandolas, o som fustigante das fanfarras, o eco dos cânticos e dos órgãos e o "olfato liberto dos perfumes dominadores" que servem "para a embriaguez dos sentidos" (*O Clarim*, n. 32, ano IX, 28/03/1914, p. 1). Mas o autor afirma que este pesado jugo da sugestão clerical se dissipará e perderá o seu valor para a humanidade com o tempo.

Eram utilizadas muitas vezes ironias e sarcasmo com as ações da Igreja Católica, especialmente em *O Clarim* e *Verdade e Luz*:

> Uma rifa santificada:
> Em Mineiros, segundo notícias que obtivemos, um escultor fabricou uma estátua pintou-a e depois de tê-la batizado com o nome de *Santo Antonio*, rifou-a.
> É escusado dizer que não faltaram pretendentes para o *santo* e pensamos que até o vigário da paróquia também comprou um bilhete para dar mais força ao rifeiro.
> Como vai isto!! Há pouco tempo noticiamos o caso de Araraquara à 200 réis por entrada para subir na torre, hoje levamos ao conhecimento dos nossos leitores este novo invento, que a ser privilégio do autor, nem o Xarope do Bosque ou as Águas de Lourdes darão mais resultado.
> E digam que o catolicismo não admite o Modernismo... (*O Clarim*, n. 41, ano III, 15/05/1908, p. 1-2).

aos bebês batizados (*O Mundo Occulto*, n. 19, ano II, abr. 1906).

Os articulistas também procuravam histórias ligadas ao passado da Igreja para satirizá-la, como em texto com um possível diálogo entre "Thomaz de Aquino e o papa Inocêncio IV":

> Inocêncio IV, o vicioso papa que faleceu em 1245 (sic) recebeu em certa ocasião, na presença de S. Tomaz de Aquino uma grande soma de dinheiro.
> Muito satisfeito com o presente disse à S. Tomaz:
> "Eis aqui – não estamos mais no tempo de S. Pedro que dizia: *eu não tenho prata, nem ouro*."
> Tomaz de Aquino não se pode conter e respondeu:
> "É verdade santo Padre, mas também não estamos mais no tempo em que S. Pedro dizia ao paralítico: *levanta-te e anda*" (*O Clarim*, n. 19, ano II, 01/07/1907, p. 4).

Não era apenas nas páginas das revistas que a Igreja era atacada, mas outros instrumentos foram utilizados, como a publicação de folhetos e livros, o que amplificava o movimento anticlerical. O Centro Espírita Verdade e Luz editou uma obra denominada *O Diabo e a Igreja*, com edição de 20 mil exemplares, e cuja divulgação ocorreu durante meses em seu periódico. O livro havia sido publicado pela *Revue Spirite* e traduzido por Augusto José da Silva, e nele se discutia as posições da Igreja diante do tema das manifestações mediúnicas.

A argumentação presente no folheto segue as mesmas diretrizes das críticas descritas. Faz uma análise depreciativa da história da constituição da Igreja e nega o seu papel de sucessora de Pedro, pois o significado das práticas realizadas por Jesus e das perpetradas pelos papas eram completamente diferentes. Enquanto Jesus tinha como símbolo uma coroa de espinhos, o papa usa uma tríplice coroa real estrelada de pedrarias; Jesus sempre foi pobre, enquanto a Igreja possui terras e palácios; Jesus se ocupava das coisas do céu, enquanto a Igreja só pensa em política; Jesus veio para dar a vida e redimir, os papas ocasionaram a morte de milhões de homens; Jesus pediu para que as pessoas não fossem julgadas, a Igreja possui os seus tribunais eclesiásticos (*Verdade e Luz*, n. 321, ano XIV, 30/09/1903, p. 3). O folheto teve a sua importância reconhecida pela imprensa anticlerical e mereceu comentário do jornal *O Livre Pensador*, que será visto no próximo capítulo.

Para os espiritualistas, embora um de seus inimigos declarados fosse o materialismo, até mesmo os ateus seriam pessoas melhores do que os católicos. Deocleciano F. Pacheco, da cidade de Viçosa, escreve "A justiça de Deus", uma história fictícia sobre um católico romano e um ateu que se apresentaram diante do "tribunal divino". Nesse diálogo Deus perdoa o ateu que, embora tenha negado a sua existência, foi virtuoso e justo; em compensação, o católico foi extremamente duro e hipócrita, ao que a divindade observa que o bem não reside apenas em rezas, comunhões, jejuns, pois isto significa fanatismo, hipocrisia e ignorância, mas sim na prática do amor e da virtude; no seu âmago, o católico teria apenas ódio, soberba, rancor e perversidade, daí sua condenação:

> Tu foste um verdadeiro católico, mas não um verdadeiro cristão. Nunca consolaste os aflitos; nunca enxugaste as lágrimas dos desgraçados; nunca perdoaste as fraquezas do próximo; nunca oraste pelos teus perseguidores (*Nova Revelação*, n. 96, ano VI, nov. 1911, p. 230).

Os protestantes também foram alvos de artigos da imprensa periódica espiritualista, o que demonstra as disputas no campo religioso brasileiro. Lyndon Santos observa que os protestantes conheceram um crescimento expressivo nesse período e, mesmo concentrando suas forças na crítica aos católicos, esporadicamente tiveram seus momentos conflituosos com os espíritas, apresentados como casos de saúde mental e de polícia (SANTOS, 2004, p. 201-202).

Quando os protestantes eram alvo de polêmicas e debates que surgiram na imprensa especializada, as críticas eram muito parecidas àquelas direcionadas aos católicos, sobre as interpretações bíblicas, a dogmática e as práticas distantes da caridade.[28] Manoel José da Fonseca, de Jundiaí, escreve diversas respostas ao protestante Eduardo Pereira, que costumava proferir palestras contra o espiritismo:

> Os senhores *ministros* protestantes, andando de cidade em cidade, pregando contra tudo e contra todos, não o fazem por amor à humanidade, sentimento que suas senhorias não tem, mas sim por espírito de seita, que obcecou seus corações, desejando unicamente que sua

28 Ver: *O Mundo Occulto*, n. 10, ano I, 15/06/1905, p. 3 e *O Clarim*, n. 2, ano XVII, 20/09/1922, p. 2.

> seita tenha, sobre todas as outras seitas, uma *certa primazia* e *supremacia* sobre as suas congêneres, as seitas religiosas, como os únicos possuidores da verdade, no conhecimento e modo de nos dirigirmos ao nosso Pai Celestial. É muito orgulho, é muita vaidade da humanidade querer penetrar o incognoscível, atribuir cada um à sua própria seita, a única possuidora da verdade quando eles mesmos estão fora da verdade, pelo desamor que votam a seus irmãos, por um sentimento sectário inconfessável perante o direito e a humanidade! (*Verdade e Luz*, n. 315, ano XIV, 30/06/1903, p. 5).

O Clarim manteve por alguns anos uma sessão assinada pelo articulista "Um ex-protestante" que denunciava várias práticas errôneas dos pastores. Em "A fé protestante", ele discute:

> É com razão que dizemos que o protestantismo trabalha unicamente para fazer protestantes, (e não Cristãos) isto em vista de vermos tantos protestantes, e muito fervorosos faltarem com a caridade, não só entre eles mesmos, (pois vivem se mordendo uns aos outros (sic) Gálatas cap. 5, v. 14 e 15), como todos que não pensam como eles. Se em vez de pregar essa doutrina pregassem o amor, como ordenou o Mestre em São Matheus cap. 5, v. 46 e 47; São João cap. 13, v. 34 e 35, tiravam certamente mais resultado. A prática dos ensinos d'Aquele que verteu o seu sangue numa cruz é o único caminho que nos conduz ao Pai. – Se somos salvos somente pela fé sem as obras, como é que está escrito que as nossas obras nos seguirão, e que segundo elas seremos julgados?... Apocalipse cap. 14, v. 13 e cap. 20 v; 12 (*O Clarim*, n. 26, ano III, 15/10/1907, p. 3).

Batuíra e a (as damas da) caridade

Não apenas Cairbar Schutel, seus colaboradores em Matão e os redatores de *O Mundo Occulto* em Campinas, como Henrique Serra, se notabilizaram no combate anticlerical. Em São Paulo, Batuíra foi personagem essencial nesse processo, partícipe de polêmicas que duraram praticamente uma década e cujos artigos reuniam grande parte dos argumentos espíritas anticlericais. Em junho de 1898 ele responde a artigos assinados por Monsenhor Camilo Passalacqua[29] no jornal *O Commercio de São Paulo* intitulados "O Espiritismo e seus males", que investiam severamente contra a doutrina. Em seus artigos, o religioso apresenta a argumentação bastante conhecida, que estigmatiza o espiritismo como fraude, pois seus seguidores são acometidos por doenças mentais e suas práticas produzem sentimentos irreligiosos, e procura reafirmar a autoridade da Igreja como "mestra infalível da verdade e divina guarda da moral" (*O Commercio de São Paulo*, 19/07/1898, p. 2). Em agosto do mesmo ano volta à carga, criticando uma publicação espírita que vendia 26 mil exemplares, possivelmente se referindo ao *Verdade e Luz* e denominando-a de "pai da mentira", alcunha que não foi esquecida por Batuíra e passou a ser utilizada por este para se referir à Passalacqua (*O Commercio de São Paulo*, 20/08/1898, p. 1).

Batuíra parece ter ficado ressentido com essa série de artigos, pois, informa que conhecia o clérigo e havia sido amigo e vizinho de sua família. Ele começa a responder em seu órgão de imprensa, inicialmente em artigos curtos e tom amigável, chamando o "reverendíssimo padre C. Passalacqua" de irmão e argumentando que a maioria dos casos de loucura conhecidos derivavam dos ensinos dos "partidários do inferno", isto é, dos católicos. O pseudônimo adotado por ele para debater é o de "Ninguém",[30] que ele acaba utilizando durante anos, nos artigos dirigidos à Passalacqua e às mulheres que participavam da instituição caritativa fundada pelo clérigo, as Damas da Caridade de São Paulo (*Verdade e Luz*, n. 194, ano IX, 15/06/1898, p. 4).

Mas o tom aparentemente amistoso começa a desvanecer rapidamente, com a persistência dos textos de seu contraditor que, nessa altura, parecia ser um dos principais adversários do espiritismo, principalmente por ser uma autoridade

29 Camilo Passalacqua nasceu na Itália em 1858, veio para o Brasil com 12 anos e foi interno do Seminário Episcopal de São Paulo. Recebeu o presbiterato em 1881, foi professor dessa instituição e reitor entre 1895 e 1897. Foi, ainda, professor da Escola Normal e autor de obras pedagógicas (MARTINS, 2006, p. 241). Ele fundou obras caritativas como a Associação das Damas da Caridade, cujo objetivo era o de socorrer os enfermos pobres em suas residências (ISAÚ, 2004, p. 271). Participou, ainda, da primeira peregrinação brasileira em 1900 ao Vaticano, e foi nomeado por Leão XIII"Protonotário Apostólico *ad instar*" (MARTINS, 2006, p. 242).

30 Batuíra assina como "Ninguém" pois diz que é um "quase analfabeto" que nada sabe e é ninguém comparado a uma autoridade da Igreja com muito poder e prestígio; entretanto costuma ressaltar que esse "ninguém" pode provar que aquele que é alguém não é muita coisa (*Verdade e Luz*, n. 251, ano XI, 31/10/1900, p. 6).

eclesiástica conhecida na cidade. No artigo seguinte, "Ninguém" endereça ao monsenhor uma resposta repleta de notícias com escândalos envolvendo clérigos, procurando apresentar toda a hipocrisia e a falta de caridade desses homens. A partir daí, artigos começam a aparecer dedicados à Passalacqua, ampliando o tom e normalmente mostrando práticas católicas fanatizadas como no caso do jornal *Luz da Aparecida*, que afirmava curar os fiéis de suas enfermidades se eles assinassem o jornal (*Verdade e Luz*, n. 201, ano IX, 30/09/1898, p. 4).

E a discórdia aumentou. Em 1900, Batuíra inaugura uma sessão no periódico que só termina em 1908. Trata-se de "Diversos assuntos oferecidos às exmas Damas da caridade da diocese de São Paulo", que de acordo com ele corresponde ao título do folheto Às Nobres Damas da Caridade da Diocese de São Paulo, escrito pelo Monsenhor Passalacqua, através do qual previne os católicos contra o espiritismo (*Verdade e Luz* n. 237, ano X, 31/03/1900). Ao se dirigir às Damas da Caridade da Diocese de São Paulo ele atua em várias frentes. Faz uma chamada às "damas" para que não levem em consideração as críticas do Monsenhor Camilo Passalacqua ao espiritismo, procura demonstrar a superioridade das obras de caridade espíritas em relação às católicas e aproveita, vez ou outra, para denunciar a hipocrisia do clero, que recebia dinheiro dos devotos para prestar serviços eclesiásticos, cujas ações estariam distantes do verdadeiro cristianismo.[31] Ao pretender apresentar às damas a moralidade superior dos grupos e personagens espíritas paulistas, que ele cita reiteradamente para comprovar a sua argumentação, desenvolve uma certa pedagogia do espiritismo, construindo uma identidade espírita em oposição à católica, ao comparar as doutrinas em termos de cosmogonia, dogmática, organização institucional e práticas de ordem caritativa, elaborando um capítulo interessante da história dos espíritas em São Paulo.

O tom dos debates foi ficando mais ríspido, quando ele se refere às atividades de Passalacqua. Ao relatar a viagem que este fez com o bispo de São Paulo a Roma, pois "o seu sonho dourado é enfiar na cabeça a mitra de bispo", zomba dos interesses mesquinhos daquele que, na verdade, simboliza todo o clero:

---

31 Cita irmandades e ordens terceiras que recebiam muitos recursos, mas sem dar a contrapartida em ações caritativas, como a ordem das irmãs de São Vicente, que gastava seus recursos em passeios e romarias (*Verdade e Luz*, n. 251, ano XI, 31/10/1900, p. 6).

> Boas damas da caridade, desculpai se os nossos artigos não vos possam agradar por levar outro ensinamento contrário do que vos ensina o nosso caro irmão e amigo, Rev. Passalacqua; mas como temos que proceder como bons irmãos que devemos ser uns para com outros, cumpre-nos publicar tudo quanto a nossa fraca razão nos ditar, mesmo com grande pesar nosso, pois sabemos que deveis estar muito sentidas com a partida do vosso caro pastor, o nosso amigo, o qual como inteligente que é, nunca se esquece daquele artigo: "Quem não é visto não é lembrado" (*Verdade e Luz*, n. 241, ano XI, 31/05/1900, p. 7).

Tais momentos também foram utilizados para responder a outros detratores, na medida em que, ao que parece, Camilo Passalacqua tinha silenciado na polêmica. "Ninguém" aproveita para apresentar alguns argumentos contra o "Rev. Astral", que escrevera vários artigos contra o espiritismo em *O Propulsor*, de Feira de Santana na Bahia, direcionados às práticas autoritárias dos padres, alicerçadas em uma interpretação equivocada de Deus:

> As religiões tanto a católica, como a protestante, não podem viver sem o diabo e o inferno, assim também não podem conceber Deus no seu verdadeiro papel, que é a bondade suprema, perdoa sempre e não castiga nunca; mas se eles ensinassem essa verdade morreriam à fome porque não querem trabalhar e assim pregam esta mentira: – Deus ira-se, Deus castiga, mas para que Deus deixe de irar-se e de castigar, nos pôs aqui; dai-nos muito dinheiro e nós pedimos que não vos castigue, porque ele faz tudo que lhe pedimos. Assim a maior parte da humanidade vive enganada (*Verdade e Luz*, n. 234, ano X, 15/02/1900, p. 7).

Em outros artigos, ainda nessa sessão, Batuíra aproveita para criticar outros clérigos conhecidos, como o padre Julio Maria, que estava visitando São Paulo para fazer conferências na catedral da Sé, para as quais estaria recebendo grandes "somas", afirmando que antes dele receber suas ordens eclesiásticas havia sido materialista e positivista. E compara a sua atuação interessada com o altruísmo do dr. Augusto José da Silva e de Anália Franco que propagavam o verdadeiro cristianismo. Em uma visão particular do significado do positivismo, ele emenda:

> Que diferença há entre um padre e um positivista? Quase nenhuma e até há padres que são mais positivistas que os próprios positivistas, porque gozam de tudo que o mundo tem de melhor em prazeres sensuais, nada lhes faltando para obtê-los, nem dinheiro, nem mulheres, nem considerações, nem opíparas mesas regadas de bom vinho. E o confessionário é a base mágica do seu poder sobre o povo cuja consciência devassam (*Verdade e Luz*, n. 344, ano XV, 15/09/1904, p. 5).

Em outro momento, ao cotejar as atividades das irmãs de São Vicente que, antes de prestar auxílio para um necessitado, indagavam se ele era católico, instando-o a frequentar a missa e confessar, sob pena de ficar sem socorro, ele não deixa de notar o sectarismo dessas práticas, distantes de um verdadeiro cristão, comparando-as com as iniciativas educacionais da famosa educadora:

> Ora a sociedade cuja iniciativa, nesta capital, se deve a D. Analia Franco e seus colegas, é por assim dizer cosmopolita, é a verdadeira encarnação do 'Amai aos vossos inimigos' – a perfeita caridade cristã que socorre por dever, por amor de Deus e do próximo, sem indagar qual seja a crença ou a nacionalidade de quem sofre, e cujo gozo único consiste em secar as lágrimas e levar consolo... (*Verdade e Luz*, n. 279, ano XII, 31/12/1901, p. 5-6).

Ao chamar a atenção para a existência de diversos asilos que levam o nome de Anália Franco, informa que não existia nenhum com o nome do Monsenhor Passalacqua e desafia as damas da caridade a criarem um a fim de recolher os órfãos e viúvas desamparadas, imitando o exemplo da fundadora da AFBISP (*Verdade e Luz*, n. 334, ano XIV, 15/04/1904, p. 6). E por anos ele cotejou a ação dos espíritas com as de seu alvo predileto. No 98º artigo endereçado às damas de caridade, ao descrever uma situação em que havia livrado um católico da cadeia, ainda se pergunta sobre a performance do outro na esfera da assistência social:

> Porque o nosso bom irmão e amigo Monsenhor Dr. Camillo Passalacqua não faz o mesmo? Certamente que é porque não quer.
> Para finalizarmos: é-nos grato levarmos ao conhecimento das nobres Damas da Caridade e do nosso bom irmão e amigo Monsenhor Dr.

> Camillo Passalacqua que, depois de três anos de esforços continuados, conseguimos realizar a criação da Instituição Cristã Beneficente "Verdade e Luz", a quem fizemos doação de tudo quanto possuímos. Por esse fato, de hoje em diante deixaremos de assinar "Ninguém" e assinaremos Alguém (*Verdade e Luz*, n. 424, ano XIX, set. 1908, p. 535).

O agora "Alguém" escreveu pelo menos dois artigos sob esse pseudônimo, antes de sua morte em janeiro de 1909, perfazendo cerca de 100 artigos endereçados às damas da caridade. Em torno da figura emblemática do ex-reitor do Seminário Episcopal de São Paulo, elaborou um discurso que procurava desconstruir o catolicismo em suas representações e práticas, ao mesmo tempo em que buscava comprovar o vigor dos ideários espíritas e do ativismo social de seus representantes. Chegou a perder a calma e a paciência em alguns momentos, mas no fim acreditava ter cumprido sua missão, agradecido pelos conflitos, pois serviram como estímulo para que pudesse compartilhar sua visão de espiritismo e, possivelmente, foi um combustível para a transformação do Centro Espírita Verdade e Luz em Instituição Cristã Beneficente Verdade e Luz, voltada para a seara da caridade e reforçando seus argumentos contra o seu ex-amigo.

Os espiritualistas e a laicidade

O regime republicano institucionalizou a separação entre Igreja e Estado a partir do Decreto 119-A, de 7 de janeiro de 1890, que estabeleceu a liberdade religiosa e alterou a realidade que caracterizara as relações políticas que vigoraram no país nos séculos anteriores. A partir desse decreto, outras medidas foram tomadas, como a secularização dos cemitérios, o casamento civil, a laicização da escola, a retirada do ensino religioso das escolas públicas e o fim das subvenções oficiais às escolas confessionais, dando início a um processo amplo de secularização institucional (RANQUETAT, 2012, p. 51-57).

Fábio Carvalho Leite contesta a tese do país ter experimentado um contexto de laicidade após o advento da República, ao efetuar uma revisão da história da laicidade brasileira e indica que, embora o laicismo estivesse presente na Primeira República, sua existência era mais um discurso progressista do que um fato, pois a existência de legislação não é suficiente para forjar uma nova realidade (2001, p. 32-34).

> O período da Primeira República experimentou relações entre Estado e religião que se distanciam do que usualmente se identifica no texto de 1891. Os dispositivos constitucionais relacionados ao tema estavam sujeitos a interpretações bem variadas, o que, em uma sociedade majoritariamente católica e com forte sentimento religioso, permitiu uma "acomodação" do texto à posição de destaque ocupada pelo catolicismo ao longo do período. Desse modo, nem a liberdade religiosa, nem relativa laicidade identificadas no período marcam realmente a separação total entre Estado e religião implicada pela ideia de laicismo (LEITE, 2001, p. 45).

Em relação à liberdade de culto, o autor cita algumas situações que comprometeram a plena realização dessa noção, com a série de perseguições que as outras religiões sofreram, com agressão a pastores, invasão de templos e queimas de bíblias protestantes. Sobre os grupos espíritas, Fábio Leite observa:

> Além dos evangélicos, os cidadãos espíritas também encontraram dificuldades no que diz respeito ao exercício de sua religião, embora de outra ordem, à medida que algumas de suas práticas foram tipificadas como criminosas, nos termos do Código Penal de 1890. Mesmo quando não se enquadravam nos tipos penais previstos pelo Código, as práticas espíritas ainda poderiam ser consideradas contrárias à "tranquilidade pública" (2001, p. 45).

O processo de laicização levou a Igreja a procurar outros caminhos no período. Embora não estivesse mais atrelada ao Estado, o clericato brasileiro viu nessa nova fase a oportunidade de seguir novos rumos e reforçar a sua penetração na sociedade. Sérgio Miceli demonstra que, ao perder o status de religião oficial e muitos dos privilégios que sempre gozara, ela se viu livre da ingerência do Estado e aproveitou o momento para reorganizar as suas bases institucionais. O autor, em trabalho clássico, procura descrever os novos tempos que a Igreja Católica vivenciara na Primeira República e observa que ela procurou se conciliar com o ultramontanismo propalado pela Cúria romana e a nova realidade política advinda da instauração da República (MICELI, 1988, p. 11-17). O autor explicita que durante esse período a Igreja ampliou sua presença principalmente a partir de alianças políticas estabelecidas com os grupos dominantes estaduais, o que o autor denominou de "estadualização" de suas políticas expansionistas (1988, p. 20-21), o que teria sido a forma que encontrou para recuperar sua influência política.

> A separação não significou uma ruptura com os grupos dirigentes locais nem suscitou um redirecionamento das políticas e dos investimentos da Igreja com vistas a ampliar seu público fora do espaço da classe dirigente ou a estabelecer alguma forma de atendimento às demandas de setores sociais subalternos. As figuras-chave na condução da política eclesiástica destinada ao "público interno" (a saber, os grupos dirigentes) passaram a ser aqueles bispos "empresários" que se mostraram bem-sucedidos na montagem de alianças com os detentores locais do poder oligárquico (MICELI, 1988, p. 21).

Miceli indica que a Igreja se desenvolveu rapidamente no âmbito organizacional e se expandiu, com a criação de 56 dioceses, 18 prelazias e 3 prefeituras apostólicas na Primeira República, o que estava dentro da estratégia de ocupação territorial de áreas antes desprezadas ou o fortalecimento nas áreas com a presença já consolidada (1988, p. 59). Em São Paulo, por exemplo, a Igreja passou de uma para doze dioceses, o que denota a importância política e econômica do estado no período. Igualmente a Igreja defendeu a sua legitimidade como a religião da maioria da nação e procurou manter o seu predomínio na educação e na assistência social (CAMURÇA, 2001, p. 135-136). Outras estratégias foram, ainda, reforçadas pelo clero, como:

> Em verdade, na primeira República se dá o despertar e a construção institucional da Igreja Católica. O catolicismo se expande com a criação de novas dioceses, seminários, escolas, irmandades, hospitais, conventos, obras pias, além da criação de jornais, revistas e boletins. O número de bispos, padres e freiras também cresce substancialmente nesse período. Durante a República velha, o poder eclesiástico se estadualiza, refletindo de alguma forma a orientação descentralizadora do regime republicano, com sua conhecida política dos governadores. Esse fenômeno permitiu uma aproximação entre lideranças eclesiásticas e autoridades políticas em nível municipal e estadual (RANQUETAT, 2012, p. 66).

Os espiritualistas conheceram um crescimento institucional justamente nesse período de expansão da Igreja, o que explica em parte os conflitos ocorridos entre esses grupos. Eles também se posicionaram em relação a essa frágil laicidade do Estado, por meio de diversos artigos e apelavam para que a sociedade e os governos mantivessem a lealdade aos princípios republicanos, embora reconhecessem que esse processo não surtia efeito, pois o Estado brasileiro se mostrava cada vez mais submisso à Igreja, já que "nunca houve tanta identificação da igreja com o Estado. Roma é que nomeia as autoridades através da força eleitoral" (*O Clarim*, n. 35, ano XII, 21/04/1917, p. 1). O fato dos governos municipais e estaduais apoiarem os anseios da Igreja também apareciam nos artigos, e os periódicos denunciavam o desrespeito à Constituição que estabelecera a separação entre Igreja e Estado, solicitando que as autoridades não se deixassem levar pelo ímpeto católico (*O Clarim*, n. 41, ano III, 15/05/1908, p. 3).

Quaisquer notícias que apareciam na imprensa diária informando que os católicos procuraram interferir em alguma instância administrativa eram denunciadas pelos espiritualistas. Eram comuns artigos criticando as relações de dependência que ainda ocorriam entre Estado e a Igreja, e as alianças realizadas, com políticos que ainda prestavam auxílio e proteção à Igreja, como em "Católico-romanização da República" de Satan Junior, que demonstra a sua indignação ao acusar os governos locais de temerem a Igreja e manterem representantes do clero em várias esferas administrativas, definindo a atuação dos governantes de servilismo diante da Igreja dominante (*O Mundo Occulto*, n. 42, ano IV, jun. 1908, p. 3).

Em "Um brado de alarma", reprodução de um artigo do periódico *A Aurora do Evangelho*, o autor foi contundente ao denunciar os atos oficiais que beneficiam a Igreja e que atentam contra a Constituição e a garantia da liberdade de consciência com exemplos como: as subvenções ao bispado, a obrigatoriedade do regimento policial em uma cidade de assistir à missa, ou casos de oficiais protestantes que foram coagidos a participar de festas católicas. Após estes e outros exemplos, nos quais procura reafirmar que a laicização no Brasil é um processo incompleto, assevera de forma contundente:

> É crença geral, os jornais católicos fazem alarde disso e os fatos demonstram ser verdade que o clericalismo apoderou-se de grande parte dos nossos governantes que se movem ao seu sabor; o que quer dizer que retrocedemos e estão em perigo as instituições republicanas,

> ameaçadas de próxima queda, pois de braços com o clericalismo a República só pode caminhar para o abismo. O clericalismo para viver precisa de trevas e a República só pode viver às claras e expandindo luz. Inimigos irreconciliáveis a sua aproximação é o prenúncio de morte para um (*Verdade e Luz*, n. 236, ano X, 15/03/1900, p. 8).

Um dos temas recorrentes era a defesa do casamento civil e as críticas da imprensa católica a essa instituição, estigmatizando-a como uma espécie de "concubinato". Sua argumentação baseava-se no projeto laico republicano, criticando os "representantes do romanismo", direcionados pela ambição do mando em detrimento do bem-estar das famílias. Um artigo enviado de Minas Gerais por Modesto Lacerda, que demonstra conhecimento histórico e erudição, apresenta uma crítica ácida ao desejo de persistência de dominação da Igreja, descrevendo a essência histórica do casamento, que sempre teve uma forma civil, e de como a Igreja havia construído a noção de casamento religioso. E aproveita para criticar outro assunto caro aos espiritualistas, o ensino religioso, outro instrumento de dominação da consciência do povo (*Verdade e Luz*, n. 330, ano XIV, 15/12/1904, p. 6). Alguns artigos trataram de analisar a predominância do ensino religioso, ou "ensino clerical", solicitando que se cumprisse a lei e que fosse proibido nas escolas oficiais.

> Tão criminoso é o professor, que distrai os seus discípulos, com lições do culto católico, como de qualquer outro culto.
> Não cabendo no programa das escolas, o ensino de todas as religiões, era lógico, que fosse excluída a única privilegiada e pela qual ainda quebram lanças os fanáticos de dogmas, que devem transformar-se em bagagem, com o progresso da humanidade (*O Mundo Occulto*, n. 8, ano I, 15/04/1905, p. 1).

Outro tema constante que aparece nas páginas dos jornais e revistas foi o da permanência dos crucifixos nos tribunais de júri, a partir da defesa do princípio laico segundo o qual se o Estado não advoga nenhuma religião, não pode consentir nos seus domínios oficiais o símbolo de uma única religião. Assim, em "O Cristo no júri", sem autoria:

> ...Com que direito se força o cidadão, aliado a outras crenças, sectário de outras doutrinas, mas com direitos civis e políticos idênticos ao do cidadão católico, a ter perante os olhos e perante a consciência a imagem do Crucificado, isto é, o símbolo de uma religião ou de uma filosofia que não é a sua?
> Em que se funda a preferência e até o exclusivismo pela imagem de Jesus, no tribunal onde julgam os cidadãos de todas as crenças e de todas as opiniões? Que tolerância é esta do Estado civil perante o corpo social da Nação, consentindo nos seus tribunais um único símbolo místico, ali em que seriam admitidos todos os símbolos si se pretendesse satisfazer todas as consciências? Não é uma violação ostensiva à liberdade de cultos? Não é uma arremetida invasora ao laicalismo do próprio Estado?
> Não se trata, para o lance, de averiguar se a maioria dos brasileiros adota a religião católica, porque é um caso de consciência que não afeta a Nação, mas entendo com a ação particular e a liberdade de cada um, do que se trata é do caráter intrínseco e extrínseco do Estado e das suas relações civis com a *totalidade* dos indivíduos que nele residem (*O Mundo Occulto*, n. 22, ano II, jul. 1906, p. 3).

Os financiamentos públicos de igrejas, construindo novas ou reformando as antigas, eram constantemente denunciados, como o auxílio que a Câmara Municipal de Dourado havia oferecido para as obras da nova matriz da cidade (*O Clarim*, n. 26, ano XII, 17/02/1917, p. 3).[32] Outros assuntos surgiam, em nome do laicismo, como a solicitação para que a legação brasileira na Santa Sé fosse suprimida como uma medida republicana e constitucional, pois "é com efeito o maior contrassenso que pode praticar um governo: decretar a separação da Igreja do Estado e manter uma legação na Sede dessa religião que ele reconhece não ser verdadeira" (*O Clarim*, n. 3, ano V, 15/09/1909, p. 2).

O receio de que o país fosse "recatolicizado" emana constantemente dessa produção editorial, com os articulistas demonstrando o receio de que a qualquer momento poderiam ser modificados os dispositivos constitucionais que recolocariam a Igreja em sua posição de religião de Estado. Vianna de Carvalho, em "Brado de Alerta", denuncia a existência de uma forte propaganda construída

32 Outro caso citado de uso de verbas públicas relaciona-se à recepção do bispo na cidade de Ibitinga (*O Clarim*, n. 4, ano V, 01/10/1909, p. 3).

nesse sentido, uma ação movida pelo Vaticano, além de uma investida por parte dos católicos através de pedidos de concessões para institutos, escolas, hospitais e orfanatos, e de outras instituições que procuravam arregimentar o povo para o retorno a esse projeto:

> A ideia funesta conta com a maleabilidade da índole nacional, sempre disposta às pavorosas sugestões dos púlpitos e do jornalismo fascinado pelo dinheiro do vaticano. Conta ainda com o descuro das autoridades que se prestam a dar publicamente prestígio à igreja em detrimento das ordenações legislativas de 1891, às quais firmaram definitiva separação entre o governo do país e as confissões religiosas que, dentro dele, queriam exercer seus respectivos ministérios (*O Clarim*, n. 16, ano XVIII, 25/11/1922, p. 1).

Em relação à mobilização dos católicos, após o advento da República, para a construção de um Partido Católico, alguns artigos foram dispensados ao tema. O tom dos discursos versava sobre o perigo do partidarismo político católico, negando-se o fazer político como um lugar de ambições religiosas, pois esta associação estava definitivamente afastada com a laicidade do Estado; além disso, os católicos não precisavam se organizar politicamente para se defender, pois eles não estavam sendo perseguidos ("Aos bons católicos". *Verdade e Luz*, n. 4, ano I, 16/07/1890, p. 2). E pouco depois aparece nova crítica ao Partido Católico e as artimanhas que estavam sendo lançadas pelos jesuítas para interferir nas eleições, embora não descritas de forma clara, asseverando que se o governo mantivesse os subsídios aos padres, tais querelas não ocorreriam, pois o que estava em jogo eram apenas questões econômicas e não matéria de fé (*Verdade e Luz*, n. 8, ano I, 15/09/1890, p. 2).

E quando surgiam notícias sobre autoridades que primaram por atuação laica, elas eram enaltecidas, como o presidente Nilo Peçanha, que organizou os funerais de Afonso Pena, sem cumprir as praxes religiosas católicas, observando que "continue o ilustre Presidente a expurgar os costumes governamentais das parasitas e terá os aplausos do povo brasileiro" (*O Clarim*, n. 4, ano V, 01/10/1909, p. 4).

Também eram comuns notícias sobre outros países, informando a luta travada pelos governos contra o clericalismo, normalmente saudando os países que estabeleceram legislações de caráter secular e críticas aos que sucumbiram aos interesses católicos (*Verdade e Luz*, n. 358, ano XV, 30/04/1905, p. 3). O tema das relações entre Estado e a Igreja romana sempre estiveram presente em análises de *O Clarim*. Souza Ribeiro, em "O maior centro de informações e de ação política", acusa o Vaticano de cuidar apenas de questões mundanas ao realizar ofensivas diplomáticas com o intuito de manter seus privilégios nos diferentes países, oferecendo banquetes para autoridades estrangeiras. Utiliza como exemplo a Itália de Mussolini, cujas ações eram a favor dos interesses da Igreja, como a colocação de imagens católicas nas escolas, mas que era um governo distante dos ensinamentos cristãos, já que recusava a liberdade como um valor a ser preservado. E, no caso brasileiro, igualmente critica a aproximação de autoridades eclesiásticas com o governo, especialmente em São Paulo com o arcebispo e o presidente do estado juntos em solenidades públicas (*O Clarim*, n. 47, ano XVIII, 07/07/1923, p. 2).

Vinicius também analisa as relações da Igreja com a política italiana. Em "O papa 'fascista'", procura esclarecer os leitores sobre a situação da Itália governada por uma ditadura fascista "que exerce poder absoluto sobre o povo não fazendo disso mistério, mas, antes, proclama-o abertamente e age de acordo com tal declaração" (*O Clarim*, n. 34, ano XVIII, 07/04/1923, p. 2). Defende ardorosamente a liberdade e a democracia, como conquistas de nações civilizadas e afirma que a permanência do despotismo é incompreensível para a nossa época. Ao mesmo tempo, observa que o papa e a Cúria Romana, infelizmente assim não pensavam, pois haviam demonstrado simpatias ao governo fascista, estabelecendo com o governo italiano relações "íntimas e amistosas" e em completo entendimento e aproveita para exprimir o receio de que esse relacionamento inspire outros movimentos semelhantes, pois tem notícias de que no México estava se organizando um partido "católico-fascista"; e quem sabe isso não era de interesse do Vaticano (*O Clarim*, n. 34, ano XVIII, 07/04/1923, p. 2).

No período da I Guerra Mundial surgiram artigos que analisavam o discurso e a prática católica em relação ao conflito. O tom dos artigos era acusatório, denunciando a atitude parcial do clero que publicara documentos ou fizera manifestações em defesa da guerra, como no artigo "O catolicismo na Guerra".[33] Em outro artigo, o articulista condena os sacerdotes brasileiros que defenderam a guerra, infundindo na massa popular o espírito belicoso ao invés de defender a paz. Ao analisar uma circular emitida pelos arcebispos brasileiros publicada no *Jornal do*

33 *O Clarim*, n. 39, ano XII, 19/05/1917, p. 1.

Commercio, esta foi considerada um documento que mais parecia ter sido escrito por um general do que por clérigos, aproveita para reprovar a missa em ação de graças realizada na Catedral de São Paulo, pela entrada dos EUA no conflito. Por último, cita parte de um discurso realizado pelo arcebispo de Olinda, D. Sebastião Leme, sobre a guerra, apontando que suas convicções passavam ao largo da doutrina de Jesus Cristo:

> Passou o tempo das fantasias pacifistas e o sonho do desarmamento universal. O CLERO quer o soerguimento militar do país, porque só os fortes podem manter intacto os seus direitos e a honra da bandeira. O clero sente como o povo as afrontas à Nação (*O Clarim*, n. 38, ano XII, 12/05/1917, p. 3).

Os espiritualistas se expressavam preocupados com os rumos tomados pela política nacional e internacional, em face de uma Igreja ávida em restabelecer os seus antigos privilégios. Para esses intelectuais, a resistência contra a instituição não deve ocorrer apenas no âmbito religioso e cultural, mas no nível político, com análises que procuravam dar conta das estratégias utilizadas pelo clero para interferir nos negócios do Estado, ao passo que eles se colocavam como ardentes defensores da laicidade. Igualmente se preocupavam com a ameaça às instituições republicanas e à liberdade de consciência, considerando que o grande inimigo a ser combatido era o clericalismo.

Eles defendiam a secularização da sociedade a partir de seus ideários e interesses específicos. Embora tributários de uma visão de mundo que se comunicava com a religião, defendiam que a sociedade, o Estado e a educação precisavam se organizar sem a interferência institucional das religiões, que pertencem à esfera das convicções no âmbito privado. Nesse sentido, estavam ligados ao pensamento construído a partir do século XVIII, com o advento da modernidade, que recusava o condicionamento da vida social a qualquer instituição coercitiva.

IV. Os espiritualistas e as questões sociais

> Nobres Damas da Caridade, somos discípulos de Jesus, o republicano, o socialista, o amigo dos pobres; portanto não podemos pensar de outra maneira (*Verdade e Luz*, n. 376, ano XVI, 31/01/1906, p. 14.).

A leitura dos impressos produzidos pelas associações espiritualistas permite o entendimento do processo de circulação de determinados ideários na sociedade, ao possibilitar a identificação de redes de sociabilidade tecidas com diferentes grupos, como socialistas, anarquistas, maçons, anticlericais e livres-pensadores, evidenciando, em alguns momentos, a articulação de uma "comunidade ideológica" com aqueles que compartilhavam os ideais da modernidade - progresso, razão e laicidade –, e no combate contra um adversário comum, a Igreja Católica.

Como vimos, a revista *Verdade e Luz* abriu suas páginas para que esotéricos e ocultistas expressassem seus ideários e opiniões, acolhendo, inclusive, controvérsias em suas páginas. Outros grupos receberam abrigo nesse periódico, como maçons, livres-pensadores e apareceram artigos com inclinações socialistas, ou sobre questões políticas e sociais, e o próprio Batuíra externou, em alguns momentos, simpatia pelas propostas socialistas. Ao enfrentarem as questões políticas, sociais, culturais e religiosas de seu tempo, os intelectuais espiritualistas dialogaram com outros agentes e instituições da sociedade, assumindo posições que se relacionavam com o novo momento político vivido pelo país e abrangendo muitas das disputas existentes no período.

Aubrée e Laplantine defendem que os espíritas, além de se notabilizarem pela criação de sociedades de assistência, militaram em prol da igualdade de direitos da mulher, pelo sufrágio universal, pelo ensino leigo gratuito e obrigatório e por outras questões sociais e políticas (2009, p. 22-23). No caso paulista, os intelectuais espiritualistas preocuparam-se em opinar sobre essas questões, algumas delas analisadas no capítulo anterior.[1] A presença desses artigos era significativa, pois demonstrava o interesse em auxiliar seus leitores no posicionamento diante da maioria dos temas existentes sobre o mundo, fornecendo a interpretação correta e demonstrando a universalidade da doutrina, visto que os espiritualistas não eram interessados apenas pela religião e ciência, mas sim em apreender o mundo em sua complexidade, a partir de sua condição, possibilitando um posicionamento diante da realidade.

Kardec, no texto "Liberdade, Igualdade e Fraternidade", presente em *Obras póstumas*, analisa os ideais iluministas, ressignificando-os à luz do espiritismo e demonstra que a doutrina é portadora de um componente social e político. Para ele, a fraternidade resume todos os deveres dos homens: devotamento, abnegação, tolerância, benevolência e caridade, tornando possível a igualdade e a liberdade.

---

1 A título de conhecimento, nos periódicos espiritualistas a defesa dos direitos das mulheres foi tema recorrente, e o discurso emitido procurava superar os preconceitos existentes na sociedade conservadora brasileira, ancorada em valores paternalistas e agrários, legitimando as aspirações feministas em prol da emancipação social. Procuravam esclarecer sobre os novos papeis sociais reservados aos gêneros em função dos novos tempos, além de apoio ao movimento feminista internacional, com notícias e artigos extraídos de periódicos estrangeiros. Como todo o discurso espiritualista do período, era ambíguo e visões diferenciadas eram forjadas, e em alguns momentos ainda apresentava a visão da mulher como detentora dos elementos dóceis e pacíficos da humanidade, como símbolo da paciência, da doçura, da bondade, o que facilitava a sua elevação em torno dessas virtudes. Mas havia outros artigos mais contundentes, carregados de um tom libertário. Também existia a valorização das mulheres em vários momentos, participando das associações não apenas como médiuns ou à frente de obras assistenciais, mas também como conferencistas e articulistas em jornais e revistas, especialmente em *Nova Revelação*, *Natalício de Jesus* e *O Clarim*, neste principalmente nos fins da década de 1910. No IENJ as alunas das instituições ligadas à Anália Franco foram protagonistas nos vários festivais espíritas. Ver: *Natalício de Jesus*, n. 43, ano III, nov. 1911, p. 170; "A paz e as mulheres", *O Mundo Occulto*, n. 12, ano II, 01/09/1905, p. 7; *O Clarim*, n. 27, ano IX, 21/02/1914, p. 1; Anália Franco, "As reivindicações femininas", *Verdade e Luz*, n. 254, ano XI, 15/12/1900, p. 3-4; *Verdade e Luz*, n. 375, ano XVI, 15/01/1905, p. 13; Edla Cardoso, "A mulher perante o neo-espiritualismo", *Verdade e Luz*, n. 386, ano XVII, 20/07/1906, p. 5; Candida Sanz, "A mulher em face do espiritismo", *Verdade e Luz*, n. 406, ano XVII, 30/04/1907, p. 3; *Verdade e Luz*, n. 407, ano XVII, 15/05/1907, p. 2; *O Clarim*, n. 9, ano I, 01/01/1906, p. 2; Gil Teixeira, "O Espiritismo e a mulher", *O Clarim*, n. 7, ano XII, 23/09/1916, p. 2; Saltzman, "Emancipação feminina", *O Pensamento*, n. 59, ano V, nov. 1912, p. 611.

> ...Qual, porém, o inimigo da igualdade? O orgulho, que faz queira o homem ter em toda parte a primazia e o domínio, que vive de privilégios e exceções, poderá suportar a igualdade social, mas não a fundará nunca e na primeira ocasião a desmantelará. Ora, sendo também o orgulho uma das chagas da sociedade, enquanto não for banido, oporá obstáculo à verdadeira igualdade.
>
> [...]
>
> ...Os homens que vivam como irmãos, com direitos iguais, animados do sentimento de benevolência recíproca, praticarão entre si a justiça, não procurarão causar danos uns aos outros e nada, por conseguinte, terão de temer uns dos outros. A liberdade nenhum perigo oferecerá, porque ninguém pensará em abusar dela em prejuízo de seus semelhantes. Mas, como poderiam o egoísmo, que tudo quer para si, e o orgulho, que incessantemente quer dominar, dar a mão à liberdade que os destronaria? O egoísmo e o orgulho são, pois, os inimigos da liberdade, como o são da igualdade e da fraternidade (KARDEC, 1998 p. 233-234).

O grande mal que impede a igualdade social é o orgulho, e muitos dos problemas sociais são derivados, portanto, de problemas morais. O autor critica o sentimento exclusivista da personalidade humana, já que cada qual procura satisfazer a si próprio à custa de outrem e insiste que o homem não pode se aproveitar da submissão de outros, sendo fundamental o desenvolvimento do senso moral nos indivíduos para elevá-los à condição de homens livres, demonstrando uma preocupação com a emancipação social (1998, p. 234-235). Kardec defende a proposta de um devir social mais humano e igualitário, demonstrando uma perspectiva social. A preocupação com as questões sociais, assim, já residia no universo mental do início do espiritismo francês. Em *O Livro dos espíritos* lemos as seguintes perguntas e respostas:

> 806. *A desigualdade das condições sociais é uma lei natural?*
>
> — Não; é obra do homem e não de Deus.
>
> [...]
>
> ...Essa desigualdade desaparecerá juntamente com a predominância do orgulho e do egoísmo, restando tão somente a desigualdade do mérito. Chegará um dia em que os membros da grande família dos filhos de Deus não mais se olharão como de sangue mais ou menos

> puro, pois somente o Espírito é mais puro ou menos puro, e isso não depende da posição social,
>
> 807. *Que pensar dos que abusam da superioridade de sua posição social para oprimir o fraco em seu proveito?*
> — Esses merecem o anátema; infelizes deles! Serão oprimidos por sua vez e renascerão numa existência em que sofrerão tudo o que fizeram sofrer.
>
> 808. *A desigualdade das riquezas não tem sua origem na desigualdade das faculdades, que dão a uns mais meios de adquirir do que a outros?*
> — Sim e não. Que dizes da astúcia e do roubo?
>
> 808-a. *A riqueza hereditária, entretanto, seria fruto das más paixões?*
> — Que sabes disso? Remonta à origem e verás se é sempre pura. Sabes se no princípio não foi o fruto de uma espoliação ou de uma injustiça? Mas sem falar em origem, que pode ser má, crês que a cobiça de bens mesmo os melhor adquiridos, e os desejos secretos que se concebem de possuir o mais cedo possível, sejam sentimentos louváveis? Isso é o que Deus julga, e te asseguro que o seu julgamento é mais severo que o dos homens (KARDEC, 2001, p. 272).

As passagens acima demonstram que Kardec possuía uma visão crítica em relação à riqueza e à desigualdade, como produto das relações sociais que os homens estabelecem entre si, embora defenda que o egoísmo e o orgulho são os instrumentos fundamentais nesse processo, criticando os valores materialistas presentes na sociedade. A partir dessa dinâmica, o entendimento do processo reencarnatório tem para a humanidade uma função pedagógica, pois o indivíduo, sabedor de que se fosse em uma vida pretérita orgulhoso e mesquinho, permitindo a exploração de outro, poderia retornar em uma experiência vindoura à Terra naquela condição que ele desprezara, impulsionando-o a desenvolver padrões de comportamento menos egoísticos.[2] Dessa maneira, os homens transitariam sobre

2 Tais questões e respostas não foram pontos pacíficos no período e os espíritas as interpretaram de diferentes formas. Alguns questionavam o fato de existir uma certa determinação social adquirida no processo reencarnatório, isto é, a pobreza e a riqueza representavam experiências que os espíritos deveriam passar em suas estadas na Terra, por isso, a reconstrução da sociedade a partir de padrões igualitários seria um empecilho para essas provações. Sob essa visão, o postulado da reencarnação justificava as desigualdades sociais e a assistência social visava

escalas sociais diferenciadas ao longo de suas existências e um rico poderia ocupar em vida futura o corpo de um humilde artesão (KARDEC, 2001, p. 193). Mais adiante, afirma:

> 881. O direito de viver confere ao homem o direito de ajuntar o que necessita para viver e repousar, quando não mais puder trabalhar?
> — Sim, mas deve fazê-lo em família, como a abelha, através de um trabalho honesto, e não ajuntar como um egoísta. Alguns animais lhe dão o exemplo dessa previdência.
> [...]
> 883. O desejo de possuir é natural?
> — Sim, mas quando o homem só deseja para si e para sua satisfação pessoal, é egoísmo.
> [...]
> 884. Qual é o caráter da propriedade legítima?
> — Só há uma propriedade legítima, a que foi adquirida sem prejuízo para os outros (KARDEC, 2001, p. 292).

Se as respostas oferecidas no livro não apontavam para uma igualdade absoluta a ser firmada na Terra, ao menos havia a preocupação com uma ordem social menos injusta a partir da superação do orgulho e do egoísmo. Os espíritos haviam sido criados iguais e eram iguais em potência, pois o fim último era a perfeição. No entanto, ao longo de cada jornada individual se adiantaram em termos de conhecimentos e moralidades, o que significava a desigualdade de aptidões, a partir da qual cada um estaria em uma escala evolutiva diferenciada. Mas, ao mesmo tempo, considera-se que as faculdades adquiridas concorreriam para a solidariedade humana entre todos, cada qual auxiliando com suas diferentes ap-

diminuir os sofrimentos sociais que não eram criticados, pois faziam parte do roteiro que os indivíduos deveriam seguir, vinculado às suas vidas anteriores. Emerson Giumbelli nota essa tensão no espiritismo, o que poderia levar seus seguidores a uma visão fatalista do destino (1998, p. 135-137); Rui Barros defende que Kardec possuía ideias contraditórias a respeito da questão social e que elas caminhavam no sentido da resignação diante do mundo (1999, p. 267-270). Muitos espíritas paulistas se engajaram na discussão e utilizaram seus espaços nos periódicos para denunciar as desigualdades sociais, como veremos.

tidões para a consecução dos desígnios divinos (KARDEC, 2001, p. 271-273). Ao mesmo tempo, se todos os homens são irmãos (KARDEC, 2001, questão 54, p. 67-68), em última instância, não haveria razão para o estabelecimento de relações de dominação. Por isso, a questão da igualdade social era complexa para os espíritas e produziram interpretações diversas. Giumbelli avalia que:

> A doutrina espírita, portanto, tal como formulada em seus momentos iniciais, não estava destituída nem de críticas sociais, nem de ideais igualitários. Deve-se, porém, reconhecer que suas propostas repousam sobre um equilíbrio delicado. Primeiro, porque a sobreposição entre atributos sociais e espirituais é admitida em certas situações. Segundo, porque em dados momentos a permanência do meio parece mais importante que a conquista do fim; isto é, a exigência de prática da caridade necessita, para fazer sentido, da existência de desigualdades (GIUMBELLI, 1998, p. 136).

Nesse sentido, a maioria dos problemas humanos eram morais e apenas através da educação poder-se-ia burilar os sentimentos e conhecimentos humanos. Esse ideário, presente no livro III de *O Livro dos espíritos*, surge também em *Obras póstumas*, em que estão reunidos textos importantes acerca do pensamento de Allan Kardec.

> A questão social não tem, pois, por ponto de partida a forma de tal ou qual instituição; ela está toda no melhoramento moral dos indivíduos e das massas. Aí é que se acha o princípio, a verdadeira chave da felicidade do gênero humano, porque então os homens não mais cogitarão de se prejudicarem reciprocamente. Não basta se cubra de verniz a corrupção, é indispensável extirpar a corrupção (KARDEC, 1998, p. 384).

Essa concepção tinha suas limitações, pois não associava a desigualdade às instituições existentes ou a uma determinada classe social, mas apenas ao grau de desenvolvimento moral e intelectual do homem. A partir desse desenvolvimento, chegaria o momento no qual os homens e mulheres se livrariam do egoísmo, tornando a sociedade mais justa. Na questão do egoísmo, residia toda a crítica social à sociedade capitalista. A sociedade era profundamente desigual, e somente a partir da tomada de consciência dos comportamentos egoístas dos indivíduos, ancorada na caridade cristã, poderíamos superar essas desigualdades. Havia o reconhecimento das contradições sociais e a sua crítica, mas sua superação não poderia se dar de forma violenta.

Nessa concepção, negava-se a mudança da sociedade a partir das revoluções políticas e sociais, na medida em que não se poderia impor uma nova ordem aos seres humanos que não haviam ainda alcançado determinado desenvolvimento moral. Uma certa visão idealista predominava a partir do momento que se entendia que as ideias deviam primeiro transitar na sociedade e amadurecer, esperando o tempo certo para a sua assimilação. A missão do espiritismo era implementar seu caráter moralizador, agindo sobre a consciência dos homens para que eles concretizem esse projeto de forma mais rápida, a partir dos ideais de fraternidade e caridade.

O espiritismo, portanto, se aproximava de propostas socialistas, mas do chamado "socialismo utópico",[3] como as derivadas de Saint-Simon (1769-1825), Charles Fourier (1772-1837) e Robert Owen (1771-1858), recusando o marxismo. Não é nosso objetivo avaliar as propostas desses socialistas e as sociedades por eles idealizadas. Mas, vale a pena lembrar que esses homens criticavam o capitalismo industrial e a sociedade que se desenvolvia na Europa a partir do século XVIII e cada qual apresentou projetos de transformação dessa sociedade com características específicas. Eles foram denominados de "socialistas utópicos" por Marx e Engels, que questionaram suas iniciativas como fórmulas irreais de superação da sociedade capitalista, contrapondo essas propostas com o socialismo pretendido por aqueles dois autores, denominado de "socialismo científico".[4]

---

3 Aubrée e Laplantine observam que os socialistas Saint-Simon e Charles Fourier defenderam em diferentes momentos a teoria espírita da reencarnação (2009, p. 94-95).

4 Ver: ENGELS, Friedrich. *Do socialismo utópico ao socialismo científico*. São Paulo: Centauro, 2005. Martin Buber apresenta uma intepretação diferente, contestando a classificação de utópico definida pelo marxismo para tal tipo de socialismo, considerando-a simplista e defende que ele representa tentativas válidas de modificar a realidade social, ao procurar substituir o Estado pela sociedade "autêntica", eliminando obstáculos para a realização do socialismo. As cooperativas seriam células de reestruturação da sociedade e um ponto de partida e não um fim em si mesmo (BUBER, 1986, p. 77-80 e p. 103-105). O autor defende que: "Para o advento de uma sociedade autêntica são necessárias as seguintes condições: ela não pode constituir-se de um agregado de indivíduos que não estejam estreitamente vinculados entre si, pois sua coesão, nesse caso, só poderia ser mantida à custa de um princípio político de domínio e coação; deve compor-se de

Os vínculos existentes entre espiritismo e socialismo são variados e alguns autores procuraram destacá-los. A *Revista Espírita* editada por Allan Kardec publicou um artigo que afirmava que os socialistas Charles Fourier e Jean Reynaud (1806-1963) defendiam a doutrina da pluralidade das existências e inspiraram a doutrina espírita (REVISTA ESPÍRITA, mai. 1869, p. 189). Pierre-Gaëtan Leymarie, continuador da obra de Kardec, realizava atividades ligadas ao socialismo, que veremos mais adiante (LANTIER, 1980, p. 80). Jacques Lantier observa que, "para além das crenças e dos ritos, os espíritas tomam posição a nível social e moral. Eles apresentam-se como defensores de um 'espiritualismo' e de um 'socialismo' ferozmente hostis às teorias materialistas" (1980, p. 12).

Laplantine e Aubrée colocam o espiritismo como uma das doutrinas progressistas do século XIX que se articulou com os valores de justiça social, igualdade e liberdade. De acordo com os autores, essa teria sido uma das razões do sucesso da doutrina na época, pois Kardec popularizou a noção de reencarnação, atrelando-a ao progresso, como o mecanismo que explicava como a evolução social ocorria a partir das vidas sucessivas dos espíritos (AUBRÉE; LAPLANTINE, 2009, p. 89). Nesse sentido, apresentam o relacionamento entre o socialismo e o espiritismo:

> [...] A época da máquina a vapor é também a época das revoluções sociais e a época dos espectros. Não se trata de coincidências. Se conseguirmos esclarecer um pelo outro, o espiritismo e o social, assim como essa explicação do social que é o socialismo, observaremos que um é

---

pequenas sociedades comunitárias e das federações dessas mesmas sociedades e tanto as relações entre os membros dessas sociedades, como as das sociedades e federações entre si, devem ser determinadas, na medida do possível, pelo princípio societário e pelo de vinculação íntima, colaboração e auxílio mútuo. Dito com outras palavras: somente uma sociedade profundamente estruturada poderá substituir ao Estado. Esse objetivo, por sua própria natureza, não pode ser alcançado, exclusivamente, através de uma mudança na ordem do governo, isto é, daqueles que retêm o poder em suas mãos e, tampouco, unicamente através de uma modificação no sistema da propriedade, a saber, dos detentores dos meios de produção; nem por qualquer instituição ou lei que regule, exteriormente, as formas sociais de vida e, tampouco, pela ação conjunta de todos esses meios. Todos eles são necessários em determinadas fases da transformação, ficando naturalmente implícito que não deve resultar, daí, um sistema coercitivo que regula unitariamente o todo, pois esse sistema impediria o florescimento do elemento fundamental, que é a espontaneidade e a configuração interna, assim como da diversidade indispensável para a formação de uma sociedade autêntica" (BUBER, 1986, p. 103-104).

> literalmente incompreensível sem o outro. Espiritualidade do progresso indissociável de um projeto social (podendo avançar, como veremos, até o socialismo no sentido em que é compreendido no século XIX), o espiritismo nos permite compreender os bastidores. Permite-nos perceber que não há de um lado a *razão* social e política e, do outro, as *loucuras da razão*: as utopias espiritualistas do século XIX. Os sindicatos e os ectoplasmas participam de um mesmo movimento, e tudo nos leva a pensar, de acordo com Philippe Muray (1984), que seu vínculo se impõe como uma necessidade (AUBRÉE; LAPLANTINE, 2009, p. 93).

Embora as formas de atividade social fossem diferentes, os autores defendem que o princípio era comum a ambos, isto é, o espiritismo seria uma das variantes do discurso do progresso, e oferecem alguns argumentos, como o fato de muitos médiuns terem sido recrutados pelos revolucionários de 1848, o que não teria sido uma ruptura em suas visões, pois se coadunariam no mesmo ideal de uma humanidade fraterna (AUBRÉE; LAPLANTINE, 2009, p. 93).

> Sejam eles socialistas que se tornaram espíritas ou espíritas que não reivindicam expressamente o socialismo ou, deliberadamente, socialistas-espíritas, todos trabalham de comum acordo pela libertação dos oprimidos; todos lutam por melhores condições de vida da classe operária. O velho mundo estala por toda parte e as mesas que estalam por sua vez expressam a grande alteração que está para acontecer. Basta verificar o número impressionante de obras socialistas dessa época para constatar como estes diferentes temas – justiça, progresso, reencarnação – estão intimamente ligados (AUBRÉE; LAPLANTINE, 2009, p. 95).

Noção semelhante partilham Incontri e Bigheto ao defenderem que a noção de propriedade, debatida pelas correntes anarquistas e socialistas do século XIX, está presente na obra de Allan Kardec, que elaborou uma crítica em relação à acumulação de capital e defendeu a propriedade coletiva, dialogando com as questões sociais de sua época.

> Ao contrário da interpretação popular do espiritismo brasileiro, nas obras de Kardec, consideradas pelos seguidores como fundamentais,

> não há a aceitação de um fatalismo social, determinado pela ideia da reencarnação. Sobretudo em *O Livro dos Espíritos*, aparecem críticas à estrutura social injusta e indicações de que é preciso transformar a sociedade, junto ao apelo constante à transformação do homem. Dentro da perspectiva evolucionista, a evolução social interage dialeticamente com a evolução individual (INCONTRI; BIGHETO, 2004, p. 2).

A principal obra que relaciona a doutrina socialista com o espiritismo é *Socialismo e espiritismo*, de Léon Denis (1846-1927), um operário de origem humilde que entrou em contato com Allan Kardec em 1867, transformando-se depois em conhecido conferencista, autor de inúmeros artigos e livros espíritas. Em seu livro publicado em 1924, ele observa:

> Espiritismo e Socialismo estão unidos por laços estreitos, visto que um oferece ao outro o que lhe falta a mais, isto é, o elemento de sabedoria, de justiça, de ponderação, as altas verdades e o nobre ideal sem o qual corre ele o risco de permanecer impotente ou de mergulhar na escuridão da anarquia.
>
> Todavia, antes de tudo, importa bem definir os termos que empregamos. Para nós, o Socialismo é o estudo, a pesquisa e a aplicação de leis e meios susceptíveis de melhorar a situação material, intelectual e moral da Humanidade. Nessas condições são numerosas as nuances, as variedades de opiniões, de sistemas, desde o Socialismo Cristão até o Comunismo, e todo o homem cuidadoso com a sorte de seus semelhantes pode se dizer socialista, quaisquer que sejam, aliás, suas predileções (DENIS, 1987, p. 31).

Como veremos adiante, essas discussões obtiveram certa ressonância no movimento espiritualista. O desejo de progresso e reforma social, ainda que não pudesse se efetivar de forma violenta, pois os espíritas acreditavam que a sua ação moralizadora ocorreria *pari passu*, aproximaram diferentes grupos, espíritas, socialistas e anarquistas.

República e democracia

Em relação ao campo político, os espiritualistas eram, em primeiro lugar, defensores da República. O espirito humano apenas se harmonizaria a partir de um sistema político calcado nos princípios republicanos e democráticos, entendidos como a renovação dos procedimentos políticos, jurídicos e administrativos ancorados no regime de igualdade perante a lei. Eram criticados os regimes inspirados na autoridade absoluta, em privilégios e arbitrariedades como vimos nas críticas à Itália fascista no capítulo anterior.[5] Seus intelectuais se apresentavam como pessoas convictas de valores liberais e intentaram construir uma opinião pública que compartilhasse desses valores, estruturando, a partir daí, formas democráticas de participação no espaço público paulista.[6]

Nesse aspecto, parecia representar uma outra forma de se contrapor ao pensamento católico predominante, que recusava as mudanças políticas e sociais e via o estabelecimento do regime republicano com desconfiança. Essas considerações são compartilhadas por Artur Isaia que afirma:

> Com uma proposta que endossava diretamente os valores cívicos, o Espiritismo vai aprofundar em seu discurso a defesa da ordem republicana, vista como sintoma do novo homem e da nova terra anunciados pelos espíritos. O comprometimento da doutrina espírita com as virtudes cívicas, com o elogio à cidadania, acentuaria sua oposição ao catolicismo, encarado como um baluarte de preservação dos antigos privilégios. Ao imaginário católico, povoado de referências monárquicas e rurais, oporá o Espiritismo um arsenal imagético extremamente familiar à sociabilidade urbana e à defesa da igualdade, fraternidade e liberdade. Ao catolicismo, que durante o século XIX, aprofundou uma visão pessimista do mundo moderno, refugiando-se na defesa da tradição, no reforço de seu magistério e sua autoridade, oporia o Espiritismo, um discurso com ênfase na confiança do progresso, na defesa intransigente da ciência como caminho epistemológico comprovador

---

5 Ver: Vianna de Carvalho. Brado de alerta. *O Clarim*, n. 16, ano XVIII, 25/11/1922, p. 1; Vinicius, O papa "fascista", *O Clarim*, n. 34, ano XVIII, 07/04/1923, p. 2.

6 Ver: *O Mundo Occulto*, n. 15, ano II, 01/12/1905, p. 2.

> da 'terceira revelação' e nas fórmulas políticas pós-revolucionárias (ISAIA, 2007, p. 291-292).

Desde os primeiros periódicos aparecia a preocupação em analisar as consequências políticas e sociais do espiritismo. No artigo "O Espiritismo e a Democracia", sem assinatura, publicado em *Espiritualismo Experimental*, em 1888, o autor defende que os governos e instituições políticas interferiam no desenvolvimento moral dos homens, o que deve despertar o interesse dos espíritas no assunto, pois uma de suas funções era a elevação moral e intelectual da sociedade. A escolha da democracia se relacionava com as consequências morais do espiritismo, que se complementariam. Embora a democracia fosse defendida também por materialistas, somente poderia se realizar plenamente ligada aos princípios espíritas de crença na existência em Deus e no progresso contínuo do ser. A citação é longa e com erros de pontuação e ortografia, característico dos primeiros periódicos espiritualistas, mas significativa do imaginário espírita:

> Hoje que o espírito do século, cansado de tanta escravidão atira-se de um extremo a outro; que saindo do dogmatismo cristão, se este qualificativo merece para o campo sistemático do materialismo franco ou disfarçado; achamos de nosso dever, advogando a causa do bem pela verdade, dizer a esses espíritos, que revoltando-se contra a tirania e a corrupção, revelam dignidade no pensar e sentir. Nós também amamos a liberdade, e foi aqui a sombra da bandeira espírita que tantos espíritos, como Kardec, Hugo, Castellar, Garibaldi, Marzini (sic), encontraram a afirmação de seus belos sonhos de emancipação dos povos; e somente aqui podereis encontrar o caminho da libertação e da liberdade, nós! Espíritos, cujas altas aspirações, lembranças de uma outra vida, sã, tratadas pela multidão ignorante, de quimeras e utopias.
> Aqui sabereis que todos caminhamos para o mesmo fim; que os mais avançados devem procurar levantar e não deprimir aqueles que parecem mais atrasados no caminho do progresso; que o homem distingue-se entre seus semelhantes somente pelas qualidades morais e intelectuais; que a credulidade é uma fraqueza porque devemos crescer sempre em conhecimento e virtude, e assim tudo quanto possa peiar (sic) a expansão do coração humano no amor do próximo e impedir a elevação da nossa mentalidade, é uma violação, um crime de lesa

> humanidade, porque a fé necessita de um apoio: aquilo que se deve crer; e ela só é inabalável, quando pode encarar a razão face a face, em todas as épocas da humanidade.
>
> [...]
>
> E venerando a Jesus como mestre, não é por ordem das sinagogas, mas porque nenhum espírito foi tão inimigo da escravidão humana, nem um outro dedicou-se tanto pela emancipação e elevação dos homens que Ele, que como nós também por padres e príncipes, foi tido como um inimigo da religião e da ordem!
>
> Não, espíritas! Vós não devereis ser os conservadores, do mal mas os pugnadores do bem.
>
> Devereis ser a coluna avançadas dos libertadores e regeneradores, e não a horda negra dos deprimidores da Humanidade.
>
> Para a frente pois cidadãos! E vós, espíritas! Na vanguarda (*Espiritualismo Experimental*, n. 6, ano II, 17/07/1888, p. 1).

Essa profissão de fé espírita, eivada de um sentimentalismo cristão, apregoa que o espírita é o agente por excelência na emancipação da sociedade e de sua elevação moral. Mas o cristianismo ainda presente é tomado em seu potencial transformador, reinterpretando a história de Jesus presente na Bíblia como um revolucionário, inimigo de todas as formas de escravidão humana, cuja essência tinha sido assumida pelo espiritismo na vanguarda da libertação humana nos tempos modernos. Nesse processo, a doutrina demandava por seres humanos imbuídos de um espírito de liberdade e autonomia, os únicos capazes de realizar o projeto democrático com os valores que a doutrina oferece.

Para Stanislas Dismier em "Consequências e fim revolucionário dos fenômenos espíritas", a doutrina estava alicerçada em princípios democráticos e liberais ao oferecer aspirações de liberdade e igualdade no futuro, elevando a dignidade humana, ao passo que as outras religiões se enquadravam em um mundo teocrático e monárquico e em autoridades absolutas e privilégios que deveriam permanecer eternamente (*Verdade e Luz*, n. 293, ano XIII, 31/07/1902, p. 2). Nesse imaginário, novamente se apresentava o ideário de um velho mundo e de uma velha política, em contraposição a um novo mundo, cujos agentes eram revolucionários.

A partir de janeiro de 1908, *O Clarim* conclama seus leitores a se manifestar sobre o posicionamento dos espíritas em relação às eleições futuras e às lutas políticas que se desenvolviam no país. Embora identificasse nesse momento a política em termos de política partidária e eleições, era uma tentativa clara de compreender a opinião dos espíritas sobre tal assunto, talvez, com o intuito de organizar o movimento na defesa de algumas propostas. Essa prática era característica de muitos impressos espíritas, que procuravam estimular discussões e estabelecer algumas premissas que norteassem a atuação na sociedade. Cairbar Schutel solicita o envio de contribuições à redação e informa que "por mais que tivéssemos raciocinado, até agora não chegamos a um resultado para nós satisfatório e que viesse nos trazer a certeza da maneira porque devemos agir" (*O Clarim*, n. 33, ano III, 15/01/1908, p. 2). O debate desaparece repentinamente das páginas do periódico, ao surgirem polêmicas e contradições dos agentes espíritas que enviaram contribuições, o que fez com que o editor, diante das dificuldades de consenso e evitando possíveis altercações entre os confrades espíritas, deixasse o tema cair no esquecimento.

Em "A política", o articulista "Ex-protestante" depois de citar trechos bíblicos adverte que: "... o nosso papel com (sic) Cristão não nos exclui em ponto nenhum de tomarmos parte ativa em todos os movimentos políticos, uma vez que o nosso fim seja protestar contra o mal, procurando em tudo o bem geral dos nossos semelhantes..." (*O Clarim*, n. 34, ano III, 01/02/1908, p. 2). Embora o artigo tratasse de generalidades, como a maioria dos textos que foram enviados a Matão, sem procurar abordar questões mais profundas, fica clara a visão que defende a participação efetiva dos espíritas na política e na administração pública, procurando atuar no bem-estar da sociedade de todas as formas possíveis. De forma geral, os autores assumem que é imprescindível que as pessoas moralizadas tomem parte no processo, e os espíritas podem fornecer quadros importantes para guiar aqueles que tinham uma moralidade inferior. A mesma argumentação é utilizada por C. J., de Minas Gerais, que afirma:

> Devemos, como espíritas auxiliar a todo governo honesto, econômico, e liberal; e para isso devemos escolher para nossos representantes, quer estaduais, quer federais, homens honestos e probos, e neste particular não conhecemos melhores do que os espíritas que, seguidores da doutrina do Nazareno em sua pureza, sabem melhor quais as responsabilidades atuais e as futuras (*O Clarim*, n. 35, ano III, 15/02/1908, p. 1).

Na mesma edição, A. D. G. defende os mesmos parâmetros e conclama que os espíritas tinham a obrigação de se envolver na política, interferir nos negócios públicos, participar de comícios, aceitar cargos e ser candidatos, e nunca permitir serem manipulados, atentando para uma característica da realidade política do país, e "... nunca deixar-se sugerir por influência do *mandonismo*, e, sim proceder sem violência, por sua própria vontade e livre arbítrio, quer no ato da eleição, quer no exercício do Corpo para o qual for eleito (*O Clarim*, n. 35, ano III, 15/02/1908, p. 1). Outros articulistas, ainda, na mesma edição, com contribuições breves, concordam com os argumentos dominantes e defendem que os periódicos poderiam criar uma seção para tratar de assuntos políticos.

Mas o artigo mais bem elaborado sobre essa questão foi enviado pelo *Reformador*, possivelmente de Leopoldo Cirne (1870-1941), presidente da FEB, intitulado "Os Espíritas e a política". Neste, o autor concorda com os argumentos apresentados pelos colegas e afirma que os espíritas deveriam alavancar o progresso no país, mas, no entanto, faz uma longa ressalva que coloca em cheque a premissa inicial. Em primeiro lugar, defende que os espíritas não devem constituir partido político, não confundindo sua doutrina com as questões materiais. Em segundo lugar, observa que a ideia de soberania popular no Brasil é inexistente, pois "perderam-se todos os estímulos; já não vale a pena fazer o sacrifício de ir votar, uma vez que as eleições são fabricadas nas casas ou sob as instruções dos chefetes políticos, mediante a sossegada falsificação das respetivas atas" (*O Clarim*, n. 36, ano III, 01/03/1908, p. 2).

O artigo esboça com razoável clareza algumas características do sistema político brasileiro no período, e possui um tom profundamente pessimista, que destoava dos outros articulistas. Chega a perguntar para que os espíritas deveriam participar dos sufrágios se os eleitos já estavam previamente designados pelas diretorias políticas, os únicos soberanos verdadeiros. Citava as fraudes que aconteciam nas eleições e indica que com elas um candidato espírita não tinha condições de se eleger, ou não seria reconhecido, relatando um caso ocorrido na Bahia, no qual o eleito não tomou posse. E, caso tomasse posse, seria obrigado a coligir com interesses maiores, por isso, seus ideais encontrariam resistência, acabando por capitular ou se contentar com o isolamento de sua mensagem.

> Porque, de fato, não se nos afigura de pequeno vulto o sacrifício de penetrar no ambiente das assembleias políticas e lá suportar contra-

> -choque das paixões e dos interesses subalternos que em tal ambiente fervilham, unicamente para ter o direito do protesto singular, por assim dizer, platônico.
>
> [...]
>
> Eis porque somos levado (sic) a concluir que, em nosso obscuro modo de entender não convém os espíritas, no atual momento histórico da nossa pátria, o exercício da atividade política, a não ser como uma rude provação, que aos mais estoicos pode ser lícito voluntariamente procurar (*O Clarim*, n. 36, ano III, 01/03/1908, p. 3).

A avaliação das mazelas do sistema representativo brasileiro levava à interdição da participação política aos espíritas e não propunha qualquer alternativa, acreditando que a única forma de regeneração da sociedade é a propagação do espiritismo por meio de sua imprensa e de ações caritativas. O autor proporciona uma abordagem mais apurada da realidade, mas expressa uma contradição em relação à doutrina, que busca o progresso das instituições e a evolução contínua da sociedade, ao preferir a passividade diante da realidade. Mesmo que espíritas não se candidatassem, e tivessem a consciência dos limites do processo eleitoral, não haveria outras formas de participação política a partir das quais os espíritas poderiam se engajar? Para o autor, a resposta é negativa.

O texto foi traumático, principalmente para os autores anteriores, cujas análises carregavam certo romantismo político, porque era proveniente de uma instituição espírita de referência no período e que reunia intelectuais importantes. Os textos recebidos passaram a ter outro tom, sendo elogiosos ao artigo da FEB e concordantes com o fato de que a política era algo mundano, ligado à violência, o que o espírita deve evitar. O espírita deveria preocupar-se em servir à sociedade de outras formas, ser um bom chefe de família, amoroso e humilde, como em "A política", escrito por J. M. O., que declara que "a política – essa messalina perigosa – corrompe os corações bem formados, conduz o homem ao ódio e ao desejo constante de vingança contra os seus irmãos" (*O Clarim*, n. 37, ano III, 15/03/1908, p. 2).

A tendência em negar a participação política, que aparentemente era minoritária no período, recusando as primeiras interpretações publicadas que afiançavam uma confiança nesse processo, parece ter levado Cairbar a se desinteressar pelo assunto, pois esperava que o debate continuasse em sua direção inicial. Ele ainda publicou algumas poucas contribuições, sem interferir no debate, e depois abandonou o tema sem qualquer avaliação final.

Mas a discussão reaparece pouco tempo depois em outro impresso. *A Nova Revelação* atende ao apelo inicial de Cairbar, mas prefere publicar em suas páginas a sua contribuição. Em "A política e os espiritistas" assinado por "A.", o artigo recupera as proposições iniciais e estabelece a política como assunto fundamental para o espírita, relacionada ao melhoramento geral da sociedade. O autor explica resumidamente o funcionamento das eleições em um sistema representativo e democrático e, diferentemente do texto de Cirne, apresenta otimismo em relação a esse sistema, apelando aos espíritas para a participação eleitoral, com a finalidade de aprimorar a estrutura política. Ainda que o artigo não esclarecesse sobre as possibilidades e os limites dessa participação, retomava uma interpretação positiva sobre o tema, desconsiderando as conclusões do presidente da FEB.

> Porque, pois, uma vez que estamos vendo que o povo exige todos os dias a reforma das leis ou mesmo unicamente a reforma da prática das leis já existentes, os espiritistas devam negar o seu concurso sob o frívolo pretexto de que a política é um meio inconveniente?
> Não; não deve ser assim; vemos, é verdade, que ela, como "Ciência do Governo dos Povos" não desempenha bem essa grandiosa missão, mas acaso será isso motivo para nos esquivarmos de concorrer com o nosso serviço?
> Outra vez, não; e não devemos recusar a nossa intervenção, porque, sabedores como somos da necessidade que há do concurso de todos, é preciso que também saiamos do círculo das opiniões exclusivistas e cooperemos ao lado desses irmãos de quais tanto se quer exigir.
> Assim, obedecendo à lei de cooperação, prestando o nosso serviço, desempenharemos o nosso dever e poderemos conquistar para o progresso mesmo das nossas ideias científicas e filosóficas, mais vastos terrenos, mais amplas esferas (*A Nova Revelação*, n. 56, ano V, 03/05/1908, p. 2).

Mas se a questão sobre a participação dos espíritas em relação à política não foi resolvida nas páginas de *O Clarim*, Cairbar Schutel sempre se interessou em discutir os assuntos políticos do momento. Em "A luta política", ele chama a atenção sobre a campanha presidencial que culminou com a vitória de Hermes da Fonseca.[7]

> A luta política que já devia estar terminada com o pleito de 1º de março, começa agora a semear o pomo da discórdia em todas as cidades brasileiras – e mesmo nos mais humildes arraiais onde a ambição do poder é a nota predominante na situação atual (*O Clarim*, n. 20, ano V, 19/03/1910, p. 1).

E demonstra preocupação com o espírito de desforra que havia dominado alguns homens, mas sem nomeá-los. Embora reconhecesse a importância da política, faz críticas contundentes aos partidos que se apresentam como ramificações do egoísmo humano, esquecendo a fraternidade, único mote que deve nortear a sua atuação:

> Refiro-me à politicagem – a esta luta onde predomina o egoísmo – partidarismo de pessoas e não de ideias, essa luta onde a coletividade é esquecida, a pátria é sacrificada, para dar lugar aos interesses de classes em que os fortes oprimem os fracos (*O Clarim*, n. 20, ano V, 19/03/1910, p. 2),

O Clarim conheceu em suas páginas uma profusão de artigos que versavam sobre temas políticos, quer sejam de autoria de seu editor, ou de outros colaboradores. Em um destes momentos, Borja Reis, recupera a discussão sobre a relação entre política e espiritismo que havia sido apresentada anos antes, defendendo a participação de espíritas nas eleições:

> Política, trazendo para a coletividade nacional a teoria política espírita, isto é, a teoria pela qual a política seria abstratamente exercida

7 Como curiosidade, apenas para apresentar a diferença de tratamento em um periódico esotérico, ao citar o tema da candidatura de Hermes da Fonseca à presidência da República, Antonio Olívio Rodrigues faz uma longa explanação e apresentava cálculos astronômicos para informar que, tendo em vista os aspectos planetários, a candidatura de Hermes da Fonseca era inviável em termos eleitorais (*O Pensamento*, n. 21, ano II, ago. 1909, p. 228).

> pelo todo concreto dos cidadãos governados por si; política, assim, exclusivamente composta de ideias e ações, das quais se baniriam os interesses pessoais para objetivar-se a riqueza do povo e o progresso do gênero humano.
> Social, pelo exercício científico das virtudes cívicas antecedentes, a construírem o ideal cristão-socialista ensinado por Jesus, e consubstanciando-os na Caridade levada de homem para homem, de cidade, de estado para estado e de nação para nação (*O Clarim*, n. 31, ano V, 04/06/1910, p. 1).

Quanto aos periódicos esotéricos, percebemos que *O Pensamento* apresenta preocupações políticas e sociais limitadas e tais temas quase não aparecem em suas páginas. Em um raro artigo denominado "A religião futura e a sociedade" de A. Cardoso, o autor defende a necessidade de construção de uma religião futura, único instrumento para a comunhão social e a democracia verdadeira. O texto apresenta proposições vagas, como a necessidade de se espiritualizar um povo para libertá-lo, além de apresentar laivos de preocupações sociais, defendendo o que denomina de democracia social que, para a sua concretização, deveria seguir as doutrinas platônicas, "krishinianas", budistas, propondo um sincretismo de doutrinas em prol da construção de um devir harmonioso (*O Pensamento*, n. 36, ano III, nov. 1910, p. 338).

Em outro artigo do mesmo autor, "As democracias e o psiquismo", defende que a democracia tem origem divina, pois a igualdade de direitos e de deveres faz parte da própria natureza, e o homem moderno não pode ser um autocrata, recordando dos seus deveres sociais, políticos e universais:

> É dentro desse círculo imenso que se tem agrupado os grandes guias das sociedades liberais, quer sejam eles representados por um Moisés, um Confúcio, um Cristo, um Tolstoi, um Jaurés ou Ferrer, todos qual mariposas volitam, hipnotizados ao derredor do foco infinito da Liberdade; são para ele atraídos, por ele desencarnam, deixando atrás de si a esteira luminosa das ideias fecundantes e fecundadas (*O Pensamento*, n. 114, ano X, jun. 1917, p. 202)

Diversamente dos artigos nos periódicos espíritas, embora estes também se mostrassem superficiais em diversos momentos, os esotéricos procuravam fazer de forma mais clara e menos disfarçada a propaganda de seus ideais, a partir da avaliação da realidade política, e as conclusões quase sempre eram apresentadas como abstrações no campo do espiritualismo e com uma visão idealista da política e da sociedade, com raros momentos dedicados à análise de situações concretas vividas no Brasil e no mundo.

Espíritas e socialistas

Os intelectuais espíritas paulistas em alguns momentos defenderam que o espiritismo é portador de princípios "sociológicos",[8] demonstrando que uma de suas inquietações relacionava-se com as desigualdades sociais existentes e que havia preocupação com as condições dos trabalhadores, iniciando outra discussão interessante nas páginas dos periódicos, com artigos bastante variados sobre essa temática. Claro que isso não significa que esses agentes eram socialistas, mas muitos deles demonstravam simpatias por essas doutrinas sociais, estabelecendo círculos de sociabilidade com esses grupos.

Em primeiro lugar, devido à heterogeneidade das interpretações, alguns espíritas consideravam a questão social a partir de um discurso de aceitação simplificado, sem qualquer crivo crítico. Surgiram artigos que defendiam que a questão social poderia ser resolvida apenas pela disposição do homem à caridade, a partir do momento em que os mais ricos passassem a auxiliar os desafortunados da vida. Em "Os ricos e a riqueza" de Irch., o articulista procura demonstrar que Jesus, com a passagem do "camelo e a agulha", não havia lançado qualquer anátema sobre os ricos, mas sobre o mau uso que os homens faziam dos bens concedidos; e em função disso, a riqueza é uma forma de provação como a pobreza (*O Clarim*, n. 4, ano V, 01/10/1909, p. 4). Nesse discurso, as desigualdades são naturalizadas fazendo parte do processo reencarnatório, e do aprendizado dos espíritos encarnados, possibilitando todos a se elevarem se praticassem a caridade.

8 Ver: *Verdade e Luz*, n. 349, ano XV, 30/11/1904, p. 5; *O Clarim*, n. 23, ano IX, 24/01/1914, p. 1; n. 25, ano IX, 07/02/1914, p. 1.

Essa visão acrítica das mazelas sociais, com tom de aceitação dessa realidade, também fazia parte de autores que se filiavam a um espiritismo com feições católicas, como vimos no capítulo 3:

> A Religião Espírita, dá todos os atributos ao Criador em sua Onipotência e poder, ensinando, que a miséria, a desigualdade social, os sofrimentos, os cegos de nascença, idiotas, surdos-mudos e todo o cortejo dos males infringidos à humanidade, é o efeito de uma causa, e essa está em relação direta com a justiça divina, conforme Isaias o diz no Cap. XXXIII – v. 1 "Ai de ti que roubas, por ventura não serás também roubado? Tu que desprezas, por ventura não serás desprezado? Quando acabares de despojar, serás despojado quando cansado, deixares de desprezar, serás desprezado" (*Perdão, Amor e Caridade*, n. 4, 09/05/1896, p. 1).

Em alguns momentos, embora reconhecessem as injustiças e imperfeições do mundo, denunciavam o ódio contra o Estado e as classes proprietárias, com referência, mesmo sutil, ao movimento operário, e contra qualquer solução violenta para a resolução dos problemas sociais, defendendo a conquista da harmonia entre patrões e proletários, a partir de uma ação moralizadora do espiritismo sobre as consciências das diferentes classes sociais. Para isso, o capitalista deveria ultrapassar o egoísmo e reconhecer os direitos dos trabalhadores para o estabelecimento de um equilíbrio social, como no artigo "Harmonia entre o capital e o trabalho" (*Verdade e Luz*, n. 294, ano XIII, 15/08/1902, p. 3). Nesse sentido, demonstrava desconfiança em relação ao socialismo e ao anarquismo, muitas vezes relacionados ao materialismo. Mas essa visão não predominava nos periódicos. Em outros momentos, demonstrando a heterogeneidade desses intelectuais, aparecia uma avaliação da situação social com uma linguagem mais radical que reconhecia a luta de classes, como no artigo "Interpretações", escrito por um redator não identificado, possivelmente Batuíra:

> ...A justiça, o direito, a liberdade, a fraternidade apregoada pela boca dos canhões, o bezerro de ouro como o deus dominador de todas as aspirações, a concorrência vital cada vez mais egoística, intransigente e feroz, meia dúzia de exploradores fazendo da grande massa anôni-

> ma dos famintos de consolações duas camadas, uma armada até os dentes, parasitária, assalariada ao serviço dos grandes (militarismo), outra afogada na fumarada das oficinas, constituindo um como prolongamento das máquinas, ou, quando não, submersa nas galerias das minas (proletariado). São os escravos brancos, mil vezes mais azorragados pela miséria do que os pretos (*Verdade e Luz*, n. 332, ano XIV, 15/03/1904, p. 2).

Portanto, embora os espiritualistas mantivessem visões diferenciadas sobre esse tema, um debate promissor pode ser visto no interior de seus principais impressos. Em primeiro lugar, era comum considerar igualmente todas as concepções que nasceram no século XIX, exceto as que possuíssem uma matriz materialista, observando que todas são fundamentais para o progresso da humanidade e para o "movimento libertário moderno". O reconhecimento de que o socialismo e o anarquismo dialogavam com o campo espiritualista está presente em alguns intelectuais espiritualistas. Em uma propaganda da revista *Aurora*, lemos:

> *Aurora* – revista mensal de crítica social e literatura acaba de aparecer o primeiro número em S. Paulo da qual é redator o nosso amigo Neno Vasco. Apresenta-se galhardamente com este bravíssimo programa: no campo econômico e moral defenderá o socialismo; no campo político, sob o ponto de vista da organização e do método, defenderá a anarquia. O socialismo e o anarquismo estão, como o psiquismo, na ordem do dia para a solução das questões social, moral e filosófica e é inútil aqui enumerarmos a importância dessas três fases do pensamento moderno que, em nosso entender encerram prática e idealmente a solução dos magnos problemas que tanto tem preocupado a humanidade (*O Mundo Occulto*, n. 8, ano I, 15/04/1905, p. 3).

Entretanto, o comentário favorável ao socialismo e ao anarquismo despertou, provavelmente, uma discussão na Sociedade de Estudos Psychicos O Mundo Occulto. A edição subsequente informava que o redator Elias Dubard consultara a assembleia da associação para saber se o periódico "aceitava artigos sobre socialismo sob o ponto de vista espírita", e obtivera parecer favorável (*O Mundo Occulto*, n. 9, ano I, 15/05/1905, p. 4). Dessa maneira, estava legitimada a introdução dessa doutrina nas preocupações do impresso e Dubard continuou com suas referências elogiosas ao socialismo. No artigo "A Emancipação da Humanidade", observa que Jesus ensinava a fraternidade humana, o perdão das injúrias, o desprezo das riquezas do mundo, a igualdade de direitos e de deveres, o reinado da justiça, e a necessidade de levar conforto aos párias da sociedade. Além disso, o socialismo atual havia se baseado nesse código divino, enquanto que o espiritismo se coadunava com aquele, visto que também combatia a existência de famintos na sociedade (*O Mundo Occulto*, n. 10, ano I, 15/06/1905, p. 2-3).

Desde o início das atividades do periódico *Verdade e Luz* surgiram artigos que procuravam demostrar preocupação social e que relacionavam o espiritismo ao socialismo. Em seu primeiro número, reproduz um artigo de *O Reformador* sobre a questão da regeneração social, que via com bons olhos as lutas sociais dos trabalhadores, pois "o movimento das classes mais desfavorecidas da sociedade, a atividade do proletariado enfim é um dos bons sinais do tempo: os humildes de condição já não se preocupam egoisticamente só com as necessidades da família" (*Verdade e Luz*, n. 1, ano I, 25/05/1890, p. 4). Em seguida, o artigo relaciona os benfeitores da humanidade que haviam idealizado um mundo melhor, citando alguns nomes, dentre eles, "socialistas utópicos": Platão, Tomas Morus, Saint-Simon, Fourier, Jean Reynaud e Kardec. Desta maneira aparecia a preferência dos espíritas por socialistas no interior de um panteão que procurava regenerar a sociedade, mas cujo ápice e síntese de todos os conhecimentos culmina em Allan Kardec.

Esse periódico costumava reproduzir artigos nacionais e estrangeiros que defendiam a necessidade de uma reforma que não contemplasse apenas o triunfo da ciência, da justiça ou de uma nova religião, mas também incorporasse a transformação social, advogando que todas essas questões deviam estar na ordem do dia das preocupações espíritas.[9] Nesse sentido, o artigo reproduzido do periódico *La Unión Espiritista*, afirma que o progresso também consiste em:

---

9 Ver: "Consequências e fim revolucionário dos fenômenos espíritas" de Stalislas Dismier, publicado originalmente na revista parisiense *L'Humanité Intégrale* (*Verdade e Luz*, n. 292, ano XIII, 15/07/1902, p. 2); o artigo assinado por Victor Hugo, "O Socialismo" (*Verdade e Luz*, n. 276, ano XII, 15/11/1901, p. 7); e o artigo "O Espiritismo e Socialismo Racional" (*Verdade e Luz*, n. 400, ano XII, 31/01/1907, p. 4-5).

> ...abolir o pauperismo, desterrar a guerra, estabelecer a equidade na distribuição das riquezas e em todas as relações sociais, regenerar pelo trabalho e pelo ensino, procurar o desenvolvimento físico, afetivo, intelectual das multidões estender-se à humanidade inteira, converter-se em leis positivas e garantidoras (*Verdade e Luz*, n. 185, ano VIII, 31/01/1898, p. 3).

Em artigo extraído do *Constancia*, de Buenos Aires, intitulado "O clericalismo: eis o inimigo", a situação política e social europeia é descrita a partir de um breve resumo do que ocorria nos principais países do continente. O autor destaca a fermentação das novas ideias socialistas e avalia, embora com um tom de preocupação com a violência que o movimento pode provocar, a legitimidade de suas lutas.

> Na França, os operários, esses filhos do trabalho e do sofrimento, se agitam e buscam adeptos ao seu grande plano de regeneração social muito além das suas fronteiras.
> O fermento socialista se encontra em toda a Europa; a atmosfera está carregada de vapores, alguns milhões de homens com a arma na mão, aguardam o sinal e o cataclismo com todos os seus horrores se aproximam.
>
> A humanidade tem fome e sede de uma nova vida, com outras leis e outra organização, e a regeneração se impõe tanto na ordem social como na política (*Verdade e Luz*, n. 14, ano I, 31/12/1890, p. 3).

Mas não é apenas no periódico de Batuíra e em *O Mundo Occulto*, que apareciam referências elogiosas ao socialismo, pois elas também aparecem em *O Clarim*.[10] Em um resumo acerca das conferências espíritas realizadas pela instituição de Matão, Brando Bonfochi observa que "o Espiritismo, única filosofia que apontando ao homem os seus destinos, poderá realizar essa verdadeira fraternidade, que deve ser o lema do Socialismo Cristão" (*O Clarim*, n. 7, ano V, 15/11/1909, p. 2).

10 Ver: *O Clarim*, n. 2, ano IX, 23/08/1913, p. 1.

Possivelmente, essas visões diferenciadas em relação à questão social se relacionavam com as alianças visadas na luta contra o conservadorismo clerical.

> Desse modo, era oportuno a esses agentes moderno-espiritualistas, na arena política, um movimento "pacífico", de caráter laico, que ensejasse a "regeneração social" – tangenciando o socialismo –, para a conformação de uma sociedade mais esclarecida, igualitária, cívica e ordeira, dentro dos padrões liberais (SILVA, 2009, p. 245).

Para a maioria desses intelectuais, era nítida a identidade entre princípios cristãos/espíritas e socialistas; ainda que fosse dominante a ideia de que a forma de concretização desses ideais não poderia se dar a partir de uma ação política, mas sim moralizadora, educacional, característica desse movimento expresso pelas sociedades espíritas em termos de discursos e práticas, principalmente com o interesse em discutir a temática educacional e fundar diversas escolas. Para a construção de uma nova sociedade, acreditavam que era preciso um "novo homem", sendo que a revolução "hominal" era mais urgente do que a social, fruto de uma visão evolucionista característica desses ideários. Os agentes que possuíam um discurso mais radical eram raros nesses grupos, mas sua existência demonstrava a heterogeneidade das interpretações e a dificuldade em estabelecer definições estanques tendo em vista a riqueza das contribuições; assim sendo, a atuação desses grupos "põe em xeque o enquadramento simplificador de que essas atitudes sociopolíticas seriam indistintamente práticas burguesas, pequeno-burguesas, conservadora, reformista, tudo omitindo de sua especificidade" (SILVA, 2009, p. 246).

Revista "O Fim de Século"

Em 1898 surgia a revista mensal que mais apresenta a associação entre essas doutrinas: *O Fim de Século* – Revista de Propaganda em favor do Socialismo, Cosmopolitismo e Espiritismo, cujo diretor é Arthur Silva,[11] publicada em São Paulo e impressa pela tipografia Dursky de Sorocaba.[12] Não consultamos a primeira

---

11 De acordo com Adalberto Coutinho de Araújo Neto, Arthur Silva era o pseudônimo de Isaltino G. Costa (2006, p. 89).

12 Affonso de Freitas afirma que essa revista iniciou a sua publicação em 28 de novembro de 1901,

edição desse periódico, mas a imprensa espírita divulgou e reproduziu parte de seu programa, como o *Reformador*, que ao noticiar o periódico sob direção do "confrade" Arthur Silva, deseja vida longa ao seu projeto:

> Desenrolamos a nossa bandeira, e o fazemos com o desejo ardente de trabalhar pela conquista inteira de todas as reformas que visam fins benéficos e salutares a todo o governo humano. As ideias modernas que tem revolucionado os povos no turbilhão deste findar de século, serão tratadas e defendidas nestas colunas.
> Combateremos a favor das ideias político-sociais que buscam a solução do problema social, dispensando ao operariado liberdade e direitos.
> A bem do puro cristianismo, sob a teoria de Kardec, também nos propomos a pugnar. Guerrearemos os preconceitos do nativismo, como prejudiciais à pátria e à humanidade.
> Batalharemos também pela completa queda da influência dos jesuítas, como nociva à sociedade e à família (apud *Reformador*, n. 858, ano XVI, 15/01/1898, p. 1).

Sobre esse periódico, Ana Luiza Martins observa que:

> A revista espelhava a percepção do cidadão comum, Arthur da Silva, cujo texto enunciava premonitoriamente questões que marcariam o novo século: o problema social do trabalho, o questionamento da Igreja, a temática nativista e nacionalista.
> Mais do que título coincidente com o registro temporal do momento, como no caso de *Fim de Século*, o periodismo exercitou seu rito de passagem na transição que então se vivia, desenvolvendo-se sob coordenadas de temporalidade diversa, presidida pela rapidez, pela circunstância, pelo episódico. Na São Paulo *fin de siècle*, de conjuntura tão particular, com mais intensidade, viveu-se sob o impacto de clivagens, de finalização de época e abertura de outra, predestinada a carregar, vincada, a marca do progresso, a urgência da transformação.

---

no entanto, a única edição que conseguimos encontrar refere-se ao número 3, de abril de 1898, o que coloca possivelmente o seu início no ano de 1898 (FREITAS, 1915, p. 481).

> Ritmo que o periodismo documentou tão bem, acentuado em alguns títulos, dimensionando seu potencial de informação (2008, p. 118).

A revista se caracteriza por apresentar artigos de conteúdo socialista e espírita e publicar menções a congressos e periódicos no mundo que tivessem como temáticas essas duas propostas. No número 3, constam agradecimentos e elogios feitos pelo *Reformador* do Rio de Janeiro e pelo *Verdade e Luz* de São Paulo, pelo início de suas atividades. O artigo inicial, "Notas Ligeiras: Socialismo em São Paulo", escrito por Arthur Silva, esclarece alguns dos propósitos do impresso, ao conclamar a organização do Partido Operário em São Paulo:

> ...devemos levantar bem o grito de revolta contra a mesquinha e miserável exploração que fazem com os operários; devemos promover o congraçamento de nossos companheiros e lançar no terreno de propaganda as sementes das ideias sãs, do Direito e da Justiça para todos. O operariado de São Paulo necessita enormemente de uma organização sólida e sã, baseada nos mesmos moldes dos Centros socialistas da Europa. É necessário aproveitar as forças esparsas e pelo interior, fazer a união da classe promovendo o congraçamento e transformação orgânica e administrativa das associações operárias estabelecidas nas principais cidades do estado (*O Fim de Século*, n. 3, ano I, 15/04/1898, p. 33).

O autor expõe sua profissão de fé, isto é, o empenho para aprimorar a organização do Partido Socialista cujo objetivo era a luta pelos direitos dos oprimidos, avaliando a falta de esforço coletivo por parte das lideranças operárias empenhadas na concretização desse projeto. Propunha algumas ações, como a união dos centros socialistas de São Paulo – um deles organizado por Arthur Breves e Benjamin Motta – com o de Santos, o lançamento de um manifesto ao povo paulista, a realização de conferências em todo o estado, para a propaganda da causa, além de um grande comício em 1º de maio. Por fim, avalia que, a partir dessas ações e da organização do partido, dentro do prazo de 3 anos, seus representantes poderiam concorrer às urnas. Arthur Silva demonstra descontentamento com a pouca disposição dos líderes operários em colaborar na organização desse partido, visto como fundamental para a ordenação do movimento e acredita possuir todos os elementos necessários para o impulso das ideias socialistas no estado.

No artigo seguinte, "O Socialismo no Brasil", de articulista não identificado, é esboçado um breve histórico do movimento socialista, informando que a primeira vez que se tratou desta doutrina em nosso país foi em 1855, com a publicação do livro *O Socialismo* pelo general Abreu e Lima, em Pernambuco. Entretanto, identifica um problema em relação a essa publicação:

> Este livro hoje raríssimo, foi confeccionado debaixo de um ponto de vista todo católico, e era essa a preocupação constante do velho general, pois toda obra se ressente desse maneirismo. Como trabalho de combate, o livro de Abreu e Lima, tem um valor de todo ponto nulo; para a época em que foi escrito (1852-1857) tem um valor todo relativo, e representa um esforço sem dúvida honesto (*O Fim de Século,* n. 3, ano I, 15/04/1898, p. 34-35).

O artigo continua descrevendo o desenvolvimento das ideias socialistas em solo pátrio, os primeiros periódicos e as primeiras sociedades socialistas como a Liga Operária do Rio de Janeiro, seus principais conflitos internos e as razões que obstaculizaram o progresso dessa doutrina, como a falta de conhecimento teórico de seus líderes, a baixa instrução dos operários, a inexistência de textos socialistas à disposição, oferecendo um resumo interessante sobre o movimento no Brasil (*O Fim de Século,* n. 3, ano I, 15/04/1898, p. 37). O artigo, portanto, procurava estabelecer um quadro de referências históricas sobre o socialismo no país, possibilitando o seu entendimento para a construção de novas alternativas para o movimento.

Essa edição, embora não contivesse nenhum artigo que procurasse relacionar de forma clara as doutrinas apresentadas, permite compreender as possíveis conexões entre o socialismo e o espiritismo, imaginadas por seu editor. Retornando à crítica que o último autor efetuou em relação ao livro do general Abreu e Lima, isto é, o fato de seu livro ter sido construído a partir de uma perspectiva católica, consideramos que neste argumento fundamenta-se a valorização do espiritismo. Para uma doutrina que pretendia uma verdadeira reforma social – o socialismo – não era possível a sua concretização no interior de uma sociedade cujos alicerces em termos de moral e valores estavam ancorados em uma perspectiva tradicional, católica, contrária às propostas modernas. Nesse sentido, demonstrava um apego à religião, que deveria ser reconfigurada a partir de outros valores, que a doutrina espírita poderia fornecer. A verdadeira reforma social, portanto, em uma perspectiva universalista dependia do abandono de todas as estruturas do passado que conformavam a realidade social.

Podemos comprovar tal proposta com um pequeno texto em suas páginas, em que o editor parabeniza o *Reformador*, afirmando compreender o espiritismo como uma "Reforma Religiosa no país" (*O Fim de Século*, n. 3, ano I, 15/04/1898, p. 43), o que confirma que, de acordo com os ideais da revista, para a plena reestruturação da sociedade é necessária uma reforma religiosa que modificasse a religião atual, sem a qual a reforma social não pode se concretizar. O espiritismo aparecia como um complemento ao socialismo, uma religião moderna distante dos dogmas e práticas das religiões tradicionais. Nesse sentido, o periódico externa um "socialismo espiritualizado",[13] de acordo com as formulações de Léon Denis. Apresenta um socialismo de cunho reformista que dialoga com as propostas espíritas de reforma gradual da humanidade.

O periódico demonstra interesse em divulgar o socialismo e o espiritismo, mas abriga heterogeneidade em sua produção, com artigos anarquistas, como de Piotr Kropotkin (1842-1921).[14] Adalberto Araújo Neto chama a atenção para a existência no interior paulista de grupos que de fato mesclavam um socialismo "eclético" com outras influências como o espiritismo, citando a revista *O Fim de Século*. O autor afirma que este periódico apresentava imprecisão teórica e passividade política e, possivelmente, o seu redator não possuísse uma origem social proletária (ARAÚJO NETO, 2006, p. 89-90).

Salão Fim de Século

A preocupação com a questão social pelos espíritas, não ocorria apenas no nível discursivo, mas surgiram momentos nos quais eles se aproximaram de grupos ligados ao operariado. Em 1891, um editorial assinado por Batuíra e Adolpho Freitas informava que a Tipografia Espírita, além do *Verdade e Luz*, iria editar a folha *O Operário*,[15] e os assinantes dos dois jornais receberiam ambos,

---

13 Expressão tomada emprestada de SILVA, Marcos José Diniz, op. cit., p. 96.

14 A conquista do pão. *O Fim de Século*, n. 3, ano I, 15/04/1898, p. 44.

15 Affonso de Freitas nos informa que o jornal se apresentava como órgão dos interesses da classe operária e teve curta duração (FREITAS, 1915, p. 371).

ao mesmo tempo em que solicita a devolução para os que se sentissem desconfortáveis com o gesto.

A redação de *O Operário* ficava na rua da Independência, nº 4, o mesmo endereço da redação do *Verdade e Luz* (*O Operário*, n. 6, ano I, 26/07/1891, p. 4), o que demonstra que a iniciativa contava com a participação de Batuíra. Além de Adolpho Freitas e Henrique Ferreira, do Centro Operário, Batuíra também escreveu artigos nesse periódico. Os textos possuíam um tom inflamado, embora não tivessem um caráter socialista ou revolucionário, e a intenção dos articulistas era de direcionar o operariado para questões eleitorais, além de lutar pelos direitos dessa classe trabalhadora, como a redução da jornada de trabalho. No primeiro número, Batuíra escreve o artigo, "Aos operários", apresentando suas intenções:

> Desejo ser útil e trabalhar pelo melhoramento da condição da classe operária, e o meu maior esforço tenderá para a sua orientação política. Não aspiro honrarias e portanto meu fim não é especular com a classe. Ainda mesmo que tivesse aptidões para ocupar um lugar de honra no meu partido, ainda assim, não aceitaria nenhum para que fosse eleito, por que não desejo deixar de ser o que sou, isto é: simples operário. Porém, se não aspira as posições, isso não impede-me de externar minhas ideias no sentido de aconselhar aos meus colegas a atitude que devem tomar a tal respeito, embora minha opinião deixe de ser aceita (*O Operário*, n. 1, ano I, 28/04/1891, p. 3).

Nossa pesquisa localizou apenas duas edições do jornal, o que nos impossibilita uma interpretação mais abrangente. No número 6, em outro artigo, Batuíra construía um discurso muito próximo aos seus textos apresentados no *Verdade e Luz*, com um tom anticlerical, criticando a dominação secular do Brasil pela Igreja e a capacidade do mundo católico em "absolver crimes" (*O Operário*, n. 6, ano I, 26/07/1891, p. 4). Seu objetivo parece ser o de imprimir uma marca moralizadora e cristã ao periódico, procurando distinguir o catolicismo do cristianismo e defendendo a verdadeira mensagem dessa doutrina, que nada tinha a ver com o clero católico.

Além de editar esse periódico, Batuíra abriu o salão da redação do *Verdade e Luz* para conferências públicas nas quais eram proferidas apresentações sobre vários assuntos, como espiritismo, vegetarianismo, magnetismo, catolicismo, maçonaria, protestantismo e socialismo (*Verdade e Luz*, n. 317, ano XIV, 31/07/1903).

Em 1898, Batuíra apoiou a fundação de uma instituição de propriedade de Antônio Vieira de Macedo denominado "Botequim Fim de Século", inaugurado na rua dos Lavapés, nº 8, portanto, ao lado da redação do periódico *Verdade e Luz*.[16] Não nos foi possível averiguar se o prédio pertencia a Batuíra, dono de diversos imóveis na região, o que era provável, nem tampouco se havia algum vínculo com o periódico *O Fim de Século*. Mas o empreendimento é significativo para se compreender as redes de relacionamento tecidas por esse agente ao longo de sua vida e que serão apresentadas no próximo capítulo. A descrição das suas atividades demonstra ser uma instituição independente do centro espírita de Batuíra, mas articulada a partir do modelo de sociedade de ideias, o que nos faz lembrar dos cafés analisados por Aymard e Agulhon: "este espaçoso botequim foi feito especialmente para o proletariado ter um ponto de reunião onde os que não possam comprar jornais, aí se encontrem para se instruírem" (*Verdade e Luz*, n. 190, ano VIII, 15/04/1898, p. 4). A instituição funcionava como estabelecimento comercial, com a venda de bebidas e outros produtos, gabinete de leitura e promovia conferências.

Ao mesmo tempo, informa que a redação do *Verdade e Luz* ofereceria todas as revistas estrangeiras e nacionais que eram permutadas com essa instituição e ficariam à disposição no Botequim. Aos domingos ocorriam conferências públicas em diferentes idiomas, nas quais os oradores poderiam falar livremente, com temáticas sobre religião, ciência e outros "sistemas filosóficos". E, durante a conferência, nada venderiam e prometiam um local de ampla liberdade de consciência para cada qual professar o seu ideário, sem indicar qualquer associação com o espiritismo ou o socialismo. Os conferencistas tinham liberdade para atuar e as pessoas eram orientadas a não contestar o tema das palestras. Correspondia a um ambiente público, de livre acesso, voltado aos trabalhadores e interessado em sua educação ou "doutrinação" e na divulgação de diferentes conhecimentos, dentre os quais, o cristianismo; possivelmente, sob esse viés, também seria tratado o espiritismo como uma das temáticas a ser veiculada.

16 De acordo com as informações registradas no *Verdade e Luz*, a rua do Lavapés passou a ser chamada rua da Independência, retornando depois de algum tempo à sua antiga denominação (*Verdade e Luz*, n. 8, ano I, 15/09/1890, p. 1; n. 185, ano VIII, 31/01/1898, p. 1).

> Os proprietários convidam todas as pessoas que estejam no caso de doutrinar o povo, tanto nacionais como estrangeiros, a virem entender-se com os mesmos e exporem o assunto que desejarem discutir. Assim também os que quiserem refutar quaisquer dos assuntos expostos pelos oradores terão direito de o fazer dando prévio aviso (*Verdade e Luz*, n. 190, ano VIII, 15/04/1898, p. 4).

Existiam, ainda, outros serviços prestados no local. O *Verdade e Luz* solicitava a doação de roupas velhas e oferecia espaço para os préstimos de senhoras em dias determinados, para serviços de costura grátis para os órfãos. Também anunciava cômodos para viúvas cujos filhos não pudessem pagar aluguel, não fazendo qualquer distinção de nacionalidade ou crenças religiosas. Possivelmente, estes imóveis seriam de Batuíra que, como sabemos, construiu diversas casas na região, diversificando suas ações caritativas. Outros serviços, ainda, residiam na formação de uma espécie de cadastro de trabalhadores com suas respectivas experiências e especialidades em artes e ofícios, para divulgação, facilitando futuras contratações.

Embora não ficasse claro se o empreendimento tivesse Batuíra como sócio, ele expressava grande interesse em divulgá-lo, fornecendo todo o suporte possível para o seu sucesso. Ele parecia querer levar a cabo de forma mais incisiva o seu projeto de regeneração social, escolhendo o público perfeito, várias vezes enfatizado: o "proletariado", abrindo uma outra frente de atividades, além do Centro Espírita Verdade e Luz e de seu órgão de divulgação.

A relação de revistas e jornais disponíveis na "Biblioteca Fim de Século" nos revela um pouco mais sobre a participação de Batuíra na instituição. A relação dos jornais é variada, tendo na lista *O Malho*, *O Socialista*, *O Imparcial*, *O Constitucional*, *Diario Official*, e até periódicos católicos como *A Reação* (*Verdade e Luz*, n. 191, ano VIII, 30/04/1898, p. 4). Mas grande parte do acervo era composta por periódicos espiritualistas em diferentes línguas, como *Verdade e Luz*, *Revue Spirite*, *Luz Espirita*, *Revista de Estudios Psicologicos*, *Luz y sombra*, *Journal du Magnetisme*, *La Unión Espiritista* e *Revista Espírita do Porto*, pois, os organizadores da biblioteca afirmavam que não queriam que ninguém ignorasse "os fatos psíquicos que estão sendo investigados" (*Verdade e Luz*, n. 200, ano IX, 15/09/1898, p. 4).

Portanto, podemos entender que a instituição tinha claramente uma função de formação espiritualista, embora fosse aberta a palestrantes de diversos temas. E a presença de uma literatura diversificada, mas com poucas publicações socialistas, não nos permite avaliar que se tratava de uma instituição ligada, necessariamente, a grupos que se identificavam como socialistas, embora tivesse como público alvo o "proletariado".

O nome do estabelecimento parece ter provocado polêmica, pois muitos possíveis conferencistas não se animaram a participar de uma instituição de tal tipo, de acordo com as informações publicadas. O diretor do estabelecimento explica que o nome "botequim" era apenas para fazer propaganda contra este tipo de estabelecimento, tão nocivo ao proletariado, mas diante das críticas, resolve acabar com o botequim e manter apenas o salão, alterando o nome para "Salão Fim de Século", preservando todas as suas outras atividades culturais e continuando a organizar as conferências e as doações (*Verdade e Luz*, n. 194, ano IX, 15/06/1898, p. 4).

A instituição possuía objetivos parecidos com os das sociedades espíritas desse período, em primeiro lugar como espaço de discussões, concedendo privilégio aos ideários espíritas, embora permitisse a exposição de conferências com outros temas e não possuísse sessões de experimentação mediúnica; ao mesmo tempo organizava ações de cunho caritativo. Os ideais de acesso ao conhecimento e a caridade, características das sociedades de ideias e de benemerência espíritas, eram concretizados nesse espaço. A variedade dessas ações demonstra as novas redes de sociabilidade que Batuíra procurou traçar ao longo de sua atuação, com grupos diversificados, concretizando um ativismo social característico da sua atuação no espaço público paulista.[17] Embora ele não se apresentasse como diretor, a aliança entre as instituições – Salão Fim de Século e Centro Espírita Verdade e Luz – era evidente e provavelmente o salão serviu para atrair interessados para o grupo espírita de Batuíra, promotor de outro espaço de sociabilidade espiritualista, voltado às classes trabalhadoras; no entanto, não conseguimos obter maiores informação sobre o seu diretor e quais as relações que ele possuía com este agente espírita. E não foram localizadas as edições posteriores a essas notícias. As informações sobre o estabelecimento apareceram entre abril e setembro de 1898 e a próxima edição consultada é somente a de novembro de 1899, na qual não consta menção ao Salão. É possível que tenha sido fechado, por motivos que não conseguimos esclarecer, mas, talvez, uma das razões tenha sido o fato de ter funcionado como

17 O ativismo social desse agente, que participou de outros movimentos como o abolicionista, será explicado no próximo capítulo.

uma espécie de instituição espírita satélite, o que pode ter afastado algumas pessoas e, ao mesmo tempo, concorria com as atividades de seu vizinho, o Centro Espírita Verdade e Luz, o que pode ter levado Batuíra a concentrar os seus esforços no fortalecimento desta associação.

Maria Celia Paoli e Adriano Duarte informam sobre circuitos de sociabilidade operária existentes na cidade de São Paulo e que foram significativos como espaços de expressão cultural, tendo em vista a invisibilidade que a cidade impunha a esses grupos (2004, p. 65). Esses espaços permitiram uma cultura mais movimentada, nos cortiços do Brás, nas ruas e vielas do Bexiga, nos botequins da Barra Funda, nas ligas operárias, nas sociedades de auxílio mútuo, em clubes esportivos, em centros de cultura social anarco-sindicalistas, em círculos literários anarquistas e socialistas e outros locais que promoviam a irradiação de uma cultura popular (PAOLI; DUARTE, 2004, p. 58).[18] Se o Botequim, depois Salão Fim de Século, não fora proposto por operários, contudo, possuía o interesse de se aproximar deles e apresentar um espaço livre para todos os grupos existentes. Mas, como pretendia disseminar uma cultura que poderia estar distante da realidade destes, pode ter encontrado dificuldades, conforme seu curto ciclo de vida indica.

Uma proposta de familistério espírita em São Paulo

Ao criar a Instituição Cristã Beneficente Verdade e Luz, em 1904, Batuíra escreve uma espécie de carta de intenções aos seus leitores, elencando as finalidades da sua nova instituição e anunciando as futuras realizações. Dentre elas, além de receber órfãos e viúvas pobres e lhes propiciar educação e cuidados, está a prioridade de organizar um familistério (*Verdade e Luz*, n. 349 , ano XV, 30/11/1904, p. 5). Poucas edições depois ele insistia, como que esperando que a ideia amadurecesse na cabeça dos espíritas e alguns lhe oferecessem apoio, na necessidade de "promover aos poucos a organização de um familistério, procurando fazer aplicações práticas das doutrinas sociológicas do espiritualismo" (*Verdade e Luz*, n. 352, ano XV, jan. 1905, p. 1).

---

18 Os mesmos autores observam que os centros espíritas paulistas representaram na época um espaço de sociabilidade dos trabalhadores, ao dar voz aos operários de regiões como a Mooca, pois estes afirmaram possuir ligação, fora da fábrica, com dois locais, os campos de futebol da várzea e o centro espírita do Alto da Mooca, "frequentado semanalmente por vários integrantes da comissão da Santa Branca", isto é, do Lanifício Santa Branca (PAOLI; DUARTE, 2004, p. 88).

Ao reafirmar o conteúdo "sociológico" do espiritismo, ele ansiava propor ao movimento uma estratégia de intervenção na sociedade, colocando em prática o espiritismo como uma nova teoria social, tendo em vista as discussões acumuladas ao longo dos anos. Diferente de outros agentes, que consideravam o espiritismo como uma doutrina que explicava as contradições sociais e formulava meios para superá-las no longo prazo, Batuíra almejava, mesmo que de forma limitada, superá-las através desse novo empreendimento. Seu impulso reformista pretendia, assim, transcender os limites da palavra, pois o mundo reformado não deveria apenas ser imaginado, mas efetivamente vivenciado.[19] E qual a relação existente entre familistério e o espiritismo?

Jean-Baptiste André Godin (1817-1888) foi um empresário francês criador da instituição conhecida como "Familistério de Godin", em Guise, no norte da França. Sua construção iniciou-se em 1859 e funcionou até 1968. O projeto do familistério de Godin consiste no modelo de "interior coletivo" que pretende abrigar um conjunto de famílias e oferecer serviços coletivos, hospedando em torno de 900 operários que participavam de sua gestão e funcionava próximo à fábrica de Godin (AUBRÉE; LAPLANTINE, 2009, p. 96). Sua iniciativa era uma tentativa de aplicação das doutrinas socialistas de Charles Fourier, os falanstérios, propostos na obra *A harmonia universal e o falanstério*, inclusive em relação à arquitetura do lugar, procurando forjar uma comunidade pautada pela solidariedade, mas mantendo a "privacidade familiar"; dessa maneira, embora utilizasse daquele modelo societário, a diferença era que a vida familiar era mais significativa do que no original proposto por Fourier (*O FAMILISTÉRIO DE GUISE*).

Bárbara Freitag afirma que, segundo Engels, essa é a única experiência inspirada nas teorias pertencentes ao chamado socialismo utópico realizada com sucesso.[20] A instituição possuía escola obrigatória laica e mista para crianças até 14 anos, teatro, piscina, alojamentos e jornada de trabalho de 10 horas diárias. Foi

19 Destacamos que outro empreendimento de inspiração fourierista havia sido tentado no Brasil, pelo introdutor da homeopatia, como foi citado no capítulo 3.

20 A autora analisa o familistério em dois textos: FREITAG, Bárbara. Entre socialismo utópico e socialismo real. *Correio Braziliense*, Brasília - DF, p. 5 - 5, 13 out. 2002; e FREITAG, Bárbara. Utopias urbanas. In: BARREIRA, César (org.). *A sociologia no tempo*: memória, imaginação e utopia. São Paulo: Cortez Editora, 2003.

construído em um terreno que possuía área agrícola e prédios industriais e o próprio Godin o habitou (FREITAG, 2002, p. 5).

> A essência do projeto social de Godin consistia em repassar os lucros que provinham do trabalho assalariado para os próprios operários, garantindo-lhes uma moradia confortável, a satisfação das necessidades pessoais (roupa, comida, bens de consumo), cuidados médicos, instrução e lazer. Para que os salários não fossem desfalcados pelos comerciantes de Guise, Godin fez instalar no Familistério lojas especializadas (os "economatos") a preço de custo, como padarias, açougues, leitarias, um restaurante, um café, um cassino, sala de jogos e até mesmo uma cervejaria. Para o lazer havia além da piscina um parque com área verde de 6 ha. (FREITAG, 2002, p. 5).

De acordo com a autora, era um projeto comunitário no qual ocorriam debates políticos entre os moradores, assembleias operárias e votações. Para Freitag, o familistério representou "um novo modelo político-democrático, praticando a auto-gestão de uma empresa em que os próprios operários passaram a ser os proprietários" e "introduziu um novo modelo econômico-social, combinando competitividade internacional com benefícios sociais" (FREITAG, 2002, p. 5).

Significativo é o fato do familistério ter sido apoiado por Pierre Gaëtan Leymarie (1827-1901), seguidor de Allan Kardec que deu continuidade à *Revue Spirite*, e outros espíritas.[21] De acordo com Jacques Lantier "foi ele em grande parte o inspirador do espiritismo socialista que caracteriza atualmente o movimento no Brasil" (1980, p. 80). Nesse periódico, surgiram muitas referências sobre a instituição de Godin, especialmente entre os anos de 1881 e 1882, com notícias sobre eventos da instituição e informações sobre seu funcionamento e atividades educacionais, notas sempre elogiosas, o que demonstra a aproximação entre esses agentes:

> Dans cette fête, comme dans la fête spéciale de l'enfance, et la fête du travail, les enfants sont toujours au premier rang, comme ils tiennent une première place dans la préoccupation du fondateur du Familistè-

21 Leymarie teria se convertido ao espiritismo em contato com Casimir Lieutaud, quando se estabeleceu no Brasil, após o golpe de Napoleão III (LANTIER, 1980, p. 80).

> re. La part considèrable qui est faite aux institutions de l'enfance dans l'Association du Familistère a toujours excité l'attention des amis du progrès (*REVUE SPIRITE*, n. 4, v. XXIV, avril, 1881, p. 205)[22].

Ou então, no relatório anual apresentado à assembleia geral da instituição espírita, com notícias sobre o familistério:

> Le 17 mai, M. Godin, foundateur du Familistère de Guise, nous donne un aperçu de l'institution qu'il a organisée. Il nous fait assister à ses débuts, à ses premiers succès, au développement de son idée, devenue réalité, par ses efforts incessants. Il nous montre sur le vif le dévelo-ppement du principe de solidarité, de charité, sociale, qui est appelé à refaire une Humanité plus belle. Le signe visible de ce principe, cést le palais de l'avenir: le Palais Social. Lorsqu'un homme conçoit et exécute une idée aussi grande, il est naturel qu'une Societé psychologique, ayant pour but le progrès humain, soit fière de le posséder parmi ses membres (*REVUE SPIRITE*, n. 7, v. XXIV, juillet, 1881, p. 314)[23].

Na mesma publicação é possível verificar a simpatia que Godin externava em relação aos fenômenos espíritas e aos conhecimentos ligados ao estudo desses fenômenos, ao observar as considerações dele em uma sessão da Sociedade de Estudos Psicológicos:

---

22 Nesta festa, como na festa especial da infância e na festa do trabalho, as crianças estão sempre em primeiro lugar, visto que elas tem um lugar especial na preocupação do fundador do Familistério. A parte considerável que é dedicada às instituições da infância na Associação do Familistério sempre chamou a atenção dos amigos do progresso (trad. do autor).

23 No dia 17 de maio, o Sr. Godin, fundador do Familistério de Guise, nos dá uma impressão da instituição que ele organizou. Ele nos faz assistir aos seus princípios, seus primeiros sucessos, o desenvolvimento de sua ideia tornada realidade, devido a seus esforços incessantes. Ele nos mostra, sob o vívido desenvolvimento do princípio da solidariedade, da caridade social, que tem como função refazer uma Humanidade mais bela. O sinal visível desse princípio é o palácio do futuro: o Palácio Social. Quando um homem concebe e executa uma ideia tão grande, é natural que uma Sociedade psicológica, que tem como objetivo o progresso humano, sinta-se orgulhosa de o possuir entre seus membros (trad. do autor).

> M. Godin, fondateur du Familistère de Guise, fit judicieusement remarquer que le magnétisme, et l'hypnotisme, autre forme du magnétisme, viendraient affirmer plus tard leur liaison au spiritisme, lorsque la science magnétique, aidée par la science spiritique, aurait été observée davantage par les chercheurs infatigables qui s'adonnent à cette étude (*REVUE SPIRITE*, n. 7, v. XXIV, juillet, 1881, p. 329).[24]

Existem outras informações que, além de confirmarem o apoio de espíritas ao familistério, destacam que Godin era partidário dessa doutrina, como as notícias do Congresso Espiritualista de 1934:

> En este mismo discurso, M. Leymarie expuso la gestación del Familisterio de Guisa, obra de un espiritista, M. Godin, que tuvo que luchar durante 20 años con su esposa que, influida por el clero, combatía las opiniones y las iniciativas de su marido y sostener um pleito que duró 18 años y le costó cinco millones de francos para poder disponer de su fortuna (FEDERACION ESPIRITISTA INTERNACIONAL, 1934, p. 12).

Nesse mesmo congresso, outros intelectuais apoiaram o empreendimento e declararam a necessidade de estabelecer a propagação de familistérios no interior de um programa espírita, como o discurso proferido pelo dr. Hoffman, da Academia Internacional de Estudios Espiritistas y Magnéticos de Roma:

> Hemos de apoderarnos de la instrucción popular; acudir ante todos los gobiernos pretendiendo cátedras de Filosofía Espiritista en todos los centros universitarios; facilitar la fundación de familisterios, según el notable sistema de nuestro difunto hermano Godín; propagar nuestra doctrina en los talleres, en los centros industriales, hasta en las buhardillas de los pobres; mover las masas por medio de la prensa,

24 Sr. Godin, fundador do Familistério de Guise, fez notar com justiça que o magnetismo e o hipnotismo, outra forma de magnetismo, viriam mais tarde confirmar sua ligação com o espiritismo, uma vez que a ciência magnética, ajudada pela ciência espírita, teria sido observada previamente pelos pesquisadores infatigáveis que se dedicam a esse estudo (trad. do autor).

> de conferencias públicas, de reuniones de toda suerte en que nuestra doctrina se exponga y se practique (FEDERACION ESPIRITISTA INTERNACIONAL, 1934, p. 11).

E também Jacques Lantier, autor de uma obra de referência sobre o espiritismo, concorda que Godin era de fato espírita.

> Jean-Baptiste Godin, um grande industrial francês fundador da fábrica de aparelhos de aquecimento com o mesmo nome, chegara ao fourierismo pelas vias do espiritismo de que continuou a ser, durante toda a vida, um adepto fervoroso. Godin, que tinha criado um falanstério, e escrito numerosos livros, em particular sobre a associação capital-trabalho, estava intimamente ligado a Leymarie. Foi sob a influência dos dois homens que a associação capital-trabalho e a participação dos operários nas empresas se tornaram o objetivo de uma nova corrente espírita que se divulgou quer em França quer no resto do mundo (LANTIER, 1980, p. 80).

Desde a chegada de Leymarie à frente da *Revue Spirite* até os anos 1930 amadurece, portanto, para alguns intelectuais espíritas a ideia de que o familistério estava inserido em um projeto social espírita, na esteira do sucesso apresentado pela instituição de Godin. Parecia ser a forma mais imediata de construção de um ideal de sociedade que, aparentemente, unia o espiritismo aos ideais socialistas. De qualquer maneira, duas décadas antes do Congresso Espírita de Barcelona de 1934 apoiar a fundação de familistérios, em São Paulo, um conhecido espírita da capital defendeu a necessidade dessa instituição como um dos componentes de seu projeto social e caritativo, embora este não tenha progredido, possivelmente por falta de apoio por parte dos espíritas, além de dificuldades financeiras evidenciadas ao longo dos anos. Em 1904, Batuíra havia doado todos os seus bens para a ICBVL, como vimos, mas aparentemente eles foram dispendidos em prol de uma obra social que cada vez mais necessitava de recursos.

Em termos de associações espiritualistas paulistas a intenção em criar uma instituição de inspiração socialista era novidade. Ao insistir na necessidade de edificação de uma sociedade dessa natureza, ele esperava obter o apoio de outros espíritas.

Mas, pelo visto, sua proposta não sensibilizou a comunidade.[25] Como de hábito, Batuíra publicava o que lhe enviavam e começaram a surgir artigos que criticavam de forma mais contundente as propostas socialistas,[26] o que não era usual em anos anteriores, embora o editor tomasse o cuidado de intercalá-los com artigos que defendiam a aliança entre espiritismo e socialismo. Nas edições subsequentes, a menção ao familistério desapareceu, mas nos parece que a intenção inicial permanecia com a publicação de artigos sobre a relação entre socialismo e espiritismo.

Logo depois de sua primeira referência à necessidade de edificação dessa instituição, ele publica um dos artigos mais radicais que associaram socialismo e espiritismo, provavelmente para subsidiar o debate sobre a urgência do familistério. Em "Socialismo cristão", de Furtado Belém, transcrito de *A Ciência*, de Maceió, o autor faz uma análise contundente da crise social que o mundo enfrentava, fruto de uma realidade dicotômica na qual coexistiam a riqueza e a miséria, senhores e escravos, vencidos e vencedores, legitimando o conceito de luta de classes:

> ... É o senhor martirizando o escravo, o vencedor esmagando o vencido, o rico escarrando sobre a face do pobre. É o capital absorvendo os últimos esforços do trabalho, é a aristocracia e a burguesia empavesada, mancomunadas, humilhando o artista, o lavrador, o operário. Mas eis que o escravo reclama a sua emancipação, o vencido ergue-se altivo, o pobre repele a injúria. Fortes pelo número, poderosos se tornam pela união; e maltrapilhos, mortos de fome e frio, sentindo as dores da humilhação, sem o doce conforto da fé cristã, cruel será a vingança, horroroso o ajuste de contas!
>
> Os proletários sofrem, querem liberdade, pão e teto; enquanto o capital, construído com o sangue, com a vida daqueles, nega-lhes tudo e sensualmente banqueteia-se (*Verdade e Luz*, n. 351, ano XV, 31/12/1904, p. 5).

25 A leitura das atas de reunião da ICBVL seriam uma fonte documental fundamental para desvendar os motivos que levaram seu fundador a abdicar desse projeto; entretanto, ao entrar em contato com a instituição fomos informados que seu acervo histórico não possuía documentos anteriores a 1910, o que inviabilizou a pesquisa, pois Batuíra faleceu em janeiro de 1909.

26 Caso de "Socialismo e Cristianismo", que possuía uma visão negativa, defendendo que o socialismo não satisfaria os interesses da coletividade (*Verdade e Luz*, n. 384, ano XVII, 30/06/1906, p. 3). O texto, sem autor, claramente dialogava com os anseios de Batuíra.

O texto descrevia o quadro terrível da realidade social, articulando os males que afligiam a humanidade com os governos que não protegiam os cidadãos e nem amparavam as famílias, mas apenas se preocupavam com atitudes belicosas, os juízes que encarceravam a população e os clérigos que iludiam o povo. Em tom inflamado defende a tríade "liberdade, igualdade e fraternidade", como norma que deve ser construída para exterminar os obstáculos da humanidade como o orgulho, o egoísmo e a falta de fé, e relacionava os ideais iluministas com o cristianismo/espiritismo:

> Não foi o povo judeu quem condenou o Cristo, disse-o alguém divinamente inspirado, foi o orgulho dos reis, a ambição do concílio sacerdotal, a sordidez e o orgulho dos fariseus, de mãos dadas com o egoísmo de Poncio Pilatos: e esse cruel martírio vem se reproduzindo há dois mil anos: Cristo é o proletariado e seus algozes – os Papas, os Reis, os Frades; isto é, o orgulho e o egoísmo humanos, a ambição e a hipocrisia (*Verdade e Luz*, n. 351, ano XV, 31/12/1904, p. 6).

E depois dessa visão radical, o autor ameniza as suas conclusões e observa que o cristianismo haveria de triunfar e o rico não se salvaria, pois quem explora o seu irmão não é digno de salvação, ao considerar a observação de Allan Kardec de que "fora da caridade não há salvação". Para o autor, o socialismo triunfaria a partir da fraternidade, consubstanciando a visão típica que muitos espíritas tinham do socialismo: reconhece os problemas sociais e a legitimidade das lutas dos trabalhadores, mas nega qualquer solução violenta, pois a verdadeira revolução deveria dar-se no íntimo, como já analisado. E chama a atenção dos adeptos do espiritismo à necessidade de avaliar o socialismo a partir de uma interpretação espírita.

Em editorial de 31/05/1906, comemorando o 17º aniversário do *Verdade e Luz*, seu redator faz um balanço de suas atividades e reafirma a missão do periódico, lembrando o seu compromisso antigo com a causa social:

> Trabalharemos sempre, por considerarmos que a propaganda do espiritismo universalizando a crença na vida do além, ela torna menos acre e amarga a existência social, pela extirpação desses feios vícios que se chamam – orgulho, egoísmo, vaidade; porque assim, ninguém querendo gozar só, ou com a família só, em detrimento de outros se-

> res e com os sofrimentos de outros entes humanos, considerando ser justo que eles também tenham algum conforto e algum consolo: essa crença modificará de tal forma a sociedade, que não se verá como hoje protestos das classes oprimidas, revoltas e sedições dos infelizes desesperados: guerras por ambição, rapinagens e extorsões.
> O espiritismo tem, pois, também um fim eminentemente social, moral e altaneiro (*Verdade e Luz*, 382, ano XVII, 31/05/1906, p. 2).

Se as referências ao familistério desapareceram, ao menos nas edições pesquisadas, as referências diretas ou indiretas sobre os princípios socialistas permaneceram.[27] Batuíra sempre chamava a atenção para a necessidade de os espíritas incorporarem princípios sociais em seu entendimento sobre a doutrina e os conclamava a levar em consideração esse ideário, o que, ao longo dos anos, indica que a tentativa foi malograda, visto que ele não poderia concretizá-la sozinho. Muito provavelmente, a ideia era avançada demais para a sociedade paulista de então, e para os espíritas, acostumados apenas a discussões teóricas, grupos de estudo e ações caritativas. Embora os espíritas reconhecessem certa autoridade de Batuíra, após 15 anos de jornalismo espírita, parcela significativa não conseguia compreender a centralidade da questão social na doutrina espírita, o que esse agente via como uma necessidade urgente.

Espiritualistas e anarquistas

Como vimos, Batuíra incorporou aos seus ideários um discurso de caráter socialista. Em algumas oportunidades também expressou uma linguagem próxima aos anarquistas, o que demonstra que se inspirava em um leque de conhecimentos bastante amplo, estabelecendo laços de relacionamento entre grupos distintos.

Em artigo escrito em resposta a um periódico católico, ele informa que não era inimigo dos católicos e protestantes, mas se considera um livre-pensador que reflete criticamente sobre as religiões. Argumenta que o problema dos sistemas filosóficos e religiosos reside em que a maioria deles só procura o seu próprio bem-estar, os seus gozos e felicidades, sendo contrários ao projeto do

27 Ver: "O Espiritismo e Socialismo Racional" (*Verdade e Luz*, n. 400, ano XII, 31/01/1907, p. 4-5); *Verdade e Luz*, n. 413, ano XVIII, out. 1907.

mestre Jesus, pelo qual se deve amar a Deus sobre todas as coisas e ao próximo como a nós mesmos, mas:

> Para que na terra se cumpram esses dois mandamentos, será necessário que se acabem as religiões e as pátrias, porque só assim não haverá mais divisão entre os homens, todos poderemos considerar-nos irmãos (*Verdade e Luz*, n. 245, ano XI, 31/07/1900, p. 5).

Em outros momentos, os anarquistas e socialistas foram citados em seu conjunto, sem perspectiva crítica, mas com demonstrações de simpatia e legitimidade de seus ideários, desde que dialogassem com o espiritismo, recusando o materialismo e a violência inerente a algumas dessas proposições:[28]

> A própria educação intelectual não é suficiente para, por si só, conseguir a evolução que levasse as nações a porem em prática as altas concepções do socialismo e até do anarquismo; mas não desse anarquismo estúpido, brutal e criminoso que tão triste papel tem representado, enlutando famílias e desonrando a humanidade com a prática de suas atrocidades senão de suas loucuras! (*Verdade e Luz*, n. 384, ano XVII, 30/06/1906, p. 4).

Mais revelador do que esse texto, é a descrição das conferências públicas realizadas no "Theatro-Rink", de Campinas, nas quais foram abordados assuntos religiosos e sociais com diferentes conferencistas, e noticiadas em *O Mundo Occulto*, em novembro de 1907. Sobre a conferência realizada pelo anarquista Oreste Ristori, "inteligente batalhador em prol da libertação dos oprimidos, principalmente das classes proletárias, redator do periódico La Battaglia, de S. Paulo" (*O Mundo Occulto*, n. 37, ano IV, nov. 1907, p. 3) é interessante a análise, ao tornar claros os laços que se estabeleceram entre os agentes espiritualistas e outros grupos, a partir de determinados ideários, processo que Fernando Peres denomina de "estratégias

28 Essa visão pode ser lida em: Conferência do sr. Donato Donati. *A Nova Revelação*, n. 56, ano V, 03/05/1908, p. 2. Em *O Mundo Occulto*, foi publicada uma notícia sobre o falecimento do "sábio anarquista" Eliseu (Élisée) Reclus com menção elogiosa ao intelectual. Ver: *O Mundo Occulto*, n. 11, ano I, 15/07/1905, p. 3.

de aproximação" (2010, p. 14). Embora Oreste tenha negado a existência de Deus – fato importante, pois os espiritualistas têm no ateísmo um dos inimigos a ser combatido –, o autor expressa simpatia por seu discurso, pois ele "combateu brilhantemente a influência nefasta do clero católico romano", o que mostra que estavam unidos pelo sentimento anticlerical, mas que não aderira ao seu negativismo, mas "fazemos-lhe justiça dizendo que a sua inteligência e os seus conhecimentos são bastante superiores aos dos seus críticos e insultadores" (*O Mundo Occulto*, n. 37, ano IV, nov. 1907, p. 3).

Este último comentário refere-se ao desfecho da conferência, igualmente importante para a nossa análise. Logo após a apresentação do anarquista houve um conflito, ocasionado por protestantes contra ele e a polícia precisou intervir. Em seguida houve a conferência do protestante Ernesto de Oliveira e seus seguidores formaram uma "turba de fanáticos" e o acompanharam, defendendo sua vitória na discussão e gritando contra o italiano Oreste com palavras de ordem como "morra a Itália"; enquanto os partidários do anarquista, "os operários livres, o elemento *perigoso* que esteve no Rink, na frase do *Commercio de Campinas*, saíram calmos, silenciosos, indo cada um para as suas casas" (*O Mundo Occulto*, n. 37, ano IV, nov. 1907, p. 3). A clara preferência pelo anarquista ateu, ao invés do protestante cristão, é sintomática de um movimento que preferiu aderir às ideias de reforma social, do que às "religiões dogmáticas" estabelecidas, ainda que essas outras religiões também fossem críticas ao clericalismo dominante na sociedade. Para encerrar, uma das conferências foi proferida pelo renomado Henrique Serra que, "terminando, no meio de aclamações e salvas de palmas, H. Serra propôs aos anticlericais e livres-pensadores que levassem à efeito o boicote à Igreja Católica" (*O Mundo Occulto*, n. 37, ano IV, nov. 1907, p. 3) .

Ao mesmo tempo em que apareciam referências elogiosas aos anarquistas, surgiu um personagem importante ligado às sociedades de ideias espíritas e que possui um papel fundamental nos meios anarquistas.[29] Trata-se de João de Camargo Penteado (1877-1965). Nascido em Jaú, frequentou a escola primária e depois se instruiu como autodidata. Trabalhou no comércio da cidade, foi carteiro e tipógrafo,

29 Devemos lembrar que nos primeiros tempos de *O Clarim*, antes de Cairbar Schutel adquirir tipografia própria, o jornal foi impresso pela Tipografia "Norte de São Paulo" de propriedade do anarquista Francisco Veloso, que igualmente imprimia outro periódico espírita, *O Alvião*. Aubrée e Laplantine indicam que fora o único impressor que aceitara o trabalho (2009, p. 172).

chegando a ser professor no magistério municipal na cidade, lecionando também em Juiz de Fora (PERES, 2010, p. 9). João Penteado entrara em contato com as propostas da educação libertária e a pedagogia de Ferrer (MORAES ET ALII, 2013, p. 43). No início do século XX foi redator do jornal *O Operário* do Centro Operário da cidade e escreveu, ainda, artigos para jornais e revistas da imprensa anarquista e anticlerical como *A Lanterna, A Terra Livre, A Plebe, A Rebelião, Guerra Social* (ACCIOLY e SILVA; SANTOS, 2013, p. 187). Além de sua militância pela educação e pelo anarquismo, participou do movimento espírita, e sua atuação nessa imprensa e no Instituto Natalício de Jesus foi observada no capítulo 2.

> Não era incomum a vinculação de anarquistas a variadas tendências espiritualistas, todas marginais ao catolicismo hegemônico ou a religiões oficiais. Ser espírita naquele momento e naquele lugar constituía atitude de independência perante a adesão religiosa dominante (ACCIOLY e SILVA; SANTOS, 2013, p. 189).

Figura destacada na história da educação paulistana, ao se desvincular de sua condição de redator nos periódicos *Nova Revelação* e *Natalício de Jesus*, dirigidos pelo casal Anália Franco e Francisco Bastos, foi diretor da Escola Moderna Nº 1, sob o nome de Escola Livre, criada em 13 de maio de 1912, no Belenzinho, na rua Conselheiro Cotegipe, nº 26, empreendimento educacional ligado aos grupos anarquistas, considerada a mais importante escola anarquista de São Paulo, até seu fechamento em 1919.[30] Fernando Peres defende que os grupos anarquistas almejavam no período transformações nas condições de vida das pessoas, no âmbito material, mas igualmente nos seus aspectos mentais, livrando as pessoas de preconceitos e dogmas religiosos, o que os inclinou para a construção de ações educa-

30 Segundo Mate et alii, a Escola Moderna "apresentava-se como um instituto de educação e instrução, para meninos e meninas, baseado no método racionalista e mantido pela Sociedade Escola Moderna de São Paulo". In: MATE, Celina Hanna et alii. Práticas escolares, práticas sociais. In: MORAES, Carmen Sylvia Vidigal (org.). *Educação Libertária no Brasil* – Acervo João Penteado: inventário de fontes. São Paulo: Fap-Unesp: Edusp, 2013, p. 63. A escola foi fechada por ordem da Diretoria da Instrução Pública do Estado de São Paulo; posteriormente, João Penteado fundou uma escola de comércio no bairro do Belenzinho, a Academia de Comércio "Saldanha Marinho".

cionais voltadas para as camadas populares e, em um dos empreendimentos mais famosos, João Penteado foi chamado para dirigir a escola (PERES, 2010, p. 90-97).

De qualquer modo, foi à frente da redação de *Natalício de Jesus* que ele produziu alguns textos importantes que relacionaram o anarquismo e o espiritismo. Em um conto denominado "Antídio", publicado em 1911, narra a trajetória de um rapaz de mesmo nome, jovem de feição caridosa que nasceu e cresceu nos sertões. Após frequentar uma escola e ser o primeiro a aprender a ler e escrever em sua aldeia natal, sentiu-se orgulhoso – o que o autor apresenta como sendo um sentimento que corrói o ser humano –, e resolveu mudar-se para um lugar "civilizado", indo para o Rio de Janeiro. Nessa cidade ele se sentiu deslumbrado com os signos do progresso que percebeu: prédios e automóveis. Mas no mundo moderno também conheceu o anarquismo e o espiritismo, também relacionados a esse processo de modernização. No primeiro contato que teve com essas doutrinas, uma pessoa o alertou sobre os cuidados que deveria ter com os perigosos anarquistas e os heréticos espíritas, mas o rapaz não se acomodou com essa primeira opinião e passou a questionar essa visão, atributo daqueles que preservam a racionalidade como instrumento de percepção do mundo. Duvidando do que ouvia, e com um desejo ardente de conhecer a verdade, vivenciou um processo de redescoberta ao conviver com um anarquista e com um espírita, compreendendo que o primeiro não era um assassino e o segundo não era louco e assim, "a convivência com seus dois posteriores amigos lhe deu uma orientação perfeita com relação aos fenômenos sociais" (*Natalício de Jesus*, n. 44, ano III, dez. 1911, p. 162-163).

Antídio foi descortinando uma realidade bem mais complexa do que as informações iniciais que ele possuía, baseadas no senso comum da maioria das pessoas. E passou a compreender que a miséria e a ignorância eram as verdadeiras causas dos delitos e das loucuras humanas. Percebemos no texto a união de dois propósitos superiores que se encontram para fornecer o ideal perfeito:

> O espírita lhe mostrava sentimentos de respeito a Deus e ao próximo e o anarquista, conquanto não acreditasse senão na natureza, não o deixará de maravilhar, também, com seu sentimentalismo revolucionário que até certo ponto lhe parecia tão justo como admirável.
>
> Viu, então, que a diferença entre os ideais de ambos era tão pequena que os não separava (*Natalício de Jesus*, n. 44, ano III, dez. 1911, p. 163).

E como Antídio percebera as contradições inerentes à vida em sociedade, pautada por ilusões e discursos enganadores, isto é, ideológicos, preferira o retorno à sua pequena cidade natal, o que nos faz lembrar do Emílio de Rousseau e os princípios acerca da bondade natural do ser humano e da vida no campo como a mais benéfica.[31]

O autor insere outra temática importante em sua vida, a educação, único instrumento para o resgate do ser humano e para ultrapassar a ignorância; mas a educação que ocorre a partir da descoberta através do contato com o mundo e com as outras pessoas em um diálogo permanente. Interessante o caminho do despertar desse jovem que procurava conhecer as pessoas, investigar e analisar sem preconceitos, descobrindo a verdade sobre as novas ideias que iriam resgatar a humanidade sem se deixar corromper pela sociedade.

> — Volto ao seio da natureza, dizia – porque não posso suportar a hipocrisia desta civilização, que além de infame, é assassina, provocando-nos um sentimento de rebeldia revolucionária!
> Tenho medo de viver aqui!
> Adeus!
> Na terra onde nasci, naqueles sertões, não há quem trabalhe para a reforma política e religiosa (*Natalício de Jesus*, n. 44, ano III, dez. 1911, p. 163).

Por último, sobre a verdadeira civilização e progresso, afirma que a felicidade não estava nessas tantas coisas que constituem a aspiração dos homens das cidades, mas na plena obediência à voz que ouvimos dentro de nós mesmos, nossa consciência, na qual Deus se revela. A felicidade consiste na prática do amor e não na conquista de posições elevadas, porque só é elevado aquilo que nasce do amor. O texto expunha o receio de uma sociedade hipócrita e violenta e a necessidade de reformá-la política e religiosamente. Nesse sentido, Antídio retorna para a sua cidade natal e trabalhava pela educação, como um livre-pensador, exemplo de bondade e sem orgulho, o que é o modelo correto do homem moderno. Antídio viveu feliz, conformado com a singeleza daqueles corações amigos, alimentando neles o sentimento de amor (*Natalício de Jesus*, n. 44, ano III, dez. 1911, p. 163).

---

31 Ver: ROUSSEAU, Jean-Jacques. *Emílio*, ou da Educação. São Paulo: Martins Fontes, 2004.

Ao traçar o itinerário do personagem, Penteado descreve o espiritismo e o anarquismo como ideias marginalizadas na sociedade, e somente poderiam triunfar caso as pessoas se livrassem de seus preconceitos e avaliassem melhor essas doutrinas, vislumbrando todo o potencial de justiça e liberdade que elas podem produzir. Ao mesmo tempo, como característica de um educador, apresenta sua concepção de educação, baseada no convívio do ser humano com a natureza e a cultura, a partir das quais uma leitura do mundo pode ser melhor construída. Antídio, ao longo de sua trajetória, aprende não apenas em livros, mas imerso em um processo educacional que decorre do contato com essa natureza e com o mundo urbano.

Em outro texto, "Cenas da Rua", João Penteado procura chamar a atenção para as dicotomias, as contradições de uma realidade social pautada por contrastes, com a opulência e a miséria convivendo lado a lado nas ruas da cidade.

> Uns são ricos senhores que abusam do fausto na ostentação dum luxo desenfreado, e outros, não passam de pobres operários que trabalham muito, comem mal, habitam casas sem higiene e são fatalmente condenados à morte pelo esgotamento de forças ou à velhice prematura, que não raro os leva ao opróbrio da mendicidade.
>
> Tal espetáculo nos confrange a alma provocando um sentimento de compaixão e revolta no meio do torvelinho incompreensível da cidade com seu formigamento de povo (*Natalício de Jesus*, n. 43, ano III, nov. 1911, p. 150).

Para o autor, essas desigualdades e injustiças sociais são fruto de um sistema opressor que explora o trabalho e enriquece os senhores burgueses. Nessa visão anarquista, a luta de classes não era negada como em outros textos espíritas, mas se pretendia desnudá-la a partir de uma sociologia dos elementos captados nas ruas, "indagando e examinando tudo". Penteado reconhece a miséria dos ex-escravos, aos quais pesam "o jugo da escravidão", revelando, pela observação do cotidiano, que eles se transformaram em mendigos, em um dos raros textos espíritas que incorporam esse grupo social em suas análises. O autor conclama todos a utilizar o livre-pensamento para observar toda a "iniquidade social" existente, repleta de cenas bárbaras.

> Assim, as ruas, as avenidas e as praças públicas são escolas onde os homens se instruem nas lições do exemplo e se educam na experi-

> mentação continuada de todos os seus esforços para a consecução da liberdade de pensar e sentir, que primeiro nasce dos comícios para depois triunfar por meio da revolução (*Natalício de Jesus*, n. 43, ano III, nov. 1911, p. 151).

Nesse aspecto, os elementos que nos afastam da civilização são os "corruptos homens de estado, juízes venais, gananciosos capitalistas, embusteiros representantes do clero, caprichosas, inconscientes e fanatizadas mulheres e operários ignorantes" (p. 151). Todos estes são fruto das autoridades emanadas dos poderes políticos e religiosos que estabelecem relações de dominação com o intuito de perpetuar as contradições sociais, sendo, portanto, os inimigos dos trabalhadores. É patente no texto o reconhecimento da legitimidade da luta contra essas autoridades e a "ideia de protestar contra a organização social vigente", o que não aparece em outros textos espíritas. A ideia de revolta, característica marcante do ideário anarquista, embora não seja expressa claramente no texto, é legitimada ao interpretar a realidade como algo intolerável.

São dois textos paradigmáticos, produzidos por um anarquista espírita/cristão, que denunciam as tensões existentes na época entre o espiritismo e as doutrinas sociais. As visões de mundo de espíritas e anarquistas neste autor são combinadas, criticando a miséria, a guerra, o abuso das autoridades e das religiões. Na visão dele, tudo isso pode ser superado a partir da observação e do entendimento do mundo a partir do livre-pensamento, da racionalidade e da ação transformadora do homem no mundo. De qualquer modo, o diálogo entre espíritas e anarquistas era possível pela "comunidade ideológica" evidenciada entre ambos, a partir dos valores expressados como liberdade, autonomia, livre-pensamento e defesa da educação.

Anticlericais e livres-pensadores

Como foi descrito no capítulo 1, através da leitura de alguns jornais do período, percebemos que os espíritas eram vistos como aliados na luta contra a Igreja, tendo em vista que outros grupos como os liberais e os livres-pensadores apoiaram o espiritismo em alguns momentos. Se alguns desses grupos recusavam algumas das ideias espíritas, como a existência de Deus, a reencarnação ou a sua adesão ao cristianismo, aplaudiam as iniciativas progressistas por parte dos espiritualistas. E foi por meio de seus impressos que demonstraram aproximações, principalmente no combate à Igreja Católica, tendo em vista que na época esta instituição combatia esses agrupamentos e possuía as suas estratégias consolidadas para "embates doutrinários com ateus, hereges, apóstatas, maçons, protestantes e outros porta-vozes de grupos políticos locais e estaduais discordantes das posições eclesiásticas ortodoxas" (MICELI, 1988, p. 146-147).

No início da República surgiram periódicos voltados à propaganda anticlerical com o fito de se posicionar contra os argumentos católicos expressos, principalmente, através de uma imprensa com fins religiosos do período. Destacaram-se dois jornais importantes. O periódico *A Lanterna*, possivelmente, foi o órgão de combate mais contundente do período (MARTINS, 2008, p. 357-358), editado na cidade de São Paulo entre 1901 e 1935, e cujo ciclo de vida pode ser dividido em três fases: a primeira, entre 1901 e 1904 esteve sob a direção do advogado maçom Benjamin Mota; a segunda, de 1909 a 1916, foi dirigida por Edgard Leuenroth, que também esteve à frente da publicação na sua terceira fase entre 1933 e 1935 (MARTINS, 2008, p. 358).

Outro impresso importante do período foi *O Livre Pensador*, fundado em 1902, e dirigido pelo maçom, socialista e espiritualista Everardo Dias. Nele foram editados textos sobre as doutrinas espiritualistas de forma crítica, com artigos de defesa, ou de críticas aos espíritas que não externavam com ênfase o anticlericalismo em suas iniciativas. Tanto *A Lanterna* como *O Livre Pensador* foram órgãos de destaque na propaganda do livre-pensamento, do anticlericalismo e do combate às ideias clericais, mas havia algumas diferenças entre as suas atuações:

> As diferentes características dos dois periódicos refletiam tendências do movimento em sua época, encarnadas nas figuras de seus editores: *O Livre Pensador* dirigido por Everardo Dias, maçom, anarquista e espiritualista, revela um contexto intelectualizado, de discussão e defesa do espiritualismo e doutrinas afins; *A Lanterna* de Benjamim Mota, maçom e anarquista, revela uma tendência de discussão de temas relacionados à política e ao anticlericalismo mais ferrenho (SILVA, 1997b, p. 17).

Por conta desses agentes, e de sua atuação no espaço público paulista, Eliane Moura Silva, ao estudar esses dois jornais, assinala que eles possibilitam a identificação da relação entre estes grupos sociais, espíritas e anticlericais, na primeira década do século XX e de suas redes de relações (2012, p. 93-94). De nossa parte, percebemos certa proximidade entre estes grupos, pois seus discursos eram muito próximos e seus ideários compartilhados, o que demonstra redes de sociabilidades tecidas entre esses diferentes grupos. No entanto, conflitos e contradições dentre os diversos grupos eram parte do diálogo.

Geralmente, os espíritas eram citados, especialmente em *A Lanterna*, em função de seus conflitos com católicos, destacando o fato dos clérigos se preocuparem com o desenvolvimento do espiritismo, além de divulgar conferências espíritas realizadas em torno do ideal anticlerical (*A Lanterna*, n. 24, ano V, 26/03/1910, p. 4). Mas, se o caráter anticlerical do espiritismo era ressaltado, ao se referir a algumas ideias e práticas características dessa doutrina, nem sempre existia apoio, pois, embora alguns articulistas fossem espíritas ou simpatizantes, em alguns momentos seus fenômenos eram enunciados como fraude, o que significa que o periódico não se coadunava inteiramente com esse sistema doutrinário (*A Lanterna*, n. 174, ano XII, 18/01/1913, p. 2). Como exemplo, um dos colaboradores lamenta o fato do poeta Casimiro Cunha, cujos livros eram avaliados como obras de arte, ter se tornado espírita e solicita condescendência ao literato por sua escolha:

> Na nossa sociedade tão imperfeita, num meio eivado de preconceitos, o Espiritismo foi o arrimo que encontrou o poeta, na sua ânsia de amor, de justiça e de luz. Não o critiquemos por isso, não lhe queiramos mal por isso (*A Lanterna*, n. 220, ano XIII, 06/12/1913, p. 2).

Nesse jornal ocorreu um diálogo interessante em 1910, expressando essas redes de sociabilidade tecidas e a existência de espíritas como articulistas desses periódicos. O artigo "Rebatendo", de Credo Negrelli, critica dois centros espíritas de São José do Rio Pardo, observando que, se os seus dirigentes eram espíritas convictos, não deviam permitir seus familiares na igreja (*A Lanterna*, n. 41, ano IV, 23/07/1910, p. 2). Para o autor, o grande problema reside na contradição existente em partidários de uma filosofia que se pretende inserida no livre-pensamento demonstrarem fragilidade em suas convicções, ao permitirem pessoas próximas mantendo sua antiga religiosidade.

O artigo mereceu resposta. Em "Combatendo", de Voltaire, o articulista discorda, afirmando que os espíritas não devem proibir suas famílias de frequentar as igrejas, pois a doutrina não cria fanáticos nem intolerantes e, portanto, a fé não pode ser imposta. As famílias dos espíritas podem frequentar as igrejas, mas, ao mesmo tempo, devem evitar confessionários, sacristias, corredores do coro e compartimentos inferiores, pois lá sim praticavam-se as mais "nojentas" imoralidades. Nesse argumento está presente a ideia da religião ainda como uma convenção social que pode ser compartilhada, pois não há problema em assistir a uma missa, desde que não se considerasse seriamente a sua cosmogonia e outras práticas religiosas. E adverte, ainda, que não se deve obrigar os filhos a assistir sessões espíritas, pois o espírita fanático é pior do que o católico: reza bastante e reproduz o ridículo na religião, sendo que "se não é possível exterminar-se repentinamente a igreja, façamos com que a ação do padre fique limitada somente entre as suas quatro paredes, obstando o seu predomínio no seio da família na sociedade civil" (*A Lanterna*, n. 44, ano IV, 13/08/1910, p. 4).

Pela leitura dos artigos, não existia prevenção em relação às doutrinas espiritualistas, mas uma tendência em reforçar as contradições dos espíritas, que deveriam contrapor maior resistência em relação à fé dominante. No caso do segundo artigo, foi escrito, possivelmente, por um espírita. Essas redes de sociabilidade residiam, como dito acima, no tema anticlerical e na crítica contundente às religiões tradicionais. Portanto, ao perceber que os centros espíritas estavam arraigados de práticas religiosas, faziam duras críticas a esse "religiosismo" dos espíritas, que transformava essa "ciência" em seita religiosa, como no caso de "Refletindo", de Angelo Vizzoto, de Poços de Caldas, que afirma não ser espírita, mas observa que:

> O verdadeiro espiritismo científico não tem seita religiosa, nem credo político, sr. Lucas Mascolo, e não é adversário do anarquismo e do socialismo. O grande cientista italiano, fundador da antropologia criminal, Cesar Lombroso, era socialista e um fervoroso partidário do espiritismo; da mesma opinião é Henrique Ferri... (*A Lanterna*, n. 51, ano IV, 01/10/1910, p. 3).

Embora essa imprensa dialogasse com os grupos espiritualistas, e alguns de seus colaboradores fosse espiritualista, não poderia ser enquadrada em uma imprensa de cunho espiritualista, pois essas doutrinas não eram o mote principal desses jornais. E, além disso, ocorreram conflitos entre esses agentes, especialmente no jornal *O Livre Pensador*, o que revela disputas simbólicas no campo anticlerical. Em "Teosofia e Anticlericalismo", aparece resposta a um artigo de Henrique

Serra publicado no *Verdade e Luz*. Seu autor afirma ter satisfação em contraditar com pessoas esclarecidas e talentosas como são em geral "os adeptos das doutrinas de Allan Kardec" e observa que "nós não acreditamos que as religiões sejam 'in totum', o produto da ignorância, mas sim os cultos e relativas superstições, o que não é a mesma coisa" (*O Livre Pensador*, n. 13, ano I, 05/01/1903, p. 1).

Portanto, admite os conhecimentos de Serra e assume que o espiritismo, ou a teosofia – pois o autor faz uma clara confusão entre as doutrinas, possivelmente como muitas pessoas no período –, não pode ser considerado no mesmo domínio do que as outras religiões. Afirma, ainda, que as religiões possuíam a sua importância, pois trariam disposições ou leis por meio das quais se organiza a vida cívica de uma agremiação humana, mas teme que o espiritismo possa se tornar um culto organizado com os respetivos sacerdotes. Os médiuns, na concepção do articulista, parecem desempenhar as funções de sacerdotes, pois entram em contato com os espíritos dos antepassados, os quais "são a encarnação do grande Ser" (*O Livre Pensador*, n. 13, ano I, 05/01/1903, p. 1). Critica, ainda, o fato do espiritismo ser uma religião revelada, o que soa estranho para um anticlerical, acreditando que essas noções iam contra a ideia de livre-pensamento.

> Conhecemos pessoalmente, e sabemos pelas nossas relações, que os teósofos são em geral bastante altruístas e muito caridosos. O fundamento social de suas teorias é que 'fora da caridade não há salvação'. Este aforismo, perdoe-nos o nosso estimado colega, destoa aos nossos ouvidos (*O Livre Pensador*, n. 13, ano I, 05/01/1903, p. 1).

Ele aproveita para criticar a noção de caridade praticada, inclusive, entre os positivistas – considerada também como religião – e os católicos, pois era interpretada como "esmola". Assim sendo, não deve existir caridade, pois não resolve as misérias materiais, além de deprimir o caráter do indivíduo. É uma enorme humilhação para o ser humano receber essa "caridade-esmola", além de ser insuficiente, e "torna-se cada vez mais impraticável, atentas as condições da atual exploração humana, piorando dia a dia", e que não pode ser confundida com solidariedade e fraternidade universais (p. 1).

Todos esses argumentos revelam um desprezo às religiões e suas práticas, como era característico do pensamento de alguns grupos anticlericais. O autor não considerava qualquer instituição que se colocasse no interior do campo religioso, independente de qual fosse. A confusão entre a teosofia e o espiritismo era compreensível, pois Henrique Serra já havia se posicionado no campo dessas duas doutrinas e na época ele escreve em um periódico espírita, mas, para o autor, essas diferenças não eram significativas, pois tratavam-se de religiões e como tal deveriam ser avaliadas a partir de um determinado espectro. Ele mesmo reconhecia que poderia ter confundido "teósofos da escola de Allan Kardec" com os outros crentes, mas a sua guerra é contra os indivíduos que:

> ...sob a égide da lei "revelada" ou feita pelo homem pretendam escravizar o ser humano, entorpecer as atividades individuais e opor obstáculos à evolução normal do indivíduo e das sociedades, embora saibamos ser infrutífero qualquer esforço que se envide para arruinar o progresso e arrestar a normal evolução (*O Livre Pensador*, n. 13, ano I, 05/01/1903, p. 1).

Ele reforça o fato de não aceitar os princípios teóricos espíritas/teosóficos, ainda que fossem reconhecidamente superiores aos católicos, por considerarem o progresso e não se oporem às conquistas científicas modernas. Mas na mesma edição, há uma referência positiva ao trabalho dos espíritas, pois o editor parabeniza a publicação do panfleto *O Diabo e a Igreja*, comentado no capítulo 3. O periódico recebia com bons olhos as críticas desferidas aos clérigos, e ressalta que o faz pelos erros e crimes imperdoáveis cometidos pela Igreja, exemplificando com alguns casos. Mas opta por delimitar as diferenças existentes entre os anticlericais e os espíritas:

> Apesar dos espíritas pretenderem fazer tesouros dos ensinamentos da Bíblia em prol da doutrina espírita, – o que nos parece errado, pois não haverá talvez espíritas em outras sociedades, não cristãos? – achamos que o folheto "O Diabo e a Igreja" é boa obra de demolição das seitas religiosas que pretendem ser depositárias únicas da "verdade revelada" (*O Livre Pensador*, n. 13, ano I, 05/01/1903, p. 1).

Pelo lado espiritualista, se por um lado os anticlericais organizavam um trabalho profícuo em prol do combate à Igreja, era considerado um movimento imperfeito, pois parcela considerável de seus participantes era materialista, ou então recusa os benefícios que a religião pode trazer. Como de praxe, Henrique Serra se encarregou de polemizar com os anticlericais. Para esse teósofo, o problema estava nas vibrações mentais de ódio emitidas por aqueles agentes, o que era negativo no processo. Em uma de suas diversas disputas, assinala:

> *A Lanterna*, O *Livre-Pensador*, de S. Paulo ambos, periódicos anti-clericalistas, bons no seu gênero, mas a cujas vibrações de ódio, criações mentais destrutivas, não se podem associar os teósofos por saberem quais as responsabilidades emanadas de tais centros, e que muito veem prejudicar a obra da evolução normal do ser humano. Outra é a arma dos teósofos para combater os inimigos do Progresso, da Verdade e da Luz, que são inegavelmente os corifeus do Vaticano (*Verdade e Luz*, n. 320, ano XIV, 15/09/1903, p. 5).

Em nosso entendimento surgiram aproximações entre as várias sociedades de ideias espiritualistas e os grupos anticlericais, principalmente quanto às questões da laicidade do Estado e do anticlericalismo.[32] Nesse relacionamento, sempre conflituoso, eram rejeitadas quaisquer associações que as doutrinas espiritualistas possuíssem com religiões constituídas; dessa maneira, purificado o espiritismo e a teosofia desse "defeito", o diálogo era mais aberto, reconhecendo suas lutas contra o predomínio da Igreja na sociedade.

A incompatibilidade reside nos termos dos projetos de secularização em pauta. Nesse aspecto, Cesar Ranquetat Júnior observa que existem diferenças entre os processos de secularização e laicidade, pois, enquanto o primeiro configura um projeto que abrange toda a sociedade, caracterizado pela perda de influência da religião nas esferas social e cultural, e que pode desembocar em um certo ateísmo, a laicidade estava ligada a uma questão política, isto é, o Estado imune às interferências religiosas (2012, p. 19-22). A laicidade é uma doutrina política difundida no mundo ocidental a partir do século XIX, na senda dos ideários que surgiram estruturados na expansão do racionalismo iluminista e que se contrapunham à influência secular das confissões religiosas.

32 Everardo Dias, redator de *O Livre Pensamento*, visitou a redação de *O Mundo Occulto*, o que foi noticiado nas páginas do periódico, com agradecimentos ao "ilustre amigo" pela visita (*O Mundo Occulto*, n. 15, ano II, 01/12/1905, p. 4).

> Como conclusão podemos afirmar que secularização e laicidade são conceitos e processos sociais distintos. A secularização se refere ao declínio da religião na sociedade moderna e a perda de sua influência e de seu papel central e integrador. O processo de secularização relaciona-se com o enfraquecimento dos comportamentos e práticas religiosas. A laicidade é sobretudo um fenômeno político, vinculando-se com a separação entre o poder político e o poder religioso. Expressa a laicidade, a afirmação da neutralidade do Estado frente aos grupos religiosos e a exclusão da religião da esfera pública. A secularização apresenta uma dimensão sócio-cultural, correspondendo a uma diminuição da pertinência social da religião enquanto que a laicidade revela uma dimensão sócio-política estreitamente conectada com a relação Estado e religião (RANQUETAT, 2008, p. 63).

Essa diferenciação acerca do lugar da religião na sociedade parece ser o principal ponto de discordância entre os intelectuais espiritualistas e alguns grupos anticlericais, ainda que eles se relacionassem através de uma identidade ideológica que os colocavam no interior de um movimento progressista e laico, que combatia a hegemonia cultural da Igreja Católica. Os primeiros comemoravam a liberdade religiosa estabelecida pelo Estado, mas exigiam que este assumisse uma posição de neutralidade diante das religiões; portanto, não as recusavam e imaginavam que a religião pudesse pertencer à esfera íntima de cada pessoa. Em contrapartida, os segundos desconfiavam dos princípios religiosos, almejando a emancipação da sociedade de qualquer religião, caminhando em alguns momentos para uma postura descristianizadora ou mesmo para um ateísmo militante.

A maçonaria e os espiritualistas

Sobre a maçonaria, podemos considerar que essa instituição:

> ...pode ser definida como uma sociedade filosófica, filantrópica e cultural, de caráter fechado, assentada no livre pensamento, no racionalismo e no evolucionismo, com o objetivo de promover nos seus iniciados o aperfeiçoamento intelecto-moral, pela espiritualização e prática da fraternidade e solidariedade humanas (SILVA, 2009, p. 78).

Em que pese as descrições efetuadas por intelectuais maçons sobre a origem dessa instituição remontando à Idade Média, ou até ao Egito Antigo, David Gueiros Vieira observa que podemos datar o seu início a partir de 1717, em Londres, quando foi fundada a primeira loja maçônica, pois, antes, existiam apenas lojas maçônicas especulativas, diferentes das operantes (VIEIRA, 1990, p. 41-42). No Brasil, a maçonaria chegou no final do século XVIII a partir da fundação das primeiras lojas. Alexandre Mansur Barata defende que essa instituição fora um dos instrumentos privilegiados para a penetração das ideias liberais em nosso país e, com a República houve um incremento na institucionalização da maçonaria, com aumento do número de lojas e federalização do movimento (1999, p. 73-87).

A historiografia que se dedica à maçonaria brasileira observa que ela foi uma instituição que abrigou diversos grupos de livres-pensadores e anticlericais como os espiritualistas.[33] Bastian, como visto na introdução deste trabalho, insere a maçonaria no modelo de sociedades de ideias, ainda que ela possuísse uma rígida hierarquia em seu interior, além de seu caráter secreto, tornando-a uma sociedade de cunho iniciático.[34] Eliane Moura Silva lembra que a maçonaria acabou reunindo diferentes movimentos sociais, filosóficos e espiritualistas, pelo fato de seu preceito básico ser o respeito às crenças individuais.[35]

---

33 VIEIRA, David Gueiros. *O protestantismo, a maçonaria e a questão religiosa no Brasil.* Brasília: Editora Universidade de Brasília, 1980. VIEIRA, David Gueiros. Liberalismo, masonería y protestantismo en Brasil, siglo XIX. In: BASTIAN, Jean-Pierre (org.). *Protestantes liberales y francmasones.* Sociedades de ideas y modernidad en América Latina, siglo XIX. México D. F.: Fondo de Cultura Económica, 1990. SILVA, Eliane Moura. Maçonaria, anticlericalismo e livre pensamento no Brasil (1901-1909), op. cit.; BARATA, Alexandre Mansur. *Luzes e sombras*: a ação da Maçonaria brasileira (1870-1910). Campinas: Editora da Unicamp, Centro de memória - Unicamp, 1999. BARATA, Alexandre Mansur. *Maçonaria, sociabilidade ilustrada e* independência (Brasil, 1790-1822). Campinas, 2002. Tese (Doutorado em História) – Instituto de Filosofia e Ciências Humanas da Universidade Estadual de Campinas. MOREL, Marco. Sociabilidades entre Luzes e sombras: apontamentos para o estudo histórico das maçonarias da primeira metade do século XIX. *Estudos Históricos*, Rio de Janeiro: Fundação Getúlio Vargas, n. 28, v. 2, p. 3-22, 2001.

34 Ver: BARATA, Alexandre Mansur. *Luzes e sombras*: a ação da maçonaria brasileira(1870-1910). Campinas: Editora da Unicamp, Centro de memória - Unicamp, 1999, p. 36.

35 Sobre os relacionamentos entre espíritas e maçons, um trabalho seminal é o de SILVA, Marcos José Diniz. *Moderno-espiritualismo e espaço público republicano* – maçons, espíritas e teosofistas no Ceará, op. cit..

> É, desta forma, evidente em diversos autores, a profunda articulação entre a Maçonaria e o anticlericalismo, bem como todas as outras formas laicistas do século XIX. As lojas maçônicas eram centros de difusão de tendências laicistas europeias, de positivismo, de formas alternativas de expressão religiosa tais como o espiritualismo em geral e do espiritismo em particular, bem como do protestantismo. Era o direito à voz e onde se abrigavam minorias e grupos intelectuais (SILVA, 1997b, p. 7).

Artur Isaia concorda com tal interpretação, ressaltando o denominador comum entre maçons e espíritas, a confluência entre os seus ideários e o anticlericalismo desses grupos, fundamental na construção de uma aliança entre eles, na medida em que foram igualmente perseguidos pelos católicos:

> A existência de um ideário e de inimigos comuns, a defesa do estado laico e da república, aproximava o nascente Espiritismo da Maçonaria na segunda metade do século XIX. [...] Por outro lado, não era apenas circunstancial a ligação entre Espiritismo e Maçonaria. Entre ambos havia um importante parentesco cultural, através da coabitação em um universo de significados. Assim, a concepção de trabalho como o impulsionador do progresso humano, aliada a outras, como construção e harmonia, vistas em uma perspectiva cósmica, aparecem reincidentemente na obra de codificação espírita e nos ideais maçônicos (ISAIA, 2007, p. 301).

Muitos espíritas foram maçons, na Europa e no Brasil. Eduardo Monteiro observa que Léon Denis era maçom iniciado na Loja Demófilos de Tours em 1868 (2007, p. 45). No Brasil, Manuel Vianna de Carvalho e o poeta Júlio César Leal foram igualmente espíritas e maçons. Para Ubiratan Machado "maçom, espírita e republicano poderia ser a tríplice aliança divisa para identificar o comportamento político-social-religioso de vários homens notáveis do ocaso imperial, em oposição ao reacionarismo católico" (1996, p. 146). Alguns dos intelectuais espiritualistas colaboradores dos periódicos eram maçons ou simpatizantes e procuraram estabelecer diversos vínculos de relacionamento que podem ser notados nos seus artigos.

Entretanto, ao consultarmos os periódicos de origem maçônica paulistas, raramente apareceram artigos sobre o espiritismo ou outras doutrinas espiritualistas.

Em que pese os elementos provenientes de tradições esotéricas presentes no ideário e na ritualística maçônica (MONTEIRO, 2007, p. 25-27), não encontramos referências consistentes em relação a esses sistemas doutrinários, embora a nossa pesquisa quanto aos periódicos maçônicos tenha sido restrita.[36] Mas, é possível percebermos redes de solidariedade registradas nas páginas dos periódicos espiritualistas.

A única referência ao espiritismo localizada está no artigo "O Espiritismo em São Paulo", sem assinatura (*A Maçonaria no Estado de São Paulo*, n. 3, ano XVI, mar. 1926, p. 48). Seu autor se empenha em fazer uma contundente crítica a um artigo intitulado "Os Centros Espíritas" publicado no *Diário da Noite*, mas que, ao contrário do que o título poderia indicar, não faz uma reflexão ampla sobre a presença dos espíritas na cidade, mas apenas descreve suas práticas, aludindo ao médium Carlos Mirabelli:[37]

> O sr. Carlos Mirabello (sic), logo ao início de sua mediunidade, sujeitou-se espontaneamente ao estudo e "controle" de todos os cientistas, crentes e profanos, no elevado e nobre propósito de contribuir para o esclarecimento dos fenômenos produzidos ainda hoje, e sempre com maior intensidade, como um desafio à ciência oficial.
>
> Ninguém lhe negará, por certo, justiça no reconhecer em sua pessoa o lutador incansável que se expôs, abnegadamente, durante longo tempo, a toda a sorte de pesquisas então levadas a efeito por um grande

36 Os periódicos maçônicos consultados possuíam uma função noticiosa com artigos anticlericais nos mesmos moldes dos artigos pesquisados, análises sobre a política brasileira, artigos sobre a organização da maçonaria, a simbologia maçônica e a sua história e alguns artigos que se posicionavam em relação à questão social.

37 Carlos Mirabelli ou Carmine Mirabelli (1889-1951), nasceu em Botucatu em 2 de janeiro de 1889 em uma família de italianos. Ele foi um médium famoso que teria vivido os primeiros fenômenos mediúnicos a partir de 1911 ou 1913. Considerado louco, chegou a ser internado no Hospício do Juquery. Em 1916, por conta de inúmeros fenômenos atribuídos a ele, ocupou as páginas dos principais jornais paulistas, recebendo artigos contrários e favoráveis. Nos jornais apareciam fenômenos ligados à telepatia, levitação, escrita direta (escrita sem contato com o lápis), deslocamento de objetos, materializações, dentre outros. Em 22 de setembro de 1919 fundou a Academia de Estudos Psíquicos César Lombroso, cuja sede ficava na rua Coronel Seabra, onde foram investigados os seus fenômenos. Na década de 1930 ele fundou o Instituto Psíquico Brasileiro de São Paulo. Para maiores informações ver: PALHANO JÚNIOR, L. *Mirabelli*: um médium extraordinário. Rio de Janeiro: CELD, 1994.

> número de pessoas de reconhecida competência e idoneidade. Não me parece, portanto, seja esse o procedimento de quem tenha o viso de explorar a credulidade pública, sujeitando-se a um calvário de críticas e diatribes emanadas de indivíduos claramente suspeitos e cujo fito é tão somente obscurecer a verdade.
>
> [...]
>
> ...os fenômenos produzidos por intermédio desse notável médium são a consequência de forças superiores que sobre o mesmo atuam, multiforme e inteligentemente, e que, por esse motivo, resistiram e resistem a toda e qualquer análise científica (*A Maçonaria no Estado de São Paulo*, n. 3, ano XVI, mar. 1926, p. 48).

O autor adverte que o médium não vivia às expensas do espiritismo, como o fazem outros religiosos, nem pretendia conquistar adeptos para a doutrina, mas apenas colaborar para o restabelecimento da verdade. Afirma não ser correta a crítica parcial, despida de todo o conhecimento sobre o assunto e que pretenda ferir o espiritualismo. O texto, portanto, se comunica a partir do campo espiritualista e defende a realidade fenomenológica da doutrina espírita, nos mesmos termos utilizados pelos espíritas, isto é, que esses fenômenos teriam passado pela chancela da ciência, o que lhes garantiriam idoneidade, após uma acurada investigação. Nesse aspecto, a aceitação da ciência e da razão permitia a aproximação entre os grupos, o que demonstra os relacionamentos existentes entre espíritas e maçons, mas pouco explicita em termos de ideários, pois apenas se pauta pela defesa intransigente do médium.

Em contrapartida, encontramos na imprensa espírita uma profusão de artigos sobre a maçonaria e a atuação dos maçons na sociedade, sempre elogiosos, e não localizamos nenhum com teor crítico. Um dos maçons mais citados era Lauro Sodré (1858-1944), grão-mestre da ordem e saudado sempre como um grande republicano.[38] Um dos editores de *O Mundo Occulto*, chega a louvar o reaparecimento do periódico maçônico *Lauro Sodré*, editado por Ulysses Lelot, observando que ele é "publicado semanalmente, defendendo os ideais da maçonaria e do Es-

38 Por exemplo: *O Mundo Occulto*, n. 11, ano I, 15/07/1905, p. 2. Batuíra chegou a afirmar que o governo de Lauro Sodré era esperado e poderia salvar a República (*Verdade e Luz*, n. 376, ano XVI, 31/01/1906, p. 14).

piritismo, dando franco combate ao clero jesuítico" (*O Mundo Occulto*, n. 24, ano III, set. 1906, p. 4).[39] Este mesmo impresso, ao empreender a campanha destinada à arrecadação de fundos para a aquisição de uma tipografia própria, lembra que esta é "destinada a impressão de jornais, folhetos e livros de propaganda espírita, ocultista e livre-pensadora, e de todas as ideias nobres, solicitamos a todos os espíritas, ocultistas, livres-pensadores, maçons e anti-clericais do Brasil auxiliarem" (*O Mundo Occulto*, n. 23, ano II, ago. 1906, p. 4). Uma demonstração clara de que esses grupos estavam irmanados em prol de determinados ideais.[40]

Os membros da maçonaria eram tratados como livres-pensadores empenhados na resistência à intolerância da Igreja e suas ações nesse sentido eram lembradas, como no caso das críticas realizadas pelos maçons ao bispo de São Paulo que havia proibido missas em favor da alma de Américo de Campos (*Verdade e Luz*, n. 236, ano X, 15/03/1900, p. 3); ou as atividades da loja maçônica Luzeiro da Verdade em Recife que conclamava as pessoas para a obra de expulsão do elemento jesuítico do Brasil; o autor afirma:

> A campanha contra o jesuitismo no Brasil precisa ser dada logo e sem tréguas. A nosso ver todos os elementos anticlericais deviam se unir, protestantes, espíritas, maçons, livres pensadores, etc, com o fim único de opor um dique forte e invencível à invasão das hostes jesuíticas neste país (*O Mundo Occulto*, n. 11, ano I, 15/07/1905, p. 3).

O maçom Manoel José da Fonseca, se destaca em diversos números do *Verdade e Luz*, defendendo o espiritismo e a maçonaria simultaneamente e descrevendo a dupla pertença de alguns membros dessas instituições. Em uma série de artigos denominada "A divindade de Jesus e o Espiritismo", respondendo a críticas do pastor Eduardo Pereira à maçonaria, ele observa:

---

39 Em nossa pesquisa encontramos um único volume, mas não identificamos qualquer vínculo com o espiritualismo. Ver:*Lauro Sodré*, n. 11, ano II, 10/04/1907, p. 3.

40 Outros artigos favoráveis à maçonaria ou notícias sobre perseguições aos membros dessa ordem podem ser lidos em: *Verdade e Luz*, n. 236, ano X, 15/03/1900, p. 2-3; *O Mundo Occulto*, n. 10, ano I, 15/06/1905, p. 4; n. 15, ano II, 01/12/1905, p. 4; n. 29, ano III, fev. 1907, p. 4; n. 50, ano VI, nov. 1909.

> Agora, Sr. Eduardo Pereira, quem são os *repugnantes*, os *ameaçadores da ordem*, e por isso, os *reacionários*, os *petroleiros*? Nós, os maçons, não somos; os espíritas não são, porque os maçons e os Espíritas sabem respeitar as leis do país onde vivem, tolerando todos os credos compatíveis com o bem social.
> Os *repugnantes*, os *ameaçadores* da Ordem, e por isso, os *reacionários*, os *petroleiros*, saem das seitas religiosas, que fazem viagens em estradas de ferro, para pregarem contra tudo e contra todos, sem a mínima delicadeza para com a sociedade; são os que transgridem as leis da República, que, em seu pacto fundamental, nos dá plena liberdade de agremiação, e esses *reacionários* sem consciência, não admitem que tenhamos tal liberdade como maçons e como Espíritas; só eles e que são *dignos* da mais santa das dádivas sociais: a *liberdade do pensamento*; nós, os maçons e os Espíritas, somos ou devemos ser, os *párias* da humanidade!! (*Verdade e Luz*, n. 311, ano XIII, 30/04/1903, p. 3).

Este autor, embora se apresentasse como maçom, defende a doutrina espírita em muitos momentos e demonstra toda a sua simpatia por ela, sendo um dos mais representativos do período entre os que procuravam formular a identificação entre as instituições. Os termos do debate são conhecidos: espíritas e maçons tem responsabilidades parecidas, relacionadas ao livre-pensamento, à confraternização entre os homens, enquanto as outras religiões formavam apenas fanáticos que pregavam a cizânia na sociedade, homens que, com o seu espírito de seita eram contrários aos tempos modernos.

Os maçons também apoiavam as instituições da AFBISP de Anália Franco na forma de auxílios e doações, embora tais instituições não fossem espíritas, como o Asilo de Órfãos Anália Franco, de Ribeirão Preto, mantido pela Loja Estrela d'Oeste (*A Maçonaria*, n. 2, ano XIX, fev. 1929, p. 33). Em contrapartida, a AFBISP dirigia alguns empreendimentos maçônicos, como o Externato Sete de Setembro, pertencente à loja Sete de Setembro (*Natalício de Jesus*, n. 35-36, ano III, mar. abr. 1911, p. 94).

Dessa maneira, ocorriam encontros entre os ideários racionais e laicos de diferentes grupos sociais, em torno de uma ação anticlerical ou de defesa contra os ataques da Igreja, e em ações sociais, construindo o que Furet denomina de uma "comunhão ideológica" (FURET, 1989, p. 212-213), a partir da qual eram tecidas redes de sociabilidade entre essas sociedades de ideias. Eliane Silva identifica esses relacionamentos ao defender que:

> As alianças entre maçons, espíritas, anarquistas, socialistas e livres-pensadores foi condicionada por lugares, regras e dados; como cultura política envolveu uma combinatória de forças, de táticas em espaços organizados, simultaneamente, por coerções e por contratos, e, estrategicamente, conferia maior unidade organizacional, uma rede mais ampla de apoio e de sociabilidade, além de revelar representações de mundo em que a ideia de reforma da sociedade foi apresentada como alternativa aos modelos existentes.
>
> Espiritualismo, espiritismo, anticlericalismo, laicismo, socialismo, anarquismo e maçonaria foram vertentes culturais em conexão com o racionalismo, o iluminismo e o positivismo, e operaram no fim do século XIX e início do X procurando redefinir o mundo, a modernidade e a civilização. Podemos analisar como foram construídas de modo coletivo a partir da experiência, da tradição (que pode ser construída ou inventada) e de uma enorme variedade de práticas e expressões culturais, políticas, sociais e religiosas (2012, p. 101).

V. Intelectuais espiritualistas

Para compreendermos as nuances do processo de organização das sociedades espiritualistas e de seus respectivos periódicos, como "circuitos alternativos para o debate e a circulação de ideias" (GOMES, 1999, p. 12) e a construção de discursos que disputavam a hegemonia do campo, uma outra abordagem enriquecedora consiste no entendimento da trajetória de alguns personagens que se aglutinavam em torno desses espaços e que foram reconhecidos como destacados líderes por seus pares.

Esses novos atores intelectuais, que se esforçaram na divulgação de doutrinas pouco conhecidas no estado e no país, oferecem algumas pistas para a compreensão dos caminhos que as doutrinas espiritualistas percorreram no território paulista, evidenciando as ambiguidades inerentes ao movimento e que possivelmente o acompanhou nas décadas subsequentes. Dessa maneira, pretendemos visualizar a participação de alguns desses atores, de forma breve, a partir da documentação disponível, o que, de forma evidente, permitiu a obtenção de dados razoáveis sobre alguns deles e não de outros.

Alguns desses personagens transitaram por diferentes instituições espiritualistas, indicando a existência de uma importante rede de relacionamentos.[1] Assim podemos ver Edla de Morais Cardoso, residente no Rio de Janeiro, contribuindo no espírita *Verdade e Luz* e redatora do esotérico *O Pensamento*, tradutora de artigos para essa revista e membro da Sociedade Magnética de França (*O Pensamento*, n. 14, ano II, jan. 1909, p. 37). Henrique Serra também contribuía nesses periódi-

1 Os jornais e revistas espiritualistas prestigiavam intelectuais de tendências diferentes, como *O Pensamento* que publicou artigos de fundo homenageando espíritas famosos ou concedendo honrarias, como ao marechal Francisco Raimundo Everton Quadros, famoso espírita da época que recebeu o título de membro honorário do CECP (*O Pensamento*, n. 25, ano III, dez. 1909, p. 31).

cos e em *O Mundo Occulto*. Compartilhou trajetória parecida, e bem mais diversificada, Braulio Prego, professor normalista, lente do Ginásio Anglo-Brasileiro, professor de uma escola mantida pela AFBISP, presidente do Centro Espírita São Paulo, participante de diversas conferências espíritas, acompanhante de Batuíra em algumas cidades paulistas, autor de artigos no *Verdade e Luz* e opúsculos espíritas como *Epístolas a propósito do Espiritismo*,[2] e foi tradutor de obra esotérica para o CECP, tendo ocupado os cargos de delegado e presidente do supremo Conselho dessa instituição nos anos 1920.

Entendemos que estes agentes estavam em busca de um capital cultural que lhes assegurasse uma posição privilegiada na estrutura do campo, de acordo com as análises empreendidas por Bourdieu (2007, p. 58-59), o que era ampliado pelo fato de pertencerem a instituições diferentes em disputa naquele momento. Ao mesmo tempo, muitos desses agentes participavam de outros grupos de matizes diferenciadas, tais como abolicionistas, republicanos, maçons e anarquistas, compartilhando solidariedades e ideários, o que lhes permitia um trânsito diferenciado no interior dos grupos, dentro de um quadro de transgressão intelectual e de libertação das amarras sociais.

Ángel Rama interpreta as transformações ocorridas nos intelectuais latino-americanos entre fins do século XIX e início do XX, que vivenciaram o processo de urbanização, e fornece um quadro enriquecedor para entendermos nosso grupo de agentes. Ele afirma que estes intelectuais eram autodidatas sem acesso ao ensino superior e que, por isso, formaram uma visão mais livre, caótica, assistemática e indisciplinada, incorporando diferentes doutrinas sociais, além de desempenharem papeis de produtores independentes, embora não vivessem exclusivamente dessas funções (RAMA, 1985, p. 147-151). Discorre, ainda, sobre a configuração de um pensamento crítico dissidente desde fins do século XIX nos centros urbanos da América, o que forjou intelectuais que não se adequavam às expectativas reais da sociedade, na medida em que estas não tinham como absorver as suas capacidades, pois, embora se apresentassem modernizadas, repetiam as normas tradicionais existentes (RAMA, 1985, p. 82 e segs.). Tal descrição se aproxima da realidade de muitos dos nossos agentes, que se apropriavam das diversas visões de

2 Publicado em uma série de artigos no *Nova Revelação*, a partir do número 96, ano VI, nov. 1911 e como livreto pela tipografia Natalício de Jesus.

mundo fornecidas pelos ideários espiritualistas, o que reforçava suas convicções anteriores, contrárias aos valores tradicionais ancorados em uma sociedade patriarcal, hierárquica e com fortes resquícios escravistas.

Esses intelectuais não provinham da elite ou de camadas que possuíam privilégios junto aos grupos dominantes. A maioria não era composta por pessoas que puderam ascender com formação acadêmica, embora tivessem acesso à educação formal, mesmo que incompleta, e não possuíam reconhecimento intelectual pela sociedade até então. Se diferenciavam de outros jornalistas e intelectuais, pois não haviam passado pela Faculdade de Direito. Politicamente, e com raras exceções, não tinham relações com a estrutura burocrática do Estado. Essa marginalização política possivelmente facilitou um discurso mais incisivo e uma defesa da participação política que pudesse superar as contradições sociais.

Provinham das camadas médias urbanas, em formação, de profissões que surgiam ou estavam ganhando destaque nesse período de transformação econômica paulista: profissionais liberais, funcionários públicos, professores, especialmente normalistas, tipógrafos, farmacêuticos, jornalistas, pequenos comerciantes, médicos, militares e advogados. Alguns eram imigrantes,[3] o que nos coloca diante do tema do desenraizamento como algo essencial. Eram principalmente portugueses e italianos que saíram de uma sociedade tradicional e buscavam novos elementos para reconstruir suas identidades, rompendo com os padrões conservadores inscritos na sociedade. Sofriam o choque entre culturas diferentes, com as novas experiências em contato com um ambiente cultural repleto de ideias modernas e conflitos sociais, o que pode ter sido fundamental nesse processo. Nesse particular, ressaltemos todo o esforço individual empreendido ao aderirem a sistemas doutrinários que rompiam com a religião dominante, ao assumirem feições anticlericais e ao se colocarem na fronteira entre religião e ciência, o que abria diferentes frentes de combate.

3 Eram portugueses Batuíra, Antonio Olívio Rodrigues, Antônio Trindade, João Leão Pitta (1875-1958) fundador em Piracicaba do Grupo Espírita Fora da Caridade Não Há Salvação e propagandista da *Revista Internacional do Espiritismo*; eram italianos Afonso Angeli Torteroli e Umberto Brussolo, fundador do Centro Espírita Luz e Caridade na Mooca e alguns outros fundadores de pequenos centros no interior que não puderam ser identificados. A maioria provinha de zonas rurais, embora Antônio Trindade estivesse acostumado com o ambiente aristocrático da corte portuguesa, como foi citado no capítulo 1.

Esses homens e mulheres não eram inicialmente pessoas públicas, acostumadas com tribunas nas quais expunham as suas ideias, com exceção de alguns, como o dr. Ramos Nogueira, mas as suas conversões representaram uma nova realidade que os forçou a reconstruir suas experiências, ligando-as ao jornalismo e à veiculação de informações com o objetivo de defender as suas doutrinas. E eles se saíram bem nesse processo, considerando o reconhecimento que tiveram por seus pares, com alguns transformando-se em modelo de conduta,[4] pelo interesse que as suas propostas receberam por parte de alguns grupos sociais, e o relativo sucesso de alguns empreendimentos editoriais.

Dentre os principais agentes destacamos: Batuíra, Anália Franco, Francisco Bastos, Cairbar Schutel e Antonio Olívio Rodrigues, embora reconheçamos a desigualdade das informações recolhidas, pois conseguimos poucos dados biográficos de Bastos e Rodrigues, enquanto Anália Franco já tenha sido objeto de estudos acadêmicos na área da educação, e que nos permitiu obter uma quantidade razoável de informações sobre sua vida.

Ao privilegiar a trajetória desses atores, não estamos desconsiderando tantos outros que foram significativos em suas áreas de atuação. Ao mesmo tempo, esses intelectuais foram citados de forma recorrente como importantes na construção do campo espiritualista, produziram periódicos que fizeram um relativo sucesso e construíram importantes espaços para a disseminação de ideias espíritas e esotéricas e suas instituições permaneceram por longo tempo, algumas delas sobrevivendo até nossos dias.

Antônio Gonçalves da Silva Batuíra

Em *Verdade e Luz* de maio de 1903, foi publicado um editorial de aniversário da revista comentando sobre o "chefe" Batuíra:

> Quem o vir tão modesto, tão alheio a honrarias, a títulos, a arranjos, imaginará estar vendo um burguês bonacho e inútil, desses que passam a vida a comer e a comer, só cuidando em se pôr a bem com Deus,

4 A literatura de origem espírita estabeleceu uma tradição que apresenta alguns desses agentes como símbolos do movimento espírita brasileiro, como indicam as biografias em tom apologético escritas por Eduardo Carvalho Monteiro (1986; 1999b; 2004).

> mercê de muitas missas bem pagas e de confissões bem escabichadas. Os que o tratam e com ele convivem sabem porém que o inflama o sublime ardor dos cristãos primeiros, que dentro daquele peito há um coração que pulsa pela melhoria desta humanidade, que ele é um manirroto para os que padecem, e que no Brasil a Nova Revelação tem nele o seu paladino mais convicto, mais ardoroso, mais abnegado (*Verdade e Luz*, n. 313, ano XIV, 31/05/1903, p. 1).

O quadro pintado com estilo reverente, que enfatiza sua feição caridosa, é insuficiente para descrever o espírita paulista mais admirado do período e possuidor de um dos itinerários mais diversificados, militando em diferentes espaços e estabelecendo diversos vínculos e redes de sociabilidade tecidas ainda antes de sua conversão ao espiritismo. O retrato que conseguimos construir de Batuíra a partir dos cronistas e notícias de jornais é bem mais dinâmico, pois o personagem enveredou por caminhos muito diferentes, alcançou a riqueza e posteriormente doou todos os seus bens para a associação espírita que criara.

Antônio Gonçalves da Silva nasceu em 26 de dezembro de 1838, em Vila Meã, Águas Santas, freguesia de São Tomé do Castelo, concelho de Vila Real, Portugal, filho de João Gonçalves e Anna Alves. Filho de camponeses, teria estudado até os 10 anos de idade, vindo um ano depois para o Brasil, desembarcando em 3 de janeiro de 1850, no Rio de Janeiro, cidade na qual trabalhou no comércio por 3 anos, depois mudando-se para Campinas e, finalmente, para São Paulo (MONTEIRO, 1999b, p. 26).

Na capital paulista desempenhou diferentes atividades. Foi entregador do jornal *Correio Paulistano*, de acordo com o próprio jornal, "desde o início da segunda fase diária até o ano de 1872".[5] Essa função lhe valeu o apelido de Batuíra, uma ave narceja comum naquele período, pois seus contemporâneos afirmavam que sua rapidez na distribuição do jornal lembrava esse pássaro (MONTEIRO, 1999b, p. 25). Foi também tipógrafo, tendo aprendido essa profissão, possivelmente, nas oficinas desse jornal e, em 1890, chegou a assumir a presidência da Associação Typographica Paulistana de Socorros Mútuos (*Correio Paulistano*, 21/06/1890, p. 1).

---

5 *Correio Paulistano*, 14/07/1904, p. 2. A mesma informação aparece em *Verdade e Luz*, n. 292, ano XIII, 15/07/1902, p. 7.

Entre os anos de 1860-1870, ele foi proprietário de um pequeno teatro, o Teatro do Batuíra ou Teatro da Cruz Preta, localizado na rua da Cruz Preta, nº 10 (rua Quintino Bocaiúva), entre a rua do Jogo da Bola (rua Benjamin Constant) e a rua da Freira (rua Senador Feijó), muito frequentado pelos estudantes da Faculdade de Direito (AMARAL, 2006, p. 111). O teatro possuía um palco pequeno, com lotação para 200 pessoas, "tudo improvisado no fundo de uma taberna" (BRUNO, 1991, p. 875). Sua participação no teatro, como proprietário e ator, rendeu observações de alguns cronistas e historiadores da época. Spencer Vampré afirma que o futuro barão do Rio Branco amava o teatrinho do Batuíra, e também eram assíduos Martinico Prado (Martinho Prado Júnior), Domingos Marcondes, Souza Lima e os Paranhos, e que nas apresentações Batuíra era recebido com calorosos aplausos e até com versos ensaiados:

> Salve! Grande Batuíra!
> Com teus dentes de traíra,
> Com teus olhos de safira.
> Com tua arte, que me inspira,
> Nas cordas da minha lira,
> Estes versos de mentira! (VAMPRÉ, 1924, p. 165)

No artigo Recordações Literárias IV, assinado por C. F., publicado no *Correio Paulistano*, o autor informa que Fagundes Varela também frequentou o teatro de Batuíra e, inclusive, em uma apresentação no ano de 1866, ajudou-o a controlar o público, pedindo silêncio em nome de Batuíra e causando muita confusão (*Correio Paulistano*, 15/12/1895, p. 2). Sobre essa participação dos estudantes de direito na vida cultural da cidade de São Paulo, da qual Batuíra fazia parte, Raquel Glezer lembra que:

> Foram os alunos e bacharéis formados pela Academia de Direito que movimentaram o espaço físico da cidade, com bailes, bebedeiras, brincadeiras, caçadas, paixões avassaladoras, pescarias, representações teatrais, e, de modo fundamental, o espaço intelectual, destruindo o marasmo das velhas ideias coimbrãs, o domínio total dos dogmas católicos, introduzindo novas concepções de sociedade e direito (GLEZER, 1992, p. 155-156).

Ao mesmo tempo, Batuíra teve experiência de lutas sociais ao integrar o grupo abolicionista de Luís Gama (1830-1882) e Antônio Bento (1843-1898), participando do movimento abolicionista da época, escondendo escravos em sua residência. Antônio Barreto do Amaral afirma que "anos depois, talvez já fechado o teatro, Batuíra foi compartilhar das lutas abolicionistas trabalhando ao lado de Luís Gama e de Antônio Bento, protegendo escravos, que recolhia no seu 'cortiço', de onde só saíam com cartas de alforria" (AMARAL, 2006, p. 112). É possível que Batuíra tenha adquirido experiência na produção de periódicos no *Radical Paulistano*, cujo redator era Gama; mas quanto a isto, não encontramos informações precisas. O próprio Batuíra nos relata sua participação no movimento:

> Declaramos às nobres Damas que fomos abolicionistas, funcionando em nossa casa uma sociedade. O nosso finado chefe, o Dr. Antonio Bento, nos mandou muitos escravos fugidos para os colocarmos onde não pudessem ser agarrados por seus senhores. Por esse motivo pudemos avaliar os bons e maus senhores, em vista da perspectiva com que os fugitivos se apresentavam (*Verdade e Luz*, n. 247, ano XI, 31/08/1900, p. 5).

O autor, sempre procurando ministrar lições morais em cada fato relatado por ele, aproveita para lembrar que aqueles senhores eram católicos e, como a maioria, não eram verdadeiros cristãos, por serem escravocratas e submeterem seus escravos a maus tratos, pois muitos escravos apresentavam diversas cicatrizes. Mas no artigo informa que nunca teve ódio deles e pedia para que os escravos apenas rogassem a Deus a fim de acabar com a escravidão e perdoassem seus algozes.

Aproveitando-se do polo dinâmico da cidade, Batuíra conseguiu se estabelecer e, a partir do comércio, amealhou muitos recursos. Muitos cronistas da época observam que Batuíra conseguiu enriquecer em São Paulo com a fabricação de charutos;[6] outros, ainda, observam que, além do teatro administrado por ele e a venda de charutos, também enriquecera com a venda de saibro, retirado de um

6 Interessante notar que, quando espírita, Batuíra fez críticas ao vício do fumo (*Verdade e Luz*, n. 406, ano XVII, 30/04/1907, p. 7).

morro de sua propriedade (SANTOS, 1997, p. 33). Antônio Barreto do Amaral observa que:

> Não encontrado trabalho de imediato, vendera jornais e manipulara charutos e, aos poucos, reunira boas economias, com as quais comprou um terreno no Lavapés, onde construiu sua casa de morada e, ao lado dela, abriu uma rua particular, um beco, que, mais tarde, seria a rua Espírita (AMARAL, 2006, p. 111-112).

Ele acumulou uma relativa fortuna e, inicialmente, aplicou na aquisição de muitos terrenos na região do Lavapés,[7] onde construiu um casarão para sua residência e, ao lado, uma rua particular em que construiu várias casas que foram posteriormente vendidas ou alugadas;[8] em alguns momentos, informava a venda de casas em condições especiais, a partir das quais os compradores poderiam pagar pelo prazo que desejassem (*Verdade e Luz*, n. 297, ano XIII, 30/09/1902, p. 6).

Mas parece que antes mesmo de sua adesão ao espiritismo, ele mostrava uma inclinação para as práticas caritativas. Antônio Galaor, afirma que ele auxiliara os flagelados pela epidemia de varíola em 1873 como enfermeiro (Suplemento de Rotogravura, *O Estado de São Paulo*, 02/07/1941, p. 8); possivelmente, o espiritismo reforçou sua convicção sobre a necessidade da caridade. Ele também participou de empreendimentos de cunho beneficente, sendo diretor da União Beneficente:

> ...sociedade instituída nesta cidade de São Paulo afim de intervir beneficamente, não só para com os associados, como cooperar para o engrandecimento de corporações pias e humanitárias fundadas tanto nesta cidade como fora e autorizada pelo Governo Provincial (*ALMANACH*, 1875, p. 175).

7 A região do Lavapés servia para o descanso de muitos viajantes que chegavam a São Paulo, os quais aproveitavam para beber água do córrego e lavar seus pés antes de colocar as botinas para entrar na cidade (MOURA, 1980, p. 213). Era uma área limítrofe entre o rossio, área de controle da Câmara Municipal e as terras devolutas do governo provincial, praticamente no marco da meia légua em direção ao sul da cidade até o ribeirão Ipiranga (GLEZER, 2007, p. 102).

8 Ver, por exemplo, *Correio Paulistano*, n. 6.718, 17/04/1879, p. 5.

Foi casado com Brandina Maria de Jesus e, viúvo, com Maria das Dores Coutinho e Silva. Teve um filho de cada esposa, ambos chamados Joaquim, mas que faleceram quando crianças. Eduardo Carvalho Monteiro observa que a morte do primeiro filho o levou a buscar informações sobre o espiritismo (MONTEIRO, 1999b, p. 60-61), intepretação que é acompanhada por Aubrée e Laplantine (2009, p. 167). Alguns anos mais tarde adotou uma criança paralítica, o Zeca.

Contudo, ao mencionar sobre sua conversão, ele conta uma história diferente, não citando a tragédia. Na edição inaugural de *Verdade e Luz*, Batuíra escreve o artigo "Porque sou espírita", com o qual pretende justificar perante o público e os amigos as razões de sua convicção, pois já era uma pessoa conhecida na sociedade da época e iniciava empreendimentos de vulto, a fundação de um centro espírita e seu periódico. Indica que em 1884 ouvira um caixeiro na confeitaria do cidadão Rocha convidar outra pessoa para assistir a uma sessão espírita. Afirmava que nunca ouvira falar nisso e pedira explicações sobre o que era uma sessão espírita, e lhe foi explicado que consistia em uma reunião na qual se evocavam espíritos. Interessado no assunto, foi convidado a assistir a uma sessão na casa de Domingos Coelho, o que lhe aguçou mais a curiosidade e depois iniciou a leitura de livros espíritas: "achei o que tanto desejava, e que nunca encontrei na religião católica de que fui adepto" (*Verdade e Luz*, n. 1, ano I, 25/05/1890, p. 3).

Se ele não conhecia o espiritismo antes de 1884, já havia se utilizado de serviços que estavam na fronteira daquela doutrina. Em 1873, ele publicara um agradecimento ao sr. Saviour Boonex, "magnetizador" e "professor mágico" pela cura admirável que prodigalizara ao seu filho Joaquim, de 32 meses, de "dores de barriga e gritos fortes", por meio do magnetismo, "sem lhe dar uma só gota de remédio", e aproveitava para pedir que as pessoas se consultassem com Boonex (*Diário de S. Paulo*, 18/12/1873, p. 4).

De qualquer maneira, parece ter sido a partir de 1884, após estudar a bibliografia disponível, que ele iniciou uma série de atividades voltadas ao espiritismo, frequentando o Centro Família Spirita, ocasião em que conheceu os principais espíritas da cidade no período, o dr. Ramos Nogueira e o professor Angeli Torteroli; foi agente do periódico *Reformador* em São Paulo e abriu um "escritório de consultas" grátis, no qual oferecia conselhos sobre vários assuntos para as pessoas; embora as consultas fossem predominantemente sobre saúde, pois ele relata vários casos em que havia curado as pessoas, normalmente com problemas ligados à "obsessão espiritual" (*Verdade e Luz*, n. 232, ano X, 15/01/1900, p. 7). Ele atuava como "médium de cura", aplicando passes, utilizando a "água fluidificada" e receitando homeopatia.[9] Após a abertura de seu centro, continuou com essa forma de atendimento, realizando-a no salão de sua instituição, no qual atendia dezenas de pessoas diariamente.

Essas atividades se confundiram com outras existentes na região. Paulo Cursino de Moura informa a existência do "preto Badaró" na rua do Lavapés (1980, p. 213); Gabriel Marques observa que no início do século XIX havia a presença de cultos africanos nessa mesma rua (s/d, p. 197). Essa tradição que se desenvolvera na região pode ter contribuído para uma abordagem dos autores da época que percebiam uma continuidade entre estes cultos religiosos e o espiritismo, tendo como símbolo do advento da doutrina na cidade a fundação do Centro Espírita Verdade e Luz. Gabriel Marques, apresenta uma simbiose entre práticas religiosas distintas e aproveita para reforçar a fama que o nosso personagem adquirira, possivelmente com tons exagerados. O texto é longo, mas faz um interessante retrato de Batuíra:

> Foi nessa altura que uma casa de melhor construção ali surgiu. E – curioso! – tornou-se logo de todos conhecida. Era a casa de um tal senhor Batuíra. Batuíra? Batuíra não passava de um homem fulo, grisalho, barbudo, baixote e gorducho, de maus dentes e já na casa dos sessenta. Babaloxá (sic) de fama. Tido e havido como encarnação perfeita de Xangô. Não havia, por isso, nas redondezas, quem muito não o respeitasse. E até temesse. Com ele ninguém se metia. O homem – dizia-se – tinha poderes sobrenaturais. Trabalhava com o diabo. Belzebu se tornara seu aliado. Negra era pois sua magia. Dos mais variados pontos da cidade para lá acorriam, principalmente em noite de sextas-feiras, magotes de pessoas crentes nas bruxarias do diabólico velhote. Sobre os "despachos" corriam coisas realmente inacreditáveis. Para eles – comentava-se – nunca faltavam sapos secos, mãozinhas mimosas de crianças mortas, punhados de terra de cemitérios, velas de cera para serem acesas em encruzilhadas, "pembas", "marafa" e imagens de alguns santos milagrosos como São Cipriano e Santo Antonio...
>
> Claro que havia exagero em tudo que se dizia sobre ele, o estranho senhor Batuíra. Mas nunca faltavam consulentes importantes na ten-

9 Spencer Vampré observa que Batuíra se celebrizara em São Paulo como chefe de uma associação espiritista e "famoso curandeiro"(1924, p. 165).

> da do diabo do homem. Até gente da alta política, das altas finanças e do alto comércio lá se apresentava. Gente que não pedia – mandava. Também muitos homens da governança lá compareciam, às ocultas e em horas especialmente marcadas, à procura de remédios para seus males ou de prontas soluções para seus problemas. E os sortilégios do Senhor Batuíra não falhavam nunca, dizia convicto o povo.
> E as damas?
> Também elas lá nunca faltavam. Senhoras e senhorinhas de destaque na sociedade sempre conseguiam um jeitinho manhoso para uma consulta sobre seus líricos romances. A sabedoria do diabólico homem da estranha tenda a todos parecia infalível. Batuíra tinha poderes satânicos. Alindava ou emaranhava os fios da vida de qualquer pobre mortal, com admirável facilidade de bruxo. Tudo lhe parecia simples, e sem problemas, como sem problemas e simples é o soldado, na guerra... (MARQUES, p. 197-198)

Mas o cronista, após fazer essa descrição que contém parte do preconceito característico da época contra as religiões e práticas culturais de matriz afro-brasileira, tão distantes do ideal de modernidade europeia que a elite ansiava, continua a sua análise, procurando restabelecer a verdade sobre o espírita:

> Certo seja que para os iniciados nas artes cabalísticas do tal Senhor Batuíra, conhecedores, assim, de certos segredos do além-túmulo, o velhote não tinha ligações nenhumas com Xangô, nem reverenciava Iemanjá – a poderosa entidade que dizem ter erguido seu palácio encantado sob as ondas revoltas do mar... Não. Para eles Batuíra não passava de um perfeito espírita. Espírita e amigo leal de todos os sofredores do mundo. Demais, espírita dotado de santas qualidades mediúnicas. A todos, ricos e pobres, Batuíra atendia com a mesmíssima afabilidade. Com todos falava e a todos animava, ou socorria, sempre em nome de Nosso Senhor Jesus Cristo. Seu "Espírito Protetor" chamava-se Pai Zarabinda, preto velho morto no "tronco" a fortes golpes de azorrague. Contudo, alguns admiradores do senhor Batuíra concordavam em que Exu na verdade comparecia, alguma vez, a sessões do Pai-Zarabinda. Mas, quando isso acontecia – frisavam – não lhe davam sequer tempo para anarquizar os trabalhos, como era sempre

> do intento dele, o diabo. Se um médium descuidado desviasse acaso seu pensamento do Altíssimo, zás!, agarrava-o, logo, o chifrudo, com suas unhas agudas e dentuça cortante. Mas, Pai-zarabinda, com o pronto auxílio de outros protetores da tenda, sem dar tempo a nada expulsavamo demo da sessão, quase sempre a golpes de invisíveis látegos de fogo invocados em nome de Deus...
> Para melhor convencer seus adeptos o senhor Batuíra costumava reproduzir, a seu modo, aos ouvintes, no início de cada sessão, parábolas que poucos compreendiam... (MARQUES, p. 190-191)

Marques afirma que diziam que na tenda de Batuíra existiam remédios para vários males e coleção de ervas, e ele afastava o mal com a ajuda de Pai-Zarabinda. Mas mostra um certo respeito por ele:

> O certo mesmo é que foi assim que aquela casinha humilde do curioso Senhor Batuíra passou a fazer parte da vida ronceira de São Paulo do Campo. Tornou-se famosa. E quanto mais coisas terríficas nela aconteciam, mais se popularizava o nome de Batuíra, que até passou a ser chamado de doutor Batuíra, o Espírita. Dele – engraçado! – nunca ninguém soube o verdadeiro nome. Nem a história, que registrou sua tenda e seus sortilégios, se lembrou de guardar-lhe sequer a filiação. Para todos e para todos os efeitos era ele apenas o Doutor Batuíra, o Espírita (MARQUES, p. 200).

Para finalizar esse texto escrito com interesse sobre o "espírita da Lavapés", e renovando o preconceito contra as religiões populares, o autor informa que na última vez que visitara a rua Espírita perguntara sobre a existência de Batuíra e "sua tenda e dos seus sortilégios", anos depois de sua morte. Fruto das transformações pelas quais passara a cidade, com o crescimento do espiritismo, das associações e suas obras de caridade, as pessoas que ali moravam tinham maiores condições de responder sobre essa doutrina, o que é feito por um morador entusiasmado:

> — Pois está errado! Completamente errado! – prosseguiu ele. Nesta rua, que até viu nascer minha avó, nunca houve nenhuma tenda de feitiçaria. Nem ontem, nem hoje, nem nunca. Tenda espírita, isso sim. Essa, já

> houve, e das melhores. Agora há outras, por aí, mas todas muito legais. É de justiça, amigo, não confundir feitiçaria com espiritismo. São práticas diferentes; o senhor sabe disso? Uma cuida do bem; a outra cuida do mal. Umas trabalham com Nosso Senhor Jesus Cristo; as outras trabalham contra Nosso Senhor Jesus Cristo. Numas há médiuns e protetores; noutras há orixás e pais-de-santo. A diferença é pois da água para o vinho; está entendendo o senhor? (MARQUES, p. 201).

E o interlocutor adverte que conhece as coisas, pois ele e sua família são espíritas e tem orgulho de viver na rua do velho Batuíra. O autor nos informa que desistira de discutir com aquele "pernóstico mestiço", que lhe tapou a boca com um "gesto despótico", pedindo para ele ler o *Livro dos Espíritas* (sic) de Kardec e o Evangelho de Lucas (MARQUES, p. 202).

O que nos parece um comportamento interessante, característico dos espíritas, fortalecidos décadas depois dos primeiros agentes travarem importantes lutas contra a Igreja, médicos e autoridades policiais, semeando sociedades, periódicos, obras assistenciais, participando amplamente do espaço público paulista. A autoridade com a qual o personagem não identificado defendia as suas concepções, com um determinado orgulho, é porque carregava em si a experiência de todos os espíritas engajados que lhe antecederam, além de demonstrar uma das características dos espíritas que sempre atentam para a feição intelectualista de suas doutrinas, além de ter o complemento da moralidade cristã em seus conhecimentos. E para concluir, após demonstrar que a rua Espírita é uma das boas vias públicas paulistanas, fecha o seu discurso lembrando que o espiritismo já havia sublimado outras práticas mediúnicas:

> Deram-lhe o nome de Rua Espírita. Foi isso em virtude do Senhor Doutor Batuíra, o Espírita. Lembrança do povo, que a tradição oficializou. É hoje rua alegre; confraternizadora. Todos ali se estimam. Todos amam a todos. Modéstia e compreensão geral são ali sentimentos generalizados. É já artéria de bairro seleto. De ambiente agradável. Nela não há batuques de babalaôs... Nem a tenda do Doutor Batuíra...
>
> [...]
>
> Saravá, Rua Espírita do Senhor Doutor Batuíra! (MARQUES, p. 203)

Essa exaustiva citação nos mostra a tentativa de distanciamento entre o espiritismo e as práticas mágico-religiosas de origem popular ou afro-brasileira, conforme já abordado, e que o autor faz questão de sublinhar. Gabriel Marques inicia seu texto comentando sobre Batuíra a partir da grade das religiões afro-brasileiras, e vai afastando-o, purificando-o, pois, embora suas práticas se identifiquem com as do universo mágico-religioso da época, ele estaria em um universo cristão, pois era "amigo de todos os sofredores do mundo". Essas considerações nos aproximam do entendimento que Maria Cristina Wissenbach e outros autores possuem acerca do circuito espiritualista paulista e de como nele se misturavam práticas divinatórias e terapias curativas, do qual Batuíra fazia parte (1997, p. 146). No entanto, enquanto esse circuito servia como meio de sobrevivência para muitas pessoas, Batuíra nada cobrava, pois, na visão de Antônio Egídio Martins, o "popular, estimado e humanitário cidadão Antônio Gonçalves da Silva Batuíra" chegou a perder a sua fortuna (1973, p. 261). A perda de sua fortuna pessoal, após a conversão ao espiritismo, estimada em mais de duzentos contos de réis nos anos 1890 (*Diário Oficial*, 18/03/1909, p. 898), chamou a atenção de outros autores como Affonso de Freitas:

> Antonio Gonçalves da Silva Batuíra, homem morigerado que em São Paulo conseguiu, após longos anos de trabalho honrado e pertinaz, reunir avultados bens de fortuna, era um espírito crédulo e bom, porém mal orientado, e os 17 anos de jornalismo sectarista absorveu-lhe toda a fortuna com tanto labor acumulada, vindo ele a falecer a 21 de janeiro de 1909 nas vizinhanças da miséria (1915, p. 360).

Ele atendia no salão do Grupo Espírita Verdade e Luz e em viagens que fazia para cidades do interior paulista e outros estados como Minas Gerais e Rio de Janeiro, nas quais visitava enfermos e proferia conferências, relatando muitas delas em seu periódico. Ele nos informa que chegou a ser confundido com "feiticeiro" e reconhece que algumas pessoas o procuravam para tentar fazer seus rivais sofrerem, ao que ele respondia pedindo compaixão e orações, nunca vingança ou maus pensamentos (*Verdade e Luz*, n. 249, no XI, 30/09/1900, p. 6). Em uma viagem que fez a Mogi das Cruzes, o jornal *Ypiranga* divulga a sua presença:

> No fundo, destacava-se uma bela cabeça de patriarca cujas cans e barbas brancas, realçavam a lucidez de seu olhar bondoso.

> [...]
> Sua linguagem, sem flores de retórica, parecia mais a de um pai no meio de sua família. Falou sobre a nova revelação; fez paralelos entre esta e o catolicismo, tratou das curas obtidas mediunicamente e fez algumas considerações sobre a caridade cujo tema não pôde desenvolver completamente, por se achar ainda doente (apud *Verdade e Luz*, n. 289, ano XIII, 31/05/1902, p. 5).

Como foi observado no capítulo 1, ele criou sua própria instituição, o Centro Espírita Verdade e Luz, em abril de 1890, adquiriu uma tipografia e iniciou a publicação de um periódico próprio em 25/05/1890, com o mesmo nome do grupo, e que teve poucas interrupções até o ano de sua morte, sendo o primeiro periódico espírita paulista a possuir regularidade por quase duas décadas. Esse jornal, depois revista, alcançou tiragens expressivas e se transformou em uma das principais referências do jornalismo espírita no país, em virtude das diversas citações que observamos em outros periódicos, abrigando artigos de espíritas famosos no período. O periódico teve tiragem inicial de 2 mil exemplares, chegando a 15 mil em 1897, 6 mil em 1900 e 11 mil em 1905. Em 1904, a criação da Instituição Cristã Beneficente Verdade e Luz, consolidou a obra social que ele procurou empreender ao longo de sua jornada como espírita, desde 1884. As atividades eram dirigidas à assistência de órfãos, viúvas pobres, enfermos e obsidiados, sua preocupação especial. O patrimônio da instituição foi formado pelos bens que Antônio Gonçalves da Silva Batuíra e sua esposa Maria das Dores Coutinho e Silva doaram à instituição:[10]

> Um sítio com as suas benfeitorias, animais, instrumentos rurais, etc, situado no bairro do "Jequerituba", município de Santo Amaro; um prédio sob o nº 28 da rua Espírita, desta Capital, com todo o seu mobiliário, a tipografia que nele se acha com todos os seus pertences; outro prédio na mesma rua acima designada, sob o nº 27, sendo que deste prédio terá o usofruto, enquanto viver, a sócia Maria das Dores Cou-

10 Após a morte de Batuíra a instituição passou por dificuldades e a sua viúva, Maria das Dores Coutinho e Silva, entrou com um processo na justiça procurando anular as doações dos bens realizados (*Diário Oficial do Estado de São Paulo*, 18/03/1909, p. 898).

> tinho e Silva, passando por morte o dito prédio à Instituição (*DIÁRIO OFICIAL DO ESTADO DE SÃO PAULO*, 18/03/1909, p; 898).

A partir desse ano, suas ações caritativas se intensificaram e começaram a surgir problemas financeiros. Ele vendeu suas últimas casas e começou a fazer apelos para que as pessoas fizessem doações para manter a instituição (*Verdade e Luz*, n. 349, ano XV, 30/11/1904, p. 5). Os gastos principais eram canalizados para o sítio de Santo Amaro em que fora construída a Chácara dos Obsidiados, cuja função era cuidar de pacientes com problemas mentais ou "obsidiados", de acordo com a terminologia espírita. A Chácara, dirigida por Francisco Victorino Pereira, iniciou seu funcionamento em dezembro de 1905 e representava o ápice de uma das preocupações essenciais de Batuíra, a constituição de um asilo para tratar dessas pessoas, pois ao longo de sua jornada como espírita constantemente se preocupara com o destino dessas pessoas.[11]

Batuíra se envolveu em outras atividades em prol da divulgação da doutrina espírita ao longo de sua vida, participando da fundação de outros centros espíritas, como o Centro Espírita Luz e Caridade, em Limeira, em 1906 (MONTEIRO, 1999b, p. 95). E, em prol da doutrina, ele participou da construção da União Espírita do Estado de São Paulo em 24 de maio de 1908, com a preocupação de unificar o movimento espírita no estado, mas sem acompanhar a trajetória dessa instituição, pois faleceu meses depois.

Em sua atuação como editor, como vimos, preocupava-se em manter o clima de abertura ao debate e o respeito ao livre-pensamento, possibilitando a ampla discussão sobre temas controversos, embora em alguns momentos demonstrasse o seu desacordo com a posição dos articulistas. Quando a FEB reclamou de um artigo publicado em seu periódico, Batuíra esclarece que não pode intervir na opinião dos colaboradores, pois era adepto "de uma doutrina que oferece a mais ampla latitude ao pensamento, dentro do quadro do objeto que investigamos, deixamos toda a liberdade de opinião aos que nos honram com a sua colaboração" (*Verdade e Luz*, n. 422, ano XIX, jul. 1908, p. 443).

11 Ver: *Verdade e Luz*: n. 234, ano X, 15/02/1900, p. 7; n. 267, ano XII, 30/06/1901, p. 6; n. 349, ano XV, 30/11/1904, p. 5.

E a defesa da doutrina e do movimento paulista o levou a mudar as formas de atuação ao longo dos anos. Quando da fundação de seu centro, mantinha um excelente relacionamento com a FEB, reproduzindo muitos artigos do *Reformador*, apoiando suas iniciativas e reconhecendo a importância daquela instituição para o movimento espírita brasileiro. Entretanto, no decorrer do tempo, passou a se distanciar e tornou-se crítico da atuação da entidade carioca, com publicações que se radicalizaram ao longo dos anos sobre várias situações, tais como o fato da FEB publicar as obras de Kardec com preços inacessíveis aos mais pobres (*Verdade e Luz*, n. 298, ano XIII, 15/10/1902, p. 8). Batuíra insistia que a FEB privilegiava os volumes de luxo, querendo lucrar com o espiritismo e recusando sua missão de espalhar o espiritismo ao não se preocupar com a confecção de uma edição popular (*Verdade e Luz*, n. 321, ano XIV, 30/09/1903, p. 6). Mas as críticas se dirigiam especialmente à posição roustanguista assumida por essa instituição.[12]

Disputas com a FEB foram inúmeras e não cabe aqui reproduzir todas. Mas o relacionamento ficou abalado com as críticas de ambos os lados. Batuíra insiste que a principal instituição espírita no país, com intenções federalistas, tinha se desvirtuado de suas funções e se transformado em uma "igreja" com crenças "neocatólicas". Reclamava que a FEB lhe impunha perseguições ou o tratava como "um professor severo a um discípulo relapso" (*Verdade e Luz*, n. 404, ano XVII, 31/03/1907, p. 6), o que era inaceitável por sua liderança no importante movimento paulista.[13] Ao longo do tempo, a paciência do decano espírita paulista foi se esgotando e o tom era cada vez mais ácido, porém sincero. Ele chega a dizer que o *Reformador* tinha a pretensão de se transformar em "papa do espiritismo" e que as posturas da FEB representavam uma espécie de "mistifório católico-espírita" (*Verdade e Luz*, n. 406, ano XVII, 30/04/1907, p. 6).

Batuíra conta em seus artigos que outra função que apreciava era participar como jurado em julgamentos e que em todas essas oportunidades não conseguia condenar ninguém, pois a benevolência deve considerar todos os infelizes. Em um determinado momento, nos informa que fugiu à norma e empreendeu a defesa de

12 Críticas à visão roustanguista da FEB podemos ver em: *Verdade e Luz*, n. 334, ano XIV, 15/04/1904, p. 2; n. 342, ano XV, 15/08/1904, p. 7; n. 403, ano XVII, 15/03/1907, p. 13; n. 411, ano XVIII, ago. 1907, p. 103; n. 426, ano XIX, nov. 1908, p. 605-606.

13 Outros conflitos com a FEB estão nas edições entre março de 1907 e novembro de 1908, com discussões sobre a personalidade de Jesus, acusando-a de ser católica e não kardecista.

um acusado. Para ele, se as pessoas são cristãs, suas condutas devem se basear na doutrina de Jesus que é a do perdão (*Verdade e Luz*, n. 246, ano XI, 15/08/1900, p. 7). Nesse processo, aproveita para enfatizar as imperfeições do sistema ao lembrar que os que podem pagar bons advogados não são condenados, mas apenas os desprotegidos (*Verdade e Luz*, n. 247, ano XI, 31/08/1900, p. 5).[14] A preocupação com os desprotegidos foi demonstrada em alguns momentos ao longo da sua carreira de editor, ao afirmar que muitos que roubavam o faziam porque lhes faltava o necessário e não encontravam trabalho ou quem lhes desse pão e, por isso, os jurados não deveriam condenar essas pessoas a 4 ou 5 anos de prisão, se considerassem as injustiças do mundo (*Verdade e Luz*, n. 247, ano XI, 31/08/1900, p. 6).

Durante o diálogo permanente que ele estabelecera com as damas da caridade paulistanas, gostava de argumentar que o egoísmo era um dos males que afetavam a sociedade e que o catolicismo, embora tenha educado as mentes durante séculos, não conseguira expurgar essa inclinação dos indivíduos. Em um desses exemplos, narra a experiência que tivera com uma empregada doméstica que se recusara a arrancar os pés de tomates que estavam no seu quintal e plantá-los junto à cerca, argumentando que ficariam próximos aos vizinhos que poderiam roubá-los:

> Dissemos que era justamente essa a nossa intenção, para que eles também pudessem aproveitar daquela planta. Esta senhora, em vista da intenção que lhe apresentamos, declarou que não fazia tal serviço, embora nós tivéssemos de a despedir de empregada. Outro qualquer faria isso, mas nós a deixamos proceder como entendia e continuou a ser nossa empregada.
> Esta senhora é uma fervorosa católica.
> Este procedimento nos induziu a meditar, aceitando-o como uma lição, vendo que os pobres também são egoístas, como muitos ricos, e por isso não seguem o "Amar a Deus e ao próximo" (*Verdade e Luz*, n. 247, ano XI, 31/08/1900, p. 6).

14 Essa prática foi contada em sua revista em diferentes momentos e seus leitores também a imitaram. Por exemplo, há uma carta de Eloy Ramos que relata a Batuíra que se convertera ao espiritismo, abandonando a Igreja Metodista, e que também atuava como jurado votando pela absolvição dos réus, sendo culpados ou não, pois era seu dever de cristão perdoar todos os culpados (*Verdade e Luz*, n. 424, ano XIX, set. 1908, p. 529).

Seu pensamento não era influenciado apenas por uma visão espírita-cristã. Ele foi forjado por uma longa experiência desde o seu ativismo nas lutas abolicionistas, seu relacionamento com grupos de trabalhadores e sua adesão às ideias socialistas. Nesse sentido, dos espíritas aqui estudados foi quem mais demonstrou preocupações de cunho social, procurando conciliá-las com sua visão espírita e cristã, o que desembocou na proposta de um familistério espírita, embora abandonado por razões que desconhecemos. Sua disposição em defender a proposta socialista, publicando artigos sobre o assunto e se posicionando favoravelmente, é bem mais clara do que em outros periódicos espíritas.

É interessante observarmos que a biblioteca instituída pelo Botequim Fim de Século possuía em seu acervo obras socialistas e possivelmente teve contato com elas nesse momento. De qualquer forma é difícil demonstrar essa hipótese, pois, o *Verdade e Luz* anterior a 1897 não apresenta artigos de defesa do socialismo; contudo, as edições encontradas nesse período foram poucas, o que dificulta nossas análises. Os redatores que estiveram à frente do *Verdade e Luz* não possuíam, até onde sabemos, origem socialista, como Genesio Braulio e Gustavo Pacca, nem os principais colaboradores nos primeiros 10 anos de funcionamento do periódico, como o general Francisco Raymundo Ewerton Quadros, Dr. Luiz de França Almeida e Sá, Horacio de Carvalho, Nilo Fortes e João Marcilio, pelas informações que possuímos.

Foi empreendimento árduo levantar as leituras realizadas por Batuíra e a documentação disponível não revela muitas informações. Entretanto, nas páginas do periódico *Verdade e Luz*, especialmente na seção Bibliografia, eram enunciados os livros e publicações recebidas, e por vezes são publicações socialistas, como a obra *El colectivismo integral revolucionário* de Eduardo Boulard, editado por Carbonel y Esteva de Barcelona. Aparece uma pequena resenha informando sobre os estudos presentes na obra, sendo que "é um resumo dos trabalhos que os coletivistas realizam e propagam contra a exploração do homem pelo homem e das grandes linhas de funcionamento da organização social que pretendem, baseada na igualdade e na solidariedade" (*Verdade e Luz*, n. 329, ano XIV, 31 jan. 1904, p. 6). Reconhecemos a insuficiência dessas informações. De qualquer maneira, pela profusão de artigos com temática social, Batuíra foi o principal articulador de uma visão mais social do espiritismo no período.

Ele faleceu em 22 de janeiro de 1909, depois de ficar alguns dias enfermo. Os caminhos percorridos por Batuíra foram marcados por grande efervescência cultural, pois estabelecera vínculos de amizade e redes de sociabilidade desde suas atividades iniciais, se relacionando com os acadêmicos, com os abolicionistas, com grupos de trabalhadores, com a maçonaria, percorrendo cidades e procurando oferecer tratamento para as pessoas. O entregador de jornal, ator de teatro, comerciante, jurado, filantropo, cristão, livre-pensador, espírita e socialista foi um personagem paradigmático nesse mundo em ebulição. Procurou conhecimentos além da doutrina espírita e investiu em múltiplas atuações, buscando as alternativas que estavam disponíveis naquele momento. Foi admirado por muitos e não escapou da pena dos cronistas da época.

Anália Emília Franco

De todos os intelectuais espíritas aqui estudados, a maioria desconhecidos pela bibliografia acadêmica, Anália Franco (1853-1919) é uma das poucas cuja atuação, na área de educação, foi objeto de estudos recentes.[15]

Paulo Cursino de Moura, ao registrar os nomes femininos que se sobressaíram na benemerência paulistana, cita Maria Angélica de Barros, a Condessa de São Joaquim, Ana Cintra, Ana Neri, Damiana da Cruz, Eulália Assunção, Francisca Miquelina, Maria Antônia, Maria Paula, Maria Teresa, Baronesa de Itu, Condessa Penteado, Mariana Crespi, Virgilina Sales e dona Veridiana Prado, valorizando o espírito de altruísmo, generosidade e devotamento para os humildes, pobres e enfermos da capital paulista demonstrado por essas senhoras (1980, p. 240). Todas essas mulheres que se dedicavam à assistência social, atividade comum na época, oriundas de famílias tradicionais do estado, foram lembradas pelos seus contemporâneos. Mas houve uma outra senhora, cuja origem social era bem mais

15 AZEVEDO, Alexandre Ramos de. Os espíritas e Anália Franco: práticas de assistência e escolarização da infância no início do século XX. *Cadernos de História da Educação*. Uberlândia: EDUFU, n. 2, v. 9, jul. dez. 2010, p. 293-307; OLIVEIRA, Eliane de Christo. *Anália Franco e a Associação Feminina Beneficente e Instrutiva:* ideias e práticas educativas para a criança e para a mulher (1870-1920). Itatiba, 2007. Dissertação (Mestrado em Educação) – Universidade São Francisco; LODI-CORRÊA, Samantha. *Anália Franco e sua ação sócio-educacional na transição do Império para a República* (1868-1919). Campinas, 2009. Dissertação (Mestrado em Educação) – Faculdade de Educação, UNICAMP.

humilde do que as constantes na relação acima, não tão lembrada por seus contemporâneos, mas que levou a cabo uma enorme obra social, hoje reconhecida pelos pesquisadores. Sobre esse aspecto, Aubrée e Laplantine observam:

> Anália Franco é, sem nenhuma dúvida, a mais célebre das espíritas que, em São Paulo, se dedicaram à promoção da instrução do maior número, numa época em que o ensino geral era, ainda em grande parte, dado pelas escolas confessionais e se destinava sobretudo aos filhos da burguesia, enquanto o ensino profissional do estado ainda engatinhava. Houve muitas outras que, depois dela e embora de maneira mais modesta, trabalharam nas tarefas educacionais, tão importantes na visão de mundo espírita. Tal vontade de promover a instrução de todos, aliás, permanece até hoje em todos os países um dos eixos do trabalho social dos discípulos de Kardec (2009, p. 176).

Anália Emília Franco nasceu em 29 de março de 1853 em Resende, no Rio de Janeiro. Em 1861 mudou-se para São Paulo com a família e estudou na escola dirigida por sua mãe (MONTEIRO, 2004, p. 37). Em 1876, foram para Guaratinguetá e Anália trabalhou como assistente de sua mãe, retornando depois para São Paulo onde frequentou a Escola Normal (OLIVEIRA, 2007, p. 24). Monteiro afirma que ela se formou em 1878 (2004, p. 39), hipótese corroborada por Kishimoto (1988, p. 52), mas pesquisas mais recentes revelam que ela não terminou o curso; Eliane Oliveira indica que ela estudou na terceira turma, após a reabertura da Escola Normal em 1875, mas como a instituição foi fechada por ato do presidente da província em 9 de maio de 1878, a turma da qual Anália fazia parte não concluiu o curso (2007, p. 39-40). Samantha Lodi-Corrêa também concorda que ela não chegou a se diplomar pela Escola Normal, mas foi beneficiada pela Lei nº 888 de 6 de dezembro de 1903, que a equiparou às normalistas (2009, p. 41).

Desde o início de sua atuação como professora, demonstrou um profundo interesse pelas crianças órfãs e carentes. Kishimoto observa que Anália, sensível às condições socioeconômicas do fim do Império, preferiu trocar seu cargo em São Paulo por outro no interior, com o intuito de auxiliar as crianças abandonadas nas cidades, especialmente os filhos de escravos. Em uma cidade do norte do estado de São Paulo, passou a abrigar as crianças que encontrava, em uma casa cuja proprietária prometeu que não cobraria aluguel, desde que ela não permitisse a convivência entre crianças brancas e negras, o que Anália recusou, preferindo arcar com os custos do aluguel. A proprietária conseguiu removê-la e ela foi obrigada a se deslocar para outra cidade (KISHIMOTO, 1988, p. 52-53).

> O comportamento, insólito para a época, de uma professora espírita proteger negros, filhos de escravos, pedir esmolas pelas ruas em pleno regime monarquista, católico e escravocrata, gera um clima de antipatia e rejeição entre os moradores da região ante a figura daquela mulher considerada perigosa, e seu afastamento da cidade já é cogitado, quando surge um grupo de abolicionistas e republicanos a seu favor (KISHIMOTO, 1988, p. 53).

Alguns anos depois de fundar algumas escolas maternais no interior, ela retornou à São Paulo. Kishimoto informa que nesse momento ela teria se associado ao Partido Republicano, estabelecendo redes de relacionamento com políticos que conseguiram, em anos seguintes, apoio dos governos estaduais à sua obra, como subvenções e concessão de passes gratuitos para professores e diretores das escolas maternais da AFBISP; além da participação de autoridades nas inaugurações promovidas pela Associação Feminina, como o senador Paulo Egydio que apoiou as atividades educacionais da educadora (KISHIMOTO, p. 54).[16] Dora Alice Colombo cita um discurso do senador Paulo Egídio pronunciado no Senado paulista em 1903, elogiando o trabalho da educadora:

> Em um espaço inferior a um ano, esta senhora e a Associação que ela dirige fundaram no Estado e na capital e n'algumas cidades do interior 25 escolas e há 4 meses mais ou menos, essas 25 escolas tinham uma população escolar de 1000 crianças de ambos os sexos, de todas as origens e procedências. Ali estão juntos o turco, o judeu, o maometano, o católico, o cristão e o calvinista (Apud COLOMBO, 2001, p. 230).

16 Homens públicos, como o secretário de justiça Washington Luiz, visitaram as instituições de Anália, demonstrando apoio ao empreendimento (*Natalício de Jesus*, n. 43, ano III, nov. 1911, p. 155).

Na Primeira República existia a crença no poder da educação como forma de transformação social, o que já foi estudado por outros autores.[17] As elites liberais defendiam a necessidade da educação como forma de alcançar patamares mais civilizados e como instrumento para a consolidação do progresso social. Em São Paulo, embora a iniciativa oficial procurasse promover a expansão da rede escolar, com a construção de novos edifícios, o acesso à educação ficou restrita, com estrutura precária, insuficiência de professores qualificados e falta de materiais didáticos (BONTEMPO JR., 2004, p 538). Os esforços educacionais de Anália reforçavam esse projeto de modernização das elites que tinha como corolário a ampliação da instrução no estado, mas que se chocava com a capacidade limitada de ampliação do sistema, o que explica o apoio das autoridades, embora limitado, ao longo dos anos.

Anália Franco se engajou em outras atividades além da educação, sendo escritora, poetisa, romancista e teatróloga. Escreveu romances como *A Égide Materna*, *A Filha Adotiva* e *A Filha do Artista*, peças teatrais como *A escolinha* e participou da imprensa feminina da época (KISHIMOTO, 1988, p. 54). Como observa Heloisa de Faria Cruz, as mulheres que vivenciaram esse período adquiriram um status inexistente nas décadas anteriores, engajando-se em novos papeis sociais e algumas fundaram periódicos, como Zalina Rolim, Presciliana Duarte de Almeida, Mariquinhas de Andrade e Francisca Júlia da Silva (CRUZ, 2000, p. 64). Anália foi uma dessas mulheres, mas, diferente delas, não pertencia à classe social mais abastada, como falamos acima. Ela consolidou sua produção literária em periódicos como *A Família*, *Eco das Damas*, *A Mensageira*, *A Semana*, *A Educação* e outros, e editou dois periódicos, Álbum das Meninas: revista literária e educativa dedicada às jovens brasileiras, publicação mensal editada entre 1898 e 1901 e *Voz Maternal*, a partir de 1903, órgão de divulgação da AFBISP.

> Seja dando voz a uma prática de filantropia e/ou à disseminação de princípios moralizantes, seja servindo de veículo da produção feminina de associações culturais e recreativas, dando relevo a nomes de mulheres paulistas como Anália Franco, [...] vêm a público inúmeras publicações editadas por e/ou para mulheres... (CRUZ, 2000, p. 96).

---

17 Ver: CARVALHO, Marta Maria Chagas de. *A escola e a República*. São Paulo: Brasiliense, 1989, especialmente p. 23-38.

Em novembro de 1901 ela concretizou sua preocupação com a educação fundando a Associação Feminina Beneficente e Instrutiva de São Paulo, junto com outras mulheres e exercendo a presidência. A Associação foi oficialmente inaugurada em 25 de janeiro de 1902, com a participação do dr. Bento Bueno, secretário do Interior e da Justiça.[18] Eliane Oliveira considera que a partir dessa data:

> ... vida e obra de Anália Franco se fundirão num único objetivo: o de atender crianças e mulheres, fundando escolas, asilos e creches, liceus femininos, orfanatos, implementando ensino profissionalizante, combatendo o analfabetismo (2007, p. 25).

A AFBISP iniciou suas atividades em prédio público localizado no Largo do Arouche, nº 58 e 60. Posteriormente ocupou outros endereços como a Ladeira dos Piques, nº 13 e nº 21 (1903), rua São Paulo, nº 47 (1906), rua dos Estudantes, nº 19 (1908), e uma chácara no bairro da Mooca, a Colônia Regeneradora D. Romualdo de Seixas. A Associação recebeu ao longo de sua existência apoio da administração pública, que cedeu prédios para o funcionamento das escolas, mas os relatórios revelam que os auxílios e subvenções eram sempre insuficientes para mantê-las e ampliar a rede (OLIVEIRA, 2007, p. 72; p. 139). Bernardino de Campos, presidente do Estado, por exemplo, autorizou os liceus a funcionar nos prédios dos grupos escolares da capital e de Santos (OLIVEIRA, 2007, p. 44).

> Apesar da proteção que recebe do Partido Republicano, Anália não vincula as obras sociais por ela empreendidas, pelo menos no plano financeiro, às metas do partido. Suas atividades apresentam como motivação básica a própria sensibilidade para os problemas sociais da época. A ausência de proteção à mãe pobre e à criança é a mola propulsora que leva Anália à criação de creches, asilos e escolas maternais. A subsistência financeira da instituição é garantida pelas taxas de sócios, donativos de simpatizantes, pequenas subvenções estaduais e municipais, renda proveniente da venda de livros de Anália, de produtos de oficinas de costura, flores e chapéu, ingressos de teatros infantis e outros (KISHIMOTO, p. 54).

18 *Correio Paulistano*, 26/01/1902, p. 1.

A obra de Tizuko Kishimoto fornece algumas informações importantes sobre o trabalho de Anália Franco. Ela trata Anália como espírita desde o início de seu trabalho de fundação de instituições escolares, no final do século XIX, o que não conseguimos comprovar, quer com a leitura da documentação ou de outros trabalhos acadêmicos. E defende que a instituição possuía um caráter laico embora existissem no currículo concepções espirituais como a existência de Deus e a imortalidade da alma (KISHIMOTO, 1988, p. 53). No contexto de embate entre republicanos liberais e a Igreja Católica, as instituições educacionais de Anália foram criticadas e sofreram perseguições ao longo dos anos por parte dos católicos, que as acusavam de ser instituições espíritas e financiadas pela maçonaria, como veremos.

A AFBISP iniciou a criação de uma série de obras assistenciais que se notabilizaram na área da instrução popular e proteção às crianças órfãs, desenvolvendo uma importante participação no espaço público paulista. A instituição fundou inúmeras escolas de educação infantil, atendendo crianças entre 2 a 8 anos e asilos que tinham a missão de profissionalizar mulheres pobres e órfãos maiores de idade. Kishimoto afirma que as instituições de educação infantil funcionavam, também, como orfanatos, pois, além da educação, ofereciam abrigo e alimentação. Além disso, existia um albergue diurno para filhos de operários, funcionando todos os dias, e um Liceu feminino, o primeiro curso paulista para formar professoras para as escolas maternais, o que demonstrava o esforço da associação em preparar as suas educadoras (KISHIMOTO, 1988, p. 55-56). A autora afirma que em 1910 a AFBISP administrava 9 escolas maternais na capital, 9 no interior e 17 creches-asilos; anos depois chegava a 71 escolas, 2 albergues diurnos para crianças, a Colônia Regeneradora D. Romualdo de Seixas para mulheres, 23 asilos para órfãos, uma Banda Musical Feminina, uma orquestra, um grupo dramático, e oficinas de flores e de chapéus em 24 cidades do interior e na capital (KISHIMOTO, 1988, p. 58). E existiam outras ações, como o ensino agrícola e profissional, abrigos para viúvas, idosos e mulheres "arrependidas", isto é, ex-prostitutas, mães solteiras e mulheres desamparadas, asilos-creches para filhos de mulheres trabalhadoras e escolas noturnas para crianças abandonadas e órfãs. Posteriormente foram fundadas instituições em Minas Gerais e Rio de Janeiro. Eliane Oliveira afirma que essa abrangente obra social chegou a reunir em torno de 110 entidades (2001, p. 16).

> A difusão das *Escolas Maternais* e *Asilos e Creches* pelo interior de São Paulo e por outros estados ocorreu não só por sua vontade. A criação de "sucursais" - conforme Anália costumava falar - era uma sugestão também de outros educadores, espíritas e maçons. (MONTEIRO, 2004, p. 100). Era comum a presidente da AFBI ser procurada por autoridades municipais do interior, que lhe ofereciam a infra-estrutura para a fundação de filiais da AFBI em suas cidades. Mesmo após a morte de Anália foram criadas escolas e outras instituições em sua homenagem, tendo como foco as crianças (OLIVEIRA, 2007, p. 137).

Vários cursos profissionalizantes eram oferecidos, como de flores artificiais, costura, bordados, carpintaria e música. Em 1903 a instituição reunia mais de mil alunos de ambos os sexos, que estudavam nas diversas escolas mantidas pela AFBISP: maternais, asilos, escolas noturnas, creches e Liceus. Os programas das várias séries e o material didático utilizado nas instituições eram elaborados por Anália Franco e impressos na própria instituição (OLIVEIRA, 2007, p. 72).

Os artigos publicados na imprensa diária costumavam ser elogiosos aos esforços da educadora, exceto quando provenientes de periódicos católicos. Na seção "Instantâneos: Galeria Paulistana: XLV: D. Anália Franco" de *O Commercio de* São Paulo lemos:

> É incansável na prática dos deveres que lhe são impostos pelo seu cargo. É o exemplo vivo do trabalho e um estímulo para as suas jovens auxiliares, pois que ela não tem mãos a medir. Ao passo que, nas primeiras horas do dia, inspeciona as escolas maternais, com vivo interesse para que em todas seja observada a regularidade dos trabalhos, dedica uma grande parte de seus esforços ao Asilo, onde se acham dezenas de moças, para as quais tem sido verdadeiramente uma outra mãe, expressão esta vulgar que abrange um pensamento inteiro (*O Commercio de São Paulo*, 30/07/1905, p. 2).

A maçonaria e grupos espíritas também apoiaram seu empreendimento educacional. De acordo com Eliane Oliveira, a Loja Maçônica Sete de Setembro manteve 12 escolas e Asilos da AFBI, enquanto as Lojas Comércio e Ciências e Grande Oriente de São Paulo também apoiaram algumas instituições de Anália, indicando outras que receberam o nome de lojas e de maçons conhecidos, como a Escola Maternal Dr. Bento Quirino em Campinas (OLIVEIRA, 2007, p. 32). Monteiro afirma que algumas de suas sucursais no interior eram administradas por espíritas, como a de São Manuel, à cargo do Centro Espírita Fé e, em outras como Jundiaí e Ribeirão Preto também existiam trabalhos espíritas vinculados à instituição (2004, p. 109-113). O apoio desses grupos, ao lado do projeto laico da instituição, provavelmente foram os motivos das críticas da Igreja católica à obra de Anália.

E mesmo com esse apoio, e com os subsídios recebidos do Estado, os recursos eram escassos e, para isso, buscou meios próprios de subsistência. A associação possuía uma tipografia que realizava serviços externos e um Grupo Dramático--Musical, formada pelas alunas da instituição que promovia excursões pelo interior do estado para arrecadação de fundos. As oficinas de confecção de chapéus, corte e costura e o cultivo de flores, também contribuíram para o sustento da AFBISP (OLIVEIRA, 2007, p. 17).

Anália Franco em documentos oficiais e nos periódicos da associação nunca afirmou que a AFBISP era uma entidade espírita. O caráter laico da obra era claro, recebendo alunos e mulheres independentes de sua religião. A diretoria era composta por mulheres que não necessariamente comungavam de suas convicções, além de existir o receio de que sua atuação sofresse represálias. Por outro lado, muitos espíritas na época reclamaram dessa postura laica e por não assumir a filiação ao espiritismo, o que não passou despercebido pelos pesquisadores que se dedicaram ao estudo de sua atuação (OLIVEIRA, 2007, p. 124). De qualquer maneira, como analisado no capítulo 2, Anália dedicou parte do seu tempo para a edificação de uma instituição espírita, o Instituto Espírita Natalício de Jesus e ao periódico da instituição, escrevendo artigos e à União Espírita do Estado de São Paulo, ocupando a presidência durante um período. Também é importante lembrar que se houvesse dúvida de sua adesão ao espiritismo, ela não teria recebido tantas críticas na época por parte de católicos que eram contra a instituição. A Associação sofreu muitas perseguições, o que pode ser visto no *Relatório de 1912*, pois as atividades espíritas de Anália eram vinculadas por muitos à AFBISP, o que comprova que, apesar de ser um empreendimento laico, a sociedade conhecia as atividades espíritas de Anália (1913, p. 4).

Anália se pronunciou a respeito em alguns momentos:

> De quantas injustiças não tem sido vítima, de espíritos incapazes de abnegação, mas que por isso mesmo duvidam dos sacrifícios dos outros? Até aqueles que, pela santa doutrina que dizem professar de paz e amor, deviam compreender melhor os sublimes ensinamentos de Jesus, não tem poupado doestos à Associação, atribuindo-lhe intuitos que ela não tem, ora filiando a Associação Feminina Beneficente e Instrutiva à seita Protestante, ora ao Espiritismo, e finalmente á Maçonaria; confundindo esta Associação com a Grande Associação de Senhoras do Rio Grande do Sul, que nada tem de comum com a de S. Paulo, a qual cuida exclusivamente da educação e amparo dos desprotegidos, respeitando em seu seio as crenças dos seus socorridos (*A Voz Maternal*, n. 1, ano II, 01/12/1904, p. 1).

Na imprensa também surgiam artigos que pretendiam associar a AFBISP ao espiritismo. Em artigo assinado por R., o autor indica o esforço dos católicos em denegrir a obra de Anália, ao afirmarem que esta era mantida por lojas maçônicas e livres-pensadores "sob o pretexto de instruir e educar sem preocupações de fé religiosa, hostilizando a religião católica e animando o espiritismo, o que importa em substituir o culto divino pelo culto do demônio" (*Commercio de São Paulo*, 27/02/1907, p. 1).

Mas R. defende que as escolas possuíam poucos recursos e que o Grande Oriente Maçônico contribuía com mensalidade de 50$000 para a grande obra, assim como contribuíam outras pessoas de boa vontade que pretendiam beneficiar crianças e mulheres desamparadas, como materialistas, católicos, protestantes e o Estado e Anália Franco não poderia recusar as esmolas, exceto se fosse motivada pela mais irritante intolerância. Para encerrar, efetua uma breve análise dos documentos emitidos pela instituição e defende que suas escolas ministravam o ensino de certas verdades fundamentais como a existência de Deus, a imortalidade da alma e o ensino da mais pura moral, portanto não eram instituições antirreligiosas, além do que as professoras eram quase todas católicas, o que demonstra o espírito de tolerância reinante na AFBISP (*Commercio de São Paulo*, 27/02/1907, p. 1).

Esse artigo mereceu resposta publicada pelo jornal das associações católicas de Itu, *A Federação*. O jornalista observa que o artigo do *Commercio* era uma crítica a um texto anterior escrito no periódico ituano e que o jornal paulistano foi vítima de boa-fé, pois eles tinham informações que Anália Franco era espírita confessa, o que pode ser lido no *Nova Revelação*, que faz constantes elogios à educadora. E esse periódico espírita era impresso na oficina tipográfica da AFBISP (*A Federação*, n. 104, ano II, 07/04/1907, p. 1). O jornal católico reconhece a laicidade de sua obra, mas não suporta o fato dela ser espírita, o que demonstra o grau de intolerância reinante naquele momento. Vale destacar que essa discussão foi anterior à fundação do Instituto Espírita Natalício de Jesus, a partir do qual Anália se debruçara mais atentamente em relação ao espiritismo, o que indica que antes mesmo de sua principal obra espírita ela já era reconhecida como partidária dessa doutrina.

A sua participação no IENJ não passou despercebida e muitos católicos a criticavam, como a revista *Ave Maria*. A revista *Natalício de Jesus*, que costumava defender a educadora dos ataques católicos, rebate o periódico e lembra que nos asilos, creches, escolas maternais e na Colônia Regeneradora não se pratica a intolerância religiosa, a favor de qualquer credo filosófico e religioso:

> ...As consciências ali são libérrimas. As crenças da aluna católica merecem tanto acatamento, como as crenças da protestante, da espírita, da cismática. Para isso, não precisa Anália Franco buscar o disfarce da beneficência e altruísmo, porque procedendo, como procede, a diretora da Associação nada tem que disfarçar, visto as suas convicções cristãs não figurarem no programa dos institutos da Associação Feminina, à guisa de dogma imposto à consciência das protegidas (*Natalício de Jesus*, n. 35-36, ano III, mar. abr. 1911, p. 80-81).

Os autores que analisaram a atuação de Anália Franco, observam sobre a dificuldade em precisar em qual momento de sua vida havia se convertido ao espiritismo, já que, publicamente, ela se mostrava sempre discreta. Como vimos, Kishimoto informa que ela era espírita já na década de 1870, mas outros autores não acompanham essa interpretação. Eduardo Monteiro defende que, provavelmente, ela tenha se convertido ao espiritismo em 1899, após ser curada de uma cegueira (2004, p. 199); ou pode ter se convertido por influência de Francisco Antônio Bastos, fundador do Centro Espírita São Paulo, seu companheiro e depois esposo. Samantha Lodi-Corrêa observa, entretanto, que sua produção na revista Álbum das Meninas a relaciona ao catolicismo em 1898, pois se declarava católica

(LODI-CORRÊA, 2009, p. 37). Ao mesmo tempo, a visão corrente é de que sua participação no espiritismo era tímida, principalmente por estar à frente da AFBISP, deixando para Francisco Bastos a efetivação de seu projeto espírita, para não comprometer o trabalho da Associação:

> A relação de Anália com o espiritismo foi discreta. Publicou somente o *Questionário para habilitação à assistência das sessões práticas de espiritismo*, em 1912, junto com Francisco Antônio Bastos, e um *Compêndio de Preces*, em 1916, retirado do *Evangelho Segundo o Espiritismo* e ampliado por ela.
>
> Em seus manuais e periódicos não há nenhuma citação direta de Anália ser adepta do espiritismo. Se qualquer coisa é constatada, isso se dá nas entrelinhas, como o fato de afirmar constantemente um ecumenismo nada comum na postura religiosa proselitista da época, mas presente no espiritismo francês. Mesmo mantendo uma relação discreta com o espiritismo, Anália Franco era espírita e isso colocava a igreja em oposição à sua obra (LODI-CORRÊA, 2009, p. 98-99).

A visão predominante, segundo a qual Anália não tinha postura proselitista em relação ao espiritismo, não foi observada por nós, como foi relatado no capítulo 2. Percebemos que ela procurava separar as duas iniciativas, a educacional e a espírita, mas os estudiosos não notaram a sua atuação nesse campo. Evidentemente, isso tem muito a ver com as fontes que o pesquisador explora, e percebemos a escassez de exemplares dos periódicos espíritas editados por Francisco Bastos, com o auxílio de Anália Franco, pois poucos deles encontramos. O que podemos afirmar é que Anália foi uma espírita atuante no período, especialmente a partir de 1908, com uma importante obra espírita ligada ao seu nome.

Mas em qual momento ela definiu a sua conversão ao espiritismo? Como os outros pesquisadores, não podemos responder com precisão. Contudo, acreditamos que por volta de 1900, mesmo sem declaração pública, ela havia se convertido. Anália Franco publica, em *O Álbum das Meninas*, a partir de agosto de 1900, uma dissertação em capítulos denominada "As preleções de Jesus" (Álbum das Meninas, n. 18, ano III, ago. 1900, p. 1). E no mês anterior, o mesmo texto começou a ser publicado no *Verdade e Luz* (*Verdade e Luz*, n. 244, ano XI, 15/07/1900, p. 3-4), o que utilizamos para a análise. A publicação em um periódico espírita indica que a autora, mesmo antes da fundação da AFBISP, era reconhecida nos meios espíritas. Mesmo que ao longo de sua trajetória, o periódico de Batuíra permitisse artigos de não espíritas, mas que tivessem um tom abertamente anticlerical, tal não era o caso dos textos da educadora. Artigos que expressavam a visão católica nunca foram publicados.

A dissertação, publicada em alguns números, não necessariamente sequenciais, não se compromete abertamente com a perspectiva espírita, mas seu conteúdo não é o do cristianismo católico. Com tom ameno, mostrando erudição, apresenta alguns componentes próximos ao espiritismo em seu discurso. Inicialmente faz uma defesa apaixonada do cristianismo nos tempos modernos; sobre Jesus afirma que:

> Para ele a morte não tem as suas sombrias desolações, porque na lousa do sepulcro, firma-se majestosa e sorridente a esperança que lhe aponta as místicas regiões do infinito, para onde a alma propelida pela fé e anelante de luz e de verdade, voa em busca da infinita perfeição (*Verdade e Luz*, n. 244, ano XI, 15/07/1900, p. 4).

Diversamente de um católico, ao defender a herança cristã, observa que ela foi desvirtuada pelos crimes cometidos em seu nome, sem citar nominalmente a Igreja Católica. Ela escreve que o cristianismo havia se transformado em "escudo para a tirania", "elo de escravidão", "em obstáculo ao progresso":

> ...não vendo nela senão a perversidade devota de Carlos IX, a depravação de Alexandre Borgia, o fanatismo cruel de Torquemada, as fogueiras da inquisição, os assassinatos de S. Bartolomeu e os que organizaram a matança dos Albigenses. Tudo isto, porém, é inteiramente diverso dos fundamentos estabelecidos na divina filosofia de Jesus (*Verdade e Luz*, n. 245, ano XI, 31/07/1900, p. 2).

Anália utiliza a mesma argumentação dos anticlericais na época, ao citar os delitos praticados pela Igreja e seus representantes, embora em tom delicado, sentimental e sem qualquer traço de radicalismo. Em nenhum momento procura defender a Igreja Católica, mas sim resgatar o legado civilizatório do cristianismo como ética a ser partilhada pela humanidade – o que estava presente no discurso dos espíritas –, embora ela não se declare espírita ou católica, mas se apresente no campo do livre-pensamento. As críticas à religião dominante, dificilmente seria de um católico, pelo tom anticlerical, embora suave. No quarto capítulo de suas "Preleções", ela assevera:

> Tal é o aspecto da sociedade atual, em que a religião fugiu das consciências para se circunscrever apenas nas exterioridades dos cultos. Quase por toda a parte, só se vê um povo sem ideias e sem moral, prestando adoração às imagens em vez da crença em Deus, e por isso aumenta-se numa progressão assustadora o número dos que precisam de bálsamo de resignação para não travarem o punhal de salteadores (*Verdade e Luz*, n. 257, ano XI, 31/01/1901, p. 3).

Anália defende a existência de uma "filosofia expansiva" de Jesus, que não havia sido compreendida pelo senso comum das pessoas e pela dificuldade de entendimento da verdadeira proposta cristã. O caminho do progresso passava, necessariamente, pela recuperação da mensagem do cristianismo e, para isso, o único mecanismo era através do processo educacional. A defesa da educação era um tema que sempre surgia em seus textos. E resumia uma das preocupações essenciais em sua vida, comentando a questão do egoísmo, outro tema recorrente dos espíritas no período:

> ...A fraqueza de caráter moral, que se revela em todas as esferas da nossa vida pública, é devida em grande parte à pouca confiança que depositamos na cultura do espírito. O desenvolvimento das faculdades intelectuais, não sendo seguido do progresso moral e religioso, que ainda não é considerado como o único e verdadeiro fim do estudo, mas como o seu fortuito e insensível resultado, vai produzindo por toda a parte esse egoísmo cada vez mais frisante, esse amor desordenado pelos lucros, essa indiferença sempre crescente em matéria religiosa e filosófica, essa transformação todos os dias mais acentuada da educação em mera aprendizagem. Onde buscar remédio para tamanho mal? A grande obra do presente, para se melhorarem as condições sociais, é sem dúvida a obra da educação. E para esse fim é pre-

> ciso começar por educar e esclarecer a mulher, porque disto depende o seu porvir, e por ela o porvir do mundo inteiro... (*Verdade e Luz*, n. 245, ano XI, 31/07/1900, p. 3).

Ao explicitar seus verdadeiros ideais e projetos, defendendo a instrução obrigatória como forma de progresso, e uma preocupação social para o resgate dos mais necessitados, apresenta outra preocupação de sua trajetória, a defesa dos direitos das mulheres. E o resgate da mulher ocorre através da educação, retirando-a do estado de ignorância em que a sociedade a mantinha, para seu progresso. A mulher está na base da sociedade e, se ela superar a "escuridão intelectual", poderá cooperar com a infância.

> ...Quando ela for convenientemente educada para a grande luta moral que é a vida, e lhe incutirem uma *fé raciocinada* que as verdades científicas de elevado alcance justifiquem, quando afinal compreender que a sua valia não se afere só pela beleza aparente, e atrativos exteriores, mas sim pelos grandes ideais que lhe enchem o cérebro, e pelos nobres sentimentos que lhe impulsionam o coração; quando se assentem estes pontos como verdades incontestadas, deixará de ser a comparsa inútil e tornar-se-á a ativa cooperadora de todos os grandes ideais humanos; nesse dia a sociedade se aproximará o mais possível dessa fraternidade, que tanto distinguiu a doutrina de Jesus, e chegará ao cume mais arrojado que jamais se ideou para rematar o amplo edifício das harmonias sociais (*Verdade e Luz*, 245 (XI), 31/07/1900, p. 3, grifo nosso).

A utilização da expressão "fé raciocinada" (KARDEC, 1996, p. 247), termo enfatizado exaustivamente pelos espíritas para demonstrar o significado dessa religião, torna claro que o seu texto está inserido no campo espírita, embora de forma sutil, sem colocar abertamente as suas escolhas, apresentando as suas convicções de forma elegante, sem nomeá-las para que sua obra no terreno da educação não fosse comprometida pela adesão pública. É a ideia expressa em Allan Kardec, segunda a qual "não há fé inabalável senão aquela que pode encarar a razão face a face, em todas as épocas da Humanidade" (KARDEC, 1996, p. 247). É o mesmo termo que espíritas como Jarbas Ramos utilizavam então para evidenciar o "cristianismo espírita", ressaltando a sua "fé viva e raciocinada" (*O Clarim*, n. 2, ano VII, 19/08/1911, p. 1).

Embora o texto tenha uma carga grande de religiosidade, ao afirmar a necessidade do sentimento evangélico, da "filosofia cristã", da oração dominical, essa aparece sem a intermediação da Igreja Católica, e defende a necessidade da mulher, educada nos princípios cristãos de fortificar a "religião natural" nos pupilos, o que se relaciona com o projeto das Luzes, do qual os espiritualistas são tributários (*Verdade e Luz*, n. 245, ano XI, 31/07/1900, p. 3). Como sabido, alguns autores iluministas não defendiam o ateísmo, mas sim uma "religião natural", em que Deus pode ser acessado a partir da razão, sem a necessidade de intermediários, como as igrejas institucionalizadas (TODOROV, p. 2008, p. 15-16). E em mais um capítulo de suas Preleções, Anália resumia as suas ideias sobre a religião.

> A nossa alma não esteve unida na primeira criação por um laço divino quebrado pela culpa do primeiro homem, culpa de que nos tornamos solidários, não, nós somos os resgatados da escravidão animal. Não caímos do céu por culpa que não cometemos. Viemos de baixo, não nos despenhamos, mas subiremos numa progressão contínua de esfera em esfera pelo poder do nosso trabalho, da nossa virtude, pelo esforço incessante de nossa inteligência e do nosso amor, isto é, se depois do combate tivermos cumprido fielmente o nosso destino que é o bem, a nossa alma se dilatará, indo banhar-se no éter divino, junto do Eterno sol da verdade e da justiça. Cumpramos pois o nosso dever, que é trabalharmos afim de rompermos o ergástulo tenebroso de uma ignorância e reivindicarmos os nossos direitos postergados; mas para isso é mister ter-se a virtude de pensar para nos poder reconstruir moral e intelectualmente (*Verdade e Luz*, 248 (XI), 15/09/1900, p. 3).

A passagem acima deixa clara a recusa dos dogmas católicos, como o pecado original, e a defesa de uma visão espírita, de progresso contínuo do ser a partir das vidas sucessivas, ainda que ela não utilize da noção de reencarnação. Defende que não "caímos do céu", isto é, retornamos do plano espiritual, por culpa de outrem, mas por nossa culpa, pelos erros praticados outrora. E o fim último de todos é a progressão contínua de esfera em esfera, através do processo reencarnatório. A emérita educadora prefere demonstrar sua visão aos poucos, sem afiançar publicamente a sua adesão, uma atitude cautelosa.

De forma gradual e contínua, ela divulga as suas convicções ao longo dos anos, e que chegou ao ápice com a edificação do IENJ e toda a obra ligada a ele: o Regulamento dos grupos espíritas, a organização dos centros, a escola para filhos de espíritas, os festivais culturais, a colaboração na revista da instituição e a presidência da UEESP.

A imprensa espírita fez publicidade de sua obra e muitas vezes a defendeu de seus detratores. O *Verdade e Luz* foi um dos impressos espíritas no qual mais notícias aparecem sobre as atividades da AFBISP.[19] Traz explicações das atividades humanitárias da Associação e observa que ela objetiva fazer o bem e praticar a caridade (*Verdade e Luz*, n. 285, ano XII, 31/03/1902, p. 4-5). E Batuíra cita Anália Franco como exemplo de verdadeira cristã:

> Nobres Damas da Caridade, enquanto estais perdendo o vosso precioso tempo, ouvindo as histórias que vos conta o pai da mentira, uma grande falange de senhoras que não são *nobres*, tendo à sua frente a benemérita D. Anália Franco espalha que mais precisamos: a instrução, sem fanatismo religioso. Saibam as nobres Damas que já estão funcionando 14 escolas em diversos bairros da cidade, frequentadas por mais de 600 alunas (*Verdade e Luz*, n. 297, ano XIII, 30/09/1902, p. 5-6).

Em 1905 *O Mundo Occulto* saúda o recebimento de fascículos do Novo Manual Educativo de uma "amiga da infância" da AFBISP e informa a adesão de Anália ao espiritismo:

> ...percebemos pelas entrelinhas que a ilustre autora é mais ou menos partidária da doutrina espírita porque em diversas páginas de seu livrinho vê-se claramente emitidas as ideias da filosofia dos espíritos (*O Mundo Occulto*, n. 12, ano II, 01/09/1905, p. 7).

19 Ver: *Verdade e Luz*, n. 279, ano XII, 31/12/1901, p. 5-6. Cairbar também defende Anália, especialmente dos ataques do periódico católico *O São Paulo*, informando que a AFBISP é merecedora de auxílio, pois a maioria de suas funcionárias são católicas e seu único intuito é espalhar a caridade (*O Clarim*, n. 38, ano III, 01/04/1908, p. 4).

Interessante notar que a leitura de uma das diversas obras pedagógicas feitas por Anália pudesse ser entendida como espírita nas "entrelinhas". Provavelmente, o periódico observa uma tendência espírita que Anália contemplaria em algumas de suas obras, mas sem nomear diretamente o espiritismo. No mesmo artigo, o autor nota que o clero campineiro criticou a publicação solicitando que não se contribuíssem com as escolas maternais, pois são "escolas espíritas".

Outro colaborador do *Verdade e Luz*, o professor normalista Braulio Prego ao visitar a AFBISP, tem a certeza de que o empreendimento possuía um caráter espírita:

> ...Ao observar de perto a grande frequência de alunas e alunos que enche aquela casa de animação e vida ao ver a alegria que se desenha no semblante de todos, grande foi o nosso contentamento, pois, acabávamos de ter uma prova dada pelo Pai de que a nossa doutrina que é a doutrina pura de Jesus começava a já produzir os seus frutos na terra promissora dos Andradas. Eis aí um verdadeiro e belo exemplo para as mulheres e damas da caridade de S. Paulo. O Senhor quer ser adorado *pelas boas obras*, por meio do trabalho honesto de seus filhos. A sociedade precisa progredir e o progresso a não ser pela educação moral não se alcança (*Verdade e Luz*, n. 291, ano XIII, 30/06/1902, p. 7).

Um último aspecto referente à vida pessoal de Anália merece ser aqui destacado. Ela foi companheira de Francisco Bastos e, após anos nessa condição, eles resolveram se casar, ela com 53 anos e ele com 56, o que comprovava que adotava atitudes de vanguarda para a época, rompendo com os padrões sociais vigentes. O casal não teve filhos biológicos e possivelmente adotou legalmente algumas crianças (LODI-CORREA, 2009, p. 112).

> Ao consolidar um projeto educacional, a educadora expõe-se social e politicamente, ocupando papel importante na história da AFBI. Professora, mulher e solteira com quase 50 anos, as convenções sociais pareciam não a preocupar. Conheceu Francisco Antônio Bastos quando já presidia a Associação, em 1902, e com ele viveu maritalmente até 1906, ocasião em que oficializou o casamento. De acordo com Monteiro, os

> dois teriam se conhecido quando Anália fundou a AFBI e precisou contratar um guarda-livros, cargo então preenchido por Bastos.[20]
> Pelo seu comportamento, pela sua forma de viver, dividindo-se entre capital e interior, nos faz crer que levava uma vida independente, ainda que a atitude não fosse comum no contexto em que vivia. Ao contrário das moças que eram criadas para assumir lar, marido e filhos, Anália, segundo o que observamos, encontrava no magistério, na escrita e leitura os mecanismos de relacionamento e de diálogo com a sociedade em que vivia. Intrínseco a esta questão é possível supor, estava o valor que ela dava à educação, como veículo de transformação de vida e aquisição de auto-estima e dignidade. Percebe-se uma mulher em sintonia com os pensamentos de médicos, juristas e religiosos. A forma redentora atribuída ao ensino atravessou o século XIX em direção ao XX. Daí, concluía-se que os bancos escolares seriam capazes de tornar as crianças – principalmente as pertencentes às classes populares – disciplinadas e civilizadas. Uma civilização, baseada no modelo europeu (OLIVEIRA, 2007, p. 45-46).

Ao informar o falecimento de Anália Franco, vítima da epidemia de gripe espanhola, a revista *O Pensamento* observa que sua ação humanitária fora tão grande que influenciara ações semelhantes em outros países, como a França (*O Pensamento*, n. 134, ano XII, fev. 1919, p. 93).

No ambiente paulista, pautado pela falta de cidadania e promoção social, ela se destacou como uma mulher que se colocou no espaço público paulista como escritora, professora e espírita. Anália procurou transcender essa sociedade em diversos momentos com enorme dinamismo, ao edificar uma obra social que cresceu rapidamente, disseminando inúmeras instituições educacionais em um momento cuja assistência social era deficitária. Combateu pelas crianças e adultos desfavorecidos na sociedade, interessou-se pelas mulheres excluídas que sofriam preconceitos sociais, defendeu ideias avançadas para a época e procurou inserir os desafortunados na sociedade através da educação. Ao emprestar todo o seu dinamismo à causa espírita, apresentou uma proposta educacional e cultural que representou uma novidade para o movimento na época.

---

20 Samantha Lodi-Corrêa observa, no entanto, que em 1901 Anália e Francisco Bastos já eram companheiros (2009, p. 47).

Francisco Antônio Bastos

Pouco sabemos sobre a vida de Francisco Antônio Bastos antes de conhecer Anália Franco. Ele nasceu em Santos, em 6 de janeiro de 1850, e em 1897 entrou em contato com o espiritismo, passando a estudá-lo (*Natalício de Jesus*, n. 25-26-27, ano III, mai. jun. jul. 1910, p. 5). Conheceu Anália Franco possivelmente antes da fundação da AFBISP, onde trabalhou desde o início e foi seu companheiro, casando-se em 1906.

Ele participou de instituições importantes do espiritismo paulista, sendo fundador e dirigente do Centro Espírita São Paulo, cuja sede funcionava no Largo do Arouche, nº 64, da União Espírita do Estado de São Paulo e do Instituto Espírita Natalício de Jesus. Todas essas instituições tiveram papel significativo na consolidação do espiritismo na cidade, filiando outros centros e disponibilizando seus espaços para os grupos filiados, como analisado anteriormente. Nessas três instituições espíritas se preocupou em incentivar grupos de estudos mediúnicos e teóricos nos quais atuava como pesquisador e médium. O Centro Espírita São Paulo foi a primeira instituição que buscou implementar funções federativas, o que demonstra que um dos grandes objetivos de Francisco Bastos, em sua atuação no campo espírita era o processo de união das entidades paulistas. O centro acabou se transformando na instituição base da UEESP.

Em relação ao Instituto Espírita Natalício de Jesus, como visto no capítulo 2, Bastos e Anália dedicaram-se à edificação de parâmetros normatizadores para o funcionamento dos centros, visando estabelecer as práticas legítimas do movimento, e atividades culturais com o intuito de divulgação com uso de outras linguagens, tomando o espiritismo como um projeto cultural a partir da educação, música, poesia, teatro e construindo uma das sociedades de ideias espíritas mais abrangentes no período. No IENJ, dirigiu as atividades educacionais e foi professor.

Outra importante participação de Bastos foi na imprensa especializada. Ele fundou e editou dois periódicos significativos no período, *Nova Revelação*, que acabou se transformando em órgão de propaganda da UEESP e *Natalício de Jesus*, pertencente ao instituto de mesmo nome. Ao editar dois periódicos de forma simultânea, ligado a essas entidades, imprimiu projetos editoriais diferenciados. A *Nova Revelação* possuía caráter anticlerical militante e de defesa do espiritismo com textos mais exaltados e artigos teóricos, além de notícias sobre o movimento espírita no Brasil. Em contrapartida, o Natalício de Jesus não possuía uma ação anticlerical militante e, embora abrigasse artigos teóricos, principalmente preocupados com as práticas dos centros espíritas e defendesse as atividades do instituto e da AFBISP, era mais heterogêneo, preocupado com temas culturais, textos literários, poesias, divulgação de romances, pequenos textos escritos por alunas da AFBISP, e artigos com teor político e social, escritos pelo anarquista João Penteado.

Sua atuação esteve relacionada a dois grandes temas: a propaganda do espiritismo e a organização e unificação do movimento, preocupado em construir diretrizes que guiassem um movimento tão diversificado. Ao mesmo tempo, trabalhou no grande empreendimento educacional de Anália Franco, sendo contador e diretor da Banda Musical Feminina Regente Feijó, da AFBISP, excursionando com as alunas pelo interior por diversas vezes e angariando recursos. Escreveu, ainda, peças teatrais para a apresentação nos festivais espíritas organizados pelo instituto (*Natalício de Jesus*, n. 33-34, ano III, jan. fev. 1911, p. 70). E participava de outra atividade, assim como Cairbar Schutel, a realização de conferências de cunho moral nas penitenciárias (*Natalício de Jesus*, n. 33-34, ano III, jan. fev. 1911, p. 76).

Os volumes de seus periódicos são escassos e não encontramos mais informações sobre seus esforços após 1912. Na imprensa diária não aparecem referências que relacionem Francisco Bastos à UEESP após essa data. Sabemos apenas que Anália Franco presidiu a União em 1911, tendo como vice-presidente Francisco Bastos, 1º secretário João Penteado e 2º secretário Studário Cardoso (*Nova Revelação*, n. 96, ano VI, nov. 1911, p. 233). Anos depois, nas notícias da imprensa voltadas à diretoria da União apareciam outros nomes: dr. Augusto Pacheco, Vital Brazil, Ernesto Goulart, engenheiro Leopoldo Guedes, coronel Oscar Porto e Henrique de Macedo (*O Clarim*, n. 6, ano X, 02/11/1914, p. 3).

O desaparecimento das instituições e periódicos espíritas organizados por Bastos e Anália, assim como o afastamento dessas atividades, podem ser explicados por dois motivos. O encerramento das atividades pode estar ligado à falta de recursos, pois o IENJ era sustentado pelos aportes realizados por Anália Franco, que devem ter escasseado ainda mais no momento de crise no período da I Guerra. E a participação mais ativa desses agentes no campo do espiritismo pode ter criado conflitos em torno da AFBISP, inclusive com sua diretoria, o que pode ter provocado a desistência das obras espíritas para preservar a associação.

Após a morte de Anália Franco em 1919, a associação passou por mudanças, e a nova presidente, que não era espírita, fez críticas à administração anterior de Anália (OLIVEIRA, 2007, p. 143). Bastos foi desligado da instituição, sob a desculpa de que não poderia permanecer em um asilo que abrigava apenas meninas. E ele mudou-se para Juiz de Fora onde fundou um Asilo de órfãos, sem sucesso, e depois para o Rio de Janeiro, onde fundou outra instituição educacional (MONTEIRO, 2004, p. 216-217). Ele faleceu em 19 de agosto de 1929.

Cairbar de Souza Schutel

Longe do contexto urbano de uma metrópole em ascensão, na distante Matão, situada cerca de 300 km da capital, espaço predominantemente católico, com feições rurais e afastado dos centros culturais em transformação, a disseminação de ideias espíritas pelo interior paulista instiga a nossa reflexão. É a demonstração da facilidade de penetração desses ideários que, com o avanço dos sistemas de comunicação e a partir de sua imprensa especializada e do formato de suas associações, amparadas em práticas democráticas e no livre-pensamento, denotam os anseios modernizantes de grupos em regiões diferentes, ainda que com estruturas arcaicas, nas quais existia uma presença mais ostensiva do tradicionalismo católico ultramontano.

Pois foi essa realidade que proporcionou a Cairbar Schutel entrar em contato com o espiritismo a partir de amigos que o conheciam e praticavam reuniões mediúnicas em suas residências. Cairbar de Souza Schutel nasceu no Rio de Janeiro em 22 de setembro de 1868, filho de Anthero de Souza Schutel e Rita Tavares Schutel. Seu pai era descendente de uma família de origem suíça e foi comerciante. Órfão de pai e mãe aos 10 anos, viveu com seu avô João Carlos Luiz Henrique Schutel (MONTEIRO; GARCIA, 1986, p. 21).

Estudou no Colégio Imperial Pedro II, possivelmente durante dois anos, mas acabou abandonando os estudos e tornando-se aprendiz em uma farmácia. Teve uma juventude turbulenta, vivenciando a vida boêmia que a cidade oferecia, o que lhe afetou sua saúde. Aconselhado por um médico, deixou o Rio de Janeiro em 1891 e foi para Araraquara, depois para Piracicaba,[21] retornando em 1894 para aquela cidade. Trabalhou como prático de farmácia e no comércio. Em 1896 mudou-se para a Vila do Senhor Bom Jesus das Palmeiras, atual Matão, e estabeleceu uma farmácia. Sua companheira foi Maria Elvira da Silva e Lima, mora-

21 Eduardo Carvalho Monteiro informa que foi provavelmente em Piracicaba que ele entrou em contato com o espiritismo, a partir da amizade com o tabelião da cidade, Oseas de Castro Neves (MONTEIRO; GARCIA, p. 1986, p. 26).

dora de Itápolis e que teria sido seduzida por um rapaz e desprezada pela família (MONTEIRO; GARCIA 1986, p. 43), tendo vivido algum tempo com Cairbar e, posteriormente, se casaram, mas não tiveram filhos.[22]

O farmacêutico Cairbar parece ter se transformado em uma figura importante da região e conquistado respeito por parte de seus moradores. A Lei Estadual nº 567 de 27/08/1898 elevou Matão à categoria de município, desmembrando-o do município de Araraquara. Em 27/08/1898 tomou posse a primeira Câmara Municipal, sendo Cairbar de Souza Schutel um dos vereadores. Nessa primeira legislatura Cairbar acabou ocupando o cargo de Intendente[23] em 28/03/1899, data da instalação do município,[24] até 7 de outubro de 1899, cargo que voltou o ocupar entre 18 de agosto e 15 de outubro de 1900 (MONTEIRO; GARCIA, 1986, p. 37).

Cairbar teria sido introduzido no espiritismo por intermédio de alguns amigos, Calixto Nunes de Oliveira e Quintiliano José Alves, que organizavam sessões na cidade (MONTEIRO; GARCIA, 1986, p. 49-50). Após estudar as obras de Allan Kardec, do dr. Adolfo Bezerra de Menezes e de ler edições do *Reformador*, fundou em 15 de julho de 1905 o Centro Espírita Amantes da Pobreza e no dia 15 de agosto do mesmo ano, o jornal *O Clarim*, periódico com tiragem de 10 mil exemplares, chegando a possuir 40 mil no dia de finados, data em que era distribuído gratuitamente nos cemitérios e locais de trânsito, como as estações ferroviárias. Em diferentes momentos, ele defendeu o papel que a imprensa espírita pode desempenhar como meio de propaganda e para regeneração da sociedade:

> A imprensa é o porta-voz do Progresso. Ela prepara e orienta a opinião pública, propaga as ciências e ilumina o mundo com o farol da liberdade.
>
> [...]
>
> A propaganda pela imprensa convence aos que estão preparados para receber a Palavra, estabelece a dúvida nos incrédulos, força a atenção dos céticos e confunde os pseudos sábios – os falsos profetas que não

22 Destacamos que a vivência pré-matrimonial era atitude de vanguarda na época. Também Anália Franco e Francisco Bastos tiveram o mesmo comportamento.

23 O cargo de intendente significava a chefia do executivo municipal, até que a lei 374 de 1898 criou os cargos de prefeito e vice-prefeito.

24 Disponível em http://www.camaramatao.sp.gov.br/?id=1. Acesso em 19/02/2015.

> podem ver no Espiritismo uma ciência e uma religião, quanto mais a Ciência e a Religião que há de unir todas as almas e lançar nas trevas do esquecimento as seitas científicas e religiosas que com seus dourados rótulos iludem as vistas dos incautos (*O Clarim*, n. 32, ano III, 01/01/1908, p. 2).

A partir de 1908, possivelmente por problemas financeiros para a manutenção do jornal, passou a veicular publicidade, que ocupava toda a última página do impresso com anúncios de empresas e profissionais das cidades vizinhas e até mesmo da capital, o que comprova sua representatividade na região. Obteve sucesso, também, em criar uma rede de representantes que viajavam e faziam a cobrança das assinaturas, aumentando a penetração de *O Clarim* e tornando-o conhecido no meio espírita, sendo publicado até nossos dias, tendo sofrido poucas interrupções.

O periódico foi um dos mais anticlericais do período no campo espírita. Seu início estava ligado aos ataques da igreja local aos espíritas, o que levou Cairbar a criar o órgão de imprensa. Desde o segundo número do periódico, passa a publicar polêmicas com padres como Van-Esse, aumentando o tom de acordo com as críticas dirigidas ao grupo espírita matonense (*O Clarim*, n. 2, ano I, 15/08/1905, p. 1). Para a consolidação do movimento em sua cidade, ele percebeu que os confrontos eram fundamentais para alimentar a expansão da doutrina, e sua resistência obstinada foi importante para diminuir as perseguições do clero. A partir de então, as polêmicas foram uma constante na vida de Cairbar, com padres de vários estados, protestantes, e até com o esotérico Antonio Olívio Rodrigues, como visto no capítulo 2; muitas dessas polêmicas foram reunidas e publicadas em livros por sua editora. Monteiro conta que ele costumava ir à igreja local e ficava do lado de fora escutando o sermão do padre, para escrever a resposta e distribuí-la na igreja posteriormente (MONTEIRO; GARCIA 1986, p. 71). Escrevia cartas abertas para a população e convidava padres para escrever réplicas. Alguns espíritas o criticaram por suas polêmicas e afirmavam que elas não traziam qualquer benefício à doutrina, pois era "inútil toda controvérsia com os sectários da Igreja de Roma" (MONTEIRO, 1986, p. 69).

Além de Van-Esse, respondeu ao monsenhor Nascimento Castro e ao reverendo Jeronymo Gueiros. Essas polêmicas renderam números sucessivos, durando meses e até anos. Normalmente eram artigos publicados em outros periódicos como *O Alpha*, para os quais Cairbar enviava seus artigos, republicando depois em *O Clarim*. As respostas eram em tom contundente, muitas vezes ríspidas e desqualificando os religiosos, acusando-os de possuírem um pensamento obscurecido pelos dogmas e ideias errôneas e, portanto, incapazes de dialogar acerca das novas doutrinas amparadas na ciência, no magnetismo e em outros conhecimentos (*O Clarim*, n. 20, ano II, 15/07/1907, p. 3).

Cairbar se transformou em um importante editor espírita. Provavelmente, no período, foi quem mais levou a sério as formulações do espiritismo como religião/moral, filosofia e ciência, ao iniciar em 1925 a *Revista Internacional de Espiritismo*, dividindo sua produção editorial nestes temas, pois o jornal e a revista tinham funções diferenciadas, como mencionamos no Capítulo 1. Enquanto *O Clarim* se concentrava em artigos anticlericais, notícias do movimento espírita brasileiro e internacional e pequenos artigos teóricos de cunho religioso e filosófico, a revista dedicava-se à divulgação de pesquisas experimentais de fenômenos espíritas, principalmente tradução de artigos de pesquisadores estrangeiros que mantinham correspondência com Cairbar, evitando assuntos religiosos. A qualidade de ambos os empreendimentos era muito diferente, sendo a revista um produto bem mais acabado com fotografias e ilustrações e o jornal produzido de forma mais simples, usando uma linguagem mais acessível. De acordo com Cleusa Colombo, as publicações eram destinadas a públicos diferentes, pois o jornal "pretendia alcançar os humildes e com pouca instrução" e a revista era para "um público mais erudito" (1998, p. 71), o que indica determinadas clivagens no público letrado espírita, em relação à linguagem. O cuidado com o tratamento da informação e diferenciação social e intelectual é interessante, pois representa uma das preocupações dos espíritas do período, com o reconhecimento da dificuldade de divulgação e inserção social de doutrinas que dialogam com conhecimentos filosóficos e científicos, em uma sociedade de baixo letramento.

Ele também se engajou em outras atividades de divulgação do espiritismo, principalmente por meio de sua editora, *O Clarim*, publicando diversos livros de sua própria lavra. Nos anos 1930, foi um dos pioneiros da propaganda espírita por meio do rádio, fazendo conferências através da Rádio Cultura de Araraquara. Todas essas ações foram importantes para torná-lo referência no campo do espiritismo paulista. Podemos dizer que seu esforço na defesa do espiritismo, aliado às suas obras sociais, inspiraram outros centros espíritas que foram fundados nas cidades vizinhas e noticiadas nas páginas de seu periódico, importante na divulgação do movimento associativo, principalmente nos anos 1910 e 1920, quando os principais periódicos espíritas desapareceram e apenas *O Clarim* circulava. Além de suas atividades editoriais, ele intentou fundar um hospital na cidade, que não possuía nenhum e, em 2 de março de 1912, o Hospital da Caridade abriu suas portas, mas acabou fechando em novembro de 1913, pelas dificuldades financeiras características deste tipo de empreendimento; contudo, para Aubrée e Laplantine essa obra teve uma importante repercussão:

> Sua tentativa pessoal não foi, portanto, frutífera, talvez porque o espiritismo não estivesse ainda suficientemente estruturado para se lançar nesse tipo de ação, ou, então a sociedade global ainda não estivesse preparada para recebê-lo. No entanto, sua ideia pioneira foi seguida com mais sucesso por outros centros espíritas das cidades em torno, nas décadas seguintes, e, hoje se perdeu a conta – conforme veremos – do número de hospitais espíritas, sobretudo no estado de São Paulo (2009, p. 173).

Desde o início das atividades do Centro Espírita Amantes da Pobreza, já se anunciavam sessões de estudo e prática mediúnica na casa de Schutel (*O Clarim*, n. 1, ano I, 15/08/1905, p. 3). Diferentemente dos demais espíritas do período, Cairbar se engajou em algumas investigações e as publicou. Uma delas referia-se à chamada "fotografia dos espíritos" uma das ferramentas que mais fizeram sucesso em fins do século XIX e que empolgou alguns agentes, pois parecia ser essa uma das provas mais cabais da confirmação dos postulados espíritas e testemunho da sobrevivência da alma.[25] Mario Celso Andrade, em estudo sobre a produção de fotografias de "materializações espirituais", isto é, fotografias de espíritos de pessoas falecidas, ligada à prática do espiritismo, nos informa que elas são:

25 Um dos episódios conhecidos da história do espiritismo no século XIX, relacionado à "fotografia espírita", foi o "processo dos espíritas" que envolveu o continuador da *Revista Espírita* francesa, Pierre-Gaëtan Leymarie e o fotógrafo Édouard Buguet (1840-1901), narrado no livro *O Processo dos Espíritas* (1997). Buguet confessou a fraude e Leymarie foi condenado pela justiça ao pagamento de multa e pena de prisão de um ano.

> ...produzidas a partir de uma substância conhecida como ectoplasma, que seria expelida pelo corpo dos médiuns, personagens sensitivos que atuam como mediadores dos fenômenos. Essa substância é o material do qual as "entidades espirituais" se utilizam para adquirir uma forma tangível e sensível no mundo, manipulando-a e dando-lhe forma como um ceramista ao barro (ANDRADE, 2008, p. 13).

O autor afirma que o primeiro fotógrafo a registrar um caso de "aparição" de um espírito em fotografias de estúdio no Brasil foi Militão de Azevedo (1837-1905) (ANDRADE, 2008, p. 57) e a fotografia mais famosa de um "fenômeno mediúnico" ocorrido no Brasil teria sido de uma "levitação" do médium Carlos Mirabelli, na sede de um instituto psíquico em São Paulo (2008, p. 67). De acordo com Aubrée e Laplantine, o espiritismo era uma "teoria da comunicação generalizada", pois, de acordo com o seu imaginário, os espíritos:

> Podem ser vistos, tocados e até fotografados. Este aspecto é fundamental, já que na sua busca de *provas* da existência dos Espíritos, o kardecismo caminha, em sua evolução, em estreita ligação com esta nova técnica de comunicação nascida no século XIX: a fotografia. A prova que os ectoplasmas não são ilusões, alucinações de alguns malucos é que podem ser registrados numa placa fotográfica. E, progressivamente, a fotografia torna-se, ao mesmo tempo, o modo de representação da 'ciência dos Espíritos' e um dos seus instrumentos privilegiados de difusão (2009, p. 54).

Cairbar apresentou alguns artigos sobre fotografia de espíritos e passou a se dedicar à obtenção de algum resultado. Ele reclamava que eram poucos os que se dedicavam à demonstrar a imortalidade da alma através dessa tecnologia à disposição. Em "Fotografia do Invisível", informa aos seus leitores que após algumas tentativas obteve sucesso com uma chapa através do método do "comandante Darget", informando que não conseguiu uma forma humana materializada "mas formas veladas", e "depois de tanto trabalho e de consecutivas experiências parece que vamos começar a ser galardoados com a Misericórdia Divina, que nunca é negada àqueles que de boa vontade se esforçam para o conhecimento da Verdade." (*O Clarim*, n. 28, ano V, 14/05/1910, p. 1). Na edição seguinte, em novo artigo com o mesmo título, anunciava de forma entusiástica que a sua insistência levou a um resultado magnífico:

> Depois de fazer a obscuridade, abrimos a tampa do *chassi* e a objetiva da máquina, deixando-a nesse estado pelo espaço de 3 horas. Operamos no nosso dormitório, mesmo para maior comodidade. Findo o prazo aludido tapamos a objetiva e fechamos o *chassi*. Esta chapa foi revelada à noite do dia seguinte, sendo que tivemos toda a cautela, embrulhando o *chassi* em pano de seda preta para não sofrer a ação da luz.
> Qual foi a nossa alegria depois de revelar a chapa, vermos uma figura tomando a extensão mais larga da placa 13X18 – deitada em decúbito dorsal, com as mãos postas sobre o peito e as pernas em flexão! (*O Clarim*, n. 29, ano V, 31/05/1910, p. 3).

No entanto, o autor não chegou a mostrar os resultados e os artigos sobre os seus experimentos desapareceram das páginas do jornal. Em nossa opinião, Cairbar destacava-se por seu profundo interesse nas questões experimentais do espiritismo, fato não observado em outros agentes que, embora valorizassem essas sessões e tivessem construído, inclusive, regulamentos para a sua observação, como vimos, não publicaram os resultados obtidos.

O interessante na ação de Cairbar é que ele reunia um grande rol de iniciativas, dialogando com diversas esferas da realidade. Ao mesmo tempo em que se interessava por investigações, engajou-se em atividades políticas, como veremos mais adiante, e defendeu as feições religiosas do espiritismo, demonstrando as suas inclinações cristãs. Por isso, o que temos em Cairbar Schutel é a tentativa de estabelecer um equilíbrio entre as esferas científica e religiosa, o que é expresso em seus artigos e livros e um ativismo social que buscava participar do espaço público de diferentes formas.

E encontramos a recusa em divulgar qualquer outra doutrina espiritualista em seu periódico, com raros artigos de autores com tendências esotéricas. O que pode ser decorrência do afastamento de Matão dos principais centros de discussão no período, como São Paulo e Campinas, que sediavam centros espíritas e sociedades de estudos psíquicos, com diálogo incessante entre as sociedades, o que não ocorria em sua região.

Seus livros, em torno de 20, a maioria ainda publicados pela Editora O Clarim, podem ser divididos em polêmicas com o intuito de responder aos adversários do espiritismo, como padres e pastores protestantes, e estudos doutrinários, no que se refere aos aspectos religioso e fenomenológico do espiritismo. Sobre esse segundo grupo de obras, a perspectiva de Cairbar Schutel indica a complexidade da oposição entre ciência e religião no espiritismo, pois sua obra procura encontrar uma síntese desses aspectos, destacando a importância de ambos na configuração doutrinária. Tanto na sua produção periódica, como nos livros, o autor procurou alimentar essas duas posturas.

Escreveu, em 1911, *Espiritismo e Protestantismo*, seu primeiro livro no qual reuniu as discussões realizadas com Faustino Ribeiro Júnior, médium conhecido no período que abandonara o espiritismo e a maçonaria e se convertera ao protestantismo, iniciando uma série de ataques ao espiritismo. Eles foram respondidos por Cairbar a partir de 1908 nas páginas do jornal *O Alfa*, da cidade de São Carlos. Em 1914 lançou *O Diabo e a Igreja*, no qual reuniu suas respostas às críticas do padre Bento Rodrigues e do Monsenhor Seckler, publicados no jornal de São Carlos. Respondeu, ainda, às críticas do Bispo de Florianópolis, D. Joaquim Domingues de Oliveira em *Cartas a Esmo*, opúsculo de 1929. Os principais argumentos utilizados nessas obras já foram analisados no capítulo 3. Cairbar se esmerava em divergir da dogmática católica, cotejando-a com a doutrina espírita, e criticar as ações da Igreja ao longo da história e as atividades dos clérigos atuais, distantes da caridade, ao mesmo tempo em que defendia o espiritismo das acusações de seu caráter diabólico. Esses livros são importantes para compreendermos as tensões existentes entre uma Igreja preocupada em afastar seus fieis de influências ligadas ao laicismo, e os argumentos espíritas, alicerçados na racionalidade, na pesquisa realizada por cientistas e no livre-pensamento.

Um outro conjunto de livros revela a intenção em realizar uma exegese do Novo Testamento, interpretando fatos da vida de Jesus e das primeiras comunidades cristãs a partir da doutrina espírita, o que nenhum intelectual espírita havia intentado fazer no Brasil até então, ao menos de forma sistemática.[26] As críticas

26 A interpretação do Novo Testamento havia sido realizada por Allan Kardec em: *O Evangelho segundo o Espiritismo*; *A gênese* – os milagres e as predições segundo o Espiritismo e *O céu e o inferno*. No Brasil uma comparação entre o catolicismo e o espiritismo a partir de uma leitura evangélica pode ser notada de forma esparsa nos artigos publicados pelo dr. Bezerra de Menezes no jornal *O Paiz*. Mas avaliamos que, em nosso país, de forma metódica, com a publicação de diversos livros sobre o assunto, Cairbar foi o primeiro autor.

intensas por parte do clero, contestando o caráter cristão do espiritismo, parecem tê-lo motivado a estes escritos, pois ele apresenta interpretações bíblicas que visam alargar as considerações iniciadas por Allan Kardec, embora este seja a sua principal referência, buscando construir uma pureza doutrinária do espiritismo associado ao legado do cristianismo, em livros como: *Interpretação Síntética do Apocalipse* (1918), *Parábolas e Ensinos de Jesus* (1926); *O Espírito do Cristianismo* (1930) e *Vida e Atos dos Apóstolos* (1933). Escreveu, ainda, *O Batismo*, cujo ano de publicação não conseguimos precisar.

Existe um outro conjunto de livros, nos quais abordou questões de caráter científico, ou fenomenológico, em torno do espiritismo. Publicou *Histeria e Fenômenos Psíquicos* (1911), no qual analisou uma polêmica do jornal *Correio Paulistano* sobre casos envolvendo uma médium em outubro de 1909, discutindo a noção de mediunidade; assunto que ele retornou em *Médiuns e Mediunidade* (1923). Além destes, publicou *Os Fatos Espíritas e as Forças X...* (1925) sobre os fenômenos espíritas.

Em outros livros abordou questões filosóficas e religiosas, como em *Gênese da Alma* (1924), relacionando teorias científicas, como o evolucionismo, à evolução do espírito; *Espiritismo e Materialismo* (1925) e *A Vida no Outro Mundo* (1932).[27]

Cairbar também se interessou em alguns momentos por um ativismo político ligado ao laicismo. A conjuntura política dos anos 1930 mostrou-se favorável aos interesses da Igreja que havia iniciado uma ofensiva nos anos anteriores, em prol de maiores benefícios em nome de uma religião que se considerava a representante da maioria do povo brasileiro. A criação do Centro Dom Vital e da revista *A Ordem*, bem como a criação da Liga Eleitoral Católica, fez parte de um processo no qual a Igreja redefiniu seu papel de agente político na sociedade brasileira (CASTRO, 2007, p. 115). Ao mesmo tempo, o novo governo da época, edificado a partir da chamada Revolução de 1930, como parte de uma estratégia maior, aproximou-se da Igreja Católica, concedendo uma série de benefícios na Constituição de 1934. Antes disso, o Decreto-Lei de 30 de abril de 1931 possibilitou à Igreja o ensino da religião nas escolas públicas e caminhava na contramão do processo laico que se instaurara com a República (CASTRO, 2007, p. 21).

27 Outros livros de Cairbar: *Espiritismo para crianças* (1918); *Preces Espíritas* (1936); *Conferências Radiofônicas* (1937).

Frente a esta situação, e com receio de novas medidas que beneficiassem as reivindicações católicas, outras religiões, livres-pensadores, socialistas e a maçonaria se uniram pela defesa da liberdade de consciência, tentando se opor às pretensões católicas. Em vários estados do Brasil surgiram os Comitês Pró-Liberdade de Consciência e, posteriormente, a Coligação Nacional Pró-Estado Leigo, com a participação de espíritas. Um de seus fundadores e primeiro presidente foi o espírita paranaense Artur Lins de Vasconcelos (1891-1952) e um dos fundadores do Comitê em São Paulo foi Cairbar Schutel,[28] tendo exercido o cargo de secretário interino (MONTEIRO; GARCIA 1986, p. 183). Pelo que sabemos, Cairbar participou ativamente do movimento, confirmando uma luta contra a hegemonia institucional e cultural da Igreja desde o início de sua atuação no jornalismo espírita. Nesse tempo se empenhou pelos ideais de democracia, laicismo e livre-pensamento, e imaginava não estar sozinho nesses desejos:

> Somos cerca de dez milhões de brasileiros que se batem pelos ideais da liberdade de consciência, ampla e perfeita, sem a qual entendem que não pode haver povo livre e digno do respeito universal (*O Clarim*, n. 9, ano XXVII, 10/10/1931, p 3).

Antonio Olívio Rodrigues

Antonio Olívio Rodrigues (1879-1943), como outros agentes espiritualistas em São Paulo, foi um imigrante português, que chegou ao Brasil com sua família em 1890. Sabemos muito pouco sobre sua vida, antes de sua atuação no campo do esoterismo paulista. Trabalhou como operário, jardineiro e jornaleiro em São Paulo e, interessado pelas doutrinas espiritualistas, começou a adquirir obras de Allan Kardec, Helena Blavatsky, Éliphas Lévi, Swami Vivekananda e outros autores espiritualistas e estudá-las como autodidata (RAMACHANDRA, 2010, p. 33).

Possivelmente, Antonio Olívio Rodrigues tenha iniciado seu percurso no campo espiritualista no Grupo Espírita Familiar Santa Maria, no Brás, cujo diretor era Manoel Barros, pois seu nome aparece como secretário da instituição em 1905 (*Ver-*

28 Informações extraídas do painel "O Comitê Central Pró-Liberdade de Consciência do estado de São Paulo e a Coligação Pró-Estado Leigo" pertencente ao acervo do Memorial Cairbar Schutel, localizado na avenida 28 de agosto, nº 780, em Matão.

dade e Luz, n. 375, ano XVI, 15/01/1905, p. 14). Ramachandra informa que em 1907 ele era maçom e teósofo, participando de uma loja ocultista denominada "Amor e Verdade", cujo funcionamento durou poucos meses, e frequentando, ainda, a Loja Martinista de São Paulo (2010, p. 38). Entrando em contato com sociedades esotéricas e ocultistas internacionais, ele se afiliou à Ordem Martinista, à Ordem Rosa Cruz e à Sociedade Alquímica da França. Em 1908 fez cursos à distância e obteve diplomas de magnetizador do Institute of Science, de Rochester, no estado de Nova Iorque e do Institute Magnétique de France (RAMACHANDRA, 2010, p. 13).

Ao estabelecer relacionamento com editores europeus de livros ocultistas e instituições espiritualistas, Antonio Rodrigues iniciou a tradução desses livros para o português, que culminou na fundação da Editora O Pensamento, em 1907, publicando a obra inaugural *Magnetismo Pessoal* de Heitor Durville (1849-1923); posteriormente, agregou outras obras que fizeram parte da "Biblioteca de Ciências Ocultas", coleção de obras sobre esoterismo e outras filosofias.

Em seguida fundou o periódico *O Pensamento*. Para isso teria contado com a ajuda de intelectuais e com o empréstimo de 100$000 réis (RAMACHANDRA, 2010, p. 46). Sua redação transitou pela cidade, trocando de endereço algumas vezes, e ocupou a rua do Carmo, nº 37, a rua Marechal Deodoro, nº 31 e a rua Senador Feijó, nº 19, até se estabelecer na rua Rodrigo Silva, nº 40. A revista serviu como referência ao movimento esotérico brasileiro, com artigos escritos por intelectuais nacionais e traduções de importantes autores estrangeiros que se correspondiam com Antonio Olívio. O periódico possuía uma produção gráfica requintada, com muitas ilustrações e fotos, diferentemente da maioria dos periódicos espíritas do período.

Dois anos depois, em 27 de junho de 1909, fundou o Círculo Esotérico da Comunhão do Pensamento (SILVA, 2006, p. 228). O CECP é apresentado como a primeira ordem esotérica do Brasil, desenvolvendo estudos voltados à disseminação da cultura esotérica (RAMACHANDRA, 2010, p. 15-21). A instituição sempre se orgulhou do fato de ter sido a primeira que se empenhou no estudo e na divulgação do esoterismo, traduzindo e trabalhando com autores pouco conhecidos no Brasil.[29] Eliane Moura Silva afirma que a iniciativa de seu fundador foi:

29 *O Pensamento*, n. 162, ano XIV, jun. 1921, p. 162.

> Responsável pela divulgação de uma corrente mística em que espiritualismo, magnetismo, mentalismo e cabalismo se associavam ao psiquismo em geral, à astrologia, à clarividência e, em particular, ao espiritismo kardecista e a mediunidades, em voga no Brasil desde meados do século XIX (2006, p. 227).

No interior do CECP, e da revista *O Pensamento*, foram abrigadas várias tendências espiritualistas, constituindo um ecletismo doutrinário que pode ser averiguado no catálogo da Livraria "O Pensamento" com livros sobre hinduísmo, ocultismo, teosofia, cabala, magia prática, mentalismo, magnetismo, hipnotismo, clarividência, terapêutica sugestiva, cura pelo sono, mistérios da ciência, filosofia oculta, vedanta, ioga, homeopatia, "cristianismo místico" e até sobre a arte de ganhar na loteria.[30] Em 1911, seu idealizador tomou a decisão de se transferir para o Rio de Janeiro, assim como a redação de seus periódicos e o Consultório Brasil Psychico Astrológico (RAMACHANDRA, 2010, p. 55). Ao que parece, não ficou satisfeito com o resultado e retornou a São Paulo no mesmo ano, instalando-se em edifício próprio na rua Rodrigo Silva.

Antonio Olívio Rodrigues se distinguiu em relação a outros intelectuais e sociedades espiritualistas do período. Em primeiro lugar, procurou ser um autêntico empresário, articulando uma série de ações, como a fundação de periódicos, a diversificação de sua produção editorial e fundação de diversas instituições, além de outras atividades, tais como a venda de horóscopos e de outros produtos como imãs vitalizados de H. Durville, barras magnéticas, sensitivômetros, canetas e lâminas magnéticas (*O Pensamento*, n. 27, ano III, fev. 1910), além de se dedicar à cura magnética à distância e abrir cursos por correspondência e presenciais.

Das instituições que ele fundou, depois da Editora Pensamento e do CECP destacavam-se o Consultório Brasil Psychico Astrológico, situado na rua da Glória, nº 23, no bairro da Liberdade, e que recebia pedidos de horóscopos, o Centro Magnético de curas à distância, a Sociedade Magnética Brasileira,[31] o Instituto de Ciências Herméticas em 1917, voltado para oferecer cursos por correspondência

30 *O Pensamento*, n. 114, ano X, jun. 1917, encarte.

31 Fundada sob os auspícios da Sociedade Magnética da França no mesmo espaço do CECP, fruto de negociações com M. H. Durville (*O Pensamento*, n. 27, ano III, fev. 1910, p. 63).

sobre ciências herméticas, englobando educação pessoal, hipnotismo, magnetismo, medicina oculta, radiopatia, magia teúrgica, grafologia, frenologia, quiromancia e astrologia (*O Pensamento*, n. 134, ano XII, fev. 1919); e, em 1926 a Academia Livre de Estudos Filosóficos, instituição de ensino superior fundada para divulgar os "altos conhecimentos da filosofia em geral e da psicologia em particular" e que teve como diretor honorário o psiquiatra Ulysses Paranhos (*O Pensamento*, n. 220, ano XIX, abr. 1926, p. 203) Diferentemente do Instituto de Ciências Herméticas, as aulas eram presenciais e ocorriam semanalmente no salão do CECP. Essa proliferação de instituições demonstra a valorização da formação acadêmica para os esotéricos. Em relação à sua produção periódica, ele editou, além de *O Pensamento*, como vimos, o jornal *O Astro*, a revista *Sciencias Hermeticas* e, anualmente, o *Almanach d'"O Pensamento"*.

Antonio Olívio Rodrigues dispendeu um enorme esforço para alicerçar a sua instituição, que conheceu um grande crescimento em duas décadas. Ao mesmo tempo em que esses produtos e serviços oferecidos tornavam o esoterismo um negócio lucrativo, essas ações somadas funcionavam como estratégia de propaganda e legitimação de seus ideários e práticas esotéricas; e, ao que tudo indica, fizeram um sucesso muito grande com crescimento do número de sócios, chegando a dezenas de milhares, como vimos no capítulo 1. Destes, indubitavelmente, grande parte era proveniente das classes médias ilustradas e da elite, e alguns sócios foram figuras eminentes.[32] Ramachandra afirma que o tattwa Nirmanakaya no Rio de Janeiro, teve, como participantes, nos anos 1930, a esposa e a filha de Getúlio Vargas, Darcy Vargas e Alzira Vargas, e o então presidente auxiliou na construção de um novo templo e um hospital dessa instituição, recebendo o diploma de Grande Sócio benfeitor (2010, p. 188).

E esse amplo empenho na legitimação do esoterismo em terras paulistas e até mesmo nacionais, foi reconhecido por seus contemporâneos, que em muitos momentos pareciam praticar um culto à personalidade de seu fundador e delegado geral, Antonio Olívio Rodrigues, ao constantemente saudarem as suas realizações:

32 O poder aquisitivo de seus membros pode ser medido pelo fato de o CECP mandar cunhar distintivos de ouro e prata para atender aos pedidos dossócios (*O Pensamento*, n. 50, ano V, fev. 1912, p. 109). Também não podemos esquecer a construção de dois suntuosos templos na década de 1920, pela instituição.

O *Círculo Esotérico*, bem pode gabar-se de ter à frente o homem ativo, inteligente e empreendedor que escolheu para seu G. G., o nosso prestimoso irmão Sr. Antonio Olívio Rodrigues. É com efeito, graças ao seu zelo infatigável, ao seu admirável talento de organização, que o Círculo desfruta esta posição de destaque entre as sociedades espiritualistas (*Pensamento*, n. 92, ano VIII, ago. 1915, p. 291).

Conclusão

Edla de Morais Cardoso, paulista residente no Rio de Janeiro, colaboradora em periódicos espíritas nos dois estados, *Reformador* e *Verdade e Luz*, e redatora do esotérico *O Pensamento*, expressa de forma paradigmática as características do circuito espiritualista paulistano a partir de seus agentes principais, coincidentemente no mês em que Batuíra faleceu. Na edição de janeiro de 1909 de *Verdade e Luz*, em artigo denominado "Recordando" ela nos informa acerca de sua viagem à "formosa e decantada Paulicéia", descrevendo de forma poética o retorno à sua terra natal (*Verdade e Luz*, n. 428, ano XIX, jan. 1909, p. 12-15). Depois de enfatizar o que mais lhe saltava aos olhos, a beleza das avenidas, o movimento das ruas centrais, os estilos arquitetônicos diversos e os majestosos monumentos como o do Ipiranga, que celebrava a independência do país, ela nos revela as visitas que efetuou aos espaços que considerava mais representativos do espiritualismo na cidade.

Em primeiro lugar, ela visitou a redação do *Verdade e Luz*, destacando "o vulto patriarcal e simpático, que lembra o de um desses ascetas dos primitivos tempos, venerado pelas turbas, como realmente o é o nosso prezado Batuíra" (ibid., p. 13). Para ela, o grande exemplo de Batuíra é o de ter se despojado de sua fortuna em prol dos desvalidos da sociedade, cumprindo os preceitos evangélicos de não acumular tesouros na Terra, com a vida dedicada ao socorro dos enfermos e a orientá-los acerca de sua vida física e moral, criticando os vícios existentes e assumindo "uma verdadeira obra de regeneração social" (ibid., p. 13). Sobre o abnegado ancião lembrava, ainda, o fato de ter sido vegetariano, e solicita que todos o amparem materialmente para que pudesse continuar levando a cabo a sua missão.

Em seguida, após citar uma palestra ocultista de Genesio Rodrigues, que muito a agradou, passa a descrever outra figura importante, Antonio Olívio Rodrigues, o "perfeito cavalheiro", o "inimitável *gentleman*", que a partir de suas instituições tem a nobilitante tarefa de "espalhar fartamente a boa semente, pela difusão dos sãos princípios das ciências psico-físicas" (ibid., p. 14).

> Este é um lutador entusiasta, que não poupa esforços, levando de vencida os escolhos todos, e, folgamos em dizer, triunfará em toda a linha, em muito breve, porque cada exemplar do seu bem elaborado periódico, cada obra que manda imprimir, para dar a conhecer a verdadeira ciência magnética, são outros tantos louros colhidos em sua já gloriosa carreira (ibid., p. 14).

Por último, visitou o Asilo e Creche de Anália Franco, que lhe trouxe uma profunda emoção ao ver o "progresso das asiladas", o "preparo intelectual aliado ao moral" das alunas, que a satisfez plenamente. Ela aproveita para fazer referências elogiosas às colaboradoras de Anália e ao seu esposo, Antonio Bastos, e não deixa de notar o método empregado por ela:

> ... Assistindo a tão encantadora jaguncinha, Nézinha, já recitando com graça e firmeza, já respondendo ao questionário que lhe era feito na aula, de acordo com o excelente método intuitivo adotado por Anália Franco, pensamos em Jules Simon, quando disse: "o primeiro povo será aquele que melhores escolas tiver" (ibid., p. 14).

Concluindo o artigo, Edla observa:

> Nestas ligeiras impressões da bela e adiantada Pauliceia, da qual conservamos as mais duradouras reminiscências, felicitamos, penhorados e jubilosos, os vultos que nos foi dado destacar ainda uma vez, como um poderoso incentivo aos que lutam pelas nobres ideias e utilitários fins, em prol de nosso progresso e *ipso facto*, de nossa felicidade (ibid., p. 15).

A "adiantada Pauliceia" possuía nesse momento um campo espiritualista plenamente instituído e valorizado por alguns grupos sociais, com suas associações – centros espíritas, instituições de estudos psíquicos e o Círculo Esotérico da Comunhão do Pensamento –, seus periódicos e intelectuais que serviam de referência ao movimento e se relacionavam com o campo social de múltiplas formas, construindo novas sociabilidades urbanas.

Os espíritas e esotéricos conquistaram o seu espaço no universo cultural da cidade a partir da proliferação de uma rede de associações, muitas delas pequenos centros espíritas, sem a existência de hierarquias internas, servindo de espaços de convivialidade a partir dos quais as pessoas se encontravam para reuniões teóricas e de discussão da literatura espiritualista, ou reuniões que serviam para a experimentação mediúnica, entrando em contato com conhecimentos históricos, filosóficos e científicos, adentrando, ainda que de múltiplas maneiras, em um universo mental tributário da modernidade, mas que, no caso dos espíritas, ainda assim, se relacionava com o cristianismo. Participavam, ainda, de atividades culturais como conferências e festivais culturais e tinham acesso a uma produção editorial diversificada que, para além de reflexões de cunho doutrinário, combatia o pensamento predominante na sociedade e discutia ideários políticos e sociais modernos, democráticos, liberais e até mesmo socialistas; por último, promoveram diversas obras assistenciais, com atendimento a enfermos, distribuição de medicamentos homeopáticos, doações aos mais necessitados, fundação de escolas, asilos e hospitais, relacionando-se com a sociedade paulista de diferentes maneiras. Representam sociedades de ideias, de acordo com as formulações de François Furet e Jean-Pierre Bastian ou, ainda, podemos assim dizer, sociedades de ideias e de benemerência, no caso dos espíritas, que se empenharam em construir redes de assistência social.

Nesse sentido, o diálogo com as fontes revelou diferenças conceituais e em termos de práticas culturais entre as várias sociedades, o que nos levou a diferenciar os grupos em questão: espíritas e esotéricos, ainda que tivéssemos dificuldade em diferenciar muitos dos agentes que preferiam uma abordagem doutrinária mais ampla, ainda que essa não tenha sido predominante no período. Enquanto parte considerável dos agentes estava empenhada em construir uma pureza doutrinária, em outros periódicos os espíritas publicaram doutrinas diversas como teosofia e ocultismo, que demonstra o desejo de construção de um sistema doutrinário mais aberto e plural. E a documentação nos mostra que havia um campo esotérico independente, que estabeleceu práticas específicas, tendo em vista o amplo leque doutrinário utilizado e com outros interesses em sua atuação, alicerçado no Círculo Esotérico da Comunhão do Pensamento.

A cidade que se modernizava nos séculos XIX e XX tinha um espaço público plural e rico em manifestações culturais, no qual os espiritualistas também ofereceram o seu contributo. A profusão de sociedades espiritualistas pode ser explicada pela legitimidade que essas ideias alcançaram na sociedade paulista, principalmente pelo rápido processo de modernização, com o aumento da população proveniente de outros lugares e que necessitava se situar de forma crítica diante do mundo e construir novas identidades nesta realidade em rápida transformação: as doutrinas espiritualistas ofereciam essa possibilidade, ao defenderem uma imagem de progresso e regeneração da sociedade, alicerçadas em diferentes segmentos sociais que transitavam no espaço urbano das cidades e que não concordavam com as estruturas ideológicas até então dominantes na sociedade: catolicismo, patriarcalismo e rígida hierarquia social.

Esses novos ideários e sociabilidades se relacionaram, portanto, com os valores e interesses das classes médias urbanas, estando ligados à questão da transformação de uma sociedade rural em uma sociedade urbana. Dessa maneira, representaram espaços a partir dos quais agentes compartilhavam experiências e se ligaram ao mundo através desses comportamentos e ideias, construindo significados para a sua ação social. Forjaram, assim, concepções de mundo e sensibilidades significativas para que essas pessoas, independente de sua posição social, repensassem a sua condição de ser no mundo e a compreensão da sociedade como um todo. Os projetos construídos por esses atores demonstram a necessidade de se ajustar a uma nova sociedade que surgia em sua complexidade, mas que diante das contradições sociais que se apresentavam, procuravam interpretá-las, e essas doutrinas se apresentavam como uma opção ideológica universalista relevante para eles.

Esses novos imaginários e novas formas de vida associativa no Brasil, não mais pautadas pelo patriarcalismo e pela hierarquização social – que eram quase que uma continuidade dos padrões coloniais – parecem ter atraído determinados segmentos profissionais urbanos como professores, advogados, jornalistas, médicos, militares, tipógrafos, farmacêuticos e comerciantes, portanto, segmentos intermediários de uma sociedade em transição, como havia analisado Jean-Pierre Bastian. Atraídos por novas sociabilidades, que se distinguiam por uma postura laica, pautada pela liberdade de pensamento. Nesse sentido, procuraram transformar a moral religiosa dominante na época, ancorada no conservadorismo reforçado pela ascensão do catolicismo ultramontano. Mas o espiritismo/espiritualismo, como vimos, não ficou restrito apenas às classes médias, mas atingiu parcelas da elite e das camadas populares, que se aproximaram desses sistemas doutrinários. A partir de ideias e práticas de matriz filosófica, científica, religiosa, social, política, cívica e beneficente, harmonizada com a moral cristã, desenvolveram relações solidárias entre esses diversos agentes. Esse novo grau sociabilitário, baseado nos ideários racionais e científicos e na solidariedade e fraternidade de inspiração iluminista, tornaram possível o relacionamento entre ideais, agentes e grupos sociais diferenciados, mas que possuíam projetos muito próximos, estruturados na regeneração da sociedade. Os conhecimentos proporcionados pelas doutrinas espiritualistas, em compasso com a filosofia e a ciência da época e com a adição do paradigma espiritual, seria o instrumento a partir do qual haveria a transformação do homem e da sociedade. Estes, aliados à visão religiosa, de uma religião sem clero, ritos e dogmas, mas à qual caberia a base ética e moral do indivíduo, seriam os alicerces de uma nova sociedade.

As principais questões sociais e políticas que pertencem ao quadro histórico do início da República foram refletidas pelos espiritualistas: a falta de democracia, a difícil modernização econômica, a candente questão social, uma sociedade que continuava se defrontando com arcaísmos. No entanto, no interior desse pensamento, ao denunciar tais mazelas, normalmente propunham ideias de uma forma abstrata como a reunião dos homens em termos de solidariedade. Nesse sentido, alguns agentes procuraram ir além e buscaram a comunhão com outros ideais, captados do socialismo ou do anarquismo, expressando complexas redes de relacionamento.

Os centros espíritas e as instituições esotéricas, como sociedades de ideias, se mostraram espaços construtores de sociabilidades modernas, nos quais foram produzidas ideias, valores e comportamentos, e de convivência cultural e que contribuíram para o processo de diversificação da cultura letrada paulista. Participaram de um longo processo de construção da cidadania, pois os seus associados deveriam introjetar valores liberais, éticos e democráticos. Portanto, essas novas sociabilidades auxiliaram na dissolução das antigas, de caráter conservadora, senhorial, hierarquizada e patriarcal.

Consideramos que o estudo sobre as associações espiritualistas, que eram grupos dissidentes e minoritários, e que participaram ativamente dos embates na sociedade paulista, através de suas sociedades de ideias, propondo ideários novos e divergentes, e interferindo no espaço público paulista, ainda que estivessem divididos em tendências contrastantes, e por vezes com profundas divergências, permite esclarecimentos sobre alguns temas pertinentes da sociedade no período da Primeira República, sobre o livre-pensamento, laicidade, anticlericalismo, demonstrando a circulação das ideias e a profusão de culturas existentes na época. O processo de secularização nas sociedades em transição não ocorre sem conflitos, avanços e recuos. Os espiritualistas teceram redes de sociabilidade com outros grupos sociais e representaram uma das frentes anticlericais atuantes, auxiliando na disseminação de argumentos que visavam o enfraquecimento da Igreja Católica. Os agentes secularizantes foram múltiplos, liberais, positivistas, maçons, socialistas, anarquistas, protestantes, mas também os espiritualistas: e é nesse caldo de cultura modernizador e laicizante que devemos entender a participação dos grupos estudados na sociedade.

Na bibliografia que utilizamos, os autores Aubrée e Laplantine defendem que o espiritismo paulista assumiu uma diferença nítida em relação aos espíritas fluminenses. Enquanto estes teriam se engajado na luta pela República e pelo fim da escravidão, os primeiros tiveram o cuidado de separar o universo espiritual de qualquer engajamento político (AUBRÉE, LAPLANTINE, 2009, p. 176). Não foi o que notamos em nossa pesquisa e a leitura dos periódicos demonstrou que essa é uma visão simplificadora do movimento em São Paulo. Os espíritas paulistas, através de seus periódicos e agentes, estabeleceram uma participação ampla e ativa na sociedade e representaram a aspiração de determinados grupos, engajando-se em discussões políticas e sociais. As preocupações sociais de Batuíra, políticas de Cairbar Schutel e culturais e educacionais de Anália Franco e Francisco Bastos, entendendo-os como porta-vozes de atores coletivos e expressando determinadas tendências do movimento, esclarecem que os espíritas procuraram se engajar de múltiplas maneiras na sociedade, como analisamos no decorrer da pesquisa.

Embora a historiografia dominante prefira os atores e movimentos sociais mais visíveis, olhar para os grupos marginalizados e esquecidos nos faz ter uma outra visão do movimento histórico da sociedade brasileira. Os espiritualistas estiveram nas lutas sociais da passagem do século XIX para o XX e foram participantes ativos na luta contra a escravidão, o conservadorismo, a religião de Estado, as trágicas condições de vida dos trabalhadores, a posição das mulheres, a fraca atuação do Estado em demandas básicas da sociedade – alimentação, moradia, educação e saúde –, e mesmo sem o destaque dado aos grupos dominantes, contribuíram para a modernização e laicização da cultura nacional.

Personagens tão diversos, homens e mulheres como João Penteado, Edla de Morais Cardoso, Henrique Serra, Anália Franco, Ramos Nogueira, Estevão Leão Bourroul, Batuíra, Angeli Torteroli, Antonio Olívio Rodrigues, Ernesto Penteado, Augusto Militão Pacheco, Francisco Bastos, Arthur Silva, Antônio Trindade, e tantos outros, cruzaram campos que hoje consideramos estanques e divergentes, mas que no momento histórico em que viveram não se apresentavam assim para seus participantes. Seus pontos de união eram a racionalidade, a ciência, o livre-pensamento, ideais iluministas que expressavam a chegada de novos tempos e possibilidades.

Fontes e bibliografia

Fontes consultadas

Fontes bibliográficas

ABREU, Canuto. *Bezerra de Menezes*. Subsídios para a história do espiritismo no Brasil até o ano de 1895. São Paulo: FEESP, 2001.

ALMANACH DE JUNDIAHY. Literario, historico, comercial e biográfico. Jundiaí: A Folha, 1911.

ALMANACH DE MOGY DAS CRUZES. Mogi das Cruzes: Typographia e papelaria do Commercio, 1918.

ALMANACH LITTERARIO DE S. PAULO PARA 1878. São Paulo: Typographia da "Provincia de São Paulo", 1877.

ALMANACH LITTERARIO DE S. PAULO PARA 1879. São Paulo: Typographia da "Provincia de São Paulo", 1878.

ALMANACH LITTERARIO PAULISTA PARA 1876. São Paulo: Typographia da Provincia de São Paulo, 1875.

ALMANACH PARA O ANO DE 1896. São Paulo: J. Filinto & C. Editores, 1896.

ALMANAK ADMINISTRATIVO, COMMERCIAL E PROFISSIONAL DO ESTADO DE SÃO PAULO PARA 1897. São Paulo: Typographia Aurora, 1897.

ALMANACK DA FRANCA. Franca: Typ. Duprat & Comp., 1902.

ASSOCIAÇÃO FEMININA BENEFICENTE E INSTRUTUVA DO ESTADO DE SÃO PAULO. *Relatório de 1908*. São Paulo: Typ. D'A Voz Maternal, 1909.

______. *Relatório de 1912*. São Paulo: Typ. do Globo, 1913.

BIANCHI, Cesar. *A história do Sanatório Américo Bairral*. Uma contribuição à história da psiquiatria no Brasil. São Paulo: Livraria Espírita Katie King, 1984.

BLAVATSKY, H. P. *Isis sem véu*. Uma chave mestra para os mistérios da ciência e da teologia antigas e modernas. v. III. São Paulo: Pensamento, s.d..

______. *A doutrina teosófica*. São Paulo: Hemus, 1975.

______. *A chave para a teosofia*. Brasília: Editora Teosófica, 2011.

COMUNHÃO DO PENSAMENTO – 103 anos da criação secular de um homem universal. In: *O Pensamento*. Revista oficial do Círculo Esotérico da Comunhão do Pensamento. Ano 3, v. 104, p. 30-37, mai. jun. 2012.

DENIS, Léon. *Socialismo e espiritismo*. Matão: O Clarim, 1987.

______. *O Espiritismo e o Clero Católico*. Rio de Janeiro: Centro Espírita Leon Denis, 2008.

DIAS, Edith Pires Gonçalves. *Sociedade Espírita Anjo da Guarda* (a pioneira). [s.n.t.].

DOYLE, Arthur Conan. *História do Espiritismo*. São Paulo: Pensamento, 2013.

FEDERAÇÃO ESPÍRITA BRASILEIRA. *Memória histórica do Espiritismo*. Rio de Janeiro: Typ. Besnard Freres, 1904.

______. *Livro do centenário*. Rio de Janeiro: Livraria da Federação Espírita Brazileira, 1906.

FEDERACION ESPIRITISTA INTERNACIONAL. *V Congresso Espírita Internacional*. Barcelona: 1 a 10 de setembro de 1934. Disponível em <http://www.espiritismo.cc/Descargas/libros/Congreso-Espiritista-1934.pdf>. Acesso em 8 out. 2014.

FERNANDES, Washington Luiz Nogueira. *A história viva do espiritismo*. São Paulo: CCDPE-ECM, 2011.

GALHARDO, José Emydio Rodrigues (org.). *Livro do 1º Congresso Brasileiro de Homeopathia*. Rio de Janeiro: Instituto Hahnemaniano do Brasil, 1928.

KARDEC, Allan. *O céu e o inferno*. Rio de Janeiro: CELD, 2008.

______. *O Evangelho segundo o Espiritismo*. Araras: IDE, 1996.

______. *A gênese* – os milagres e as predições segundo o Espiritismo. Rio de Janeiro: FEB, 1995.

______. *Le livre des esprits*. Paris: E. Dentu, Libraire, 1857.

______. *O livro dos espíritos*. Rio de Janeiro: B. L. Garnier, 1875.

______. *O livro dos espíritos*. São Paulo: LAKE, 2001.

______. *O livro dos médiuns*. São Paulo: LAKE, 1999.

______. *Obras póstumas*. Rio de Janeiro: FEB, 1998.

______. *Viagem espírita em 1862*. Matão: O Clarim, 2000.

HAMMOND, Elisabeth. *Espiritismo e esoterismo*. São Paulo: Empresa Typographica "O Pensamento", 1920.

LEX, ARY. *60 anos de espiritismo no estado de São Paulo* (nossa vivência). São Paulo: FEESP, 1996.

MACHADO, Leopoldo. *Uma grande vida* (estudo biográfico de Cairbar Schutel). Matão: O Clarim, 1980.

MARTIN, Pe. Angelo. *O espiritismo em si e nas suas relações*. São Paulo: Typographia da Ave Maria, 1911.

MENEZES, Adolfo Bezerra de. *A loucura sob novo prisma*. Rio de Janeiro: FEB, 2012.

MONTEIRO, Eduardo Carvalho. *100 anos de comunicação espírita em São Paulo* – 1881-1981. São Paulo: Madras, 2003b.

______. *Anália Franco*: a grande dama da educação brasileira. São Paulo: Madras, 2004.

______. *Batuíra*. O diabo e a Igreja. São Paulo: Madras, 2003.

______. *Batuíra*. Verdade e Luz. São Paulo: Lúmen Editorial, 1999b.

______. Grupos espíritas do século XIX no Brasil. In: MONTEIRO, Eduardo Carvalho. *Anuário Histórico Espírita 2004*. São Paulo: Madras, 2004b.

______. *História da dramaturgia com temática espírita* (1850-1950). São Paulo: Edições USE, 1999.

______. *História do espiritismo em Piracicaba e região*. Piracicaba: USE Intermunicipal de Piracicaba, 2000.

______. *Túnel do Tempo*: as primeiras publicações espíritas no Brasil. São Paulo: Madras, 2005.

______; GARCIA, Wilson. *Cairbar Schutel*, o bandeirante do Espiritismo. Matão: O Clarim, 1986.

______; ______. *Sinal de vida na imprensa espírita*. São Paulo: EME Editora, 1994.

______; ______. *Vinicius* – educador de almas. São Paulo: Eldorado/EME, 1995.

______.; LEFRAISE, Armand. *Maçonaria e espiritismo*: encontros e desencontros. São Paulo: Madras, 2007.

______; D'OLIVO, Natalino. *USE*: 50 anos de unificação. São Paulo: Edições USE, 1997.

MONTEIRO, Oscar (org.) *Almanak historico-litterario do Estado de São Paulo para o ano de 1897.* São Paulo: s.n.t.

MORATO, Agnelo. *Subsídios para a história do espiritismo em Franca.* Franca: Gráfica A Nova Era, 1986.

MOURA, Francisco Ignacio Xavier de Assis (org.) *Almanach administrativo, comercial e industrial da Província de São Paulopara o ano bissexto de 1884.* São Paulo: Jorge Seckler & Cia, 1883.

NOVO ALMANACH DE SÃO PAULOPARA O ANO DE 1883. São Paulo: Jorge Seckler & Cia, 1882.

PALHANO JÚNIOR, L. *Mirabelli*: um médium extraordinário. Rio de Janeiro: CELD, 1994.

PEDRO, Annibal Antonio. *Fatos históricos do Lar Anjo Gabriel e de sua mantenedora Associação Espírita Anjo Gabriel.* São Paulo: Associação Espírita Anjo Gabriel, s.d.

PENTEADO, Ernesto. *Marchemos!* Ligeiras considerações sobre a vida dos animais e a dos homens, precedidas de um estudo psíquico-biográfico do autor, feito pelo distinto publicista Dr. N. Vianna. São Paulo: Typografia Andrade & Mello, 1904.

______. *Scenas da vida.* Taubaté: Typographia Norte de S. Paulo, 1906.

______. *Verdades que machucam* (o Brasil moral). Pelotas: Echenique & Cia, 1925.

PERIÓDICOS ESPÍRITAS DE 1869-1900. *Reformador.* Rio de Janeiro, n. 7, p. 23-24, 24 jul. 1969.

PRIMEIRO CONGRESSO INTERNACIONAL ESPÍRITA. Barcelona: setembro de 1888. Disponível em <http://www.autoresespiritasclassicos.com/Historia/1%20Congresso%20Esp%C3%ADrita/Primeiro%20Congresso%20Internacional%20Esp%C3%ADrita%20de%20Barcelona%20em%201888.pdf>. Acesso em 9 set. 2014.

RAMOS, Clóvis. *A imprensa espírita no Brasil* – 1869-1978. Juiz de Fora: Instituto Maria, s.d.

Revista Espírita – Jornal de Estudos Psicológicos. Paris, n. 5, v. 12, mai. 1869. Rio de Janeiro: FEB, 2005.

RIO, João do. *As religiões do Rio.* Rio de Janeiro: Editora Nova Aguilar, Coleção Biblioteca manancial nº 7, 1976. Disponível em: <http://www.dominiopublico.gov.br/download/texto/bi000185.pdf>. Acesso em 18 jun. 2013.

SAMUEL. *O Espiritualismo Científico e a Iniciação.* São Paulo: Templo Espiritualista e de Iniciação "Samuel", 1922.

SCHUTEL, Cairbar. *O batismo*. Matão: O Clarim, 1986.

______. *Cartas a esmo*. Matão: O Clarim, s.d.

______. *O diabo e a igreja*. Matão: O Clarim, 1955.

______. *Espiritismo e materialismo*. Matão: O Clarim, s.d.

______. *Espiritismo e protestantismo*. Matão: O Clarim, s.d.

______. *Espiritismo para as crianças*. Matão: O Clarim, 1958.

______. *O espírito do cristianismo*. Matão: O Clarim, s.d.

______. *Os fatos espíritas e as forças X*. Matão: O Clarim, 1958.

______. *Gênese da Alma*. Matão: O Clarim, 1941.

______. *Histeria e fenômenos psíquicos*. Matão: O Clarim, s.d.

______. *Interpretação sintética do Apocalipse*. Matão: O Clarim, s.d.

______. *Médiuns e mediunidade*. Matão: O Clarim, 1984.

______. *Parábolas e ensinos de Jesus*. Matão: O Clarim, s.d.

______. *Vida e atos dos apóstolos*. Matão: O Clarim, s.d.

______. *A vida no outro mundo*. Matão: O Clarim, s.d.

SINAGOGA ESPÍRITA NOVA JERUSALÉM. São Paulo: Sinagoga Espírita Nova Jerusalém, s.d.

TORTEROLI, Angeli. *O spiritismo no Brazil e em Portugal.* Rio de Janeiro: Livraria da Sociedade Academica Deus-Christo-Caridade, 1896.

TRINDADE, Antônio J. *Fatos*: subsídios para a história do Espiritismo. São Paulo: Gráfica Neves e Lino Ltda, 1947.

Documentos oficiais

ANNUARIO ESTATÍSTICO DE SÃO PAULO 1901. São Paulo: Typographia do "Diario Official", 1904.

ANNUARIO ESTATÍSTICO DE SÃO PAULO 1902. São Paulo: Typographia do "Diario Official", 1905.

ANNUARIO ESTATÍSTICO DE SÃO PAULO 1903. São Paulo: Typ. Espindola, Siqueira & Comp., 1905.

ANNUARIO ESTATÍSTICO DO ESTADO DE SÃO PAULO 1904. 2 v. São Paulo: Typographia do "Diario Official", 1907.

ANNUARIO ESTATÍSTICO DE SÃO PAULO 1905. 2 v. São Paulo: Typ. Espindola & Comp., 1907.

ANNUARIO ESTATÍSTICO DE SÃO PAULO 1906. 2 v. São Paulo: Typ. Espindola & Comp., 1908.

ANNUARIO ESTATÍSTICO DE SÃO PAULO 1907. 2 v. São Paulo: Duprat & Comp., 1910.

ANNUARIO ESTATÍSTICO DE SÃO PAULO 1908. 2 v. São Paulo: Typographia do "Diario Official", 1910.

ANNUARIO ESTATÍSTICO DE SÃO PAULO 1909. 2 v. São Paulo: Casa Vanorden, 1911.

ANNUARIO ESTATÍSTICO DE SÃO PAULO 1910. 2 v. São Paulo: Duprat & Comp., 1912.

ANNUARIO ESTATÍSTICO DE SÃO PAULO 1911. 2 v. São Paulo: Typ. Siqueira, Nagel & C., 1913.

ANNUARIO ESTATÍSTICO DE SÃO PAULO 1912. 2 v. São Paulo: Typographia do "Diario Official", 1914.

ANNUARIO ESTATÍSTICO DE SÃO PAULO 1913. 2 v. São Paulo: Typographia do "Diario Official", 1915.

ANNUARIO ESTATÍSTICO DE SÃO PAULO 1914. 2 v. São Paulo: Typographia do "Diario Official", 1916.

ANNUARIO ESTATÍSTICO DE SÃO PAULO 1915. 2 v. São Paulo: Typographia do "Diario Official", 1917.

ANNUARIO ESTATÍSTICO DE SÃO PAULO 1916. 2 v. São Paulo: Typographia do "Diario Official", 1918.

ANNUARIO ESTATÍSTICO DE SÃO PAULO 1917. 2 v. São Paulo: Typographia do "Diario Official", 1919.

ANNUARIO ESTATÍSTICO DE SÃO PAULO 1918. 2 v. São Paulo: Typographia do "Diario Official", 1921.

ANNUARIO ESTATÍSTICO DE SÃO PAULO 1919. 2 v. São Paulo: Typographia do "Diario Official", 1923.

ANNUARIO ESTATÍSTICO DE SÃO PAULO 1920. 2 v. São Paulo: Typ. Piratininga, 1923.

RELATÓRIO DO ANNO DE 1898. São Paulo: Typographia do "Diario Official", 1900.

RELATÓRIO DO ANNO DE 1899. São Paulo: Typographia do "Diario Official", 1900.

RELATÓRIO DO ANNO DE 1900. São Paulo: Typographia do "Diario Official", 1903.

Documentos manuscritos

ESTATUTOS DA SOCIEDADE ESPÍRITA AMANTES DA POBREZA. Matão, 3 de maio de 1908. Memorial Cairbar Schutel.

Periódicos

A Doutrina (1906).

A Federação (1907-1920).

A Lanterna (1909-1914).

A Voz Maternal (1904).

Correio Paulistano (1875-1919).

Diário de S. Paulo (1867-1875).

Imprensa Ytuana (1879-1883).

Jornal de Homeopathia(1902).

O Commercio de São Paulo (1896-1909).

A Província de São Paulo (1878-1886).

O Estado de São Paulo (1908-1941).

O Livre Pensador(1903-1909).

O Operario (1891).

República (1906).

Periódicos espiritualistas

A Aurora (1876-1877).

Almanach D' "O Pensamento" (1913).

A Luz da Verdade (1903).

Alvorada d'uma Nova Era (1933-1949).

A Maçonaria no Estado de São Paulo (1911-1930).

A Nova Revelação (1904-1911).

A Verdade (1902).

Espiritualismo Experimental (1886-1888).

Lauro Sodré (1907).

Maçonaria Paulista - Boletim do Grande Oriente do Estado de São Paulo (1915-1929).

Natalício de Jesus (1908-1911).

O Alvião (1904).

O Astro (1927-1928).

O Clarim (1905-1931).

O Fim de Seculo (1898).

O Mundo Occulto (1905-1910).

O Mundo Psychico (1914).

O Oriente (1904).

O Pensamento (1909-1930).

Perdão, Amor e Caridade (1894-1903).

Reformador (1885-1955).

Revista da Sociedade Psichica de São Paulo (1899).

Revista Internacional do Espiritismo (1925-1926).

Revue Spirite – Journal D'Études Psychologiques (1878-1882).

Sciencias Hermeticas (1919).

União e Crença (1881).

Verdade e Luz (1890-1929).

Diário Oficial do Estado de São Paulo

Diário Oficial do Estado de São Paulo (1890-1916).

Documentário

O familistério de Guise, 2007. Direção de Catherine Adda. França (26 min).

Outros documentos

ESTATUTOS DA SINAGOGA ESPÍRITA NOVA JERUSALÉM. São Paulo: Sinagoga Espírita Nova Jerusalém, s.d.

Bibliografia

ACCIOLY E SILVA, Dóris; SANTOS, Luciana Eliza dos. Trajetória e produção literária de João Penteado a partir de seu arquivo pessoal. In: MORAES, Carmen Sylvia Vidigal (org.). *Educação libertária no Brasil* – Acervo João Penteado: inventário de fontes. São Paulo: Fap-Unesp: Edusp, 2013.

ADAMOVICZ, Anna Lúcia Collyer. *Imprensa protestante na Primeira República*: Evangelismo, informação e produção cultural. O jornal Batista (1901-1922). São Paulo, 2008. Tese (Doutorado em História Social) – Faculdade de Filosofia, Letras e Ciências Humanas, Universidade de São Paulo.

AGULHON, Maurice. *El círculo burgués*. La sociabilidade en Francia, 1810-1848. Buenos Aires: Siglo Veintiuno, 2009.

______. *Historia vagabunda*. Etnologia y política em la Francia contemporânea. México DF: Instituto Mora, 1994.

______. *Pénitents et francs-maçons de l'ancienne Provence*: essai sur la sociabilité méridionale. Paris: Fayard, 1984.

______. As sociedades de pensamento. In: VOVELLE, M. (org.). *França Revolucionária* (1789-1799). São Paulo: Brasiliense, 1989.

______. Visão dos bastidores. In: LE GOFF, Jacques et al. *Ensaios de Ego-história*. Lisboa, Edições 70, 1989b.

______. La sociabilidad como categoria historica. In: FUNDACIÓN MARIO GONGORRA. *Formas de sociabilidade em Chile 1840-1940*. Santiago de Chile: Vivaria, 1992.

ALMEIDA, Angélica Aparecida Silva de. *Religião e confronto*: o espiritismo em Três Rios (1922-1939). Campinas, 2000. Dissertação (Mestrado em História) – Instituto de Filosofia e Ciências Humanas, UNICAMP.

ALMEIDA, Maria das Graças Ataide. A República cristã: fé, ordem e progresso. In: ISAIA, Artur César; HOMEM, Amadeu Carvalho; SILVA, Armando Malheiro da (Coord.). *Progresso e Religião.* A República no Brasil e em Portugal (1889-1910). Coimbra: Imprensa da Universidade de Coimbra; Uberlândia: EDUFU, 2007.

AMARAL, Antonio Barreto do. *História dos velhos teatros de São Paulo*: da Casa da Ópera à inauguração do Teatro Municipal. São Paulo: Imprensa Oficial do Estado de São Paulo, 2006.

ANDRADE, Mario Celso Ramiro. *O gabinê fluidificado e a fotografia dos espíritos no Brasil.* São Paulo, 2008. Tese (Doutorado em Artes) – Escola de Comunicações e Artes, Universidade de São Paulo.

ARAIA, Eduardo. *Espiritismo*: doutrina de fé e ciência. São Paulo: Ática, 1996.

ARAÚJO NETO, Adalberto Coutinho de. *Entre a revolução e o corporativismo.* A experiência sindical dos ferroviários da E. F. Sorocabana nos anos 1930. São Paulo, 2006. Dissertação (Mestrado em História) – Faculdade de Filosofia, Letras e Ciências Humanas, Universidade de São Paulo.

ARRIBAS, Célia da Graça. *Afinal, espiritismo é religião?* A doutrina espírita na formação da diversidade religiosa brasileira. São Paulo, 2008. Dissertação (Mestrado em Sociologia) – Faculdade de Filosofia, Letras e Ciências Humanas, Universidade de São Paulo.

AUBRÉE, Marion; LAPLANTINE, François. *A mesa, o livro e os espíritos*: gênese, evolução e atualidade do movimento social espírita entre França e Brasil. Maceió: EDUFAL, 2009.

AYMARD, Maurice. Amizade e convivialidade. In: ÁRIES, Philippe; CHARTIER, Roger (org.). *História da vida privada:* da Renascença ao Século das Luzes. São Paulo: Companhia das Letras, 1991.

AZEVEDO, Alexandre Ramos de. *Abrigos para a infância no Brasil*: porque, quando e como os espíritas entraram nessa história? Rio de Janeiro, 2006. Dissertação (Mestrado em Educação) – Universidade do Estado do Rio de Janeiro.

______. Os espíritas e Anália Franco: práticas de assistência e escolarização da infância no início do século XX. *Cadernos de História da Educação.* Uberlândia: EDUFU, n. 2, v. 9, jul./dez. 2010, p. 293-307.

BACZKO, Bronislaw. Imaginação social. In: *Enciclopédia Einaudi.* Anthropos-Homem. V. 5. Lisboa: Imprensa Nacional-Casa da Moeda, 1985.

BALHANA, Carlos Alberto de Freitas. *Ideias em confronto.* Curitiba, 1980. Dissertação (Mestrado em História Social) - Universidade Federal do Paraná.

BARATA, Alexandre Mansur. *Luzes e sombras*: a ação da Maçonaria brasileira (1870-1910). Campinas: Editora da Unicamp, Centro de memória - Unicamp, 1999.

______. *Maçonaria, sociabilidade ilustrada e* independência (Brasil, 1790-1822). Campinas, 2002. Tese (Doutorado em História) - Instituto de Filosofia e Ciências Humanas da Universidade Estadual de Campinas.

BARROS, Roque Spencer Maciel de. *A ilustração brasileira e a ideia de universidade.* São Paulo: Faculdade de Filosofia, Ciências e Letras: USP, 1959.

BARROS, Rui Sá Silva. *Tomando o céu de assalto.* Esoterismo, ciência e sociedade 1848-1914: França, Inglaterra e EUA. São Paulo, 1999. Dissertação (Mestrado em História Social) - Faculdade de Filosofia, Letras e Ciências Humanas, Universidade de São Paulo.

BASTIAN, Jean-Pierre. *Los disidentes.* Sociedades protestantes y revolución en México, 1872-1911. México, D. F.: Fondo de Cultura Económica/Colegio de México, 1989.

______. *Protestantismos y modernidad latinoamericana.* Historia de unas minorías religiosas activas en América Latina. México D. F.: Fondo de Cultura Economica, 1994.

______. Introducción. In: BASTIAN, Jean-Pierre (org.). *Protestantes liberales y francmasones.* Sociedades de ideas y modernidad en América Latina, siglo XIX. México D. F.: Fondo de Cultura Económica, 1990.

______. Las sociedades protestantes y la oposición a Porfirio Díaz en México, 1877-1911. BASTIAN, Jean-Pierre (org.). *Protestantes liberales y francmasones.* Sociedades de ideas y modernidad en América Latina, siglo XIX. México D. F.: Fondo de Cultura Económica, 1990.

BERTOLLI FILHO, Claudio. Homeopatia e Espiritismo: em torno do imaginário social. *Revista de Homeopatia.* São Paulo: Associação Paulista de Homeopatia, n. 3, v. 55, p. 72-78, jul./ago./set. 1990.

BETARELLO, Jeferson. *Unir para difundir*– o impacto das federativas no crescimento do Espiritismo. São Paulo, 2009. Dissertação (Mestrado em Ciências da Religião) - Pontifícia Universidade Católica de São Paulo.

BONTEMPI Jr., Bruno. Do vazio à forma escolar moderna: a história da educação como um fardo na Cidade de São Paulo. In: PORTA, Paula. *História da cidade de São Paulo*: a cidade no Império. v. 2. São Paulo: Paz e Terra, 2004.

BOSI, Ecléa. *Memória e sociedade*. São Paulo: Companhia das Letras, 1994.

BOURDIEU, Pierre. *Coisas ditas*. São Paulo: Brasiliense, 2004.

______. *A economia das trocas simbólicas*. São Paulo: Perspectiva, 2007.

______. *O poder simbólico*. Rio de Janeiro: Bertrand Brasil, 1989.

BRITO, Clovis Carvalho. Do século XIX ao século XXI: as mulheres ou os "silêncios da história" do espiritismo na cidade de Goiás. *Fragmentos de Cultura*. Goiânia, n. 1, v. 23, p. 17-38, jan./mar. 2013.

BRUNO, Ernani Silva. *História e tradições da cidade de São Paulo*. v. 2. São Paulo: Hucitec, 1991.

BUBER, Martin. *Sobre comunidade*. São Paulo: Perspectiva, 1987.

______. *O socialismo utópico*. São Paulo: Perspectiva, 1986.

BURKE, Peter. *História e Teoria Social*. São Paulo: Editora Unesp, 2012.

______. *A revolução francesa da historiografia:* Escola dos Annales 1929-1989. São Paulo: Editora da UNESP, 1991.

CAMARGO, Cândido Procópio Ferreira de. *Aspectos sociológicos del espiritismo en São Paulo*. Friburgo: Bogotá: Oficina Internacional de Investigaciones Sociales de Feres, 1961.

______. *Católicos, protestantes, espíritas*. Rio de Janeiro: Vozes, 1973.

CAMPOS, Alzira Lobo de Arruda. População e sociedade em São Paulo no século XIX. In: PORTA, Paula. *História da cidade de São Paulo*: a cidade no Império. v. 2. São Paulo: Paz e Terra, 2004.

CAMURÇA, Marcelo Ayres. Entre a graça e a evolução: reflexões sobre o conceito de ressurreição e reencarnação no catolicismo e no espiritismo. *Revista eclesiástica brasileira*, Petrópolis: Instituto Teológico Franciscano, v. 58, n. 230, p. 384-402, 1998.

______. Fora da Caridade não há religião! Breve história da competição religiosa entre catolicismo e espiritismo kardecista e de suas obras sociais na cidade de Juiz de Fora: 1900-1960. *LOCUS:* Revista de História, Juiz de Fora: EDUFJF, v. 7, n. 1, p. 131-154, 2001.

______. "Le livre des Esprits" na Manchester Mineira: a modernidade do Espiritismo face ao conservadorismo católico nas primeiras décadas do século em Juiz de Fora. *Rhema*. Revista de Filosofia e Teologia do Instituto Arquidiocesano Santo Antônio. Juiz de Fora, n. 16, v. 4, p. 199-223, 1998b.

CANO, Gilberto Loaiza. Cultura política popular y espiritismo (Colombia, siglo XIX). *Historia y espacio*, Cali: Universidad del Vale, n. 32, 2009.

CARMO, Jefferson Carriello; SANDANO, Wilson. A imigração italiana na cidade de Sorocaba e a experiência escolar no final do século XIX e início do século XX. *Revista HISTEDBR On-line*, Campinas, n. 33, p. 109-121, mar. 2009.

CARVALHO, José Murilo. Brasil 1870-1914: A força da tradição. In CARVALHO, José Murilo de. *Pontos e bordados*. Belo Horizonte: Ed. UFMG, 1998.

______. Os três povos da República. In: ISAIA, Artur César; HOMEM, Amadeu Carvalho; SILVA, Armando Malheiro da (Coord.). *Progresso e Religião*. A República no Brasil e em Portugal (1889-1910). Coimbra: Imprensa da Universidade de Coimbra, Uberlândia: EDUFU, 2007.

CARVALHO, Marta Maria Chagas de. *A escola e a República*. São Paulo: Brasiliense, 1989.

CASTELLAN, Yvonne. *O espiritismo*. São Paulo: Difusão Européia do Livro, 1955.

CASTRO, Eduardo Góes de. *Os "quebra-santos"*: anticlericalismo e repressão pelo DEOPS/SP. São Paulo: Humanitas, 2007.

CATROGA, Fernando. *Entre deuses e césares*: secularização, laicidade e religião civil. 2ª ed.. Coimbra: Edições Almedina, 2010.

CAVALCANTI, Maria Laura Viveiros de Castro. *O Mundo Invisível* – cosmologia, sistema ritual e noção de pessoa no espiritismo. Rio de Janeiro: Zahar Editores, 1983.

CHAUNU, Pierre. *A civilização da Europa das Luzes*. v. 1. Lisboa: Editorial Estampa, 1985.

CHEVALLIER, Jean-Jacques. *As grandes obras políticas de Maquiavel a nossos dias*. Rio de janeiro: Agir, 1999.

COCHIN, Augustin. *Les societes de pensee et la democratie moderne*. Disponível em: <http://misraim3.free.fr/divers2/SOCIETES.PDF>. Acesso em 18 nov. 2013.

COLOMBO, Cleusa Beraldi. *Ideias sociais espíritas*. São Paulo: Comenius, Salvador: IDEBA, 1998.

COLOMBO, Dora Alice. *Pedagogia espírita*: um projeto brasileiro e suas raízes histórico-filosóficas. São Paulo, 2001. Tese (Doutorado em Educação) – Faculdade de Educação, Universidade de São Paulo.

COSTA, Cléria Botelho. Progresso e desordem: o alvorecer da República Brasileira. In: ISAIA, Artur César; HOMEM, Amadeu Carvalho; SILVA, Armando Malheiro da (Coord.). *Progresso e Religião.* A República no Brasil e em Portugal (1889-1910). Coimbra: Imprensa da Universidade de Coimbra, Uberlândia: EDUFU, 2007.

COSTA, Flamarion Laba da. *Demônios e anjos* (o embate entre espíritas e católicos na República Brasileira até a década de 60 do século XX). Curitiba, 2001. Tese (Doutorado em História) – Universidade Federal do Paraná.

CRUZ, Heloisa de Faria (org.). *São Paulo em papel e tinta*: periodismo e vida urbana – 1890-1915. São Paulo: EDUC; FAPESP; Arquivo do Estado de São Paulo; Imprensa Oficial, 2000.

______. *São Paulo em revista*: catálogo de publicações da imprensa cultural e de variedade paulistana. 1870-1930. São Paulo: Arquivo do Estado, 1997.

______. A imprensa paulistana: do primeiro jornal aos anos 50. In: PORTA, Paula. *História da cidade de São Paulo*: a cidade no Império. v. 2. São Paulo: Paz e Terra, 2004.

DAMAZIO, Sylvia F. *Da elite ao povo:* advento e expansão do espiritismo no Rio de Janeiro. Rio de Janeiro: Bertrand Brasil, 1994.

DARNTON, Robert. *O lado oculto da revolução*: Mesmer e o final do Iluminismo na França. São Paulo: Companhia das Letras, 1988.

DE LUCA, Tania Regina. *Leituras, projetos e (Re)vista(s) do Brasil* (1916-1944). São Paulo: Editora Unesp, 2011.

DEAECTO, Marisa Midore. *Comércio e vida urbana na cidade de São Paulo (1899-1930).* São Paulo: Editora Senac, 2002.

______. *No Império das Letras*: circulação e consumo de livros na São Paulo Oitocentista. São Paulo, 2005. Tese (Doutorado em História Econômica) – Faculdade de Filosofia, Letras e Ciências Humanas, Universidade de São Paulo.

DIAS, José Roberto de Lima. *A Evolução (1892-1893):* uma amostra dos fatores constituintes do sistema literário espírita. Rio Grande, 2006. Dissertação (Mestrado em História da Literatura) – Fundação Universidade Federal do Rio Grande.

DOMINGUES, José Maurício. A Dialética da Modernização Conservadora e a Nova História do Brasil. *Dados* – Revista de Ciências Sociais, Rio de Janeiro, n. 3, v. 45, 2002, p. 459 a 482.

ELIADE, Mircea. *Ocultismo, bruxaria e correntes culturais*. Belo Horizonte: Interlivros, 1979.

ENGELS, Friedrich. *Do socialismo utópico ao socialismo científico*. São Paulo: Centauro, 2005.

ESPINOSA, Rafael Villena Espinosa; SÁNCHEZ, Isidro Sánchez (coord.). *Sociabilidad fin de Siglo*: espacios asociativos e torno a 1898. Cuenca: Ediciones de la Universidad de Castilla-La Mancha, 1999.

FAIVRE, Antoine. *O esoterismo*. Porto: Rés-Editora, s.d.

FERNANDES, Magali Oliveira. *Vozes do Céu*: os primeiros momentos do impresso kardecista no Brasil. São Paulo: Edições Mandacaru, 2003.

FERREIRA, Fernanda Flávia Martins. *Espiritismo kardecista brasileiro e cultura política* –história e novas trajetórias. Belo Horizonte, 2008. Dissertação (Mestrado em Ciência Política) – Faculdade de Filosofia e Ciências Humanas, Universidade Federal de Minas Gerais, 2008.

FRANCISCO, Henrique Sugahara. *Transgressores da ordem e dos bons costumes:* os adeptos das práticas mágico-religiosas segundo as páginas sensacionalistas do jornal *A Capital,* 1912-1930. São Paulo: 2011. Dissertação (Mestrado em História) – Pontifícia Universidade Católica de São Paulo.

FREITAG, Bárbara. Entre socialismo utópico e socialismo real. In: *Correio Braziliense*, Brasília - DF, p. 5 - 5, 13 out. 2002.

______. Utopias urbanas. In: BARREIRA, César (org.). *A sociologia no tempo*: memória, imaginação e utopia. São Paulo: Cortez Editora, 2003.

FREITAS, Affonso A. de. *A imprensa periódica de São Paulo desde os seus primórdios em 1823 até 1914.* São Paulo: Typografia do "Diário Official", 1915.

FURET, François. *Pensando a Revolução Francesa.* Rio de Janeiro: Paz e Terra, 1989.

GIL, Marcelo Freitas. *O Movimento Espírita Pelotense e suas raízes sócio-históricas e culturais.* Pelotas, 2008. Dissertação (Mestrado em Ciências Sociais) – Instituto de Sociologia e Política, Universidade Federal de Pelotas.

GINZBURG, Carlo. *Mitos, emblemas, sinais*: Morfologia e História. São Paulo: Companhia das Letras, 1989.

GIUMBELLI, Emerson. *O cuidado dos mortos:* uma história da condenação e legitimação do espiritismo. Rio de Janeiro: Arquivo Nacional, 1997.

______. Caridade, assistência social, política e cidadania: práticas e reflexões no espiritismo. In: LANDIM, Leilah (org.). *Ações em sociedade*: militância, caridade, assistência etc. Rio de Janeiro: NAU, 1998.

GLEZER, Raquel. *Chão de Terra* e outros ensaios sobre São Paulo. São Paulo: Alameda, 2007.

______. São Paulo e a elite letrada brasileira no século XIX. Siglo XIX. *Revista de História*. Tandil: Instituto de Investigaciones Histórico-Sociales de la Universidad Nacional del Centro, n. 11, p. 149-159, jan./jun. 1992.

GODOY, Marino Luís Michilin. *O Espiritismo em Ponta Grossa – PR*: perspectivas de um espaço do além e para um além do espaço. Curitiba, 2007. Dissertação (Mestrado em Geografia) – Universidade Federal do Paraná.

GOMES, Angela de Castro. *Essa gente do Rio...*: modernismo e nacionalismo. Rio de Janeiro: Editora Fundação Getúlio Vargas, 1999.

______. *História & Historiadores*. Rio de Janeiro: Editora Fundação Getúlio Vargas, 1996.

GONZÁLEZ-BERNALDO, Pilar. Presentación. In: AGULHON, Maurice. *El círculo burgués*. La sociabilidade en Francia, 1810-1848. Buenos Aires: Siglo Veintiuno, 2009.

GUARÍN-MARTÍNEZ, Oscar. La sociabilidad política: un juego de luces y sombras. *Memoria y Sociedad*. Bogotá, n. 14, v. 29, p. 25-36, jul. dez. 2010.

GUEREÑA, Jean-Louis. Espacios y formas de la sociabilidad en la España contemporánea. *Hispania*, n. 214, v. 63, p. 409-414, 2003.

HABERMAS, Jürgen. *Mudança estrutural da esfera pública:* investigações quanto a uma categoria da sociedade burguesa. Rio de Janeiro: Tempo Brasileiro, 2003.

HALL, Michael. O movimento operário na Cidade de São Paulo: 1890-1954. In: PORTA, Paula (org.). *História da cidade de São Paulo*: a cidade na primeira metade do século XX. v. 3. São Paulo: Paz e Terra, 2004.

HERSCHMANN, Micael M.. A arte do operatório. Medicina, Naturalismo e Positivismo 1900-1937. In: HERSCHMANN, Micael M.; PEREIRA, Carlos Alberto M.. *A invenção do Brasil moderno*: medicina, educação e engenharia nos anos 20-30. Rio de Janeiro: Rocco, 1994.

HERSCHMANN, Micael M. e PEREIRA, Carlos Alberto M. O imaginário moderno no Brasil. In: HERSCHMANN, Micael M. e PEREIRA, Carlos Alberto M. *A in-*

venção do Brasil moderno: medicina, educação e engenharia nos anos 20-30. Rio de Janeiro: Rocco, 1994b.

HESS, David. O Espiritismo e as Ciências. *Religião e Sociedade*. Rio de Janeiro: Iser, n. 3, v. 14, p. 42-48, 1987.

HOBSBAWM, Eric. *A era das revoluções* 1789-1848. Rio de Janeiro: Paz e Terra, 1979.

______. *A era do capital* (1848-1875). Rio de Janeiro: Paz e Terra, 1982.

______. *A era dos impérios* (1875-1914). Rio de Janeiro: Paz e Terra, 2006.

HOMEM, Amadeu Carvalho. A crise contemporânea da noção de divino. In: ISAIA, Artur César; HOMEM, Amadeu Carvalho; SILVA, Armando Malheiro da (Coord.). *Progresso e Religião*. A República no Brasil e em Portugal (1889-1910). Coimbra: Imprensa da Universidade de Coimbra, Uberlândia: EDUFU, 2007.

INCONTRI, Dora; BIGHETO, Alessandro Cesar. Socialismo e Espiritismo, aproximações dialéticas. *Revista HISTEDBR On-line*, Campinas, n. 16, p. 1-9, dez. 2004.

ISAIA, Artur Cesar. O campo religioso brasileiro e suas transformações históricas. *Revista Brasileira de História das Religiões*, Maringá, n. 3, p. 95-105, jan. 2009.

______. Espiritismo, República e Progresso no Brasil. In: ISAIA, Artur César; HOMEM, Amadeu Carvalho; SILVA, Armando Malheiro da (Coord.). *Progresso e Religião*. A República no Brasil e em Portugal (1889-1910). Coimbra: Imprensa da Universidade de Coimbra, Uberlândia: EDUFU, 2007.

ISAÚ, Manoel. Mons. Camillo Passalacqua: primeiro pedagogo brasileiro. *Revista de Ciências da Educação*. Lorena: Centro Universitário Salesiano de São Paulo, n. 10, v. 6, p. 269-296, 2004

KISHIMOTO, Tizuko Morchida. *A pré-escola em São Paulo* (1877 a 1940). São Paulo: Loyola, 1988.

KOGURUMA, Paulo. *Conflitos do imaginário*: a reelaboração das práticas e crenças afro-brasileiras na Metrópole do Café, 1890-1920. São Paulo: 1998. Dissertação (Mestrado em História Social) – Faculdade de Filosofia, Letras e ciências Humanas, Universidade de São Paulo.

LANTIER, Jacques. *O Espiritismo*. Lisboa: Edições 70, 1980.

LEITE, Fábio Carvalho. O laicismo e outros exageros sobre a Primeira República no Brasil. *Religião & Sociedade*, Rio de Janeiro: ISER, n. 31, v. 1, p. 32-60, nov. 2011.

LEWGOY, Bernardo. *Os espíritas e as letras:* um estudo antropológico sobre cultura escrita e oralidade no espiritismo kardecista. São Paulo, 2000. Tese (Doutorado em Antropologia) – Faculdade de Filosofia, Letras e Ciências Humanas, Universidade de São Paulo.

LEYMARIE, P. G. *Processo dos Espíritas.* Rio de Janeiro: FEB, 1977.

LODI-CORRÊA, Samantha. *Anália Franco e sua ação sócio-educacional na transição do Império para a República* (1868-1919). Campinas, 2009. Dissertação (Mestrado em Educação) – Faculdade de Educação, UNICAMP.

LUZ, Madel T. *A arte de curar versus a ciência das doenças*: história social da homeopatia no Brasil. São Paulo: Dynamis Editorial, 1996.

MACHADO, Ubiratan. *Os intelectuais e o espiritismo*: de Castro Alves a Machado de Assis. Niterói: Publicações Lachâtre, 1996.

MARQUES, Gabriel. *Ruas e tradições de São Paulo.* São Paulo: Conselho Estadual de Cultura, s.d..

MARTINS, Ana Luiza. *Gabinetes de leitura da província de São Paulo*: a pluralidade de um espaço esquecido (1847-1890). São Paulo, 1990. Dissertação (Mestrado em História Social) – Faculdade de Filosofia, Letras e ciências Humanas, Universidade de São Paulo.

______. *Revistas em Revista*: imprensa e práticas culturais em tempos de República, São Paulo (1890-1922). São Paulo: EDUSP: Fapesp, 2008.

MARTINS, Antônio Egídio. *São Paulo antigo* (1554 a 1910). São Paulo: Conselho Estadual de Cultura, 1973.

MARTINS, José de Souza. *São Paulo no século XX*: primeira metade. São Paulo: Imprensa Oficial do Estado de São Paulo: POIESIS, 2011.

MARTINS, Patrícia Carla de Melo. *Seminário episcopal de São Paulo e o paradigma conservador do século XIX*. São Paulo, 2006. Tese de doutorado (Ciências da Religião) – Pontifícia Universidade Católica de São Paulo.

MARX, Karl. *O capital.* Crítica da economia política. São Paulo: Nova Cultural, 1996.

MATE, Celina Hanna et alii. Práticas escolares, práticas sociais. In: MORAES, Carmen Sylvia Vidigal (org.). *Educação Libertária no Brasil* – Acervo João Penteado: inventário de fontes. São Paulo: Fap-Unesp: Edusp, 2013.

MICELI, Sergio. *A Elite Eclesiástica Brasileira.* São Paulo: Bertrand Brasil, 1988.

______. *Intelectuais à brasileira*. São Paulo: Companhia das Letras, 2001.

______. Bourdieu e a renovação da sociologia contemporânea da cultura. *Tempo Social*, São Paulo: Universidade de São Paulo, n. 1, v. 15, p. 63-79, mai. 2003.

MONTES, Maria Lucia. As figuras do sagrado: entre o público e privado. SCHWARCZ, Lilia Moritz (org.) *História da vida* privada: contrastes da intimidade contemporânea. São Paulo: Companhia das Letras, 1988.

MONTOIA, Ana. O ideal de cidade: a reforma dos costumes e a gênese do cidadão em São Paulo no século XIX. In: PORTA, Paula. *História da cidade de São Paulo*: a cidade no Império. v. 2. São Paulo: Paz e Terra, 2004.

MORAES, Carmem Sylvia Vidigal et alii. O acervo escolar do educador anarquista João Penteado (1912-1961): dimensão pedagógica e contribuição para a história e historiografia da educação brasileira. In: MORAES, Carmen Sylvia Vidigal (org.). *Educação Libertária no Brasil* – Acervo João Penteado: inventário de fontes. São Paulo: Fap-Unesp: Edusp, 2013.

MOREL, Marco. Sociabilidades entre Luzes e sombras: apontamentos para o estudo histórico das maçonarias da primeira metade do século XIX. *Estudos Históricos*, Rio de Janeiro: Fundação Getúlio Vargas, n. 28, v. 2, p. 3-22, 2001.

MOURA, Paulo Cursino de. *São Paulo de outrora* (evocações da metrópole). Belo Horizonte: Editora Itatiaia, São Paulo: Edusp, 1980.

MÜLLER, Dalila. *"Feliz a população que tantas diversões e comodidades goza"*: espaços de sociabilidade em Pelotas (1840-1870). São Leopoldo, 2010. Doutorado em História. Universidade do Vale do Rio dos Sinos - UNISINOS.

NEGRÃO, Lísias Nogueira. Religiões afro-brasileiras: candomblé, macumba e umbanda. In: PORTA, Paula. *História da cidade de São Paulo*: a cidade no Império. v. 2. São Paulo: Paz e Terra, 2004.

NETO, Vítor. Igreja Católica e Anticlericalismo (1858-1910). In: ISAIA, Artur César; HOMEM, Amadeu Carvalho; SILVA, Armando Malheiro da (Coord.). *Progresso e Religião.* A República no Brasil e em Portugal (1889-1910). Coimbra: Imprensa da Universidade de Coimbra, Uberlândia: EDUFU, 2007.

OLIVEIRA, Eliane de Christo. *Anália Franco e a Associação Feminina Beneficente e Instrutiva:* ideias e práticas educativas para a criança e para a mulher (1870-1920). Itatiba, 2007. Dissertação (Mestrado em Educação) – Universidade São Francisco.

OLIVEIRA, Lúcia Lippi. *A Questão Nacional na Primeira República*. São Paulo: Brasiliense; Brasília: CNPq, 1990.

ORTIZ, Fernando. *A filosofia penal dos espíritas*. Estudo de filosofia jurídica. São Paulo: LAKE, 1998.

ORTIZ, Renato (org.). *A morte branca do feiticeiro negro*: umbanda, integração de uma religião numa sociedade de classes. São Paulo: Brasiliense, 1999.

______. *Pierre Bourdieu*: sociologia. São Paulo: Ática, 1983.

PAIVA, Alessandra Viana de. *Espiritismo e cultura letrada:* valorização do estudo pela doutrina Kardecista. Juiz de Fora, 2009. Dissertação (Mestrado em Ciências Sociais da Religião) – Instituto de Ciências Humanas, Universidade Federal de Juiz de Fora.

PAOLI, Maria Celia; DUARTE, Adriano. São Paulo no plural: espaço público e redes de sociabilidade. In: PORTA, Paula (org.). *História da cidade de São Paulo*: a cidade na primeira metade do século XX. v. 3. São Paulo: Paz e Terra, 2004.

PERES, Fernando Antonio. *Revisitando a trajetória de João Penteado*: o discreto transgressor de limites. São Paulo, 1890-1940. São Paulo, 2010. Tese (Doutorado em Educação) – Faculdade de Educação, Universidade de São Paulo.

PESAVENTO, Sandra Jatahy. *História & História Cultural.* Belo Horizonte: Autêntica, 2008.

PIRES, J. Herculano. *Curso dinâmico de espiritismo*. São Paulo: Paidéia, 1979.

PRANDI, Reginaldo. *Os mortos e os vivos*: uma introdução ao espiritismo. São Paulo: Três Estelas, 2012.

QUEIROZ, Suely Robles Reis de. Política e poder público na Cidade de São Paulo: 1889-1954. In: PORTA, Paula (org.). *História da cidade de São Paulo*: a cidade na primeira metade do século XX. v. 3. São Paulo: Paz e Terra, 2004.

RAGO, Margareth. A invenção do cotidiano na metrópole: sociabilidade e lazer em São Paulo. In: PORTA, Paula (org.). *História da cidade de São Paulo*: a cidade na primeira metade do século XX. v. 3. São Paulo: Paz e Terra, 2004.

RAMA, Angel. *A cidade das letras*. São Paulo: Brasiliense, 1985.

RAMACHANDRA, Adilson Silva. *"O Pensamento" em evolução*: Círculo Esotérico da Comunhão do Pensamento: 100 anos – 1909-2009. São Paulo: Pensamento, 2010.

RANQUETAT JÚNIOR, Cesar Alberto. Laicidade, laicismo e secularização: definindo e esclarecendo conceitos. *Revista Tempo da Ciência*. Cascavel: UNIOESTE, 2008, n. 30, v. 15, 30 p. 59-72.

______. *Laicidade à brasileira*: um estudo sobre a controvérsia em torno da presença de símbolos religiosos em espaços públicos. Porto Alegre, 2012. Tese (Doutorado em Antropologia Social) – Instituto de Filosofia e Ciências Humanas, Universidade Federal do Rio Grande do Sul.

RÉMOND, René. *O século XIX* – 1815-1914. São Paulo: Cultrix, s.d.

ROUSSEAU, Jean-Jacques. *Emílio*, ou da Educação. São Paulo: Martins Fontes, 2004.

SAES, Flávio. São Paulo republicana: vida econômica. In: PORTA, Paula (org.). *História da cidade de São Paulo*: a cidade na primeira metade do século XX. v. 3. São Paulo: Paz e Terra, 2004.

SANTOS, José Luiz dos. *Espiritismo*: uma religião brasileira. São Paulo: Moderna, 1997.

SANTOS, Lyndon de Araújo. *As outras faces do sagrado:* Protestantismo e cultura na primeira República Brasileira. Assis, 2004. Tese (Doutorado em História) – Faculdade de Ciências e Letras, Universidade Estadual Paulista.

SANTOS, Luciana Eliza dos. *A trajetória anarquista do educador João Penteado:* leituras sobre educação e sociedade. São Paulo, 2009. Dissertação (Mestrado em Educação) – Faculdade de Educação, Universidade de São Paulo.

SCHNEIDER, Maria do Carmo Marino. As multifárias manifestações da espiritualidade na literatura. In: NUNES, Beatriz Helena P. Costa, et. al. *Em torno de Rivail.* Bragança Paulista: Lachatre, 2004.

SCHRITZMEYER, Ana Lúcia Pastore. *Sortilégio de saberes*: curandeiros e juízes nos tribunais brasileiros (1900-1990). São Paulo: 1994. Dissertação (Mestrado em Antropologia Social) – Faculdade de Filosofia, Letras e Ciências Humanas, Universidade de São Paulo.

SCOTON, Roberta Müller Scafuto. *Espíritas enlouquecem ou espíritos curam?* Uma análise das relações, conflitos, debates e diálogos entre médicos e kardecistas na primeira metade do século XX (Juiz de Fora – MG). Juiz de Fora, 2007. Dissertação (Mestrado em Ciência da Religião) – Universidade Federal de Juiz de Fora.

SEGAWA, Hugo. São Paulo, veios e fluxos: 1872-1954. In: PORTA, Paula (org.). *História da cidade de São Paulo*: a cidade na primeira metade do século XX. V. 3. São Paulo: Paz e Terra, 2004.

SEVCENKO, Nicolau. O prelúdio republicano, astúcias da ordem e ilusões do progresso. In: SEVCENKO, Nicolau. *História da Vida Privada no Brasil.* v. 3. São Paulo: Companhia das Letras, 1998.

SILVA, Eliane Moura. *O Espiritualismo no século XIX:* reflexões teóricas e históricas sobre correntes culturais e religiosidade. Campinas: UNICAMP, 1997b.

______. *Vida e morte*: o homem no labirinto da eternidade. Campinas, 1993. Tese (Doutorado em História) – Instituto de Filosofia e Ciências Humanas, Universidade Estadual de Campinas.

______. Entre religião e política: maçons, espíritas, anarquistas e socialistas no Brasil por meio dos jornais *A Lanterna* e *O Livre Pensador* (1900-1909). In: ISAIA, Artur Cesar; MANOEL, Ivan Aparecido (orgs.). *Espiritismo & religiões afro-brasileiras.* São Paulo: Ed. Unesp, 2012.

______. Similaridades e diferenças entre estilos de espiritualidade metafísica: o caso do Círculo Esotérico da Comunhão do Pensamento. ISAIA, A. C. (org.). *Orixás e Espíritos: o debate interdisciplinar na pesquisa contemporânea.* Uberlândia: Editora da Universidade Federal de Uberlândia, 2006.

______. Maçonaria, anticlericalismo e livre pensamento no Brasil (1901-1909). In: *XIX Simpósio Nacional de Históriada ANPUH,* 1997. Disponível em <http://www.unicamp.br/~elmoura/Ma%E7onaria%20Anticlericalismo%20e%20Livre-pensamento.doc>. Acesso em 14/07/2012.

SILVA, Márcia Regina Barros da. Santa Casa de Misericórdia de São Paulo – saúde e assistência se tornam públicas (1875-1910). *Varia História*, Belo Horizonte, n. 44, vol. 26, p. 395-420, jul./dez. 2010.

SILVA, Marcos José Diniz. *Moderno-espiritualismo e espaço público republicano* – maçons, espíritas e teosofistas no Ceará. Fortaleza, 2009. Tese (Doutorado em Sociologia) - Centro de Humanidades, Universidade Federal do Ceará, 2009.

SILVA, Vagner Gonçalves. *Candomblé e Umbanda*: caminhos da devoção brasileira. São Paulo: Selo Negro, 2005.

SILVESTRIN, Mônia Luciana. *Olhares extremos*: 1900 e as imagens do fim de século na imprensa curitibana. São Paulo, 2003. Dissertação (Mestrado em História) – Faculdade de Filosofia, Letras e Ciências Humanas, Universidade de São Paulo.

SIRINELLI, Jean-François. Elogio da Complexidade. In: RIOUX, Jean-Pierre; SIRINELLI, Jean-François (orgs.). *Para uma história cultural.* Lisboa: Editorial Estampa, 1998.

______. Os intelectuais. RÉMOND, René (org.). *Por uma história política.* 2ª ed. Rio de Janeiro: Editora FGV, 2003.

STOLL, Sandra Jacqueline. *Espiritismo à Brasileira*. São Paulo: Editora da Universidade de São Paulo; Curitiba: Editora Orion, 2003.

______. Narrativas biográficas: a construção da identidade espírita no Brasil e sua fragmentação. *Estudos Avançados*, São Paulo: IEA, n. 18, v. 52, p. 181-199, 2004.

TODOROV, Tzvetan. *O espírito das Luzes*. São Paulo: Editora Barcarolla, 2008.

TRINDADE, Liana Maria Salvia. *Construções míticas e história*: estudos sobre as representações simbólicas e relações raciais em São Paulo do século XVIII à atualidade. São Paulo: 1991. Tese (Livre docência em antropologia) – Faculdade de Filosofia, Letras e Ciências Humanas, Universidade de São Paulo.

______. O negro em São Paulo no período pós-abolicionista. In PORTA, Paula (org.). *História da cidade de São Paulo*: a cidade na primeira metade do século XX. V. 3. São Paulo: Paz e Terra, 2004.

VALLE, Daniel Simões do. *Intelectuais, espíritas e abolição da escravidão*: os projetos de reforma na imprensa espírita (1867-1888). Niterói, 2010. Dissertação (Mestrado em História) – Instituto de Ciências Humanas e Filosofia, Universidade Federal Fluminense.

VAMPRÉ, Spencer. *Memórias para a história da academia de São Paulo*. São Paulo: Livraria Acadêmica Saraiva, 1924.

VASCONCELOS, João. Espíritos clandestinos: Espiritismo, pesquisa psíquica e antropologia da religião entre 1850 e 1920. *Religião & Sociedade*. Rio de Janeiro: ISER, 2003, n. 2, vol. 23, p. 92-126, dez. 2003.

VIANNA, Luiz Werneck. Caminhos e descaminhos da Revolução Passiva à Brasileira. *Dados* – Revista de Ciências Sociais, Rio de Janeiro, n. 3, vol. 39, p. 377-391, 1996.

VIEIRA, David Gueiros. *O protestantismo, a maçonaria e a questão religiosa no Brasil*. Brasília: Editora Universidade de Brasília, 1980.

______. Liberalismo, masonería y protestantismo en Brasil, siglo XIX. In: BASTIAN, Jean-Pierre (org.). *Protestantes liberales y francmasones*. Sociedades de ideas y modernidad en América Latina, siglo XIX. México D. F.: Fondo de Cultura Económica, 1990.

VOVELLE, Michel. *Ideologias e Mentalidades*. São Paulo: Brasiliense, 2004.

WANTUIL, Zêus. *As mesas girantes e o espiritismo*. Rio de Janeiro, FEB, 2005.

WARREN, Donald. A medicina espiritualizada: a homeopatia no Brasil do século XIX. *Religião e Sociedade*. Rio de Janeiro, n. 1, vol. 13, p. 88-107, 1986.

WEBER, Beatriz Teixeira. *As artes de curar:* medicina, religião, magia e positivismo na República Rio-Grandense - 1889/1928. Campinas, 1997. Tese (Doutorado em História) – Instituto de Filosofia e Ciências Humanas da Universidade Estadual de Campinas.

WERNET, Augustin. *A Igreja Paulista no século XIX.* A reforma de D. Antônio Joaquim de Melo (1851-1861). São Paulo: Ática, 1987.

WISSENBACH, Maria Cristina Cortez. *Ritos de magia e sobrevivência.* Sociabilidades e práticas mágico-religiosas no Brasil (1890/1940). São Paulo: 1997. Tese (Doutorado em História Social) – Faculdade de Filosofia, Letras e Ciências Humanas, Universidade de São Paulo.

Anexos

Anexo 1: Relação de Associações Espíritas no Estado de São Paulo

CIDADE	NOME	FUNDAÇÃO	FONTE	PERIÓDICO
Agudos	Centro Vicente de Paulo	?	*O Clarim*, n. 18, ano XVIII, 09/12/1922, p. 3.	-
Amparo	Centro Espírita São Luiz Gonzaga	1910	*ANNUARIO ESTATÍSTICO DE SÃO PAULO 1912*, p. 130.	-
Araçatuba	União Espírita Paz e Caridade	?	*O Clarim*, n. 13, ano XXIII, 26/11/1927, p. 3.	-
Araraquara	Centro Espírita de Araraquara Ou Centro Espírita Araraquarense	?	*ANNUARIO ESTATÍSTICO DE SÃO PAULO 1913*, p. 143.	-
Areias	Grupo Espírita Fraternidade Areense	1881	*União e Crença*, n. 1, ano I, 24/03/1881.	*União e Crença*
Ariranha (São João de Ariranha)	Grupo Espírita Denizard Rivail	1914	*O Clarim*, n. 31, ano IX, 21/03/1914, p. 3.	-
Barretos	Centro Espírita Evangélico Familiar	1908	*ANNUARIO ESTATÍSTICO DE SÃO PAULO 1912*, p. 130.	-
Barretos	Grupo Humildade e Caridade	?	*Nova Revelação*, n. 96, ano VII, nov. 1911, p. 239.	-

Barretos	Sociedade Espírita 25 de Dezembro	1906	*ANNUARIO ESTATÍSTICO DE SÃO PAULO 1912*, p. 130.	-
Bebedouro	Centro de Propaganda Espírita	?	*O Clarim*, n. 47, ano VII, 29/06/1912, p. 3.	-
Bebedouro	Centro Espírita do Calvário ao Céu	1897	*ANNUARIO ESTATÍSTICO DE SÃO PAULO 1912*, p. 130.	*O Fanal*
Brodowski (Engenheiro Brodoski)	Centro Amor e Caridade	?	*O Clarim*, n. 28, ano XVIII, 17/02/1923, p. 2.	-
Caçapava	Centro Espírita Juliani	?	*Verdade e Luz*, n. 20, ano I, 2ª época, 18/02/1923, p. 484.	-
Cafelândia	Centro Amor e Caridade	?	*O Clarim*, n. 6, ano XXIII, 01/10/1927, p. 3.	-
Campinas	Centro Espírita Júlio César Leal	1910	*ANNUARIO ESTATÍSTICO DE SÃO PAULO 1913*, p. 143.	-
Campinas	Centro Luz Astral (Sociedade São Luiz)	?	*O Mundo Occulto*, n. 50, ano VI, nov. 1909, p. 3.	-
Campinas	Centro Espírita Nova Luz	?	*O Clarim*, n. 4, ano XXIII, 17/09/1927, p. 2.	-
Campinas	Centro Espírita São Miguel	?	*O Clarim*, n. 6, ano XXIII, 01/10/1927, p. 3.	-
Campinas	Sociedade de Estudos Psíquicos O Mundo Occulto	1903	*O Mundo Occulto*, n. 7, ano I, 15/03/1905.	*O Mundo Occulto*
Campinas	Sociedade de Investigações Psíquicas	?	*O Clarim*, n. 28, ano V, 14/05/1910, p. 4.	-
Capivari	Centro Fé e Caridade	?	*O Clarim*, n. 7, ano XXIII, 08/10/1927, p. 3.	-

Casa Branca	Centro Espírita Religião e Ciência	1911	*ANNUARIO ESTATÍSTICO DE SÃO PAULO 1913*, p. 143.	-
Colina	Grupo Espírita Fé, Amor e Caridade	?	*O Clarim*, n. 25, ano XII, 10/02/1917, p. 2.	-
Descalvado	Grupo Espírita do Descalvado	?	*O Clarim*, n. 48, ano VII, 06/07/1912, p. 3.	-
Dois Córregos	Grupo Espírita Amor, Fé e Caridade	1908	*ANNUARIO ESTATÍSTICO DE SÃO PAULO 1913*, p. 143.	-
Dois Córregos	União Espírita de Dois Córregos	?	*O Clarim*, n. 22, ano XVIII, 06/01/1923, p. 3.	-
Dourado	Centro Espírita de Dourado	?	*O Clarim*, n. 21, ano XII, 06/01/1917, p. 2.	-
Franca	Grupo Espírita Esperança e Fé	05/02/1893	*ANNUARIO ESTATÍSTICO DE SÃO PAULO 1913*, p. 143.	*Perdão, Amor e Caridade*
Gavião Peixoto	Centro Espírita de Gavião Peixoto	?	*O Clarim*, n. 7, ano XII, 23/09/1916, p. 3.	-
Guararema	Centro Espírita Natalício de Jesus	1913	*Verdade e Luz*, n. 21, ano I, 2ª época, 03/03/1923, p. 507.	-
Guaratinguetá	Centro espírita Amor e Luz	1908	*ANNUARIO ESTATÍSTICO DE SÃO PAULO 1912*, p. 130.	-
Ibirá	Centro Espírita A Porta Estreita	?	*O Clarim*, n. 8, ano XXIII, 15/10/1927, p. 3.	-
Igarapava	Centro Espírita Luz, Caridade e Amor	?	*Verdade e Luz*, ano XVII, v. 2, mai. 1924, p. 986.	-
Iguape	Centro Espírita Caridade	?	*Verdade e Luz*, n. 235, ano X, 28/02/1900, p. 8.	-

Itápolis	Centro Espírita de Itápolis	?	*O Clarim*, n. 48, ano XII, 21/07/1917, p. 3.	-
Itapeva (Faxina)	Centro Espírita Allan Kardec	?	*Verdade e Luz*, n. 355, v. 15, 15/03/1905, p. 8.	-
Itapira	Centro Espírita Perdão, Amor e Caridade	1905	*ANNUARIO ESTATÍSTICO DE SÃO PAULO 1912*, p. 130.	-
Itapira	Centro Espírita São Luiz Gonzaga	1914	*O Clarim*, n. 34, ano XII, 14/04/1917, p. 3.	-
Itirapina	Centro Amor e Caridade	?	*O Clarim*, n. 43, ano XVIII, 09/06/1923, p. 3.	-
Jaboticabal	Grupo Espírita Caridade e Fé	1906	*ANNUARIO ESTATÍSTICO DE SÃO PAULO 1912*, p. 130.	-
Jaboticabal	Grupo São João Batista	?	*O Mundo Occulto*, n. 44, ano IV, ago. 1908, p. 3.	-
Jacareí	Centro Paula Ortiz	?	*O Clarim*, n. 28, ano XVIII, 17/02/1923, p. 2.	-
Jacareí	Grupo Espírita Amor e Caridade	?	*O Clarim*, n. 24, ano XVIII, 20/01/1923, p. 3.	-
Jaú	Centro União, Paz e Caridade	?	*Verdade e Luz*, n. 379, ano XVI, 15/04/1906, p. 15.	-
Jaú	Centro Verdade e Luz	?	*O Clarim*, n. 22, ano XVIII, 06/01/1923, p. 3.	-
Jaú	União Espírita Jauense	1907	*O Clarim*, n. 17, ano II 2, 01/06/1907, p. 2.	-
Joanópolis (São João do Curralinho)	Grupo Espírita Amantes da Verdade	1912	*O Clarim*, n. 47, ano VII, 29/06/1912, p. 3.	-
Jundiaí	?	?	*O Clarim*, n. 35, ano XVIII, 14/04/1923, p. 3.	*A Doutrina*
Jundiaí	Centro Espírita Fraternidade	1905	*ANNUARIO ESTATÍSTICO DE SÃO PAULO 1912*, p. 130.	-

Jundiaí	Grupo Espírita Luz Astral	?	*ANNUARIO ESTATÍSTICO DE SÃO PAULO 1913*, p. 143.	-
Limeira	Grupo Espírita Luz e Caridade	1906	*ANNUARIO ESTATÍSTICO DE SÃO PAULO 1913*, p. 143.	-
Manduri	Centro Espírita União de Crentes	?	*O Clarim*, n. 20, ano XII, 01/01/1917, p. 2.	-
Matão	Centro Espírita Amantes da Pobreza	1905	*O Clarim*, n. 1, ano I, 15/08/1905, p. 1.	*O Clarim*
Mogi das Cruzes	Centro Espírita Antonio de Padua	1912	*Diário Oficial do Estado de São Paulo*, n. 45, ano 22, 01/03/1912, p. 1.115.	-
Mogi Mirim	Grupo Espírita Antonio de Pádua	1907	*ANNUARIO ESTATÍSTICO DE SÃO PAULO 1913*, p. 143.	-
Monte Alto	Grupo Espírita Luz e Amor	1910	*ANNUARIO ESTATÍSTICO DE SÃO PAULO 1913*, p. 143.	-
Ourinhos	Centro União Apostólica	?	*O Clarim*, n. 17, ano XVIII, 02/12/1922, p. 3.	-
Pederneiras	?	?	*O Clarim*, n. 33, ano V, 18/06/1910, p. 3.	*A Voz do Além*
Penápolis	Centro Discípulos de Jesus	?	*Revista Internacional de Espiritismo*, n. 12, ano I, 15 jan. 1926.	-
Pindamonhangaba	Centro Espírita Caridade e Amor	?	*Verdade e Luz*, n. 17, ano II, mai. 1924, p. 985.	-
Piracicaba	Centro Espírita de Piracicaba	?	*O Clarim*, n. 7, ano X, 15/11/1914, p. 3.	-
Piracicaba	Grupo Espírita Fora da caridade não há salvação	1905	*ANNUARIO ESTATÍSTICO DE SÃO PAULO 1912*, p. 130.	-
Piracicaba	?	?	*O Clarim*, n. 38, ano XVIII, 05/05/1923, p. 3.	*O Pendor*

Pirajú	Centro São Domingos do Prata	?	*O Clarim*, n. 6, ano XII, 16/09/1916, p. 3.	-
Redenção	Grupo Espírita da Redenção	?	*O Clarim*, n. 7, ano X, 15/11/1914, p. 3.	-
Rio Claro	Centro Espírita Fé e Caridade	1906	*ANNUARIO ESTATÍSTICO DE SÃO PAULO 1913*, p. 143.	-
Ribeirão Branco	Centro Espírita São Jorge	?	*O Clarim*, n. 4, ano XXIII, 17/09/1927, p. 2	
Ribeirão Preto	Centro Espírita de Estudos Ultra-Terrestres	1907	*ANNUARIO ESTATÍSTICO DE SÃO PAULO 1913*, p. 143.	-
Ribeirão Preto	Centro União Espírita "Paz, Amor e Caridade"	?	*O Clarim*, n. 35, ano III, 15/02/1908, p. 4.	-
Ribeirão Preto	Grupo Espírita Anália Franco	?	*O Clarim*, n. 22, ano XVIII, 06/01/1923, p. 3.	-
Ribeirão Preto	União Espírita de Ribeirão Preto	?	*O Clarim*, n. 14, ano XVIII, 11/11/1922, p. 2.	-
Salto	Centro Espírita de Salto	?	*Revista Internacional de Espiritismo*, n. 3, ano II, 15 abr. 1926, p. 98.	-
Santa Rita do Passa Quatro	Grupo Espírita Santa Rita do Passa Quatro	1911	*ANNUARIO ESTATÍSTICO DE SÃO PAULO 1913*, p. 143.	-
São Carlos	Centro Espírita Maria de Jesus	1926	LEX, ARY. *60 anos de espiritismo no estado de São Paulo* (nossa vivência), p. 44.	-
São Carlos	Grupo Espírita Relação Entre Dois Mundos	1910	*ANNUARIO ESTATÍSTICO DE SÃO PAULO 1913*, p. 143.	-
São José do Rio Preto (Rio Preto)	Grupo Espírita São Pedro	?	*O Clarim*, n. 30, ano XVIII, 10/03/1923, p. 3.	-

São José do Rio Preto (Rio Preto)	Centro Espírita Amor e Caridade	?	*O Clarim*, n. 7, ano XXIII, 08/10/1927, p. 3.	-
Santos	Centro Espírita Amor e Caridade	1903	*ANNUARIO ESTATÍSTICO DE SÃO PAULO 1912*, p. 130.	-
Santos	Centro Espírita Fé, Amor e Caridade	1909	*ANNUARIO ESTATÍSTICO DE SÃO PAULO 1912*, p. 130.	-
Santos	Sociedade Anjo da Guarda	1883	*ANNUARIO ESTATÍSTICO DE SÃO PAULO 1912*, p. 130.	-
São José do Rio Pardo	Centro Espírita Agostinho	1908	*ANNUARIO ESTATÍSTICO DE SÃO PAULO 1913*, p. 143.	-
São Manuel (São Manuel do Paraíso)	Centro Espírita Fé	?	*Verdade e Luz*, n. 285, ano XII, 31/03/1902, p. 8.	*Nuctemeron*
São Manuel (São Manuel do Paraíso)	Centro Espírita Fé e Caridade	1903	FERNANDES, Washington Luiz Nogueira. *A história viva do espiritismo*, p. 147.	-
São Roque	Centro Amor e Caridade	?	*Nova Revelação*, n. 96, ano VII, nov. 1911, p. 239.	-
São Roque	Centro espírita de São Roque	1905	*ANNUARIO ESTATÍSTICO DE SÃO PAULO 1912*, p. 130.	-
São Roque	Centro Estrela da Verdade	?	*Nova Revelação*, n. 96, ano VII, nov. 1911, p. 239.	-
São Sebastião da Gama	Grupo Espírita Fé, Amor e Caridade	1909	*ANNUARIO ESTATÍSTICO DE SÃO PAULO 1913*, p. 143.	-

Sertãozinho	Grupo Espírita Deus e Caridade	1907	*ANNUARIO ESTATÍSTICO DE SÃO PAULO 1912*, p. 130.	-
Sete Barras	Centro Espírita João Evangelista	1880	FERNANDES, Washington Luiz Nogueira. *A história viva do espiritismo*, p. 23.	-
Socorro	Grupo Espírita Santo Agostinho	?	*O Clarim*, n. 32, ano XII, 31/03/1917, p. 3.	-
Sorocaba	Centro Espírita Caridade e Luz	?	*O Clarim*, n. 2, ano V 5, 01/09/1909, p. 4.	*O Clarim da Luz*
Sorocaba	Grupo Espírita Perdão, Amor e caridade	?	*ANNUARIO ESTATÍSTICO DE SÃO PAULO 1912*, p. 130.	-
Tambaú	Centro Espírita Amor a Deus	?	*O Clarim*, n. 8, v. 23, 15/10/1927, p. 3.	-
Taquaritinga	A Tenda de Paulo	?	*O Clarim*, n. 31, ano XVIII, 17/03/1923, p. 3.	-
Taquaritinga	Grupo Caridade e Luz	1906	*ANNUARIO ESTATÍSTICO DE SÃO PAULO 1913*, p. 143.	-
Tatuí	Sociedade Espírita "Caridade"	1916	*Diário Oficial do Estado de São Paulo*, n. 206, v. 26, 23/09/1916, p. 3732.	-
Taubaté	Centro Espírita Amor Fraternal	1911	*ANNUARIO ESTATÍSTICO DE SÃO PAULO 1912*, p. 130.	-
Taubaté	Centro Espírita União e Caridade	1900	*ANNUARIO ESTATÍSTICO DE SÃO PAULO 1912*, p. 130.	*O Alvião*

Anexo 2: Relação de Associações Espíritas na cidade de São Paulo

NOME	ENDEREÇO	FUNDAÇÃO	FONTE	PERIÓDICO
Associação Espírita Anjo Gabriel	Rua Tamandaré.	07/09/1914	PEDRO, Annibal Antonio. *Fatos históricos do Lar Anjo Gabriel e de sua mantenedora Associação Espírita Anjo Gabriel*, p. 15.	-
Associação Espírita de São Paulo	?	1912	*ANNUARIO ESTATÍSTICO DE SÃO PAULO 1913*, p. 143.	-
Associação Espírita Jesus Cristo	Rua Dr. João Ribeiro, 38.	?	*O Clarim*, n. 23, ano XVIII, 13/01/1923, p. 3.	-
Associação Espírita Obreiros da Luz	Belenzinho	?	*O Clarim*, n. 48, ano VII, 06/07/1912, p. 3.	-
Associação Espírita Pai Jacó	Rua Bresser, 557	?	*O Clarim*, n. 10, ano XXIII, 29/10/1927, p. 3.	-
Associação Espírita São Pedro e São Paulo	Rua do Gazômetro, 166; Rua José Bonifácio, 41	?	*O Clarim*, n. 6, ano XII, 16/09/1916, p. 3.	-
Centro Amantes dos Pobres e dos Ricos	Rua Almirante Barroso, nº 99	?	*O Clarim*, n. 49, ano XVIII, 21/07/1923, p. 3.	-
Centro Caridade e Luz	Rua Belo Horizonte, 82	?	*Nova Revelação*, n. 56, ano V, 03/05/1908, p. 3.	-

Centro Celestino dos Santos	Rua da Móoca, 120	?	*O Clarim*, n. 26, ano XII, 17/02/1917, p. 2.	-
Centro Espírita Batuíra	Rua Lopes Chaves, nº 25	?	FRANCISCO, Henrique Sugahara. *Transgressores da ordem e dos bons costumes:* os adeptos das práticas mágico-religiosas segundo as páginas sensacionalistas do jornal *A Capital*, 1912-1930, p. 138.	-
Centro Espírita Celso Garcia	?	1910	*ANNUARIO ESTATÍSTICO DE SÃO PAULO 1913*, p. 143.	-
Centro Espírita de São Paulo	Largo do Arouche, nº 64.	1902	*Nova Revelação*, n. 4, ano II, 03/01/1904, p. 1.	*Nova Revelação*
Centro Espírita Filhos da Fé	Rua Dr. Claudio de Sousa, 21.	?	*O Clarim*, n. 24, ano XII, 27/01/1917, p. 3.	-
Centro Espírita Luz e Caridade	Rua Odorico Mendes, nº 93.	?	*O Clarim*, n. 27, ano XII, 24/02/1917, p. 3.	-

Centro Espírita Miguel Archanjo Fausto	Rua Álvares Guimarães, nº 89.	?	FRANCISCO, Henrique Sugahara. *Transgressores da ordem e dos bons costumes:* os adeptos das práticas mágico-religiosas segundo as páginas sensacionalistas do jornal *A Capital,* 1912-1930, p. 138.	-
Centro Espírita Santo Agostinho	?	?	*O Clarim*, n. 31, ano XVIII, 17/03/1923.	-
Centro Espírita União, Luz e Caridade	Rua Helvétia, nº 2.	1909	*ANNUARIO ESTATÍSTICO DE SÃO PAULO 1913*, p. 143.	-
Centro Espírita Verdade e Luz (Grupo Espírita Verdade e Luz; Instituição Beneficente Verdade e Luz)	Rua do Lavapés, nº 6; Rua Espírita, nº 28.	1890	*Verdade e Luz*, n. 1, ano I, 25/05/1890.	*Verdade e Luz*
Centro Espírita Virgem de Orleans	Alameda Barão de Limeira, 74.	?	*O Clarim*, n. 39, ano XVIII, 12/05/1923, p. 3.	-
Centro Família Spirita	Rua Conselheiro Crispiniano, nº 11.	01/01/1886	*Correio Paulistano*, n. 10.224, 03/10/1890, p. 2.	-
Centro Luz e Fraternidade (Centro Deus e Caridade)	Rua 15 de novembro, 3; 1° andar.	?	*A Verdade*, n. 1, ano I, p. 1.	*A Verdade*

Centro Luz e Fraternidade	Rua das Flores, nº 56.	?	*A Luz da Verdade*, n. 1, ano I, 1/06/1903, p. 1.	*A Luz da Verdade*
Centro Luz e União	?	?	*Nova Revelação*, n. 96, ano VII, nov. 1911, p. 239.	-
Centro Paulista de Estudos Teóricos do Espiritismo Cristão	?	?	*O Mundo Occulto*, n. 10, ano I, 15/06/1905, p. 3.	-
Centro Trabalhadores da Vinha do Senhor	Lapa.	?	*O Clarim*, n. 23, ano XII, 20/01/1917, p. 2.	-
Círculo Espírita Familiar Santo Agostinho	?	?	*Nova Revelação*, n. 96, ano VI, nov. 1911, p. 236.	-
Grupo Espírita Familiar de Andre Gomes	Rua das Carmelitas.	?	*O Clarim*, n. 26, ano XII, 17/02/1917, p. 2.	-
Grupo Espírita Familiar de Joaquim de Almeida	Rua da Consolação, nº 87.	?	*O Clarim*, n. 11, ano VII, 21/11/1911, p. 3.	-
Grupo Espírita Familiar de Oscar Porto	Rua Veridiana, nº 22.	?	*O Clarim*, n. 26, ano XII, 17/02/1917, p. 2.	-
Grupo Espírita Familiar Santa Maria	Rua Casimiro Abreu, nº15.	?	*Verdade e Luz*, n. 375, ano XVI, 15/01/1905, p. 14.	-
Grupo Familiar de Vicente Pessutti	Rua Duque de Caxias, 127.	?	*O Clarim*, n. 26, ano XII, 17/02/1917, p. 2.	-
Instituto Espírita Natalício de Jesus	Rua Quirino de Andrade, nº 39; rua dos Estudantes, nº 76; Colônia Regeneradora Dom Romualdo- AFBISP.	1908	*Natalício de Jesus*, n. 2, ano I, 01/06/1908.	*Natalício de Jesus*

Sinagoga Espírita Nova Jerusalém (Sinagoga Espírita São Pedro e São Paulo)	Rua São Leopoldo, nº 728.	31/08/1916	LEX, Ary. *60 anos de espiritismo no estado de São Paulo*, p. 123.	*Alvorada d'uma Nova Era* (1933)
Sociedade de Estudos e Propaganda do Espiritualismo Científico-Filosófico	?	18/07/1904	PENTEADO, Ernesto. *Marchemos!*, p. 3.	*O Alvião*
Sociedade Espírita Amor, Ciência e Liberdade	?	?	*Espiritualismo Experimental*, n. 1, ano I, set. 1886, p. 12.	-
Sociedade Espírita Religião e Ciência	?	?	*Espiritualismo Experimental*, n. 1, ano I, set. 1886, p. 12.	-
Templo Espiritualista e de Iniciação "Samuel"	Avenida Celso Garcia, nº 49.	?	SAMUEL. *O Espiritualismo Científico e a Iniciação*, p. 4.	-
União Espírita do Estado de São Paulo	Largo do Carmo, nº 22; Rua Quirino de Andrade, nº 21.	1908	*Nova Revelação*, n. 96, ano VI, nov. 1911, p. 1.	*Nova Revelação*
União Espírita Santo Agostinho	Rua Quirino de Andrade, nº 21, sobrado.	?	*O Estado de São Paulo* 12/02/1914 p. 8.	-

Anexo 3: Relação de Periódicos Espiritualistas na Primeira República

Relação de periódicos espiritualistas na Primeira República

Nome	Local	Fundação	Ciclo de vida	Periodicidade	Instituição	Editores	Características	Orientação
A Aurora	Silveiras	1873	? Circulava em 1877	Semanal	-	Vicente Felix e Ernesto Castro	4 páginas	Espiritismo
União e Crença	Areias	1881	Mar. a jun. 1881 (4 edições)	Mensal	Grupo Espírita Fraternidade Areense	Joaquim Silverio Monteiro Leite e Afonso Tavora	4 páginas	Espiritismo
Espiritualismo Experimental	São Paulo (rua São João, 105)	1886	? Circulava em jun. 1888	Mensal	-	Francisco dos Santos Cruz Junior	12 páginas	Espiritismo
Verdade e Luz	São Paulo (Rua do Lava-pés, nº 4; Rua Espírita, nº 28)	1890	1890-1909 1922-1927 1929-?	Quinzenal; Mensal	Centro Espírita Verdade e Luz Instituição Cristã Beneficente Verdade e Luz (a partir de 1904)	Antônio Gonçalves da Silva Batuíra Pedro Lameira de Andrade	4 a 32 páginas	Espiritismo
Perdão, Amor e Caridade	Franca	1894	? Circulava em abr. 1902	Mensal	Centro Espírita Esperança e Fé	João Manoel Malheiro (1902)	4 páginas	Espiritismo

O Fim de Seculo	São Paulo	1898	?	Mensal	-	Arthur Silva	16 páginas	Espiritismo Socialismo
Revista da Sociedade Psychica de São Paulo	São Paulo (rua Boa Vista, nº 42)	1899	?	Trimensal	Sociedade Psychica de São Paulo	Diderot Júnior	22 páginas	Esoterismo Espiritismo Ocultismo
A Verdade	São Paulo (rua 15 de novembro, nº 3, 1º andar)	1902	?	Quinzenal	Centro Luz e Fraternidade (Centro Deus e Verdade)	Henrique Aubertie	4 páginas	Espiritismo
Nova Revelação	São Paulo (Rua Amaral Gurgel, nº 75; Ladeira do Piques, nº 21; rua 7 de abril, nº 74)	1903	? Circulava em 1911	Mensal	Centro Espírita de São Paulo União Espírita do Estado de São Paulo (a partir de 1908)	Francisco Antônio Bastos	4 páginas; 20 páginas (1911)	Espiritismo
A Luz da Verdade	São Paulo (Rua das Flores, nº 56 Depois Largo dos Guayanazes, nº 26)	1903	?	Quinzenal	Centro Espírita Luz e Fraternidade	-	4 a 8 páginas	Espiritismo

O Alvião	São Paulo (rua dr. Falcão, 18) Taubaté	1904	?	Quinzenal	Sociedade de Estudos e Propaganda do Espiritualismo Científico-Filosófico	Ernesto Penteado	4 páginas	Espiritismo
O Mundo Occulto	Campinas	1904	? Circulava em dez. 1910	Mensal	Sociedade de Estudos Psychicos "O Mundo Occulto"	Antonio B. Vieira	4 a 8 páginas	EspiritismoOcultismo Teosofia
O Clarim	Matão	1905	Circula atualmente	Quinzenal; Mensal;Semanal	Centro espírita Amantes da Pobreza	Cairbar Schutel	4 páginas	Espiritismo
O Clarim da Luz	Sorocaba	1907	? Circulava em novembro de 1910	Mensal	Centro Espírita Caridade e Luz	José de Castro Lima	4 páginas	Espiritismo
O Pensamento	São Paulo (rua Senador Feijo, nº A-1; rua Marechal Deodoro, nº 31; rua Senador Feijó, nº 19.	1907	Circula atualmente	Mensal	Brazil-Psychico-Astrologico	Antônio Olívio Rodrigues	20 páginas	Esoterismo
Natalício de Jesus	São Paulo (Ladeira do Piques, nº 17)	1908	? Circulava em dezembro de 1911	Periodicidade irregular	Instituto Espírita Natalício de Jesus	Francisco Bastos	20 páginas	Espiritismo

O Astro	São Paulo (Rua Rodrigo Silva, nº 40)	1908	? Circulava em 1927	Mensal	-	Antônio Olívio Rodrigues	8 páginas	Esoterismo
O Mundo Psychico	São Paulo	1914	?	Mensal	-	João Q. Baptista	16 páginas	Esoterismo Espiritismo Ocultismo Psiquismo
Ciências Hermétias	São Paulo (Rua Rodrigo Silva, 40)	1918	?	Mensal	Instituto de Ciências Herméticas	Antônio Olívio Rodrigues	-	Esoterismo
Revista Internacional de Espiritismo	Matão	1925	Circula atualmente	Mensal	-	Cairbar Schutel	32 páginas	Espiritismo

Anexo 4. Fachada da Instituição Cristã Beneficente Verdade e Luz

NATAL DE 1924 — Uma leva de pobres, esperando a sua vez, para receber donativos

Fonte: *Verdade e Luz*, n. 9, ano III, 2ª época, p. 1.157.

Anexo 5. Periódico *Verdade e Luz*

VERDADE E LUZ

SEM CARIDADE NÃO HA SALVAÇÃO

NASCER, MORRER, RENASCER AINDA E PROGREDIR SEMPRE – TAL É A LEI

ORGAM DO ESPIRITUALISMO SCIENTIFICO

PUBLICAÇÃO QUINZENAL

DIRECTOR RESPONSAVEL

ANTONIO GONÇALVES DA SILVA BATUIRA

S. PAULO COLLABORADORES – DIVERSOS BRAZIL

Anno XI | 15 de Novembro de 1900 | Num. 252

VERDADE E LUZ

Tiragem: 6:000 exemplares

REDACÇÃO E OFFICINA

RUA DO LAVAPÉS n. 6.

Preço de assignatura, em papel superior, 5.000 reis por anno. Papel commum, 2.000 rs.

É POSSIVEL?

Para quem quer que observou certos factos, taes factos são possiveis, porque são verdadeiros. Mas ha pessoas obstinadas que fogem a todo exame, pretextando serem impossiveis os phenomenos de que falamos, e que chegam a dizer que somos uns allucinados.

A ninguem é licito repellir um facto, por inexplicavel que pareça; devemos comparal-o com outro facto que já conhecemos e que póde ter analogia com elle, examinar o que elles teem de commum e em que differem, e então procuraremos ver si os podemos reunir numa classe nova.

***

Não comprehendemos como se fazem os *raps* ou «ruidos mysteriosos» que constituem um dos modos de manifestação espiritual, mas lhes achamos analogia com as detonações que resultam das descargas da electricidade statica. Si não obtemos os primeiros em toda occasião, o mesmo succede com os outros quando a atmosphera está humida ou os nossos apparelhos estão em mau estado.

O movimento de objectos solidos em que não tocamos, e a suspensão delles no ar, teem analogia com o vaevem que o circulo voltaico dá a uma barra de ferro, a qual póde manter-se isolada num conductor heliçado que se colloca verticalmente.

Estes diversos phenomenos se parecem, e todos são effeitos electricos; de mais, todos são regidos por uma intelligencia. Mas differem nisto: e é que, em uns, a intelligencia reguladora está em nós, entanto que nos outros ella está fóra de nós, mas egualmente evidente; é pois um Espirito.

***

Quando uma mesa, por exemplo, se despega do solo e fluctua no espaço, sem ponto de apoio, o Espirito não a ergue á força de braços, mas se vale dos fluidos vitaes productores da força, como o fluido calórico, o fluido sónico, o fluido fulminico e o fluido electrico, que são os principaes agentes desses phenomenos physicos. Basta-lhe que o medium abandone uma parte de sua radiação fluidica externa que elle applica á mesa, no ponto em que elle quer exercer sobre esta uma impressão de baixo para cima ou uma impulsão segundo a direcção horisontal. A mesa, como toda materia, expande uma radiação fluidica vital que lhe é peculiar. Os fluidos vitaes do medium fundem-se com esses fluidos, que se tornam então um só todo que póde fazer-se rigido á vontade, o que explica a facilidade com que podem exercer-se todos os movimentos susceptiveis de ser produzidos. Assim preparada a mesa ao talante do Espirito, este a puxa e move á vontade. Basta-lhe reger nossos fluidos vitaes por intermedio dos seus, e são então os nossos que servem para actuar sobre nossa propria materia, que obedece servilmente aos impulsos motores que ella recebe. A vontade que os engendra e que é a do Espirito, é suggestiva; ella domina o medium e o submette tirando-lhe a liberdade de acção. Todos comprehendem, pelo exposto, que não é mais difficil ao Espirito levantar uma pessoa do que levantar uma mesa, transportar um objecto de um logar a outro, ou remessal-o a alguma parte. Si o objecto é demasiado pesado e é insufficiente a radiação vital do medium, o Espirito utilisará as radiações vitaes das pessoas presentes e si um espirito for insuffiente para o exercicio deste phenomeno, outros Espiritos trarão seu concurso ao trabalho que se opera.

***

Fonte: *Verdade e Luz*, n. 252, ano XI, 15/11/1900, p. 1.

Anexo 6. Página do periódico *Verdade e Luz*

Esses canticos magnificos, esses hymnos, que se desprendem dos côros angelicos, são as alegrias manifestadas pelos anjos do Senhor em homenagem á memoria imperecivel do Filho do Homem.

Consorciemo-nos todos a esse regosijo dos emissarios do Senhor e digamos com os nossos corações cheios de amor: LAUS TIBI CHRISTI.

AS BOAS OBRAS

(CONTO ORIENTAL)

Ia a acabar o anno. Assentado á sombra de uma palmeira, o rico Hassan deitava conta com extrema satisfação ás boas obras que tinha praticado:

«Quatro bolsas á mesquita d'Ispahan, e tres á grande caravana de Meca; mais uma esmola a um santo *dervis* para rezar por mim; mais um pão por semana á visinha, que, apezar de ser pobre, sustenta e educa um orpham.»

Emquanto cheio de contentamento Hassan põe deante dos olhos do Eterno estas diversas parcellas, vê uns dedos delicados que apagam o que elle acabara de escrever, á excepção da ultima verba.

O Persa volta iroso a cabeça para punir o insolente que veiu perturbar os seus calculos. Um genio, cujas azas resplendiam como si fossem de oiro, e vestido de roupa etherea, estava ao lado delle.

«Sou, lhe diz o anjo, aquelle a que Deus incumbiu o levar perante seu throno as boas obras que, similhantes ao perfume de um sacrificio, são feitas sem interesse, e que por isso são verdadeiramente meritorias. Segundo as instrucções que tenho, emendei o calculo que tu estavas fazendo.»

Assim falou Agariel ao orgulhoso homem rico, e como uma leve nuvem desappareceu diante dos olhos delle.

Bibliothecas Espiritas

Attendendo á necessidade que ha de todos os centros de propaganda espirita terem uma bibliotheca onde possam instruir-se em leitura util, não só no que diz respeito ao espiritismo mas tambem no que se refere á vida social e ás diversas sciencias, damos em seguida uma nomenclatura de obras escolhidas:

Allan Kardec: Livro dos Espiritos, Livro dos Mediums, Evangelho, Céu e Inferno, Genese, Obras Posthumas, O Que é o Espiritismo;

Léon Denis: Depois da Morte, O Porque da Vida, Christianismo e Espiritismo;

Gabriel Delanne: O Phenomeno Espirita, A Alma é Immortal, A Evolução Animica, O Espiritismo ante a Sciencia;

Elia Sauvage: Mirétta;

Mistress E. d'Esperance: No Paiz das Sombras;

Alex. Aksakof: Animisme et Spiritisme, Um Caso de Desmaterialisação;

Alfred Erny: O Psychismo Experimental;

Coronel de Rochas: Exteriorisation de la Sensibilité, Exteriorisation de la Motricité, A Levitação;

Dr. Paul Gibier: Le Spiritisme ou Fakirism, Occidental, Analyse des Choses;

Camillo Flammarion: Deus na Natureza, Pluralidade dos Mundos, Os Mundos Imaginarios e os Mundos Reaes, Narrações do Infinito, Urania, Astronomia Popular, Stella, L'Inconnu;

Sir Humphrey Davy: Les Dernières Jours d'un philosophe;

Conde de Tolstoi: La Resurrection;

Conde de Rochester: A Vingança do Judeo, Episode de la Vie de Tibers, Herculanum, In Hoc Signo Vinces, La Reina Hatasou, Le Pharaon Mernephtah, Le Chancellier de Fer de l'ancien Egypte;

Maurice Lachatre: Historia dos Papas;

Ochorowicz: La Suggestion Mentale;

Bernheim: Hypnotisme;

Charles Richet: La Psychologie Generale;

Roustaing: Les Quatre Evangiles;

Du Potet: Le Magnetisme Animal;

Bittencourt Sampaio: A Divina Epopea;

Dr Sayão: Estudos dos Evangelhos, Jesus perante a Christandade;

Van der Naillen: Nos Templos do Himalaya, No Sanctuario;

Papus: Traité elementaire de la Magie pratique;

Alfred Russel Wallace: Les Miracles et le Moderne Spiritualisme;

William Crookes: Recherches sur le Spiritualisme;

D. José Amigó y Pellicer: Roma e o Evangelho, Nicodemo;

Dr. Kerner: La Voyante de Prevorst;

Bonnemere: L'Ame et ses manifestations à travers l'histoire, Histoire des Paysans;

Victor Hugo: Os Miseraveis;

Emilio Zola: Roma;

Alexandre Dumas: Memorias d'um medico;

Eugenio Sué: Mysterios do Povo, Mysterios de Pariz;

Dr. Otero Acevedo: Los Espiritos;

Visconde de Torres Solanot: Marieta, Le Catolicismo antes del Christo;

Dr. E. Gíel: L'Etre Subconscient;

Dante: O Paraizo Perdido;

Lafontaine: Fabulas;

Milton: O Paraizo Perdido;

Cantu: Historia Universal;

Stainton: Enseignements Spiritualistes;

Elyseo Reclus: Geographia;

R. Noggerath: La Survie;

Louis de Figuier: Histoire du Merveilleux, O Homem Primitivo;

Herbert Spencer: Educação Intellectual, moral e physica;

Platão: Apologia de Socrates;

Jacolliot: Le Spiritisme dans le Monde;

Henrik Sienkiewicz: Quo Vadis;

G. Vitoux: Les Rayons X et la photographie de l'invisible, La Photographie du Mouvement;

Simões da Fonseca: Diccionario portuguez illustrado.

Qualquer destes livros póde ser obtido por intermedio da Livraria da Federação Espirita Brazileira (*João Lourenço de Souza*, gerente), rua do Rosario 141, *Rio de Janeiro*, devendo porém os preços das obras que não forem espiritas ser estabelecidos de accordo com o que for encontrado nas outras livrarias. Alguns dos livros

Fonte: *Verdade e Luz*, n. 252, ano XI, 15/11/1900, p. 7.

Anexo 7. Página do periódico *Verdade e Luz*

16 VERDADE E LUZ

RELAÇÃO DAS PESSOAS DE QUEM TEMOS RECEBIDO A IMPORTANCIA DE SUAS ASSIGNATURAS, AUXILIO A' INSTITUIÇÃO E A' PROPAGANDA, NO CORRENTE ANNO.

Estado de São Paulo. Villa de Cruzeiro: Alexandre da Cunha, Reis, 6$000. 1905-1906. Iguape: João Dias da S. Martins, 29$000.

Estado de Minas, São João Nepomuceno: Antonio José de Oliveira Sobrinho, 5$000. 1904-1905, José Gonçalves da Cunha, 3$000 Orozimbo Pinto, 3$, Manoel Victorino Bittencourt, 3$ Cidade de Araxá: Getulio França, 7$, de 1903-4-5 e 1$, para 1906.

RECEBEMOS MAIS PARA 1906.

Estado de São Paulo. Santos: De um irmão que nos veiu visitar, socio da Sociedade Espirita «Anjo da Guarda», 10$000, João Moreira S. Junior, 3$. Batataes: Albano Correia do Couto, 4$. Villa do Parnahyba: Joseph Italiano, 3$. Botucatú: Dr. Jorge Maia, 10$. Barretos: Antonio José Moreira, 5$. Villa de Pinheiros: João Ribeiro Junqueira, 3$. Jahú: Joaquim Rangel, 10$. Capital: Francisco Pereira dos Santos, 3$, Baldomero Garcia, 6$. Antonio Gonçalves da Silva, 3$, D. Anna Vieira Simões, 3$, D. Aurelia Pereira, 500. Antonio Olivio Rodrigues, 3$. Grupo Espirita «Santa Maria», 3$. de 1,000 exemplares do «Manifesto as Mulheres», Antonio Coelho da Gama, 5$, Joaquim Francisco de Azevedo, 3$. o Sr. General Eugenio do Mello, offerteu-nos um barrilsinho de matte para os recolhidos na Instituição.

Capital Federal. Theophilo Monteiro de Castro, 10$, Abel Cardoso, 5$.

Estado de Minas. Caxambú: João Penha de Andrade, 3$, Gabriel Ribeiro da Luz, 6$, 1905-6. Monhuassú: Samuel Christiano Castro, 3$. São João Nepomuceno: Manoel Antonio Rodrigues de Castro, 3$, Agostinho Vinet, 3$, Egydio Aglio, 3$, Luiz Aglio, 3$.

De diversos Estados. Estado da Bahia. S. Salvador: Dr. Cincinato Pinto da Silva, 3$. Estado do Maranhão. Barra do Corda: Manoel Ferreira de Mello Falcão, 4$. Estado do Rio Grande do Sul. Pelotas: Baroneza de Tres Serros, 5$. Taquary: Luiz Gonzaga Pinto, 5$, Sabino Azevedo Cunha Pinto, 5$. Cachoeira: Silvio Marques Malmor, 3$.

:—:

«VERDADE E LUZ»

Todos os negocios e correspondencia relativos a esta revista devem ser endereçados a Antonio Gonçalves da Silva Batuira, rua Espirita n.º 28—São Paulo.

Preço de assignatura, em papel superior, 5,000 reis; em papel commum, 3,000, por anno.

Typ. Espirita.

Fonte: *Verdade e Luz*, n. 373, ano XVI, 31/11/1905, p. 16.

Anexo 8. Periódico *Verdade e Luz* - 2ª época

VERDADE E LUZ

Publicação mensal, fundada em 25 de Maio de 1890, por Antonio Gonçalves da Silva Batuira
ORGÃO DA ASSOCIAÇÃO ESPIRITA «S. PEDRO E S. PAULO»
— REDACÇÃO: —
Rua José Bonifacio, 41-Sobrado — Telephone Central, 2033 — Caixa postal, 2835
REDACTOR GERAL: — *DR. PEDRO LAMEIRA DE ANDRADE*
OFFICINAS: — RUA VERGUEIRO, 48-A — TELEPHONE AVENIDA, 1077

NUMERO 1 | **S. PAULO — MAIO — DE 1925** | ANNO IV DA 2.ª EPOCA

O NOSSO ANNIVERSARIO

Mais um anno, louvado seja Deus! alcançamos nas lides do jornalismo espirita no Brasil. A «Verdade e Luz» entra no seu quarto anno da 2.ª época, vivendo já, uma vida de quasi 35 annos!

Seu fundador, o saudoso e querido irmão Batuira, cujo retrato temos o grande prazer de estampar aqui, foi inexcedivel, quer no tocante á sua enorme propaganda, pois chegou a tirar dez mil exemplares, para cada edição; quer no que respeita á sua orientação, genuinamente espirita, vasada nos moldes do mais crystalino kardecismo.

A «Verdade e Luz» tem sido uma officina de verdadeiro trabalho, onde, mão grado a incompetencia de seus directores e a exiguidade de recursos de bôa collaboração, muito nos tem sido proporcionado pela bondade do Pae Amantissimo.

Sob a premencia da labuta jornalistica muito temos aproveitado, no fortalecimento do nosso espirito. Deus nos tem dado optimas opportunidades para espalharmos o bom grão des-

ANTONIO GONÇALVES DA SIVA BATUIRA

Fonte: *Verdade e Luz*, n. 1, ano IV, mai. 1925, p. 1.

Anexo 9. Certidão de nascimento de Antônio Gonçalves da Silva Batuíra

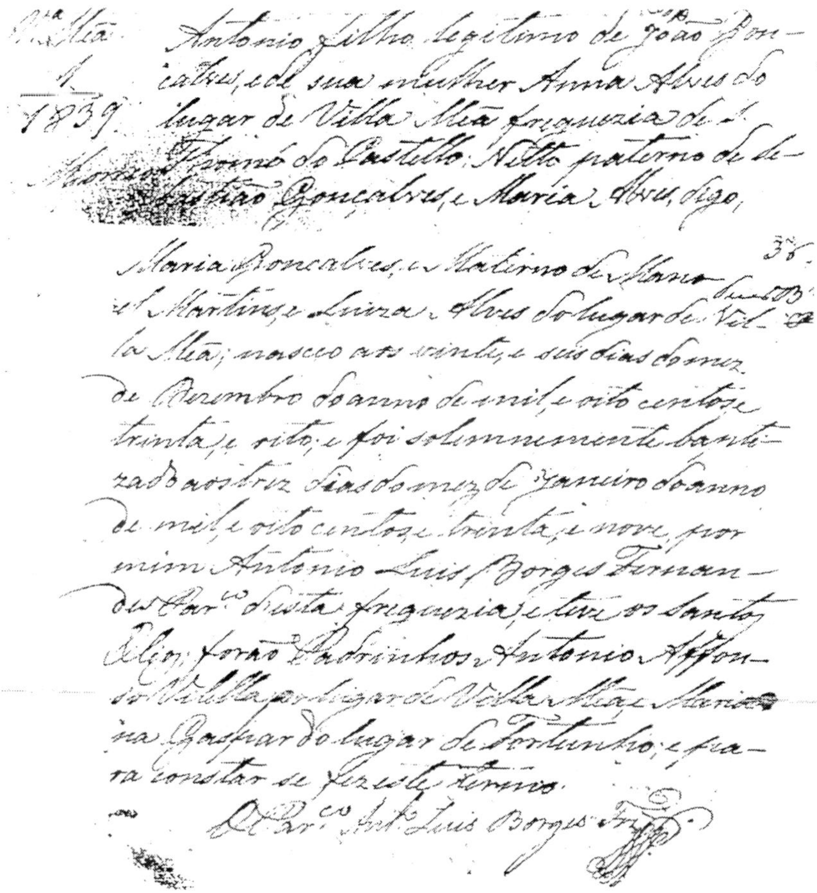

Villa Meã
1.
1839
Antonio

Antonio filho legitimo de João Gon-
çalves, e de sua mulher Anna Alves do
lugar de Villa Meã freguezia de S.
Thomé do Castello. Netto paterno de Se-
bastião Gonçalves, e Maria Alves, digo,

38.

Maria Gonçalves, e materno de Mano-
el Martins, e Luiza Alves do lugar de Vil-
la Meã; nasceo aos vinte, e seis dias do mez
de Dezembro do anno de mil, e oito centos, e
trinta, e oito, e foi solemnemente bapti-
zado aos tres dias do mez de Janeiro do anno
de mil, e oito centos, e trinta, e nove, por
mim Antonio Luis Borges Fernan-
des Cura desta freguezia, e tive os Santos
Oleos; forão Padrinhos Antonio Affon-
so Villela do lugar de Villa Meã, e Mar-
ina Gaspar do lugar de Fontainho; e pa-
ra constar se fez este termo.
O Cura Ant. Luis Borges Fer.

Fonte: GEB-Grupo Espírita Batuíra, Algés, Portugal.

Anexo 10. Sociedades espíritas: *Anuário Estatístico* 1913

— 143 —

PARTE V
5.me Partie

Estado de São Paulo
État de Saint Paul

Estatistica do Culto Espirita

Statistique du Culte Spirite

MAPPA VIII
8.me Tableau

ANNO DE 1913
Année 1913

Numero de ordem *Numéro d'ordre*	MUNICIPIOS *Municipes*	DENOMINAÇÃO DAS SOCIEDADES *Dénomination des sociétés*	Anno da fundação *Année de la fondation*	Numero de Templos *Nombre de Temples*	Frequencia média *Fréquence moyenne*	Numero de Dispensarios *Nombre de Dispensaires*	Numero de Bibliothecas *Nombre de Bibliothèques*	Numero de volumes *Nombre de volumes*	Numero de publicações *Nombre de publications*	Tiragem *Tirage*	Numero de associados *Nombre d'associés*	Mensalidades *Mensalités*	OBSERVAÇÕES *Observations*
1	Araraquara	Centro Espirita Araraquarense	—	—	—	—	—	—	—	—	—	—	Em reorganização
2	Barretos	Centro Espirita Evangelico	1908	1	8	1	1	50	—	—	—	—	
3	»	Sociedade Espirita 25 de Dezembro	1910	1	10	1	1	100	1	500	50	2$000	
4	Campinas	Centro Espirita Julio Cesar Leal	1910	—	—	—	—	—	—	—	—	—	» »
5	Capital	Associação Espirita de São Paulo	1912		50	—	—	—	—	—	150	2$000	
6	»	Centro Espirita Celso Garcia	1910	1	50	—	1	220	—	—	50	2$000	
7	»	Centro Espirita Verdade e Luz	1890	1	30	1	—	—	1	1.500	280	—	
8	»	Grupo Espirita União Luz e Caridade	1909	—	60	1	1	—	—	—	90	1$000	
9	Casa Branca	Centro Espirita Religião e Sciencia	1911	1	8	—	—	10	—	—	—	—	
10	Dous Corregos	Grupo Espirita Amor, Fé e Caridade	1908	—	—	1	1	100	—	—	60	2$000	
11	Franca	Grupo Espirita Esperança e Fé	1910	1	30	1	1	87	—	—	120	$500	
12	Itapira	Centro Espirita Perdão, Amor e Caridade	1905	—	25	—	—	—	—	—	100	—	
13	Jaboticabal	Centro Espirita Caridade e Fé	1906	1	25	—	1	—	1	4.000	48	—	
14	Limeira	Centro Espirita Luz e Caridade	1906	1	50	1	1	50	—	—	60	1$000	
15	Mattão	Centro Espirita Amantes da Pobreza	1905	—	30	1	1	300	1	3.500	12	—	
16	Mogy Mirim	Grupo Espirita Antonio de Padua	1907	—	10	—	—	—	—	—	20	—	
17	Piracicaba	Grupo Espirita Fóra da Caridade não ha salvação	1906	1	125	—	1	100	—	—	50	—	
18	Ribeirão Preto	Centro de Estudos Ultra Terrestres	1907	—	—	1	1	100	—	600	20	2$000	Em construcção
19	Rio Claro	Grupo Espirita Fé e Caridade	1906	1	10	—	—	—	—	—	—	—	
20	Jundiahy	Grupo Espirita Luz Astral	—	—	—	—	—	—	—	—	—	—	Dissolvido
21	Santa Rita do Passa Quatro	Grupo Espirita Santa Rita do Passa Quatro	1911	—	—	—	1	75	—	—	18	—	
22	Santos	Centro Amor e Caridade	1910	1	100	1	1	—	—	—	20	—	
23	»	Grupo Espirita Fé, Amor e Caridade	1900	1	18		1	50	—	—	8	—	
24	»	Sociedade Espirita Anjo da Guarda	1883	—	—	—	1	120	—	—	107	2$000	
25	São Carlos	Grupo Espirita Relação entre dois mundos	1910	—	55	—	1	98	—	—	86	2$000	Em jornaes profanos
26	Monte Alto	Grupo Espirita Luz e Amor	1910	—	25	—	1	15	—	—	—	—	
27	São José do Rio Pardo	Centro Espirita Agostinho	1908	—	—	—	—	—	—	—	—	—	
28	» Roque	Centro Espirita São Roque	1905		40	—	1	50	—	—	121	1$000	
29	» Sebastião da Grama	Grupo Espirita Fé, Amor e Caridade	1909	1	—		1	50	—	—	—	—	
30	Sertãosinho	Grupo Espirita Deus e Caridade	1907	—	—	—	1	60	—	-	12	—	
31	Taquaritinga	Grupo Espirita Caridade e Luz	1906	—	—	—	—	—	—	—	—	—	
32	Taubaté	Centro Espirita União e Caridade	1903	1	80	1	1	65	1	600	48	2$000	
		TOTAL		14	839	11	21	1.671	5	10.760			

Pedro P. de A. Lima, Collaborador.

M. de Arruda Camargo, servindo de chefe da 2.ª Secção.

Fonte: *ANNUARIO ESTATÍSTICO DE SÃO PAULO 1913*. 2 vol. São Paulo: Typographia do "Diario Official", 1915, p. 143.

Anexo 11. Anúncio de espetáculo

THEATRO S. JOSE'

EMPREZA THEATRAL DO BRAZIL

EXTRAORDINARIA NOVIDADE

HOJE SEXTA-FEIRA HOJE

Um unico espectaculo nesta capital pelo decantado professor

ROBERHT

do Milão. A maior celebridade universal da época. Espectaculo completamente novo nesta capital. Grande sessão scientifica recreativa. Experiencias baseadas em psycologia experimental, mathematica, penetração do pensamento alheio, imposição da propria vontade em outras pessoas, etc. Historia, sciencia e superstição. Ultimas maravilhas do pensamento humano ! Inacreditaveis trabalhos em todos os generos, á escolha do publico.

PSYCHOLOGIA EXPERIMENTAL—distinguindo e penetrando o caracter, tendencia e a força da vontade alheia, obrigar differentes pessoas a dizer, a fazer, a ler e a escrever, ou a pensar aquillo que o professor Roberth haja préviamente determinado.

HYPNOTISMO, CATALEPSIA—uma ou mais pessoas do publico serão submettidas á experiencia do hypnotismo seguida de catalepsia.

MEMORIA E HISTORIA—recordar-se de qualquer numero de objectos que tenham sido designados ao artista do começo da sessão e responder qualquer pergunta sobre historia, desde a fundação de Roma até hoje.

O spiritismo desmascarado ! As mesas dansantes ! Conversação com os espiritos ! A cadea spirita ! Correspondencia spirita ! A mão fallante, e outros phenomenos de inexplicavel penetração !

QUEBRA CABEÇAS !!—trabalho de tal forma assombroso, que tem vallido os mais enthusiasticos elogios nas principaes capitaes do mundo, e que acaba de ser confirmado por todo o publico e imprensa da capital federal, que apelidou o professor Roberth—O Homem Sobrenatural.

SCENAS HUMORISTICAS—Esta sessão é summamente recreativa. As experiencias acima indicadas são intercalladas com algumas outras recreativas como—O sopr de uma dama—O chapéo e garrafa fallantes—A mão mysteriosa e o celebre—Talisman Roberth.

O professor Roberth, pelos seus admiraveis trabalhos, obteve as seguintes distincções : Medalha de Ouro e Corôa da Litoris e Artibus de S. M. Oscar II. Medalha Real de Ouro, da Saxonia, Kunst und Wissenschaft. Premio da Real Academia da Rumania. Diploma de Honra da Universidade de Heydelberg. Diploma de Merito do ultimo Congresso Pedagogico Nacional Italiano.

Os srs. professores e estudantes podem propor a resolucção de qualquer problema mathematico, psycologico, historico mnemonico : o professor Roberth compromette-se a resolvel-o desde que o problema não ultrapasse os limites da possibilidade em sessão publica.

Os bilhetes para este unico espectaculo, acham-se á venda na bilheteria do theatro S. José.

AVISO—A empreza faz sciente ao respeitavel publico, que o professor Robert não é prestidigitador e nem os seus trabalhos devem ser confundidos com os de prestidigitação já muito conhecidos do publico, bem assim que não emprega apparelhos para as suas experiencias.

A Empreza Thea ral do Brazil, não desejando interromper a brilhante série das representações da Companhia Eden Theatro, resolveu dar um unico espectaculo hoje, 29 do corrente, afim de que o illustrado povo paulistano possa admirar o prodigioso artista, cujos trabalhos são considerados um verdadeiro assombro em todo o mundo.

J. M. de Carvalho, representante da Empreza,

Amanhã—ALI-BABA'.

Fonte: *Correio Paulistano*, n. 10.747, ano XXXIX, 29/07/1892, p. 4.

Anexo 12. *Revista Internacional do Espiritismo*

ANNO I | BRASIL - E. de S. Paulo — Mattão, 15 de Fevereiro de 1925 | N.º 1

Revista Internacional do Espiritismo

PUBLICAÇÃO MENSAL DE ESTUDOS ANIMICOS E ESPIRITAS

Director: *CAIRBAR SCHUTEL*

Collaboradores: *DIVERSOS*

SUMMARIO

Victor Hugo — O grande poeta espirita

Fonte: Revista Internacional do Espiritismo, n. 1, ano 1, fev. 1925.

Anexo 13. Página do periódico *Nova Revelação*

A NOVA REVELAÇÃO

FOLHETIM

Marieta

SEGUNDA PARTE

Centro Espirita de São Paulo

Grande festival artistico e litterario

Organisado pelo Centro Espirita de São Paulo

Em beneficio de tres viuvas necessitadas e de um casal invalido

NO DIA 23 DE MAIO DE 1908

O festival se effectuará no Gremio Dramatico e Musical Luso Brasileiro

Rua da Graça n. 132 Bom Retiro

Programma

Primeira parte

Conferencia pelo nosso illustrado confrade Coronel Raposo de Almeida, que dissertará sobre a Sciencia Espirita, demonstrando a sua perfeita harmonia com o progresso da humanidade.

Segunda parte

A ORPHAN — bellissima poesia de Corrêa Vasquez, recitada pela intelligente menina Augusta de Andrade, preparada pela exma. sra. d. Anália Franco.

Terceira parte

A CARIDADE (Poesia) — recitada pela senhorita Guiomar Cardoso.

Quarta parte

Representação do emocionante e bellissimo drama maritimo, em 3 actos

JOÃO, O CORTA-MAR

Durante o espectaculo uma bem organisada orchestra executará as mais apreciadas peças do seu vasto repertorio.

O festival terá inicio ás 8 horas da noite

Os bilhetes de ingresso podem ser procurados na séde do Centro, á rua 7 de Abril n. 74

Ingresso 3$000 (com direito a duas pessoas)

A Directoria roga a todos os confrades encarregados de passar ingressos, o obsequio de prestarem suas contas até o dia 15 do corrente, afim de facilitar os trabalhos para a organisação do espectaculo

Fonte: *A Nova Revelação*, n. 56, ano V, 03/05/1908, p. 3.

Anexo 14. Estatutos da sociedade espírita Amantes da pobreza

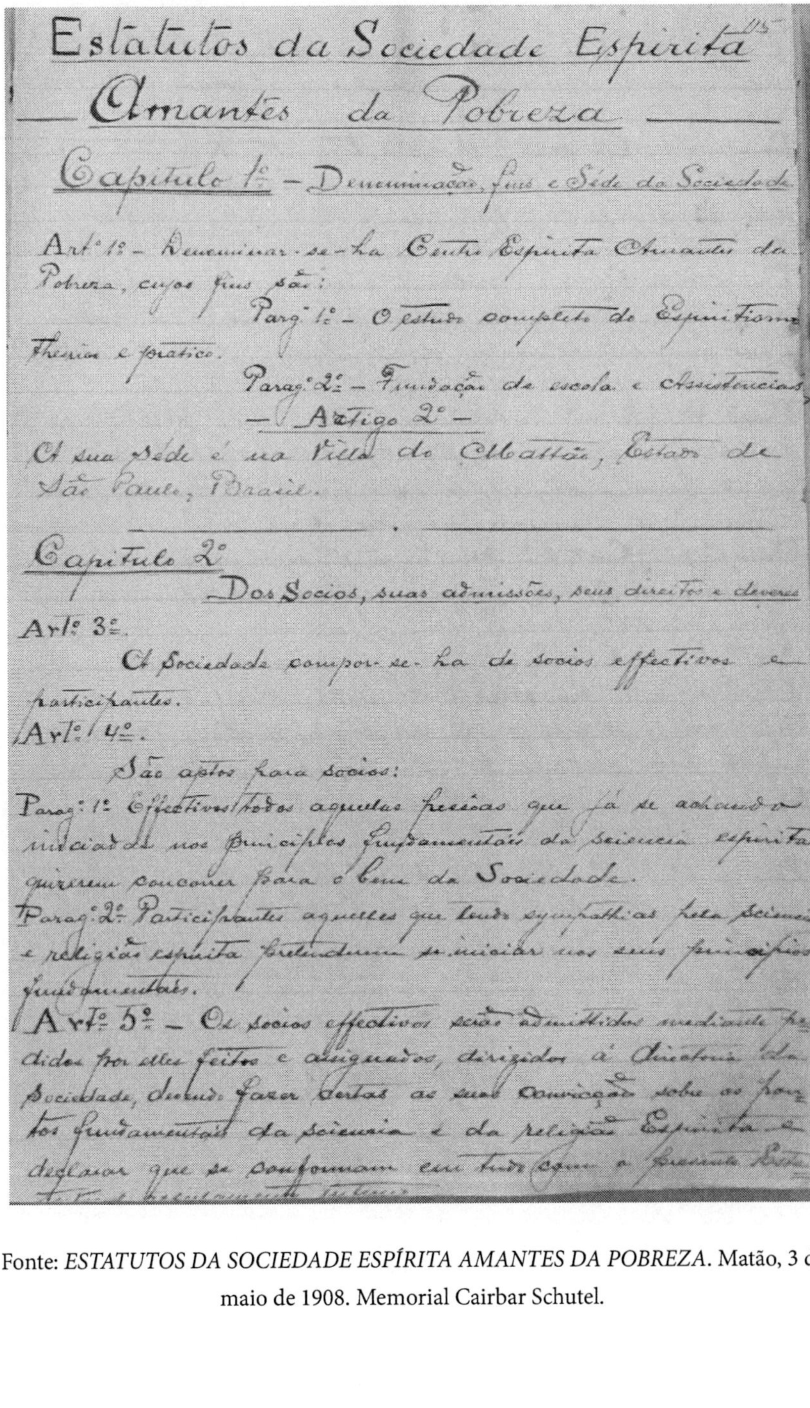

Estatutos da Sociedade Espirita
Amantes da Pobreza

Capitulo 1º – Denominação, fins e Séde da Sociedade

Artº 1º – Denominar-se-ha Centro Espirita Amantes da Pobreza, cujos fins são:

Parag. 1º – O estudo completo do Espiritismo theorico e pratico.

Parag. 2º – Fundação de escola e Assistencias.

– Artigo 2º –

A sua séde é na Villa do Mattão, Estado de São Paulo, Brazil.

Capitulo 2º

Dos Socios, suas admissões, seus direitos e deveres

Artº 3º.

A Sociedade compor-se-ha de socios effectivos e participantes.

Artº 4º.

São aptos para socios:

Parag. 1º Effectivos/todos aquellas pessoas que já se achando iniciadas nos principios fundamentaes da sciencia espirita quizerem concorrer para o bem da Sociedade.

Parag. 2º Participantes aquelles que tendo sympathias pela sciencia e religião espirita pretenderem se iniciar nos seus principios fundamentaes.

Artº 5º – Os socios effectivos serão admittidos mediante pedidos por elles feitos e assignados, dirigidos á Directoria da Sociedade, devendo fazer certas as suas convicções sobre os pontos fundamentaes da sciencia e da religião Espirita e declarar que se conformam em tudo com o presente Estatuto e Regulamento interno.

Fonte: *ESTATUTOS DA SOCIEDADE ESPÍRITA AMANTES DA POBREZA*. Matão, 3 de maio de 1908. Memorial Cairbar Schutel.

Anexo 15. Periódico *O mundo Occulto*

O MUNDO OCCULTO

Orgam da Sociedade de Estudos Psychicos

E. DE S. PAULO — Redactor, Antonio B. Vieira — BRASIL

ANNO IV — CAMPINAS, Novembro de 1907 — NUM. 37

Expediente

On prie les rédactions des journaux étrangers, traitant de nos doctrines, d'avoir l'obligeance de faire l'échange avec «O Mundo Occulto».

A redacção d'*O Mundo Occulto* não responde pelas idéas emittidas pelos seus collaboradores.

Os artigos não publicados serão devolvidos aos seus auctores, quando pedidos.

Toda a correspondencia relativa á REDACÇÃO desta folha deve ser enviada á **Rua Barão de Jaguára, 74**.

CONTRIBUIÇÃO VOLUNTARIA

SECÇÃO ESPIRITA

AS CURAS ESPIRITAS

O Espiritismo é hoje mais que nunca um problema, por toda a parte, posto na ordem do dia. Para já não falarmos da America do Norte — berço da phenomenologia systematisada contemporanea — em que foi rapida e triumphal a sua carreira; pondo igualmente de lado as duas Americas, Central e do Sul, em cujas cidades, das mais importantes ás mais modestas, a propaganda neo-espiritualista caminha a passo accelerado, como jamais lográra nenhum outro movimento de renovação philosophica ou religiosa, vemos nos principaes centros intellectuaes da velha Europa a questão espirita impôr-se cada dia com maior imperio aos pensadores de todos os matizes, já seja quanto aos phenomenos em si, já no ponto de vista das interpretações que se lhes procura dar.

Medicos, philosophos, professores de Universidades, jornalistas, escriptores de renome, personalidades em summa do mais subido quilate intellectual, cujos nomes, por extensa a lista, seria fastidioso mencionar, todos á porfia se vão irresistivelmente encaminhando para o dominio da observação dos surprehendentes phenomenos que, ha pouco mais de meio seculo, vêm solicitando pertinazmente a attenção do mundo. E emquanto uns se conservam prudentemente no terreno espectante da simples observação dos factos, outros mais ousados, ou menos submissos aos preconceitos academicos, já não vacillam em adoptar a theoria espirita, a mais simples, a mais logica e a mais satisfactoria para a explicação completa da variada phenomenologia.

As mediumnidades surgem, as experiencias multiplicam-se desde os simples movimentos de objectos sem contacto até as materialisações de entidades espirituaes com todos os caracteres physiologicos e anatomicos que attestam a sua perfeita corporeidade e independencia em relação ao meio em que operam.

E do conjuncto desses factos e do interesse crescente que despertam, tornando-se o assumpto obrigatorio das mais insistentes pesquizas, o que se sente que irá inevitavelmente resultar, para honra d'este seculo afrorescente apenas, é que o grande, o formidavel, o mais que todos imperioso problema da immortalidade da alma vai ter, como já teve para um grande numero, no terreno do methodo experimental, a sua definitiva solução.

* * *

A cada paiz os seus meios peculiares de acção e propaganda.

Aqui no Brasil, particularmente no Rio de Janeiro, o Espiritismo tem visto successivamente desarmarem-se as prevenções de muitos de seus adversarios, engrossarem constantemente as suas fileiras com a adhesão de outros, e finalmente crear-se em torno de suas affirmações uma atmosphera de accentuadas sympathias, graças sobretudo a um genero de factos que, sem serem, por isso mesmo, dos menos probatorios, recommendam-se principalmente pelo seu cunho humanitario, pelas considerações e allivios que infundem.

Queremos falar das curas espiritas operadas com o concurso da mediumnidade curadora e receitista. Sem renunciar de modo algum aos demais processos de investigação e proselytismo, pelo estudo das doutrinas e pela observação dos phenomenos, tem sido comtudo entre nós o exercicio d'aquella mediumnidade o vehiculo mais extensivo e efficaz da propaganda espirita nestes ultimos annos. Milhares de enfermos, alguns desenganados mesmo pela medicina official, que áquelle meio therapeutico, em desespero de causa, recorreram, têm encontrado o allivio, frequentemente a cura de seus padecimentos.

E, todavia, o processo é dos mais simples. Sem ver, sem examinar o doente, o medium, sob a inspiração dos espiritos, aconselha o tratamento homœopathico que elle deve seguir, mediante o qual vem com effeito a obter a cura, não raro, verdadeiramente prodigiosa.

Os factos são coisas pertinazes, já o disse o grande physico inglez Sir Russel Wallace.

A Federação Espirita Brasileira, preoccupada unicamente com a divulgação dos ensinos espiritualistas, dos ensinos do Christianismo em sua moderna phase — que outra coisa não é o actual movimento de renovação religiosa e scientifica; preoccupada assim de distribuir o bem, sob todas as suas formas moraes e materiaes, aos soffredores e necessitados, não podia deixar de incorporar-se a essa corrente propagandista e sobreindo humanitaria.

Contando com o concurso de alguns mediuns, dotados d'aquella faculdade especial, abriu as suas portas ás dôres e aos reclamos dos afflictos, e sentindo-se feliz de alliviar aquellas, nada a estes exigia em troca. Porque é preciso que fique, uma e muitas vezes consignado, que o desinteresse absoluto dos seus mediuns, não é mais que um prolongamento do desinteresse igualmente absoluto com que a Federação realisa seu programma espirita.

E o numero dos enfermos que, pelo duplo motivo que ahi fica, têm procurado o seu abrigo, cresceu, tem crescido, e constantemente vai crescendo, apezar da abstenção de toda publicidade, que tem systematicamente observado.

E' que a bôa semente não devia permanecer esteril.

(Extr.)

Uma reencarnação

Os jornaes inglezes contam o extraordinario facto seguinte, reproduzido no ultimo numero do *Echo du Merveilleux*.

Trata-se de um caso espirita de reencarnação, produzido perto de Rangoon (India Ingleza).

Em 1903 morreu, perto da cidade em questão, o major Welsh. Ultimamente uma criança de 3 annos surprehendeu seus paes, annunciando-lhes com gravidade que não era outro senão o dito major, de volta a este valle de lagrimas.

E o prodigioso menino descreveu, com uma profusão enorme de detalhes, a habitação do official morto, chegando mesmo a indicar quaes eram, neste mundo, as occupações do major e a declarar, com perturbadora precisão, o numero dos seus poneys. E, coisa ainda mais extraordinaria, o menino de Rangoon, que nunca tinha ouvido falar da familia do major Welsh, nem deste official, narra como foi que Welsh morreu, afogado no lago Meikteloa, quando dava um passeio de canôa com duas outras pessoas.

Esse acontecimento, verdadeiramente maravilhoso, preoccupa os meios scientificos britannicos, provocando commentarios de toda a natureza.

(Do *Diario da Manhã*, de Ribeirão Preto).

Verdade e Luz

A apreciada revista de S. Paulo, *Verdade e Luz*, sob a direcção do incansavel Batuira, velho propagandista e luctador intemerato em prol das nossas idéas, continúa publicando importantes trabalhos de Arthur Baptista, relativos á discussão travada por este nosso illustre confrade com o dr. José de Alencar, espirita não menos illustrado, e *O Reformador*, do Rio de Janeiro.

A discussão está sendo deveras importante, digna da attenção de todos os espiritas, pois versa ella sobre a personalidade do Christo e *Os Quatro Evangelhos*, de Rustaing, tendo Kardec entrado na baila. Arthur Baptista, com uma proficiencia admiravel e profundeza de conhecimentos digna de nota, tem mostrado quanto é absurda e inacceitavel a idéa do *corpo fluidico* do Christo, bobagem, que até hoje muitos espiritas acceitam conjunctamente com a celebre virgindade de Maria que, afinal de con-

Fonte: *O Mundo Occulto*, n. 37, ano IV, nov. 1907, p. 1.

Anexo 16. Periódico *Natalício de Jesus*

Natalicio de Jesus

Orgam do

INSTITUTO ESPIRITA DO MESMO NOME

Collaboradores diversos

SÃO PAULO

Maio, Junho e Julho de 1910

SUMMARIO

"NATALICIO DE JESUS" — *Redacção.*
CONSELHOS POR UMA PROFESSORA — *Uma espirita medium.*
RESPONDENDO — *Oswaldo.*
PENSAMENTOS DOS ESPIRITOS — *Diversos Espiritos.*
PETALAS — *Oswaldo.*
"O ESPIRITA MINEIRO" — *Transcripção.*
"NATALICIO DE JESUS" — *Uma constante leitora.*
OBEDIENCIA E O CUMPRIMENTO DO DEVER — *Anna Santos.*
AMOR DOS NOSSOS SEMELHANTES — [illegible]
O CEGO E O MOCHO — *Casimiro Cunha.*
PRECE A JESUS — *Leonardo Ferreira.*
AMOR AOS NOSSOS SEMELHANTES — *Francisco* [illegible]
VISITANTE — *"Do Espirita Mineiro"*
ADHESÕES AO INSTITUTO ESPIRITA NATALICIO DE JESUS — *Direcção.*
NOTICIARIO E IMPRENSA — *Redacção.*
BALANCETES POR SOMMAS LIQUIDAS — *Carlos* [illegible]

Anno III. — *Numeros. 25, 26 e 27.*

Fonte: *Natalício de Jesus*, n. 25, 26, 27, mai. jun. jul. 1910.

Anexo 17. Periódico *O Clarim*

O CLARIM

PUBLICAÇÃO QUINZENAL

As palavras que eu vos digo são Espirito e Vida (D. João Cap. VI, 36)

ORGAM DO GRUPO SPIRITA «AMANTES DA POBRESA»

EST. DE S. PAULO — BRASIL

ANNO I | MATTÃO, 15 de Outubro de 1905 | NUM. 5

A NOSSA ATTITUDE

Unicamente no intuito de defender a sciencia spirita, tão levianamente atacada pelo clero representado na pessoa do revd.° p.° Van-Esse, levámos a effeito a fundação d'este pequeno orgam que tem demonstrado, cabalmente, ser o Spiritismo a verdadeira doutrina pregada pelo Justo Nazareno e, portanto, a que hade congraçar todas as seitas que dividiram o Christianismo, libertando-as, então, dos enxertos e dogmas absurdos que muito concorrem para levar os povos á descrença e ao septicismo.

As despezas do Grupo que têm sido avultadas, óra com a acquisição de medicamentos homœpathicos, que tem sido distribuidos gratuitamente, sem se cogitar do crédo a que pertencem e nem a posição social que occupam aquelles que nos têm procurado, ora distribuindo recursos aos necessitados, ora com a compra de livros e assignaturas de jornaes para distribuição e para a bibliotheca que foi posta á disposição do publico podendo todo aquelle que quizer, consultar ou mesmo estudar a nova Sciencia, independente de remuneração, nos impede de continuar a distribuir gratuitamente *O Clarim* como era de nosso desejo.

Um appello aos confrades, bem como a todos aquelles que exercerem a sua liberdade de pensar, sollicitando a sua assignatura para o nosso pequeno jornal, é o que fazemos.

Sabemos perfeitamente não poder manter um jornal, tão somente com assignaturas, mas a Sociedade ficará menos sobrecarregada e poderá alcançar o desideratum almejado, que é a fundação de uma escola do sexo masculino e mais tarde a instellação de uma enfermaria, onde serão recolhidos os doentes que não tiverem absolutamente recursos para o seu tratamento.

A nossa audacia é grande, mas a confiança na protecção do Altissimo Pai de Bondade ainda é maior e ella nos anima a enfrentar os embaraços e a saltar os escolhos conseguindo assim destruir as grandes barreiras de difficuldades.

Nenhum fim possivel visamos no desempenho d'essa missão; meros instrumentos das potencias invisiveis obedeceremos com docilidade seus sabios conselhos e concorrendo por essa forma na propaganda da causa da Verdade que está assentada nos solidos alicerces da Caridade, auxiliaremos embora de uma maneira limitada o triumpho da verdadeia Fé e da Esperança sincera, despida dos embuste da descrença.

Pluralidade das existencias

«Se uma pessoa não renasce da agua e do espirito não pode ver o Reino de Deus» (João, III, 5.

Dizem os catholico-romanos e protestantes que renascer da agua e submetter-se ao baptismo da agua!

Esta interpetração é falsa e erronea como vamos provar.

O antigo signal da alliança de Deus com as creaturas era á circumcizão que em certa zona era uma necessidade hygienica pela natureza do clima que então reinava.

João Baptista, o precursor, que veio preparar o espirito do povo para Jesus agir com mais facilidade, tentando acabar com certas praticas externas e não lhe sendo possivel, por causa do atrazo intelectual do povo, conseguiu substituir a circumcizão, que já não havia mais razão de ser, pelo baptismo da agua; pratica esta, aliás, muito mais facil e menos penivel que a circumcizão.

Jesus submetteu-se ao baptismo de João Baptista por admiração e condescendencia para com aquelle que o tinha precedido na emancipadora estrada do mosaismo sacerdotal. E nem podia ser de outra fórma porque o mais Puro espirito que baixou a este planeta, não tinha certamente necessidade do baptismo para sua regeneração espiritual.

Não digam que elle assim o fez para dar o exemplo á humanidade porque o Divino Nazareno nunca adoptou o baptismo como sacramento e tanto assim que nunca se viu esse praticar em seus adeptos.

Vamos além, não só elle não o praticou como tambem não recommendou seus auxiliares que o fizessem. O Redemptor dirigindo-se a seus discipulos manda-os prégar a sua Doutrina a todas as gentes baptisando-as em nome do Pai, do Filho e do Espirito Santo «Ide, pois, e ensinae todas as gentes; baptisando-as em nome do Pae, do Filho e do Espirito Santo» (Matheus, XXVIII, 19).

Não existe absolutamente a palavra *agua* n'esta passagem do Evangelho que recommenda o baptismo, assim como não existe outra passagem em que Christo recommendasse o baptismo.

A doutrina da reincarnação está bem patente tanto no Velho como no Novo Testamento. No c. XV, v. 50 e 51 S. Paulo diz em sua 1ª Epist. aos Corinthios «A carne e o sangue não pódem herdar o reino de Deus, nem a

Fonte: *O Clarim*, n. 5, ano I, 15/10/1905, p. 1.

Anexo 18. Fachada do Templo do Círculo Esotérico da Comunhão do Pensamento inaugurado em 1925

Fonte: *O Pensamento*, n. 221, v. 19, mai. 1926, suplemento.

Anexo 19. Quadro no Templo do Círculo Esotérico da Comunhão do pensamento inaugurado em 1925

Fonte: *O Pensamento*, n. 221, v. 19, mai. 1926, suplemento.

Anexo 20. Quadro no Templo do Círculo Esotérico da Comunhão do pensamento inaugurado em 1925

Fonte: *O Pensamento*, n. 221, v. 19, mai. 1926, suplemento.

Anexo 21. Quadro no Templo do Círculo Esotérico da Comunhão do pensamento inaugurado em 1925

Fonte: *O Pensamento*, n. 221, v. 19, mai. 1926, suplemento.

Anexo 22. Sala de meditação do Templo do Círculo Esotérico da Comunhão do pensamento inaugurado em 1925

Fonte: *O Pensamento*, n. 221, v. 19, mai. 1926, suplemento.

Anexo 23. Periódico *O Pensamento*

CIRCULO ESOTERICO DA COMMUNHÃO DO PENSAMENTO

MOVIMENTO SOCIAL

SESSÕES ESOTERICAS E EXOTERICAS

E' o seguinte o summario das ultimas sessões havidas:

Dia 20 de Setembro — Nosso Irmão Or.·. Off.·. apresenta enthusiasticamente o *Dr. Argollo Nobre* e, em seguida, lê a 12.ª *Mensagem Rosa †.Cruz*. Terminada a leitura, o apresentado occupa a tribuna e discorre sobre o thema: *Deus!? Como será Elle?*, colhendo farta mésse de applausos, ao terminar.

Dia 27 de Setembro — Fez-se solemne sessão esoterica, com precioso ritual apropriado. Após alguns exercicios de concentração, auxiliados por um bonzo indiano, e o enlace da cadeia magnetica com o grande numero de associados que enchia o Templo, ritualistica e imponentemente foi encerrada a sessão.

Dia 4 de Outubro — Nosso Ir.·. *Dr. Bertho Condé* faz a ultima conferencia da série que vem proferindo sobre a acção social do Espiritualismo, sendo fartamente applaudido, ao terminar. O Ven.·. Ir.·. Pres.·. *Prof. Braulio Prego* tece momentosos commentarios e encerra a sessão.

Dia 11 de Outubro — Nosso Ven.·. Ir.·. Or.·. Official *Prof. Maximiliano Ximenes* saúda o Ir.·. *Mr. Profulla Kuma Chatterjee*, alli presente, em vespera de sua volta para a India, e lhe traz as despedidas de todos os irmãos do Circulo. O illustre mestre hindú levanta-se e agradece, em inglez, as gentilezas que lhe foram dispensadas e cordealmente despede-se de todos. Eis, em synthese, as bellas palavras com que o Veneravel Irmão apresentou suas despedidas: "Caros irmãos e irmãs: Venho apresentar-vos minhas despedidas e agradecer-vos o bondoso acolhimento que tivestes para commigo. Não é meu desejo fazer uma conferencia neste momento, mesmo porque não sou conferencista. Porém, tomo a liberdade de dizer-vos que para a realização de Deus é necessario matar o desejo, porque o desejo é a causa dos laços e limitações que nos prendem á materia. Deveis libertar-vos do desejo, que vos impede de chegar á realização de Deus. Tenho tambem de agradecer-vos as benevolas attenções que tivestes para commigo, assim como ao conferencista que me precedeu, por suas amaveis referencias á minha pessôa."

Suas ultimas palavras são acolhidas sob estrepitosa salva de palmas.

Em seguida, nosso Ven.·. Ir.·. Vice-Pres.·. *Dr. José Lopes Ferraz*, continuando a série de conferencias que vem fazendo sobre a vida e a materia, discorre, erudita e agradavelmente, sobre o thema: *A vida na materia mineral*.

(Mr. Profulla partiu para a India em 13 de Outubro p. passado, deixando escripta em inglez uma conferencia que será traduzida e lida numa das sessões a realizar-se).

—— Tattwa "Pedrina Lima", de São Salvador (Estado da Bahia). — Sessão de 25 de Agosto ultimo. O Veneravel Irmão Delegado Estadual, estando presente, desenvolveu admiravelmente o thema: "Que vantagens ha, espiritualmente, em ser-se filiado no Circulo Esoterico da Communhão do Pensamento, apresentado por um dos presentes?"

Fonte: *O Pensamento*, n. 227, v. 19, nov. 1926, p. 611.

Lista de abreviaturas

AFBISP	Associação Feminina Beneficente e Instrutiva de São Paulo
CEAP	Centro Espírita Amantes da Pobreza
CECP	Círculo Esotérico da Comunhão do Pensamento
FEB	Federação Espírita Brasileira
ICBVL	Instituição Cristã Beneficente Verdade e Luz
IENJ	Instituto Espírita Natalício de Jesus
UEESP	União Espírita do Estado de São Paulo

Agradecimentos

A jornada que percorremos para a construção dessa pesquisa nos permitiu conhecer muitas pessoas que nos auxiliaram de diferentes formas, disponibilizando seu tempo e paciência conosco e, por isso, nos tornamos devedores a todas elas, a quem agradecemos a generosidade, sinceramente, em especial:

À minha orientadora, Prof.ª Dr.ª Raquel Glezer. Desde a graduação tornou-se para mim um exemplo de sabedoria e ética e estas poucas linhas são incapazes de demonstrar toda a minha admiração, respeito e agradecimento. Agradeço pela acolhida ao projeto, pela liberdade que me concedeu ao longo do processo e pelas orientações sempre seguras e pertinentes.

À minha família que, com paciência e resignação, soube compreender os momentos de ausência. À minha esposa, Maria Rita, que ficou sobrecarregada no período, mas cujo amor e dedicação à família superou todas as dificuldades. Aos meus pequenos, Henrique, Matheus e Ana Luísa que durante o processo cresceram bastante e no final já não aguentavam mais e exigiam o pai de volta.

À Prof.ª Dr.ª Sara Albieri e à Prof.ª Dr.ª Marisa Midori Deaecto, membros da banca de qualificação pela leitura atenta e as observações realizadas, possibilitando a melhoria da tese.

Aos amigos Marcos Alexandre Capellari, pelas conversas encorajadoras, e Ciro Hardt Araújo, pelas sugestões que fez ao trabalho.

Aos docentes da graduação e pós-graduação do departamento de História da Universidade de São Paulo, em especial àqueles que foram importantes para a nossa formação, como os professores José Sebastião Witter (*in memoriam*) e Ilana Blaj (*in memoriam*).

Aos funcionários das várias bibliotecas e arquivos públicos que tive a oportunidade de pesquisar, em especial ao Arquivo Escolar João Penteado do Centro de Memória da Educação da Faculdade de Educação da Universidade de São Paulo.

Ao Centro de Cultura, Documentação e Pesquisa do Espiritismo – Eduardo Carvalho Monteiro, cuja consulta ao acervo de periódicos espíritas foi fundamental para a concretização da pesquisa. Agradecemos em especial a Pedro Nakano que permitiu a pesquisa, à Regina e ao Paulo, responsáveis pelo acervo da instituição e com quem passamos tardes agradáveis, entre periódicos e uma boa conversa, e ao Felipe Gonçalves da Silva, que nos auxiliou constantemente e se tornou um bom amigo.

Ao Círculo Esotérico da Comunhão do Pensamento pela oportunidade de pesquisa em seu acervo.

Ao Memorial Cairbar Schutel de Matão que nos permitiu fotografar jornais e documentos de seu acervo; agradecemos ao auxílio prestado pela historiadora Larissa Rizzatti Gomes, responsável pela instituição.

À Sinagoga Espírita Nova Jerusalém, e ao seu diretor Simões, que nos emprestou periódicos do acervo da instituição.

À Instituição Cristã Beneficente Verdade e Luz de Poá que nos recebeu gentilmente em suas dependências. Embora não possuíssem documentos da época de Batuíra em seu acervo, pudemos ouvir histórias aprazíveis contadas por Arnaldo e Fábio Pandolfi, diretores da instituição.

Ao historiador espírita Washington Luiz Nogueira Fernandes por disponibilizar seu acervo pessoal de documentos sobre a história do espiritismo e pelo apoio inestimável em alguns momentos, quando surgiram dúvidas acerca de alguns fatos ligados à história do espiritismo.

Ao Centro Espírita Gabriel Ferreira e a sua presidente Martha Rios Guimarães, que nos permitiu a reprodução de um livro raro de seu acervo.

À Biblioteca da Federação Espírita Brasileira, pelo envio de documentos digitalizados.

À Rosário Jordão, do Grupo Espírita Batuíra, de Algés, Portugal, que nos enviou documentos e informações sobre Batuíra.

Ao geógrafo Massatoshi Yoshida, o Mário, pelo auxílio na construção do mapa sobre as associações espíritas paulistas.

Este trabalho contou com o apoio do Instituto Federal de Educação, Ciência e Tecnologia de São Paulo, por meio do afastamento de nossas funções, o que tornou possível a sua realização; agradecemos a todos os funcionários que facilitaram esse processo.

Alameda nas redes sociais:

Site: www.alamedaeditorial.com.br
Facebook.com/alamedaeditorial/
Twitter.com/editoraalameda
Instagram.com/editora_alameda/

Esta obra foi impressa em São Paulo no verão de 2020. No texto foi utilizada a fonte Minion Pro em corpo 10,25 e entrelinha de 15,5 pontos.